| 印记·两岸血脉 |

闽南与台湾
民间神明庙宇源流

段凌平　著

九州出版社 JIUZHOUPRESS | 全国百佳图书出版单位

图书在版编目(CIP)数据

闽南与台湾民间神明庙宇源流/段凌平著. —北京：九州出版社，2012.2

ISBN 978-7-5108-1389-4

Ⅰ.①闽…　Ⅱ.①段…　Ⅲ.①神-信仰-研究-福建省　②神-信仰-研究-台湾省　Ⅳ.①B933

中国版本图书馆 CIP 数据核字(2012)第 025790 号

闽南与台湾民间神明庙宇源流

作　者	段凌平　著
出版发行	九州出版社
出 版 人	徐尚定
地　址	北京市西城区阜外大街甲 35 号(100037)
发行电话	(010)68992190/2/3/5/6
网　址	www.jiuzhoupress.com
电子信箱	jiuzhou@jiuzhoupress.com
印　刷	三河市东方印刷有限公司
开　本	720 毫米×1020 毫米　16 开
印　张	23.75
字　数	377 千字
版　次	2012 年 9 月第 1 版
印　次	2012 年 9 月第 1 次印刷
书　号	ISBN 978-7-5108-1389-4
定　价	68.00 元

序

我与凌平君先后就学于厦门大学历史系，凌平是我的学弟。毕业后我分配于福州，凌平则工作于漳州师院。1980年代以后，我延续在校期间的台湾史研究，开始发表一些成果，学弟也成了最早的读者。2003年，我们一起参加泉州闽南文化研讨会，我得知凌平君正着力于闽南民间信仰的田野调查，并尽可能与台湾的相关资料作对比。于是，我们之间的交流多了闽南与台湾方面的内容。

田野调查是辛苦的。特别是闽南的漳州，历史上属“边陲之地”，民间信仰的文献稀少，加上长久以来老百姓的这种俗信被等同于“迷信”，两岸交流也正在成长之中，因此，可供借鉴的田野资料并不多。在此背景下，学弟的田野研究几乎从零开始。经过十数年的孜孜努力，2002年，在漳州搜集了约3000家民间庙宇的资料，2004年得出漳州的民间主神不少于500种的结论，2005年先后完成了漳州与台湾、福建与台湾民间信仰的异同研究的论文，2010年提出有应公信仰源于漳州的说法，2011年完成《漳台民间信仰》专著。这些都是闽台民间信仰研究中十分可喜的成果，也可以看出凌平君不断努力的决心和扎实前行的印迹。

今年，凌平君又推出《闽南与台湾民间神明与庙宇》一书，就是上述不断延伸的另一个脚印。以往有关这方面的研究并不太多，因此，此书的出版具有值得期待的价值和开拓性意义。

本书最引人之处，在于对闽南和台湾民间信仰源流进行了较系统的梳理。作者着眼于闽南与台湾，着眼于他生于斯、长于斯、探讨于斯的漳州故土，积十数年的田野心得而撰写成书，这些并不是一般外地学者所能做到的。此外，书中还涉及女神崇拜、哪吒信仰、鬼魂俗信等方面，对闽南与台湾客家、闽南的畲族民间神庙等问题都加以关注，更凸显了本书所具有的地域特色以及作者的用心和功力。闽南与台湾的民间神、庙体系庞杂，尤其在漳州，以往探讨并不多，还有很多事情可做。本书是作者长期积累的成果，算是一个总结，也是新的开始。在热烈祝贺本书出版之余，更祈盼今后有更多的年青学者加入，进一步发掘地方历史文化资源，提倡脚踏实地的田野研究之风和严谨的学术精神，推动两岸学术合作与交流向更高层次发展。从这一点看，本书的出版就更值得期待。

是为序。

杨彦杰

2012 年 5 月于泉州

（作序者为中国闽台缘博物馆馆长）

序

我与凌平君先后就学于厦门大学历史系，凌平是我的学弟。毕业后我分配于福州，凌平则工作于漳州师院。1980 年代以后，我延续在校期间的台湾史研究，开始发表一些成果，学弟也成了最早的读者。2003 年，我们一起参加泉州闽南文化研讨会，我得知凌平君正着力于闽南民间信仰的田野调查，并尽可能与台湾的相关资料作对比。于是，我们之间的交流多了闽南与台湾方面的内容。

田野调查是辛苦的。特别是闽南的漳州，历史上属“边陲之地”，民间信仰的文献稀少，加上长久以来老百姓的这种俗信被等同于“迷信”，两岸交流也正在成长之中，因此，可供借鉴的田野资料并不多。在此背景下，学弟的田野研究几乎从零开始。经过十数年的孜孜努力，2002 年，在漳州搜集了约 3000 家民间庙宇的资料，2004 年得出漳州的民间主神不少于 500 种的结论，2005 年先后完成了漳州与台湾、福建与台湾民间信仰的异同研究的论文，2010 年提出有应公信仰源于漳州的说法，2011 年完成《漳台民间信仰》专著。这些都是闽台民间信仰研究中十分可喜的成果，也可以看出凌平君不断努力的决心和扎实前行的印迹。

今年，凌平君又推出《闽南与台湾民间神明与庙宇》一书，就是上述不断延伸的另一个脚印。以往有关这方面的研究并不太多，因此，此书的出版具有值得期待的价值和开拓性意义。

本书最引人之处，在于对闽南和台湾民间信仰源流进行了较系统的梳理。作者着眼于闽南与台湾，着眼于他生于斯、长于斯、探讨于斯的漳州故土，积十数年的田野心得而撰写成书，这些并不是一般外地学者所能做到的。此外，书中还涉及女神崇拜、哪吒信仰、鬼魂俗信等方面，对闽南与台湾客家、闽南的畲族民间神庙等问题都加以关注，更凸显了本书所具有的地域特色以及作者的用心和功力。闽南与台湾的民间神、庙体系庞杂，尤其在漳州，以往探讨并不多，还有很多事情可做。本书是作者长期积累的成果，算是一个总结，也是新的开始。在热烈祝贺本书出版之余，更祈盼今后有更多的年青学者加入，进一步发掘地方历史文化资源，提倡脚踏实地的田野研究之风和严谨的学术精神，推动两岸学术合作与交流向更高层次发展。从这一点看，本书的出版就更值得期待。

是为序。

杨彦杰

2012年5月于泉州

（作序者为中国闽台缘博物馆馆长）

目　录

目　录

绪 言

这本小书的推出，固然是为民间神明和庙宇，为闽南和台湾灿烂的民俗文化，为重要的旅游资源，但是，我想了解、讲述本地神明的故事，已经是很久的事情了。

小时候，家居漳州城南的九龙江边，我常在近江岸的一个小沙洲上玩耍。沙洲上有座陈旧的王爷公庙，母亲和一些中年妇女，提着鸭、猪腿、面等东西，虔诚地拜着那些退了色的尪公。

七夕的傍晚，少女们窃窃私语，神神秘秘地结伴到瓜棚或葡萄架下，不许我们跟着。

家中的灶台上有一小盆麦芽糖，我和哥哥放学回来总端下来，用筷子扯着吃，母亲老是很着急地又放回灶台上去。

约 8 岁时的冬天，我与大几岁的哥哥吵着要跟大人一起到三平寺去。父母亲很为难，怕我们走不动。然而，他们又认为这可能是神的意愿，不敢阻拦。我们凌晨两点多出发，被车载了 10 多公里之后，便开始徒步行走，山道弯弯曲曲，沿路都是步行前往朝拜的人，抵达三平已近中午。来回走了几十公里，晚上 10 时多才回到某处搭乘自行车，回到家里已是深夜 12 点多了。

很多事情让童年的我感到好奇。长大后，学校的教育秉承了无神论，可是那么多人那么执着地膜拜，总让我觉得有一种巨大的力量无形地存在着。

后来转行旅游教育，从事着被戏称为“白天看庙，晚上睡觉”的旅游活动研究，再一次感到庙宇对人们的影响之大。

父亲年轻时曾在台湾生活，经常提起那里的风俗趣事。年幼的我，对闽南与所听所闻的台湾的点点滴滴，包括一些神明的传说和做法感到熟悉而亲切。

目前，介绍闽南和台湾宫庙神明源与流方面的著作比较欠缺，因此有了从事这方面研究的冲动，由此记述从小到大所了解的丝丝缕缕。

上世纪 70 年代以来，陆续出现了一些分别介绍闽南和台湾宫庙的著作，很多都冠以民间信仰的名称。由于民间信仰涵盖的范围较广，除了神明和庙宇，其他如药签、庙会、艺阵及相关的组织等，每个方面都有很多内容；而本书只就民间宫庙及神明的来源和传播作一定的探讨，其中也论及民间信仰的一些方面，但主要是围绕神明和庙宇展开，所以书名没有加上民间信仰，这里所涉及的其实都是民间信仰的宫庙和神明，属民间信仰的研究范畴。

在闽南和台湾的大地上，庙宇星罗棋布是突出的特色现象，这些地区的民间庙宇数量居全国之首。民间庙宇总是村落里最灿烂的建筑，或歇山顶，或卷棚顶，或剪瓷雕，或民间故事人物，无不体现着艺人的精湛技艺。民间庙宇活动的时候便是每个村落最热闹和快乐的时候，各种艺阵表演的是人们从小喜闻乐见的，传承着本村千百年来的光荣历史和乡土习俗。所以，民间庙宇凝集着民间艺术的精华，是民间传统的集大成者，有许多值得探讨的内容。

由于闽南与台湾民间神明和庙宇数量庞大，台湾土地面积约 3.6 万平方公里，闽南约 2.5 万平方公里；据近年的调查数字显示，台湾有约 1.1 万间民间庙宇，泉州有 6000 多间，漳州 4200 多间，厦门 2600 间左右。其每间庙宇的主祀神明，台湾约 300 种，漳州 500 多种，厦门 200 种左右，泉州目前还没统计数字，但应该不少于 500 种。以此计算，两地主祀神有 1500 多种，除去其中的相同部分，估计约 1000 种主祀神明，共 2 万多间庙宇，分布在 6 万多平方公里的土地上。以一部著作的篇幅，无法全部纳入。因此，《闽南与台湾民间神明庙宇源流》所涉及的实际上是该地域影响较大，或有某些特点的神明与庙宇。

以往的著作由于两岸的阻隔，获取资料的不方便，多数只是涉及闽南与台湾各自一方的民间信仰，或者只是双方的民间信仰的部分问题。本书力图在闽南与台湾民间信仰的源和流的方面，进行一定的梳理，并且在民间神庙的一些方面进行探讨。比如：

闽南与台湾的鬼神观，与鬼神之间的相互转化；闽南与台湾民间神明的起源、框架，包括神明的类别、神明的管理系统、台湾原始宗教和民间庙神的起源等问题。

闽南与台湾民间庙神的繁荣和发展，民间庙神发展的相对沉寂时期；闽南与台湾民间庙神的现状和相关问题，民间庙神流传的同和异，民间神庙的发展趋势。

女神崇拜是闽南与台湾的特点，本书特地安排了部分章节，叙述闽南与台湾女神的特点与异同。

长期以来闽台学界认为有应公、大众爷是台湾本土神明。本书以调查资料说明，有应公、大众爷崇拜根源在闽南。

在闽南与台湾客家、闽南的畲族的民间信仰方面，诸如前文提及的一些方面，很多著作没涉及或有所忽略，本书在这方面进行了一定的增补。

总之，两岸学界在闽南与台湾民间信仰的源流，以及二者之间联系的比较研究方面着手较少，从这角度说，本书尽力挖掘闽南与台湾民间信仰的各主要方面的联系，具有一定的开拓意义。然而，由于民间信仰本身庞杂，它往往是佛、道、儒、祖先崇拜、民间习俗等等成份的糅合体，这使得田野调查的范围和一些交叉问题，有时候较难界定，闽南的许多资料有待进一步调查整理。资料的不全，给这方面工作的开展增加了难度。作者在闽南与台湾文化方面的素养较浅，本书在叙述的各部分定有很多疏漏、不足和失误，望各界人士多加指教，共同推动闽南与台湾民间信仰研究的发展。

第一章　闽南与台湾民间神明的框架和起源

第一节　闽南与台湾民间神明的类别及认识

经过数千年的发展，闽南与台湾的民间信仰形成了泛灵的多神崇拜模式。人们以为“万物都为人类所用”，因而对社会中的人，周边的环境和事物都带有感恩的心理。即：对生活中的依赖对象会产生崇拜心理。发展到今天，这种泛神模式也不全是杂合混乱的状态，而是有一定等级观念的神明框架结构，笔者拟就此展开讨论。

一、鬼神观

闽南与台湾民间都承认万物有灵，通常是“鬼”和“神”两类。何谓鬼与神呢？有些生物在世时通常以正面形象出现，善终后为善灵，成为“神”；有些生物在世时是邪恶的，或者在世为善，因种种变故冤死后变为恶灵，即为“鬼”。对于人来说，闽南与台湾民间都认为“人”分为“躯体”和“灵魂”两部分，人去世以后，从广义上说，死后成鬼，俗称为“魂”。但为什么有的会成为“神”呢？成为神一般有三种情况：

一种是去世后被亲属供奉，按闽南和台湾的民俗，在“对年”（周年）以后，将姓名列入公妈神牌，称为“公妈”，成为祖先神的一部分。

另一种是生前有功德之人，逝世后受人们供奉，可以成神。《礼记·祭法》：“法施于民则祀之，以死勤事则祀之，以劳定国则祀之，御灾捍患则祀之。”[1] 此乃中华民族历来的传统。

还有非正常死亡、冤死或客死他乡的亡魂，当地给其收尸并供奉起来，成为地方的保护神。如有应公、大众爷等，都是这样成为神灵的。也有本是

---

① 《十三经注疏·礼记正义》，中华书局，1979年版，第1590页。

鬼，后来因做善事而转化为神。

所以，闽南与台湾民间的鬼神观念大概是：去世后的“灵”受到供奉，显出某种灵验，成为地方保护神；生前或死后有善行或功德者，被供奉成为神明；但是，若死后无人供奉，就成为四处飘荡的鬼魂。

对于鬼，闽南与台湾民间很多时候并不持剿灭的态度，而是恭敬它们，至少使鬼不随便祸害，进而有利人间；或通过普度等活动超度鬼魂，让投胎为人，或转化为神。

有些本来是神仙，由于犯过错等原因，离开仙界，也可能在凡间为魔鬼或为妖怪。如猪八戒和沙僧就曾有为妖怪的经历。

因此，闽南与台湾的鬼神观并不是一成不变的，鬼神之间可相互转化。

二、闽南与台湾鬼神的类型与来源

以现代的目光来看，闽南与台湾的民间信仰大概可分为自然崇拜、灵魂崇拜和器物崇拜。长期以来，闽南与台湾民间通常将神明系统分为天神、地祇和人鬼三大类。

（一）天神

天神，中国人自古以来认为日月星辰、山川雷电等自然现象都有其相应的主宰，而其最高的主宰天帝（民间称为玉皇大帝）统辖天、地、人三界。

天神包括日月星、风雨雷电等天象，一些自然物与自然现象。除此之外，还包括佛道和传说中天界的一些神明。

（二）地祇

地祇为地面上的一些自然物或物品的神化，如土地、五谷、山岳、河海等等的神化，还有对各式日常生活百物的崇拜，诸如床、灶等物品的崇拜。

（三）人鬼

闽南与台湾民间接受“人”分为“躯体”和“魂魄”两部分的观念。认为一个人如果受到重大惊吓、打击，有时魂魄会离开身体。过去民间用“收惊”等方式，把“魂”再收回来。但人去世以后，从广义上说，死后成鬼，俗称为魂。有被人供奉的，去世后按漳台民俗在“对年”（周年）之后，将姓名列入公妈牌，称为“公妈”，成为祖先神的一部分，不称为鬼。没有被人供奉的，或者非正常死亡的、冤死者，亡魂会留在去世的现场，必须由家属招魂。如果没有这样做，鬼即成孤魂、野鬼，到处飘荡、作祟，甚至“找替身”，拉人替死。这是狭义的鬼，是真正的鬼。

大概是一般的鬼神都归天神管，而且闽南与台湾的鬼与神之间是可以互相转化的。总的说来，该鬼神系统还不是十分成熟，一些天神和人鬼的分类有些模糊与交叉，在老百姓的头脑中也不是很清晰，虽在大的方面有差别，但一些细微部分很难严格地加以区分，有待于进一步探究。

三、闽南与台湾神明的形成

首先，闽南的神明多数是从“人”转化过来的。以漳州为例，本地的500多种神明中，从“人”转化为神的现象占绝大多数，共约480余种，且当中多为祖宗神，约占漳州主神总数的90%。而从山水、动植物等物种与自然崇拜转化为神祇的约有20多种，约占主神总数的4%。

这种情况也影响到台湾，据笔者统计，台湾约300种的主神中，不是由人转化为神的各类神明约30种，占所有主神约10%的份额。

闽南与台湾被供奉为神的，多数是名士贤人，各种身份都有。他们由于身前品德卓越，造福一方而被百姓崇拜。很多更是本族的先祖，因对本族的贡献很大，最终转化为神灵。如：沈祖公、沈李祖、林祖公、胡祖公、邹公爷等等。从各姓之神，转化成闽南地方神。

唐朝的陈元光，因开拓漳州的功绩而被尊为神；和尚杨义中，因除害治病，保一方平安而被建庙。

宋朝的朱熹，在漳州任职，因为改革风俗，学识渊博而被崇拜；龙海的吴夲由于“医人无贵贱，按病受药”，而为“乡人祠祀之”。①

元朝时，在长泰，陈鋽因勤于公务、孝顺母亲，去世后被尊为“孝子公”。

明成化年间的姜谅太守“为政严终”、“盗贼屏息”，② 而被祠于城南。诏安姑娘张云，天性善良，关爱婴儿，虽然18岁就去世，被尊为祖姑供奉。

---

① 庄夏：《慈济宫碑》，参见《海澄县志》卷二十二《艺文志》，《中国方志丛书》第92号，第258页。

② 光绪《漳州府志》卷二十五。

漳浦清初的黄道周反对暴虐，一身正气而被祀；郑成功以漳州为基地，开通海外贸易，收复台湾而成神。

蔡襄，仙游人，宋至和到嘉祐年间（公元1054—1063年）为泉州知府。由于“威惠兼行，民畏而爱之”①。在任期间建洛阳桥，泉州人于桥南刻碑立祠祭祀。

王十朋宋高宗时中状元，乾道四年（公元1168年）起为泉州知府。由于当时泉州为全国著名都市，人们认为“德政在人，有百年之思”②，所以立祠供奉。

倪思，归安人，嘉泰元年（公元1201年）知泉州。为政清廉，忠节直言，泉人建祠祀之。

姜公辅为唐德宗（公元780－805年）时的宰相，因谏阻当时的奢侈之风而受贬，降为泉州别驾。泉人亦为之立祠。

这种传统影响到台湾，如阿里山神吴凤、开台王郑成功都是有功德而出现于台湾的神明。

这说明了闽南与台湾的神明多以家族和族群的贤人为主的崇拜特征。

闽南的自然崇拜以天、地、云、雷、水（雨）、山，还有树、龙、虎、蛇为主。其中山神比较突出，除了中原传来的东岳大帝、西岳大帝、广东的三山国王、本地的靠九龙江的良岗圣王（良岗山神）、靠海的梁山尊王（梁山神），还有山伯公等山神。良岗山从长泰的龙津平原拔地而起，其上千米高峰为该县第二高峰。由于巨石危崖，显得巍峨壮观，所以良岗尊王的信仰，还传到台湾。漳浦的梁山，为该县的母亲山，此山濒临大海，为花岗岩地貌，群山与大海相映，令人震撼。泉州的戴云山居于闽中，号称“福建的脊梁”，为本省第二大山脉。漳州和泉州作为福建较大的平原地区，地近平原的山峰让人印象深刻，山神的突出，也较能理解。

其次，闽南与台湾的神明多数产生于本地。神明的来源，除了少数从中原传来的全国性神明之外，多数由本地产生。离开本地，很多人都不知道。例如著名的保生大帝、开漳圣王，在其他省区就不太为人知晓。

---

① 乾隆《泉州府志》卷二十九《名宦》。

② 吴幼雄：《泉州宗教文化》，鹭江出版社，1993年版，第55页。

四、对神明的敬与不敬

（一）善神与恶神（鬼）

1. 善神与恶鬼

闽南的神明系统有善神和恶神两种，善神对人类友善，恶神危害人类生产和生活。这些恶神有的是客死他乡，有的是青面獠牙、大块吃肉，但是被收服后，他们可以当神的兵马。一些恶死没有后代的人，死后为鬼，灵魂飘荡，无依无靠，无人超度，难熬地狱之苦，积怨而变成恶鬼。

所以，闽南与台湾民间认为，鬼神也分善恶和不同品位的：死去有人供奉的是正神，所建的庙叫做阳庙。另外一种去世后没人供奉，通过自己修来的超能力而显灵，人们敬畏它们，建成的庙叫做阴庙。到阳庙可以祈福发愿，祈祷国泰民安，家庭美满。在阴庙则相反，大多是祈求个人自己能得利益。

2. 善恶的转化

恶鬼和善神是可以转化的。除了平时民间收葬遗骸，定期供奉（民间认为有人供奉就不会成为恶鬼），每年七月中元普度是民间祀鬼的节庆，整个七月都是众鬼的假期，初一鬼门一开，鬼魂不必在阴间受苦，出来人间享受享祀。地方上在一定的范围内，从初一到二十九日，逐日轮流在各庄、各街道举行普度活动，希望普度地方孤魂，让它们早日超生，来世免受苦难。老百姓以为这样能化恶鬼为善，或者让其转世投胎，消除不利因素。所以，有应公与大众爷原来是没人供奉的孤魂野鬼，但被供奉后就成为有应公与大众爷神，保佑一方平安。

对善神、阳庙的不敬，照样会招来不利的报应。据称同治六年，清朝钦差镇台使刘明灯巡视台湾宜兰时，由于随行的士兵误砍了协天庙后的枫树作柴薪，冒渎了神灵，于是吃过饭后，士兵们个个都病倒了。直到刘明灯跪在关帝君神像面前求救，士兵们才不药而愈。

（二）神明的不足

在闽南和台湾的许多关于神明的说法里，神明不见得是尽善尽美的。

在闽南和台湾的民间神明中，妈祖和保生大帝的信众最多。民间有关于他们两人谈恋爱的传说，但当到了快婚嫁时，妈祖看到母羊生子的痛苦，于是单方面悔婚。保生大帝很生气，在妈祖生日那天作法，让天阴下雨；妈祖就在保生大帝生日时刮风，双方都很计较。

王母娘娘是最高等级的女官，她身为人妻，又为人母，拆散牛郎与织女，私下单独与周穆王饮酒等作为，都不是太正面。

吕洞宾和泗洲佛很多情。特别是吕洞宾比较好色，骚扰何仙姑，常有与村姑欢爱的传说。

闽南民间有神明难侍候的说法，比如，“船里尪细身脾气大”（喻渔船里供奉的神明，个头小脾气大），“得罪土地公不要养鸡鸭”等。

民间也认为神明太多，漳州儿歌有“天公、地公、三平祖师公、屎桶公、尿壶王”，讥讽神明多而滥。

闽南的风狮爷本是镇风灾、镇邪气、保一方平安的。因金门位于台湾海峡，风特别大，所以，金门的地方上有数百尊风狮爷。可是，数量多了，有些也不全起好作用。比方金宁乡北山的风狮爷，开着大口对着村庄，使村子里鸡犬不宁，不仅如此，它还调戏过路的村女，村民们为此敲掉了它的门牙和左耳朵。

据说漳州陈圣王陵墓前的石羊、石马，晚上时会到周边农田里吃庄稼。村民们敲去墓前石蜡烛的火苗尖，这样晚上石蜡烛就不发光，故此石马、石羊就不能来损坏作物。

虽然闽南与台湾老百姓觉得神明有些不足，但他们对这些神明却是非常包容，上述那些说法没有影响民间神明在人们心中的位置。如，吕洞宾和泗洲佛虽然好色，但他们在民间同样很受欢迎，被认为是阳刚而正义的化身。

第二节　闽南与台湾神明的管理系统

一、闽南与台湾民间神明的结构

人们一般把闽南与台湾的民间神明及崇拜体系归属为民间信仰系统。台湾学者林美容指出：“百分之八十以上台湾居民的宗教都是扩散式的信仰，一种综合阴阳宇宙、祖先崇拜、泛神、泛灵、符箓咒法而成的复合体，其成分包括了儒家、佛家和道家的部分思想教义在内，而分别在不同的生活范畴中表明出来，所以不能用‘什么教’的分类范畴去说明它，因此宗教学者大多用‘民间信仰’或‘民间宗教’称之，而绝大多数人的宗教信仰都应属于这一范畴……”①

学界一般认为民间神明没有特别的组织形式和系统，这种集合了各式民间习俗与传统做法的“扩散式的信仰”，没有组织形式，或者说没有规范的组织系统。以台湾学者李亦园先生为代表，他把民间信仰称之为“普化宗教"（diffused religion）：“所谓普化宗教又称为扩散的宗教，亦即其信仰、仪式及宗教活动都与日常生活密切混合，而扩散为日常生活的一部分，所以其教义也常与日常生活相结合，也就缺少有系统化的经典，更没有具体组织的教会系统。②”所以，习惯上，人们认为闽南与台湾神明的构成，是儒、释、道和一些神仙传说的杂合体，民间神明是没有什么系统的。

其实，也有学者发现，闽南与台湾的民间信仰神明有一定的框架管理系统。民间推崇玉皇大帝，认为其地位至高无上，凡天、地、人三界，儒、释、道三教，无论自然神与人格神都归玉皇指挥。这就把民间的神明系统与传统道教相区别，道教是以三清为最高神祇（上清、太清、玉清）。笔者通过调查认为，民间神明表面上看似乎没有次序，事实上依然有着明显的神明系统，现试述之如下：

（一）闽南与台湾的神明系统

1. 神明系统的大框架

玉皇大帝，又称玉皇上帝、玉帝、天公、天公祖等，为我国民间最高神祇，所有鬼神都归玉帝号令指挥。玉帝对仙界的统领是按一定的神明系统进行的。玉皇之下有三官大帝三位神仙（又称“三界公”），分别管理天界、地界、水界（天仙、凡人、阴鬼）；三界之下有分管职业的神明，如：农务的神农大帝、工务的巧圣先师、商务的关圣帝君、医务的保生大帝、教育的文昌帝君、航海的天上圣母、司法的东岳大帝、生育的临水夫人、阴间的阎罗王等。

---

① 林美容编：《台湾民间信仰研究书目·台湾民间信仰的分类》，“中研院”民族学研究所，1991年3月，第8页。

② 李亦园：《文化的图像》下卷，台北允晨文化实业股份有限公司，1992年版，第180页。

2. 神明的基层结构

古代很长一段时间以来，我国县级以上行政单位都有城隍的祭祀地，民间所在县也以城隍为该地域的守护神，一些杂事，甚至难解的案件，都到城隍庙求助（或称有城池就有城隍，具体见“城隍”部分的论述）。

古代乡村里都祭祀土地爷，各地的基层的保护神一般为土地神。除此之外，还有一些特定地域和民系的地方保护神，如：漳州地方上的开漳圣王、泉州的广泽尊王、客家的三山国王、定光古佛等。

因此，县与乡形成城隍与土地两级民间神明的管理体系。

（二）秦以来的古代官方行政系统

正如前面所述，台湾学者李亦园提到，民间神明的“信仰、仪式及宗教活动都与日常生活密切混合，而扩散为日常生活的一部分，所以其教义也常与日常生活相结合”。因此，凡间的行政系统必然与神界有很大的关系。

1. 中央机构

众所周知，秦以后封建王朝中央皇帝之下实行三公九卿制，所谓“三公”，是指丞相、太尉、御史大夫。协助皇帝掌管政务、军务和监察；“九卿”，是指奉常、郎中令、卫尉、太仆、廷尉、典客、宗正、治粟内史、少府，分别负责一些具体事务。如治粟内史管收支，少府管营造，廷尉管司法等。三公九卿都按皇帝的指令办事，维持了中央的行政运转。

到了隋朝，统治者为了加强中央集权，不让丞相掌握太大的权力，开设了“三省六部”。丞相的权力一分为三，设三省，中书省、尚书省、门下省。尚书省又下设六部：吏、户、礼、兵、刑、工，基本代替了以前九卿的职务，分管六个不同方面的事务，三省和各部长官为丞相头衔，因此从前属于丞相一人的权力被分成 8 部分，大大加强中央权力。

2. 地方管理机构

秦统一后，在全国实行郡县制。司马迁说秦始皇分天下为 36 郡，西晋后又有所增设，达 40 郡之多。一郡所统之县，一般约为 20 县上下。县之下置有乡、亭、里 。秦称郡之长官为守，汉景帝时改名太守，县官为令。

（三）行政机构与民间神明系统之比较

秦以来的行政系统与后来形成的神明架构，在很多方面有相似之处。譬如，秦的中央系统是以一个帝王为首，之下有三个辅佐，其次有若干个机构处理具体事物。民间神明也一样是以玉皇为中心，之下有三官大帝辅助，之后的若干神明掌管相关的行业。

从这些类别的设置，神明的系统和凡间的行政部门的安排极其相似。但是在具体职责的安排，凡间的行政机构更为周到和缜密，神明系统的安排则较空乏和松散。例如，丞相管行政但不涉及军权，太尉管军事而无行政权，御史大夫负责监察其他官员，可是没有行政权和军权。所以各个部门分工严密又互相牵制。而神明系统的三官之间，天官赐福，地官赦罪，水官免灾，各司其职，也没有相互牵涉的说法。各行业有某个神明影响较大，民间觉得他是该行业的主导者。可是民间神明虽有专职，但总的说是“一专多能”。比如保生大帝主职是医神，也兼有消灾、祈雨等多种功能。人间的九卿、六部各有一名最高行政长官，职责分明，各不交叉。而神仙界每个职掌总有多个神明，表现了多元性，如赵元帅同为财神，华佗、许逊也是医药神，七娘妈也管婚育，玄天上帝也是水神，他们与关帝、保生大帝、临水夫人、妈祖地位相当，没有高低之分。

就城隍和土地来说，虽然，土地爷一般在乡村里，城隍在县级地域威风凛凛，但民间并没认为，土地爷一定就是城隍的下级。

这可以看出人间的行政分工较为严密，神明的职掌则较为模糊。总体上说，闽南与台湾民间的神明系统与人间的行政系统大概一致，但发展还不成熟，归类上也有些模糊和交叉的地方。

二、闽南与台湾神明框架系统的渊源

（一）玉皇大帝与三界公

1. 玉帝

我国的神明系统中可知最早的神为“帝”或“上帝”，这实是自然神的人格化。先秦人们对“帝”十分敬畏，关于天帝的记载，广泛见于先秦的文献，包括甲骨文之中。然而，后来道教的最高神是三清，玉帝至少排在十多位天尊之后。只是因民间的推崇，加上唐宋两代皇帝推崇，玉帝在民间作为最高尊神的地位才慢慢确定。

玉皇的出现，在《闽南民间诸神探寻》[①] 中，郑镛先生叙述了从太阳神到东王公再到玉皇大帝的转化（详见“玉皇”部分）。而漳州的东王公崇拜可见于东晋时期，元妙观是泉州最早的道教宫观，始建于西晋太康年间，原名白云庙。至今元妙观仍被民间称为“天公观”，由此可见泉州道教神明的传入是比较早的。但是，元妙观什么时候开始拜天公并没明确之记载。

据康熙《龙溪县志》记载：“元妙观在县治之东，唐祀老子，为开元观，时州治于浦。贞元二年（公元 786 年），徙治于溪；十二年（公元 796 年），刺史李登乃奏移今所。宋大中祥符元年（公元 1008 年），诏天下立天庆观，又建圣主殿，祀司命赵真君为祖，岁时郡守率属朝谒。元元贞间，改为玄妙，祀老子如初，明因之。”[②] 光绪《漳州府志》“天庆观”条记载：“在本观王（疑为玉——笔者注）皇殿之东，前有琼章宝阁，左为魁星祠，右为北斗祠。宋端平二年（公元 1235 年），颜检正者仲侍郎颐仲捐钱营建。”在太平军进漳和民国年间，玄妙观被冲击而毁，据称神像流落民间。1999 年，玄妙观的龙柱移至天宝玉尊宫。

据此资料，漳州拜天公的宫观是玉尊宫，是从唐代的开元观转化而来，最初是以老子为主祀神，一直到明代还是如此。宋端平二年，内置王皇殿。“王皇”疑是“玉皇”的笔误，这只是一种推测，但即使这记载是“玉皇”，最多说明漳州的玉皇庙宇出现于南宋。现在天宝玉尊宫主祀玉皇，最早说是在民国，而确切可知是现代以后的事。这说明了明代以后玉皇在漳州地位的上升（具体见“天公”部分的论述）。所以，玉帝作为最高神祇在闽南民间受到广泛尊敬应在明朝时期。

2. 三界公（三官大帝）与雨雷仙官

泉州的三官大帝宫建立于明嘉靖年间，漳州漳浦的雨霁顶三界公坛建于明宣德年间，这说明了闽南的三界公崇拜时间不会很早。

《泉州府志》说，宋初风雨雷神在社稷坛附祭，[③] 南宋的知州有单独祭风

---

① 郑镛：《闽南民间诸神探寻》，河南人民出版社，2009 年版，第 28 页。

② 康熙《龙溪县志》卷十一，《古绩》。光绪《漳州府志》卷四十，漳州市图书馆，2005 年内部资料。

③ 乾隆《泉州府志·坛庙寺观》。

雨雷等神明的祝文,[1] 说明这些神明也是在南宋后才较为独立。

(二) 各行业执掌的确立

闽南与台湾的各行业神明中,神农、鲁班、东岳帝、文昌帝等由北方传入,流传的时间都较长。但是,如保生大帝、妈祖等本地神明,职掌某行业,则需要一个过程。比如妈祖信仰产生于宋代,可是,终宋一代,妈祖还不是最突出的水神,妈祖的影响于元代得到彰显,明清达到鼎盛。漳州漳浦的林士章是在明代将妈祖请回漳浦的。鲁班的传说流传虽早,但被封为"巧圣先师"是在明成祖时。

(三) 闽南与台湾县乡区域神明

闽南的县级区域神明,地位突出的当推城隍。城隍神的祭祀虽然比较早,但祀典的展开及神格的定形,还是唐代以后的事。如唐玄宗开元五年(公元 717 年),张悦撰《祭城隍文》是祭祀城隍有祭文记载的开始。后唐清泰年间(公元 934 — 936 年),后唐末帝敕封城隍为王爵,于是城隍神才被尊称为"城隍王爷",简称"城隍爷",这里才有神像出现。泉州于洪武三年(公元 1370 年)将原来的资寿寺改为供奉城隍,漳州府城的城隍庙时代较早,不迟于宋代,但各县多数较晚建立。如:平和建于明正德十四年(公元 1519 年),诏安建于嘉靖二十七年(公元 1548 年),海澄建于明隆庆年间(公元 1567—1572 年),南靖建于明万历二十三年(公元 1595 年),东山也是在明代。[2]

土地神出现的时间并不晚,一般认为在周代,《礼记·祭法》里也有记载。闽南的土地庙多建于明清,但这不能说明土地神传入闽南较晚。因为一般的土地神格不高,数量又多,见于记载的不多。如《厦岛后崎尾岐西保岐山古地土地公祖庙碑记》载"保岐山土地公祖庙":"自宋有祀"。可见土地在闽南的祭祀应与汉唐移民同步,时代不晚。

(四) 闽南与台湾神明系统的确立

综上所述,闽南与台湾神明系统的建立,必须在当地的民间神明种类较为完善、主要神明已经出现,并达到一定的影响时,整体框架才可能形成并

---

① 《真西山文集》卷四十八。

② 光绪《漳州府志·卷八·祀典》。

成熟。闽南一些主要神明，虽然部分出现在唐宋，但大都是在明代起影响才渐渐扩大，部分神明的庙宇到此时期才修建完毕；大约成书于明代中期的小说《西游记》和《封神榜》，使闽南的造神活动掀起了新高潮，并形成最高玉皇，辅以三官，以下地方城隍和土地的格局。所以，闽南与台湾形成以玉皇为中心，其他主要行业神明作为辅佐的神明系统，时间最早应在于明代。

第三节　闽南与台湾原始宗教和民间庙神的起源

长期以来，闽南和台湾从原始宗教到民间信仰的发展较少受到关注，作为涉及这方面的著作，缺少了这一部分总有些遗憾，本章搜集有关资料，尽可能对闽南和台湾民间信仰的源流做个概要的介绍。

从目前掌握的资料推断，魏晋南北朝以前为闽南民间神明的起源时期。以往关于闽南民间信仰源流的讨论，通常较多地论述对中原文化的传承方面，然而，近来一些学者注意到闽南的民间信仰，除了包涵中原文化的主要方面，还融合了楚越文化的部分构成。如林国平的《闽台民间信仰源流》①、黄振良的《闽南民间信仰》②、郑镛的《闽南民间诸神探讨》③ 等著作，都有一定的论述。

由于史籍记载，闽越在汉初数次叛乱对抗中央，汉武帝“徙其人于江淮间，虚其地”。④ 所以，容易被误以为福建的土著都被迁走了，现存的文化包括民间信仰都是从中原传过来的。其实，许多生活在山林间的土著并没有被迁走，存余力量还是非常强大。据《宋书》记载：“汉武帝世，闽越反，灭之，徙其民于江、淮间，虚其也。后有遁逃山谷者颇出，立为冶县，属会籍。⑤”所以，汉王朝最多是把平原集市一些人迁走，山区的土著人依旧存

① 林国平：《闽台民间信仰源流》，福建人民出版社，2003年版，第1—13页。
② 黄振良：《闽南民间信仰》，台湾河洛文化事业有限公司，2009年版，第14页。
③ 郑镛：《闽南民间诸神探讨》，河南人民出版社，2009年版，第8—9页。
④ 光绪《漳州府志》卷一。
⑤ 《宋书·州郡二》卷三十六。

在。闽南多山，闽越人历来强悍且反复无常，至唐初，朝廷再次派来陈政父子前来镇压。因此，强调闽南民间信仰具有楚越文化因素的论断是很有见地的。因为，从史前到秦汉，闽越族一直居住于闽南和台湾，其民俗必然对闽南和台湾民间信仰的构成产生相应的影响。

闽南与台湾民间神明的起源与雏形，在没有文字记载的年代，可借助考古资料分析。闽南和台湾，从史前旧石器时代起，墓葬就埋有随葬品，这说明当时已出现灵魂观念，有原始信仰和民间崇拜。因为只有原始人相信灵魂存在，相信灵魂不死，才会埋有随葬品，才会出现神的观念。在社会进步缓慢的过去，先人的经验非常重要，祖先很受崇拜。灵魂观念的存在，使人们重视先人后事的处置，鬼魂的喜怒哀乐，成为摆在先民眼前的问题。为了让鬼魂给人类带来好处或至少不带来灾祸，古人就根据当时的生活状况和想象来处置尸骨，使灵魂得到安乐。这种对先人和祖先的态度，属于祖宗崇拜，为原始宗教的一部分，也是后来民间信仰的贤人崇拜的重要组成部分。

一、闽南原始宗教与民间神明的起源

（一）闽南原始宗教与民间神明的出现

1. 闽南的史前考古遗址

长期以来，福建没发现数万年以前的人类，上世纪 80 年代，在漳州的莲花池山，发现上层为 4 万—8 万年前、下层约 20 万年的人类遗址，出土了不少石器，属旧石器时代。可是，该遗址靠近漳州市区，没能找到墓葬，因而不能了解当时先人随葬的习俗和处理形式。

2001 年，漳州发掘了距今 3120 年前的虎林山商代遗址，共清理了 20 座墓葬。据《虎林山遗址》发掘报告所述，该遗址对不同阶层人的埋葬有区别。在墓地中挖有腰坑的墓，主要见于西南区，无腰坑的墓主要见于东北区，其中所有漏斗形腰坑墓均在西南；从随葬品的数量上看，腰坑墓普遍较多，漏斗形和长方形腰坑墓随葬品数量尤多，达 40 多件，西南区的几座腰坑墓随葬品数量都超过 20 件，而无腰坑墓随葬品一般从 1 到 10 多件不等，差别明显。在随葬品的种类和质量方面，腰坑墓一般种类齐全，器物组合较完整。另外如青铜器、玉器、礼器牙璋等也只有腰坑墓才有。

虎林山所发现的璋，是迄今为止世界范围最大且最厚重的。古文献表明，璋是贵重的礼器，在朝聘、祭祀、丧葬、发兵中有权力的意义，为上层人物所拥有。璋原是北方的产物，东南沿海少见。虎林山所发现的这两件璋形态类似于中原系统所产的璋，与四川一带的区别较大。但其石材却是本地的石料，表明这是本地模仿中原的产品，显示殷商时期闽南与中原的某种联系。

虎林山出土的青铜器，是福建迄今为止最早的青铜文物。铜戈的形态与同时代粤东浮滨出土的戈不同，为直内弧援风格。这种作风来自于中原殷商文化。但青铜成分的构成、与中原所见不同。可见这种风格虽受中原文化的影响，但产地并不在中原，发掘报告推测其为闽南周边的产物。

发掘报告根据相应的情况，将这 20 座墓葬分为三个等级：甲类墓，等级最高，其次是乙类墓，第三等级丙类墓。第一等级的墓主人拥有较多的财富，身份和地位最高，这类墓属于上层贵族墓葬，而墓中有随葬礼器璋的墓主人，则应该是首领人物。第二等级的墓主人是中层人士，而第三等级则应属于一般平民的墓葬。因此，推测西南区属于贵族墓葬区，相反东北区则主要为一般平民的埋葬区。这种社会地位差异和墓葬分区结合的现象在以往福建地区早期遗存中从未明确显示过，这对于了解福建早期的社会结构具有重要的意义。

这种现象也从另外一个方面表明了虎林山遗址在这类遗址中的重要地位。在福建包括粤东地区发现的同类遗存中，尚未出现比这一地点更高层次的文化遗址，这无疑表明漳州平原是福建和粤东这类遗存的一个核心地带。①

从璋与青铜器的情况看，漳州一带礼仪文化受到中原的影响较深。而殷商此时正是敬天崇祖的极盛阶段，虎林山的墓葬品应也是祖先崇拜的产物。祖先崇拜是民间信仰的重要内容。因此，距今 3120 年的虎林山墓葬群是目前漳州地区发现的最早具有民间信仰倾向的文化遗址。但这并不能说明漳州的民间信仰起源于 3000 年前。由于漳州的早期文明出现于平原的大河畔，这是历代人口最稠密的地区，因此对遗址的破坏较为严重。据今 20 万年的莲花池山遗址没有发现墓葬，也就没有发现相关的埋葬习俗。根据虎林山考古已出现的较丰富的随葬品，埋葬的礼器、礼仪，以及中原因素的影响，虎

① 陈兆善、杨丽华：《虎林山遗址》，海潮摄影艺术出版社，2003 年版，第 141—149 页。

林山文化已是较大区域的政治文化中心，我们可以推断，在虎林山之前自然还有更早的原始信仰或原始宗教形态。

《周礼·春官·大宗伯下》记载："以冬至日，致天神人鬼，以夏至日，致地示物魅，以禬国之凶荒，民之札丧。"① 就是说当时的祭祀对象已有天神、地祇（示）、人鬼，物魅等四类。天神是日月星辰风雨雷电等天象，地祇（示）为土地、山川、河岳，人鬼是鬼灵与祖先，物魅指人以外的生物（甚至包括无生命之物）成为精魅者。说明夏商周时存在自然崇拜、鬼神崇拜与祖宗崇拜。虎林山出土已有璋等礼器，说明其受中原文化的影响较深，据此可以推断漳州当时除了鬼神崇拜外，还有天神、地祇（示）、物魅等崇拜，已具备民间信仰的一些基本因素。虎林山未发现"人牲"的祭祀，笔者以为，这已脱离原始祭祀，是漳州可知的最早有一定宗教含义的遗址。当然这是推断，确切的情况有待于出土等相关的资料进一步证明。

2. 文字与传说的闽南民间神明

《史记》载："是时，（汉武帝）既灭两越（闽越和南越），越人勇之乃言'越人俗鬼，而其祠皆见鬼，数有效……'乃令越巫立越祝祠，安台无坛，亦祠天神上帝百鬼，而以鸡卜。"这里提到闽越被灭亡后，越人向武帝叙述了他们祭祀天神和百鬼的情况。《后汉书》亦云："会籍之俗多淫祀，好筮卜。"②《隋书》说："江南之俗……信鬼神，好淫祀。"③

漳州旧志载龙海的南太武山上有太武夫人坛。祥符《漳郡图经》引前志云："闽中未有生人时，有夫人拓土而居。"④ 太武夫人是漳州旧志记载传说中的最早人类，也是闽南可知的最早崇拜对象。泉州较早的民间庙宇，有祭祀闽越王无诸的武济庙，无诸为汉初的闽越王。南宋时泉州知府真德秀还说："庙食闽中，垂二千祀。"⑤ 可见无诸的庙宇在古代的泉州有很大影响。东汉末的董奉为闽南一带的医生，传说董奉出生地于今厦门杏林，常到邻近

---

① 《黄侃手批〈白文十三经·周礼·春官·大宗伯下〉》，上海古籍出版社，1980 年版，第 74 页。

② 《后汉书》卷四一，《第五伦传》。

③ 《隋书》卷三一，《地理志》。

④ 《漳州市志》，中国社会科学出版社，1999 年版，第 1221 页。

⑤ 真德秀：《武济庙祝文》。

的长泰县行医、采药，所以长泰的名山有董奉山。董奉也到漳浦梁山采过药，《图经序》云："梁山记董奉之游。"①

汉人的传统很重视神明与祖先的祭祀，所谓"国之大事在祀与戎"，既有埋葬方式，必有相应的崇拜仪式，但这方面的系统研究并不多。

（二）魏晋南北朝时期闽南民间神明的状况

闽南民间神明的状况，唐以前并没有多少文字记载，我们尽可能可借助星星点点的资料，给予一定的勾画。

由于南安县丰州、莆田西岩寺等地均先后发现了西晋太康年间的墓葬，以及惠安锦田黄姓开基祖、三国吴大将等史料的发现说明从汉代以来，中原人就陆续南下了，到两晋之间才开始出现迁徙的高潮。有学者认为，入闽的中原人未必是衣冠望族，可能仅仅是一些流离失所的平民百姓。②

2002 年底，漳浦县博物馆在石榴镇清理发掘了 5 座东晋太元年间的墓葬，共出土陶瓷、铜、铁、金银器 20 件。其中半圆方枚人物神兽镜，出土于 M4 号墓，镜直径 15cm，厚 0.6cm，沿宽 1.5cm，半圆钮，圆钮座。主纹饰区环状分布为六个人物分坐四方，其中一方有三人，人物两边均有神兽，可以看作是青龙、白虎、朱雀及玄武的造型；人物类似为东王公和西王母等，边饰区为 12 个半圆形的瓦当，12 个方枚，每个方枚中有四个字，共 48 字。同类型的半圆方枚神兽镜，在浙江绍兴、江西南昌、湖北武汉等地区也有出土，时代为东汉晚期、三国，到两晋、南北朝。主纹饰区为传说中的神仙人物故事、神兽，内容复杂。③

西晋以来，北方人口的不断南迁，带来了中原的文化，也带来一些神明信仰和习俗。这从泉州的一些墓葬中，多少可以看出些迹象。南安县丰州、莆田西岩寺等地先后发现了西晋太康年间的墓葬，东西晋与南朝的墓葬亦多有发现，而且埋葬方式与器物风格"与江南地区六朝墓完全相同"④。

闽南晋朝墓的发现，证明了两晋时期，陆续进入福建地区的中原人，已

---

① 乾隆《海澄县志》卷二十二，庄夏《慈济宫碑》。

② 王文径：《闽台文化交流》，2006 年第 1 期。

③ 王文径：《闽台文化交流》，2006 年第 1 期。

④ 黄展岳：《泉州以前的历史考古问题》，载福建博物馆《福建历史文化与博物馆学研究》，福建教育出版社，1993 年版，第 187 页。

有相当一部分人进入了闽南地区。他们在距陈元光开漳前的300多年前，已经在鹿溪流域、晋江流域和兴化平原生活，在当时被称为“蛮獠”的土著长期聚居的闽南大地上，形成了繁荣的中原人文环境。因此，这至少可以说明，晋代汉人已进入古闽南地区，并带来中原的神明信仰。人们重视先人后事的做法，当时人根据自己的生活状况和想象来处置尸骨，使灵魂得到安乐，已有鬼魂信仰和祖先崇拜的做法，有东王公和西王母的造型，还有一些神仙人物，东王公被认为是玉皇大帝的原型。天帝（东王公）、神仙、鬼魂和祖宗崇拜，都是民间神明系统的重要方面。

据乾隆《泉州府志》记载，泉州在三国与西晋时有顺济侯庙、延福寺、白云庙（后称元妙观）等宫庙。其中顺济侯祭祀的是三国埋葬于此的黄将军，为本地神明。据笔者调查，漳州可知最早民间信仰庙宇是东晋时期建造的。这至少可以说明，魏晋南北朝时期闽南民间神庙已有初步的发展。

从以上记载可知，先秦到两汉南北朝时期，如漳州的虎林山，贵族的色彩较浓，也有一些平民的墓葬与陪葬物的出现，由于资料不全，我们无法对当时的信仰崇拜做清晰的表述。闽越人自古祀天信鬼，巫术盛行。闽南一带有不少的民间神。如果说，太武夫人崇拜还带有神话传说的痕迹，那么无诸和董奉的崇拜，就带有鲜明的民间神明倾向。因此，在闽南民间信仰起源和发展初期，除了东王公、西王母等从北方流传而来的神明之外，还有相当部分的本地神明。虽然祭祀太武夫人、无诸和董奉等人的庙宇不多，然而这些较早的记忆在闽南却一直保留下来。

二、台湾少数民族的原始宗教

（一）台湾少数民族的原始宗教遗址

台东的巨石文化，巨大的板岩单石、岩棺、石壁、石轮、石槽、石柱，甚至石像等，都和生活实用保有距离，这应和他们的祭仪和信仰有关。以台湾台东县马武窟溪入海口东河遗址群的马武窟小马1遗址（距今约5700年前）的情况看，随葬双把罐、玉玦、玉珠、玉凿、矛头、石锛等等，在生产力低下的当时，肯定是很贵重的东西，但子孙们舍得使其随葬，说明先人的埋葬一定是件非常重要的事。据此推断，应该有相应的葬礼。既有灵魂观念，又有一定组织形式的礼仪，还有随葬的器物，这可以认为是最早民间信仰的雏形。

台湾的马武窟小马 1 遗址，台北芝山岩遗址，之后陆续出现在台东卑南遗址、屏东裘拉遗址，及宜兰的丸山遗址都有随葬品。

从距今 3200—2300 年前的圆山文化发掘情况看，埋葬的仰身直肢与屈身尸体带有精美玉器陪葬，专家认为当时应有相关信仰体系的礼仪。而且出土的铜镞与大陆的殷墟小屯相同，与东南亚的并不相同，专家认为这与大陆文化为相同类型。① 而此时的殷商，正是敬天崇祖的全盛时期，灵魂观念及葬礼的隆重，是当时的重要特点。

台湾史前的墓葬行为的出现，最早始于新石器时代早期的大坌坑文化，中期为垦丁文化。晚期的卑南文化，墓群面积辽阔，超过 30 万平方米，石板棺排列整齐，更是社会组织复杂化、群居人口众多化的具体证据。所有的石板棺都头向南方，脚向当地人视为圣山的都兰山。可见当时的墓葬行为，应与宗教信仰有一定的结合。

十三行遗址是台湾北部重要的考古遗址之一。该遗址位于台北县八里乡淡水河海口交界处的南岸，挖掘出陶器、铁器等各类丰富的史前遗物。该遗址的主人生存于距今约 1800 年至 500 年前，在文化上属于台湾史前时期的铁器时代，是目前台湾唯一确定拥有炼铁技术的史前居民，很有可能是台湾平埔族凯达格兰人的祖先。十三行遗址主人的埋葬习俗，以头朝西南脸向西北的侧身屈肢为主，凶死者则往往以头向东北的直肢葬方式埋葬，常见的陪葬品包括装饰品陶罐、青铜柄、铁刀等器物。在所有出土陶器当中，最引人注目的是被十三行博物馆誉为“镇馆之宝”的“人面陶罐”。该陶罐在口缘、足部的表面均匀散布圈印、栉点等装饰图样，在陶罐腹部则有生动的人面造型：微凸的眉脊、狭长的双眼、微张的嘴角、再配上脸颊旁立起的双耳。人面陶罐为墓葬出土文物，据学者推测可能具有宗教用途。

从考古资料看，台湾从史前起，墓葬就埋有随葬品，说明当时已有灵魂观念，有原始信仰等民间崇拜的迹象。

（二）文献与调查的原始宗教

台湾少数民族的习俗与崇拜，可见于《临海水土志》、《魏书》、《北史》、

---

① 刘益昌：《淡水河口的史前文化与族群》，台北县立十三行博物馆，2002 年版，第 88 页。

《隋书》、《宋史》、《岛夷志略》、《元史》、《明史》、《清史稿》的一些记载。人类学者与民族学者已有一定的调查。

台湾少数民族大致有天、地、日、月、山、河、海、石头、树、鸟、蛇等自然崇拜，亦有祖宗等血缘崇拜。

《隋书·流求传》里记载，“以木槽中暴海水为盐，木汁为酢，酿米面为酒……先火烧而水灌之……宜稻、粱、床、黍、麻、豆、赤豆、胡豆、黑豆……风土气候与岭南相类，俗事山海之神，祭以酒肴。斗战杀人，便将所杀人祭其神。”①

除了自然与祖宗崇拜，古代另有猎首和进行血祭的习惯。康熙《台湾府志》说土番（指台湾少数民族）风俗，“好杀人取头而去，漆顶骨于家，多者称雄，此则番之恶习也。”② 张燮《东西洋考》云：“比收稻讫，乃标竹竿于路，谓之插青，此时逢外人便杀矣。”③

从《隋书·流求传》和其他相关的记载可知，台湾少数民族至少在5000年左右就产生了灵魂观念，并开始祭祖宗神。至少在隋代时，已有了山海等自然神崇拜。说明台湾史前少数民族已具备了宗教信仰的一些基本因素。由于学术界将台湾民间信仰定为汉人入台后的产物，台湾少数民族与汉人民间信仰的关系，大陆学界目前还很不了解。然而，台湾少数民族与大陆闽越族的深厚关系，含有闽越因素的闽南民间信仰，与台湾少数民族的信仰崇拜必有一定的渊源联系，此为有待进一步探讨的问题。

---

① 《二十五史·隋书·流求传》，上海古籍出版社，上海书店1985年版，第218页。

② （清）蒋毓英撰，陈碧笙校注：《台湾府志》，厦门大学出版社，1985版，第58页。

③ 卢美松、陈龙：《闽台先民文化探源》，福建人民出版社，2003年版，第239—240页。

第二章 闽南与台湾民间庙神的繁荣和发展

第一节 泉漳民间庙神的发展与繁荣

如果说魏晋南北朝以前是闽南民间庙神的起源阶段，那么，唐宋明清的闽南民间庙神进入了发展和繁荣阶段。

一、唐代泉漳民间庙宇神明的兴起

唐代由于陈元光与王绪、王审之的入闽，人口大增。陈元光主要经营闽南，王审之对闽南的开发也多有贡献。随着社会的初步繁荣，闽南的民间神明与庙宇也进入了新的发展时期。

乾隆时期《泉州府志》记载了泉州地区的286间坛庙寺观，建于唐代的有119间，其中可知年代的有277间，[①] 唐代占43%，为各朝代中最多者。其中不少为民间庙宇，可以看出唐代民间信仰的繁荣。

唐朝在漳州云霄的将军山，陈元光建了祭祀陈政的庙。《八闽通志》就有记载，龙溪玄妙观，唐贞元年间建（公元785—805年）。[②] 我们曾调查了漳州10平方米以上，较有影响的2800多座庙宇。在进行了相关的归类后发现：漳州的民间信仰寺庙，绝大多数在唐及以后修建。其中可知年代的1562间庙宇中，唐以前仅有两座，唐建了41座，漳于唐垂拱二年（公元686年）建州，可见州的建立对地方文化、信仰的影响。

---

① 乾隆《泉州府志》卷十六，《坛庙寺观》。

② 黄仲昭：弘治《八闽通志》（下册）卷七十七，《寺观志》，福建人民出版社，1990年点校本，第826页。

泉州民间庙神的遗存资料不少，乾隆时期《泉州府志》记载，五代万氏女子生前懂巫术，逝世后保一方平安，民间称为“万氏妈”，被朝廷封为“护国英烈仙妃”①。民间还存在一些神仙方士或游道的传说，整个情形与如今民间神明类似。唐陈元光入闽，其活动范围包括泉州和粤东一带，所以，泉州有不少的祭祀陈元光的威惠庙。泉州近郊的外朋山、南安的潘山，都有开漳圣王庙。泉州也受周边民间神明的影响，惠安的西汉宣帝明的萧太傅刚正、清廉，逝后被奉为神。五代时王审之建闽国，萧太傅崇拜就在泉州传开了。

隋唐五代是闽南造神的第一次热潮。睢阳庙的张巡、许远，保留着移民对中原历史的记忆；原生于本地的则有：道士蔡如金、开漳圣王陈元光、戏神雷海青、三平祖师义中禅师、泉州别驾姜公辅（唐德宗时宰相，因谏阻当时的奢侈之风贬至泉州）、医神康仙祖、节度使傅实、金门的牧马侯、名士欧阳詹、九日山秦君亭、诗人韩偓等神明，都是这一时期产生的。

二、宋元泉漳民间庙宇神明的发展

（一）神明众多与造神热

宋元泉州为天子的南库，经济文化较为繁荣，推动了民间信仰的兴旺。中原传来的神明，如东岳大帝、城隍爷、山川、雷电、风雨、龙王等神祇的庙宇，确切可知的建于此时。其实，自然山川与社稷等神明古已有之，闽南亦继承此传统。神庙应随早期移民一起过来，譬如泉州祭拜龙神的福远庙，建于唐乾符年间（公元874—879年）。南北朝和隋唐时，闽南人口不多，庙宇自然少，较难遗留下来。宋代闽南社会发达，人丁兴旺，庙宇增多，也更多地见于记载。

如《八闽通志》就有记载，龙溪东岳行宫，宋绍兴二十九年建；龙溪慈济宫，宋景定元年建；漳浦崇首观，宋代建；长泰紫极宫，宋宝庆元年；长泰佑圣宫，宋代建。②

---

① 乾隆《泉州府志》卷十六，《坛庙寺观·万仙妃庙》。

② 黄仲昭：弘治《八闽通志》（下册）卷七十七，《寺观志》，福建人民出版社，1990年点校本，第826—833页。

除了土地爷、门神、灶君等传统神明被广泛祭拜外，还出现一波新的造神热潮。不但推出了妈祖、保生大帝这一类的民间神明，在泉州的一些民间清廉的地方官员也被作为神明供奉，如：

蔡襄，仙游人，宋至和到嘉祐年间（公元1054年—公元1063年）为泉州知府。由于“威惠兼行，民畏而爱之”①。任上建洛阳桥，泉人于桥南刻碑立祠祭祀。

王十朋宋高宗时中状元，乾道四年起为泉州知府。当时泉州为全国著名都市，人们认为“德政在人，有百年之思”②，立祠供奉。

倪思，归安人，嘉泰元年（公元1201）知泉州。为政清廉，忠节直言，泉人建祠祀之。

宋元的泉州神明崇拜，还有值得注意的现象，就是祈风的祭祀。闽南民间庙神的文字记载，宋代以后资料较为完整。泉州宋元时经济的总体情况是，官方依赖于当时的民间经济，特别是海外贸易部分。对于被认为能保佑贸易的民间神明，官方是支持和欢迎的。

宋朝时，泉州的神明不只是一般的生产与生活的神明，更重要的是水神和风神。通远王产生的年代虽然在唐朝，但见于祈风的记录在宋朝元丰年间（公元1078—1085年）。③ 妈祖也在此时应运而生，起初的记载，林默是民间的巫，泉州天妃宫建于南宋庆元二年（公元1196年）。宋代泉州的龙王与雷、雨、云神的崇拜也很兴旺。

乾隆时期《泉州府志》记载了泉州地区的286座坛庙寺观，建于宋代的有80间，④ 占寺庙数29%的份额，可知宋代民间庙宇十分兴旺。

（二）宋代官方对泉漳民间庙神的态度

1. 对庙宇的封赐

笔者曾了解漳州现存可知年代的1562座民间庙宇，宋代有68间。查阅《宋会要》一书，当时泉州、漳州有许多民间神明，部分得到官府的封赐，比如：

---

① 乾隆《泉州府志》卷二十九，《名宦》。
② 吴幼雄：《泉州宗教文化》，鹭江出版社，1993年版，第55页。
③ 吴幼雄：《泉州宗教文化》，鹭江出版社，1993年版，第41页。
④ 乾隆《泉州府志》卷十六，《坛庙寺观》。

龙湖龙神祠，在泉州府，绍兴十一年七月赐额福远。

青山神祠，在泉州府惠安县守节里，绍兴五年十二月赐庙额诚应，绍兴十九年八月封灵惠侯。

圆山神祠，在漳州府龙溪县，神宗熙宁八年六月封通应侯。

五山神祠，在长泰县，绍兴十二年三月赐庙额威泽。

广福王祠，在泉州府南安县，旧号灵岳显应王，神宗熙宁八年六月封通应侯。

陈元光祠，在漳州漳浦县，神宗熙宁八年六月封忠应侯，徽宗政和三年十月赐庙额威惠。

杨花二神祠，在泉州府同安县九跃山，杨氏、花氏二祠，绍兴六年赐庙额威佑。

西宫殿神祠，在泉州府德化县，伪闽时封护邑侯，绍兴七年四月赐庙额威惠，十九年五月封灵助侯。

郭将军祠，在泉州府南安县，绍兴六年十一月赐庙额威镇，十一年封忠应侯。

威惠庙，“庙在漳州府漳浦县，一在难（鄞?）江县。灵感侯，庆元三年六月，加封灵感昭应侯”。

威济庙，庙在漳浦县，庙神陈大惠，淳熙十一年正月封灵佑侯。

慈济庙，庙在同安县，忠显侯嘉定元年五月加封忠显英惠侯。

孚济庙，庙在同安护禳，神嘉定二年闰月赐额。①

2. 漳泉官方对民间庙神做法的异同

宋代漳州民间信仰的繁荣，开始官员持支持的态度，官员争取朝廷对民间神明的封赐。但发展至南宋，官方认为民间信仰的繁奢，对生产和生活产生了妨碍，这可从朱熹和陈淳的文字中得到说明。朱熹在漳任郡守期间，曾发布了“谕俗文”，当中很大一部分，是劝告人们不要沉迷于民间信仰。比如：“不得传习魔教。”“男女不得以修道为名，私创庵寺。”“约束寺院民间，不得以礼佛、传经为名，聚集男女昼夜混杂。”“约束城市乡村，不得以禳灾祈福为名，敛掠财物，装弄傀儡。”总之，朱熹以为当时“礼教不明，佛法、

① 《宋会要辑稿》礼二〇之五一，中华书局，1957年影印本，第790页。

魔宗乘间窃发。倡为邪说惑乱人心……官司纵而不问，则风俗日败，悉绳之以法，则犯者已多。是虽其人不能自谋，轻信邪说，以至于此。”①

陈淳同样说到这种情况：

某窃以南人好尚淫祀，而此邦之俗为尤甚。自城邑至村庐，淫鬼之名号者至不一，而所以为庙宇者，亦何啻数百所。逐庙各有迎神之礼，随月迭为迎神之会。自入春首，便措置排办迎神财物事例．或装土偶，名日舍人，群呵队从，撞入人家，迫胁题疏，多者索至十千．少者亦不下一千；或装土偶，名日急脚，立于通衢，拦街觅钱。担夫贩妇，拖拽攘夺，真如昼劫；或印百钱小榜，随门抑取，严于官租。阴阳人鬼不同途，鬼有何说，欲人之必迎？人有何见，知鬼之必欲迎？凡此皆游手无赖，生事之徒，假此以括掠钱物，凭藉使用。内利其烹羔击豕之乐，而外倡以禳灾祈福之名，始必浼乡秩之尊者为签都、劝缘之衔，以率之，既又挟群宗室为之羽翼，谓之‘劝首’。而豪胥猾吏，又相与为之爪牙，谓之会干。愚民无知，畏祸惧谴，皆黾勉倾囊舍施，或解质举贷以从之。今月甲庙未尝，后月乙庙又至，又后月丙庙、丁庙复，张颐接踵，废塞向墐户之用，以为装严祠宇之需，辍仰事俯育之恩，为养哺土偶之给，钱既裒集富衍，遂态为无忌惮，既塑其正鬼之夫妇．被以衣裳冠帔。又塑鬼之父母，曰圣考圣妣，又塑鬼之子孙，日皇子皇孙。一庙之迎，动以十数像群舆于街中，且黄其伞，龙其辇，黼其座，又装御直班以导于前，僭拟逾越，恬不为怪。四境闻风鼓动，复为俳优戏队，相胜以应之。人各全身新制罗帛、金翠，或阴策其马而纵之，谓之神走马，或阴驱其轿而奔之，谓之神走轿。男女聚观，淫奔酣斗，夫不暇耕，妇不暇织，而一惟淫鬼之玩。子不暇孝，弟不暇恭，而一惟淫鬼之敬。一岁之中，若是者凡几庙，民被扰者凡几番。前后有司不能明禁，复张帐幕以观之。谓之与民同乐。且赏钱赐酒，是又推波助澜，鼓巫风而张旺之。②

① 《宓庵手抄漳州府志》卷三十八，916—919页。

② 《宓庵手抄漳州府志》卷三十八，921—922页。

陈淳所说的宋代漳州的祭神习俗，如果排除其中的贬低之词，可以看到，尽管拜神使百姓支出钱财很多，但是，民众很欢迎游神，“至罄其室，枵其庐，冻馁其父母，蓝缕其妻孥，有所不恤”，“务以悦神”，“废人事之常职，祟鬼道之妖仪”，“不惟在城皆然，而诸乡下邑亦莫非同此一习”。每逢游神之际，他们饮酒欢呼，嬉闹通宵，陶醉于快乐之中。① 因此，宋代的漳州民间神明活动十分普遍，不但难以管理，并且部分官吏也融入其中。

至南宋，漳州民间神明的活动，形成民间鼎力支持、官方反对的情势。漳州以农业为主，强化了民间对风调雨顺的渴望，民俗倾向浓厚，乡土气息浓，男女混杂私会，将娱神与民间节庆融合，使祭祀活动形成很大的规模。

唐宋时期泉漳的民间庙神已有极大的发展，对民间和官方都有很大的影响。唐宋元闽南的民间信仰，泉州官方主导的味道比较浓，宋代泉州作为通商大港，其民间崇拜与通商有很大的关系，如九日山的祈风。泉州官方主导，一般由知州和提举市舶司主要官员主持，官民同祀。比如宋代淳熙三年（公元 1176 年）“太守贰卿颜熙仲”，淳熙十五年（公元 1188 年）的知州林枅，嘉定知州真德秀等，祈风于通远王庙。

郑镛先生曾说过：“一般地说，民间神灵往往是先出于官府信奉，其中有的继而得到官府的认可”。② 笔者以为，这对于民间信仰中的普祀部分，或者说由北方传来的神明，许多是先官祀，后民间开始供奉。然而，对于地域很强的神灵，或说闽南与台湾的很多本地神明就不一定是这样。通常是民间先供奉，继而得到官方的支持和认可。比如妈祖、保生大帝和清水祖师等等，基本都是这种情况。

三、明清泉漳民间神庙发展的高潮

明代至清初，漳州月港的兴起，福建沿海对东西南洋的贸易转由漳州把持。闽南地区的经济出现新的高潮。由于商战的争夺，海路的凶险，导致民间神明活动的进一步繁荣。明代中期的《西游记》、《封神榜》等小说的出现，其中的奇特幻想，天庭的众仙、西天的佛与菩萨，西去路上的妖魔，姜

---

① 陈淳：《北溪大全集》卷四十三，《上赵寺丞论淫祀》，第 12—14 页。

② 郑镛：《闽南民间诸神探寻》，河南人民出版社，2009 年版，第 230 页。

子牙封神，众仙斗阵斗法，腾云驾雾、呼风唤雨等情节，丰富了闽南人的想象力。目前可知的多数宫庙，都兴建于明清时期，包括玉皇庙、哪吒太子庙的盛行，与《西游记》、《封神榜》的影响有很大关系，这类的庙宇多数开始于明代。

厦门宗教局调查了 1524 座民间庙宇，其中 90%以上建于明清时期（详见厦门部分）。笔者的调查，漳州可知年代的 1562 座寺庙中，元朝 15 间，明清时期为 656 间，在所有朝代中占最高份额。泉州多数的庙神也出现于明清阶段。台湾民间庙神的传入与发展，绝大多数在此时期，可见这两个朝代是闽南与台湾民间神明庙宇发展的高潮时期。

宋代时，泉州并没突出的神明崇拜活动，明清时，泉州民间宫庙的活动广泛且成熟。明正德年间（公元 1506—1521 年）在晋江北岸富美渡头创建了著名的富美宫，以后逐渐盛行的“水醮”、“放水灯”、“送王船”各种民间民俗活动热闹而排场。

明清也是闽南民间神明向台湾和东南亚传播的主要时期。如南安诗山的凤山寺（祀观音）、漳州的东山关帝庙、安溪的清水祖师、同安的白礁慈济宫等等，在台湾和东南亚都有众多的分灵寺庙。

可以从光绪时期《漳州府志》记载的明清漳州习俗，看出当时民间神明活动在地方上的影响：

“漳之俗岁正月，里闬具茶酒相娱乐，迎神明灯，击鼓召巫。”“上元作花灯，为火炮之属。子弟扮仙狮、竹马、龙灯，庆乡闾。”

“二月乡间居民仿古春祈，敛分金，宰牲祀神。毕，群饮于庙，分胙而归，谓之‘做福’。”

“清明，插柳户上，是日多墓祭。”

“三月三日，采百草，合米粉为细果，荐祖考。”

“四月八日，有洗佛之会。”

“端午悬艾、插蒲、蒸角黍、服雄黄酒。儿童带茧虎，俗斗龙舟。富人放标、持豚酒饷之。”

“七月半作盂兰会，延僧设食，祀无祀之鬼。”

“八月祭土地。穷乡僻壤悉演剧，费甚奢。仿古之秋报。”

“九月登高。童子作纸鸢放于野，方言谓之‘放公灾’。”

“十一月冬至，作米圆。食之谓‘添岁’。海滨民有墓祭者。”

“腊月念（廿）四日，里人传神上天。备酒肴祀之，谓之‘送神’。至正月四日复祭，谓之‘迎神还’，祭焚柴。”

除夕“祀先礼神，谓之‘辞年祭’。”

“岁每月朔望后一日，贾人及胥役、工匠之属，备酒肴祀神，谓之‘做牙’。”

“以上旧俗。”①

从上面看来，文献记载了除六月和十月外与民间信仰习俗及相关的做法。做生意的人、工匠、公务人员每月还要两次祀神“做牙”。其实民间六月做“半年圆”，十月庆丰收都是要祀神的。

所以，泉州和漳州明清的民间信仰，已成为人们日常生活密不可分的部分。

第二节　闽南民间庙神发展的相对沉寂时期

鸦片战争以后，中国成为半殖民地、半封建社会；1949 年中华人民共和国建立，社会的变化对闽南民间庙神的活动也产生了一定的影响。本节简述 1840 年至 1978 年泉州和漳州的民间庙神的大致情况。

一、清末至民国的民间庙神

清末至民国初年，太平天国和民国政府曾经反对过宗教，1919 年泉州晋江县城隍庙被改为泉州中学，厦门和漳州开始城市建设，部分宫庙被拆毁，1937 年，德化地方政府下令破除迷信，许多庙神像被毁，形成有庙无像的局面，这对泉州和漳州正规宗教影响较大，如佛教的泉州开元寺被毁，漳州南山寺破坏严重。但它对民间崇拜与民俗影响不大。陈荣翰等人编著的《漳州民俗风情》，描述了漳州民间清、民国间的民俗，略摘如下：

漳州初一祭拜天地祖先，初九拜天公至今长盛不衰。

立春日，农民在家里祭拜芒神或土地公，祈求丰收。

① 《宓庵手抄漳州府志》卷三十八，第 914—915 页。

二月初二日漳州俗为福德正神（土地爷）诞辰，也有叫谷神诞，此时开春备耕开始，农户烧香点烛备糕点，祭祀土地公，或虔拜谷神降福，保佑当年五谷丰登。二月初二，民间也有认为灶君公生日，家家供奉灶神，祈求合家平安。是日，也祭祀祖先。

漳州又有三月节吃“润饼”之俗，润饼又叫“薄饼”、“春饼”，润饼可用以祭墓，也用以先人忌辰时的祭拜。《漳州四时竹枝词》描述：“三月初三天气长，祖祠祭罢共称觞，豆芽葱韭兼春笋，好卷新煎麦饼香。”三月初三又是玄天上帝的生日。民间认为玄天上帝是保护孩童的，所以这一天，妇女带着小孩一起去祈求平安。

四月初八“浴佛节”。民国时期，各寺院请求布施“洗佛钱”。东岳庙、真武庙等道教庙宇也设坛念经做法事。是日，民间举行放生活动。民间认为四月八日是牛的节日“牛诞”，俗称牛生日。农家在这一天备牲酒、米粿祭牛神，祈愿耕牛健壮，不染瘟疫；有的农户则煮糯米粥给耕牛吃。是日，农事再忙也不得役使耕牛，天未亮就要放牛到野外去吃带露的草，故有“人闲五月节，牛闲四月八”的农谚。

五月初五端午节，祭拜水仙尊王、赛龙舟非常时兴。

立夏时逢插秧结束，小麦登场，一些地方用面粉和糖烙成饼再卷进馅，卷成一空卷煎，以祭祀土地公，祈求保佑庄稼不受蚜虫危害。也有的地方在这天吃润饼。

六月初六，漳州俗谓是日“天门开”，民间于是日前往寺庙祭拜；自认为运途不佳的人，更把握这一天到寺庙去“补运”。

六月十五俗称为“半年”，做“半年圆”祭祖并祀土地公，答谢神明赐予早季的丰收，祈求晚季也能丰收，寓团圆、吉祥之意。

七月做普度，敬大众爷、普度公等孤魂野鬼，即使在文化大革命反迷信最激烈时也没中断。

中秋有拜土地、祖宗的习俗。

九月秋高气爽，是登高的时节。因为登高郊游，人们想到祖先的坟茔，因此重阳也是祭祖、扫墓的日子。

十月十五日为道教水官的生日，故称下元节，俗称十月半。俗于是日焚香点烛，以牲醴敬祭“三官大帝”，并在大厅前悬挂三盏玻璃宫灯，名之为

“三界公灯”。农村多在这一天祭祀土地公，答谢晚季的好收成，祈求社里平安，宗族兴旺，有的地方还要演戏娱神。

霜降节气也是送瘟神的时候，瘟神在漳州称为“王爷公”，共有十二尊王爷。王爷公出来巡城，赶邪魔恶鬼。巡城之后要“送王”，送王时，要用纸制作一艘供王爷乘坐的王船烧掉，一些不祥之物要一并放到纸船中烧毁。

立冬漳州俗称“交冬”。是日，农家做“交冬糍”用以祀神祭祖，庆贺农作物丰收。

冬至俗称“冬节”，因为传统认为“冬至阳气生”，而且冬至在周代曾经是岁首，故有“冬至大如年”的说法。

《漳州四时竹枝词》和《漳州杂诗》都记载了漳州冬至的节俗：“家家碾米煎圆香，祭祖祠堂共举觞。刺绣传闻添弱线，一天添得一条长。”“祭先礼佛典相沿，冬至家家捣米便。老妇殷勤儿女乐，闽乡风味有搓圆。”

各家族聚集宗祠祭拜祖先，祭品中必有“冬至圆”，称作“秋祭”。由德高望重的老人谒祖，嫡长房裔孙主祭，祭完设宴、分胙肉。

腊月十六日是一年最后一个牙日，称为“尾牙”，“做牙”的祭祀最为隆重。尾牙日，家家户户办酒席祭祀“地基主”，称“尾祭”。工贾家于这一天置酒席敬祀宅神和财神。

十二月廿四日是祭灶神的日子。每年腊月二十四日，灶王爷要升天向玉皇大帝汇报这一家人的善恶，因此，这日要祭神送灶。①

泉州和漳州清末至民国的破除迷信，多是在中心城市，反对的多是一般的正规宗教活动，以表层和短期的为多，受冲击的是较大的佛道庙观，虽然少数民间庙宇也受到冲击，由于民间庙神根植于民众中，数量多，根深蒂固，受影响不大，也未伤筋动骨。

二、1949 年至 1978 年的民间庙神

1949 年以后，人民政府承认正规宗教，对民间信仰视同于封建迷信。1949—1966 年，泉州和漳州的民间信仰基本上处于自生自灭的状态。特别是 1966—1976 年间的“左”倾思潮严重影响了寺庙及公开活动，如游神活动等

① 陈荣翰、侯淑慈、林斯能、汪照元编著：《漳州民俗风情》，第 1—35 页。

完全停止，泉州的庙宇多被改为他用，有些甚至夷为平地。[1] 厦门民宗局调查，这期间多数庙宇被占用，部分被拆毁。据我们调查，“文革”十年间，闽南的多数宫庙场所受冲击，神像被毁，但还有部分神像被隐藏起来，民间神明的祭拜和供奉照样没有中止。比如，在“文革”时期漳州市区的普度祭祀就从来没有停止过。我们的统计，1949—1978 年，漳州的民间寺庙仅建造了 21 间，是除元代外的可知历史时期最少的。所以，1949 年至 1978 年为闽南民间庙神发展的相对沉寂时期。

第三节　厦门民间宫庙神明的历史与发展

古代的厦门归泉州管辖，但是，如今厦门却是独立建制，为闽南三角重要的一方。为了区别厦门的特殊，我们以现在的行政区域，叙述自古以来这块土地上的民间神明与庙宇状况。

厦门位于台湾海峡西岸的中部，闽南的中心地带。东与金门相连，东北与泉州接壤，西与漳州为邻，是中国重要的港口城市。厦门港外港有大小金门、大担、二担等岛屿环抱，内港有厦门岛、鼓浪屿等岛屿为屏障，港宽浪小。12 米以上深水岸线 43 千米，适宜建港岸线 27 多千米，为我国著名良港。

同安在很长的历史时期归泉州管辖，古代的厦门一直隶属同安。以厦门岛为中心的相对稳定的政区开始于民国元年（1911 年），称为思明县。共和国成立后的 1958 年，同安才改隶厦门。古代的厦门，海岛上人口一直很少。宋以前人口不详，从宋代开始至明代，口数大概在 6 千至 2 万人之间徘徊。即使加上陆地上的同安县，居民也多不了多少，清康熙六十一年（公元 1722 年），厦门与同安合计丁口仅 14421 人。原因是由于海防地位的突出，宋以来作为军队驻扎的地方，居民一直不多。明代厉行海禁，厦门一带的岛屿居民内迁。明末郑芝龙以厦门为中转进行海上贸易，其子郑成功以厦门为反清基地，使该岛人口逐渐增多。

同安为闽南著名的富庶县份，宋代时，海盐产量占福建全省大半。厦门

---

① 范正义：《泉州民间信仰现状考察》，《福建宗教》，2006 年第 3 期，第 32 页。

与台湾之间有着密切的历史渊源，保存着丰富的涉台文物古迹。在2001年11月厦门市公布的首批31处涉台文物古迹中，有海沧青礁慈济宫、同安朝元观、同安西柯大元殿、翔安马巷元威殿、翔安马巷城隍庙、集美后溪苏营皇渡庵、灌口凤山庙等7处民间信仰宫庙。2007年11月公布第二批31处涉台文物古迹，其中又有同安南门妈祖庙、同安碧溪殿（龙虎宫）、湖里高崎万寿宫、集美灌口深青泽深宫、海沧霞阳应元宫等5处民间信仰宫庙。本市主要涉台文物古迹还有鼓浪屿三和宫摩崖石刻、湖里禾山林后青龙宫、湖里禾山安兜青辰宫、小嶝英灵殿遗址、翔安洪塘三忠宫等民间信仰宫庙。

一、厦门市民间神明与庙宇的历史

清道光《厦门志》引述谢肇淛《五杂俎·人部》："吴越好鬼，由来已久。近更惑……于是邪怪交作，石狮无言而称爷，大树无故而立祀；木偶漂拾，古柩嘶风，猜神疑仙，一唱百和。酒肉香纸，男妇狂趋。平日扪一钱，汗出三日，食不下咽。独斋僧建刹，泥佛作醮，倾囊倒箧，罔敢吝啬。"厦门"各乡社俱有社神祠，乡各祀一神。"① 每个村社都有各自的社庙、社火——有些分属各个角落，有的则为若干村社共有。此资料对厦门清代民间神明崇拜风气之盛作了记载。

民国《厦门市志》记录了73间厦门本岛民间信仰的庙宇。一般情况这种数字不可能囊括所有宫庙，但也可以反映厦门岛当时民间信仰的大致状况。

最早为明天顺年间，这所有73间庙宇当中，数量最多的是妈祖和保生大帝同祀，计有23间；单祀妈祖9间，单祀保生大帝的4间，观音亭4间，玄天上帝4间，池府王爷4间，关帝3间，水仙两间（大禹、伍员、屈员、楚霸王、鲁班），龙王庙两间，清水祖师两间，文昌两间，城隍、风神、祖婆、大使公、土地公、东岳大帝、五行神、天长二妈、三官大帝、相公爷（雷海青）、药王、汉北地王、子孙娘娘（计23种神明），不详的1间。

《厦门市志》对街道、圩市和市场方位的记载，很多是以民间庙宇为标志。仅以街道和市场为例：火烧街在凤仪宫后，盘街，在外关帝庙左边；石

① 道光《厦门志》卷二，《分域略·祠庙》。

埕街，在怀德宫前；纸街，在外关帝庙右边；神前街，在外关帝庙前；塔仔街，在大使宫前；新街仔，在大使宫后；港仔市仔街，在圆山宫后；关帝庙后街，在庙后；当时厦门岛共有 9 个市场，其中 3 个市场是以宫庙的地点为定位，第二市场在美仁宫，第六市场在水仙宫，第九市场在二舍庙。① 本社区人对于市场是熟识的，但本岛其他社区的人却要凭借宫庙才能找到地点所在。可见民间庙宇在厦门的广泛影响，可以知道民间庙宇在厦门的地位。

民国《厦门市志》的记载，突出了厦门对水神较为重视，在 73 间庙宇中，同祀妈祖和保生大帝的寺庙最多，且妈祖总是写在前面，说明了人们对妈祖的重视。其他与水和航海相关的神明最多，如观音，与海联系紧密，以至称之为南海观音；玄天上帝、水仙、龙王都是水神；清水禅师是祈雨的，王爷与王船关系密切，这些神都与水息息相关，总计有 50 间。一些水神庙宇，更是设置于临水处，如：厦门岛有十来个码头，其中就有以妈祖宫和水仙宫直接命名的，体现了水神在海岛厦门的首要位置。其次是药神。作为医神的保生大帝，除了与妈祖同祀的 23 间外，另还有 4 间，加上药王庙计 5 间，也彰显了医药神明的重要。

二、厦门市民间神明与庙宇的现状

（一）民间庙神的数量与分布

1. 数量

2005 年底，厦门市民宗局对各区民间信仰庙宇进行了一次普查，统计如下：全市登记在册的民间信仰宫庙共 2014 座，实际现有民间信仰宫庙 2600 余座（部分未登记）。现有民间信仰宫庙的精确统计数字十分欠缺，2005 年统计数字比较接近实际现状。本文在此统计数字的基础上进行分析。

厦门市民间信仰宫庙主要集中在同安、翔安二区（即原同安县、区），共有民间信仰宫庙 1293 座，占全市民间信仰宫庙总数的 64.2%。厦门岛内的思明区（含鼓浪屿）和湖里区共有民间信仰宫庙 216 座，岛外任何一区都远远超过岛内民间信仰宫庙的总和，不少岛外镇（街道）民间信仰宫庙数都超过岛内区民间信仰宫庙数。思明区民间信仰宫庙主要分布在农改居的莲前

---

① 《中国地方志集成·民国厦门市志》卷五，第 90—105 页。

街道和滨海街道；湖里区原为厦门市郊农村，民间信仰宫庙较多，其中以农改居的金山街道、禾山街道和殿前街道尤为突出。可见农村比市区多，周边城乡结合部（城中村）比中心城区多，越往农村就越多。基本上每个自然村至少都有一座以上的民间信仰宫庙。

厦门市现有的民间信仰宫庙，近年基本上都有不同程度的修复或重建，其中约有半数民间信仰宫庙得到台湾等境外捐赠赞助，并保持各种对外联系。有些民间信仰宫庙被列入区、市或省级文物保护单位，如青礁慈济宫是全国重点文物保护单位。

2. 分布

秉承明清以来的传统，厦门民间宫庙供奉的神祇，主要是水神、药神和有镇邪作用的王爷等神明。在全市民间信仰宫庙200余种主祀神祇中，最普遍的前12位神祇如下：

各区民间信仰宫庙主祀神祇统计表

序号	主祀神祇	同安区	翔安区	海沧区	集美区	湖里区	思明区	合计
1	王爷/池王爷	254/47	79/16	25/7	23/2	15/4	10/5	406/81
2	保生大帝	59	26	62	52	24	17	240
3	土地公	33	32	52	14	11	11	153
4	清水祖师	54	18	17	7	5	3	104
5	观音	31	24	12	7	11	6	91
6	玄天上帝	37	18	7	8	7	7	84
7	佛祖	39	14	14	4	1	5	77
8	妈祖	3	10	8	10	27	17	75
9	王公、王娘	27	9	13	8	7		64
10	哪吒	26	8	7	11	3	5	60
11	关帝	24	6	3	13	4	3	53
12	五谷仙帝	42	1	1		2		46

其中高居榜首的是王爷（代天巡狩），其中又以池王爷为最；其次才是保生大帝（吴真人、大道公）；第三是土地公（福德正神）；接着是清水祖师、观音、玄天上帝、佛祖和妈祖。

（二）民间神明的分布特点

1. 水神的发达

鹭岛四面环海，水神信仰崇拜十分兴盛。“内水仙宫，在菜妈街后，背城面海。端（午）节龙舟必先至此，演剧鼓棹，名曰‘请水’。”武西殿位于厦门岛虎头山南麓，鱼仔路头旁，俗称“水涨上帝宫”。武西殿始建于清康熙年间，殿前带一歇山顶拜亭刊有道光戊子纪年题联：“山耸虎头龙头作武西之保障，江浮剑石印石昭上帝之灵威。”《重修武西殿碑记》载：“鹭之东南由虎头山而下数武，旧有庙，崇奉玄天上帝圣像，颜其匾曰武西殿。左建一刹，奉灵官。耆老相传，是神当水涨时祷则倍灵，因之以名水涨上帝，并以名其地焉。”① 殿旁尚有碑记数方，刊载闽台数十家洋商船行捐题之盛。

同安西柯镇瑶头村的瑶江大元殿始建于元代，原名“延福堂”，俗称瑶头上帝公宫，主祀北极玄天上帝。清康熙东征台湾，靖海侯施琅曾屯兵瑶江，临行前向延福堂玄天上帝许愿。施琅班师凯旋，捐俸重修庙宇，因闽南话“台湾”、“大元”谐音，为纪念平台湾伟大功绩，故改延福堂为“大元殿”。金门原属同安，传说金门上帝公到大元殿进香，因嫌其金门上帝公宫破损，不肯回去，金尊留在瑶江大元殿。

同安南门天后宫位于大同镇南门街土窟垅，亦称银同妈祖宫。同安是闽南最早、信仰妈祖最普遍的地区之一，银同妈祖是台湾妈祖宫庙三大支派的祖庙之一：从湄洲祖庙分香的妈祖塑像脸部为肉色或粉红色，称“湄洲妈”；从泉州分香的脸部为红色，称“温陵妈”；从银同妈祖宫分香的脸部为黑色，称“银同妈”。银同妈祖宫黑脸三妈直接分灵于湄洲祖庙，灵验异常，先后分炉台湾地区和新加坡等地，为各地“银同妈祖”的传炉宫庙发祥地，如台湾鹿耳门天后宫与银同天后宫有着至亲关系。

郑成功部将参军林圯是同安南门铜鱼馆人，故居在妈祖宫附近。相传林圯随郑成功收复台湾时，恭请银同妈祖上战船供奉护佑。凭借妈祖神威，林圯战船顺利经过澎湖、鹿耳门，从禾寮港（今台南之北）登陆，一举攻下赤嵌并包围台湾城。林圯潜入城内联络安平林氏族人为内应，终于旗开得胜，迫使荷兰总督揆一签字投降。郑成功因此下令将鹿耳门荷兰教堂改建为妈祖

---

① 何丙仲编纂：《厦门碑志汇编》，中国广播电视出版社，2004 年版，第 347 页。

庙，供奉银同妈祖。后来，林圯奉命屯垦浊水溪畔斗六门，又拓地至水沙连（今南投县竹山镇）。遭“生番”袭击身亡，合葬于林圯埔（在嘉义东北，今竹山镇）。光绪十四年于林圯埔建置县治，名曰“云林”，以志圯功，越五年又移斗六。林圯在其垦荒之地奉祀家乡同安妈祖宫的妈祖，至今嘉义、云林、南投等地都有“银同妈祖”的香火。

清康熙二十二年（公元 1683 年），施琅将军奉命东征台湾，又迎请银同妈祖随军护佑。战后，施琅奏请朝廷晋封妈祖为天后，并在鹿港重建天后宫，专奉银同妈祖。明清时期，同安有 68 个姓氏 1000 余宗支移居台湾。据 1926 年台湾总督官房调查课调查，当年台湾在籍汉人 3751600 人，其中同安籍有 553100 人，占汉族总人口的七分之一。如台北大龙峒、同安村、石碇乡的乌涂窟，金山乡大同村；台南县南区同安里，佳里镇同安寮；台中县乌日乡同安厝；彰化县永靖乡同安宅；新竹县南郊香山社；云林县斗六市大同路等都是同安移民的聚居村落。同安先民为祈求航海安全，就近恭请“银同妈祖”神像或神符、香火到落籍地供奉。同安籍移民于清道光二年（公元 1822 年）在台湾府城（今台南市府前路 122 巷 68 弄 1 号）创建“银同祖庙”，奉祀银同妈祖暨吴真人、陈圣王。据道光二十二年（公元 1842 年）《台郡银同祖庙碑记》，该庙并辟室供同乡暂住，而有银同会馆的功能。①

“朝天宫，一名上宫，在西门外，祀天后。将军施琅平台时，祷神默相。后军中乏水，祝之得泉。凯旋，捐俸劝募重建。”② 朝天宫是厦门城内最著名的妈祖庙。何厝顺济宫俗称东澳妈祖宫。“妈祖宫，在东澳社，祀天后。三月中，乡人例庆天后诞。先数日，厦之诸庙必造其地，名曰‘请香’。”《厦门志》又载，“前园宫，在大担山后，天后祖庙也。杯筊甚灵。”袁厝社和美仁前社、美仁后社合称码头社，原先位于筼筜港畔，当地居民以海为生，经常到鼓浪屿后和大担海域“讨海”作业。袁厝社园海宫供奉的二妈祖分自大担岛。这是因为大担岛扼厦门港海口，出入厦门港，无论“上北”、“下南”航线，船只经过大担岛时必至妈祖庙祭拜。清同治年间，大担岛上的妈祖庙

---

① 何培夫：《府城文物传奇续编》，台南市府 2003 年印行，第 102 页。卢绍荀、朱家麟编：《百年交往》，第 54 页。

② 《厦门志》卷二，《分域略·祠庙》。

庙祝应金、厦等地船户渔民之请，每天傍晚在庙门点燃灯火，为过往船只引航。因此，大担岛妈祖庙在厦门船户渔民中享有崇高的地位。另，鼓浪屿鼓新路崖壁至今尚存清嘉庆十八年台湾名将王得禄题写的《重兴鼓浪屿三和宫记》。

灌口凤山祖庙与台湾、海外有着密切的渊源关系。明末清初，灌口一带也是郑成功的反清复明基地，郑成功收复台湾时，将士将凤山庙香火传至台湾。清雍正、乾隆年间，灌口銮井派陈氏大批迁居台湾繁衍，今台北县三重市，彰化二林镇、嘉义县大林镇、台中县东势镇和云林县等望族，香火也是来自灌口。目前，台湾奉祀灌口凤山祖庙香火的庙宇多达 160 多座。东南亚一些国家和地区，如缅甸仰光、马来西亚槟城、印尼三宝垅、泰国曼谷等地，都有灌口凤山庙的分炉。尽管“大使公”传至各地名称不一，如泉州府属各庙称“日月大使”，台湾称“王孙大使”，漳州称“清源真君”，等等，相当部分以水神杨二郎，或者以修建都江堰的李冰父子为供奉对象，其香火都来自灌口凤山庙。清宣统三年重修灌口凤山祖庙，“历年祭费，犹烦鸠集。幸台郡分炉者叠寄诸公，灌中因募建之，以垂久计，惟愿保神庥于勿替云尔。台府清元真君甲辰年捐来银叁百大员。”

2. 药神的突出

“介于泉漳之间”的白礁慈济宫（原属同安县，今属漳州龙海市）和青礁慈济宫（原来先后隶属龙溪县、海澄县，今属厦门市海沧区）是闽台共仰的保生大帝祖庙。台湾保生大帝庙宇，以台南学甲慈济宫和台北大龙峒保安宫最有名气。

明永历十五年（公元 1661 年）农历三月十一日，民族英雄郑成功率军在台南学甲镇头前寮将军溪登陆，并将同安白礁慈济祖宫保生大帝分灵于此，肇建学甲慈济宫。从此，每年农历三月十一日隆重举行缅怀大陆祖先，不忘故土的“上白礁谒祖祭典”，三百年来未曾间断。台北大龙峒保安宫建于清嘉庆年间，清初同安移民于先居于台北盆地西北隅，以“五步一秀(才)，十步一举（人）”的文风闻名于世，遂建立“大浪泵庄”，后改名“大隆同”，寓有“大同安人举隆”之意，并建立保生大帝庙宇，取名“保安宫”，寓有“保佑同安人”之意。因此，保安宫也成同安移民的经济、信仰、集会、娱乐、防御的中心，与艋舺龙山寺、祖师庙并称为台北“三大庙门”。

3. 镇邪与监察之神

历史上，闽南与台湾盛行王爷崇拜，名闻遐迩。清人施鸿保《闽杂记》卷七“出海”条记载福州、漳州、厦门等地送王船习俗，福州、漳州皆用纸船，“惟厦门人别造真船，其中诸物，无一赝者，并不焚化，但浮海中，任其漂没。”乾隆《泉州府志》也有“近竟有以木舟具真器，用以浮于海”的记载。民国《同安县志》亦有“近海者造龙舟，名曰王船。”同安马巷（今属祥安区）元威殿的池王爷香火分灵闽南、台湾各地。同安西柯镇吕厝华藏庵王爷名闻遐迩。据道光《厦门志》记载，当时厦门有灵应殿、西应殿、宝丹殿、威灵殿，比较有名有厦禾路大同小学边上的大王庙，开元路附近的二王庙，打铁街的大厅爷宫，厦门港沙坡尾的钦灵殿等。厦门港金王爷宫俗称海口宫，渔民出海必先向‘金王爷’抽签获准，得到一张盖有大印的神符才能起航。船回来如遇到不吉利事，船不得驶过龙王宫，只能停在港外。船在海上如捡到认为不好的东西，返港时必须祀田头妈。元宵节要在圆山宫、福海宫点大烛、乞寿龟、演社戏等。在海上，每艘渔船都要在男睡仓供奉关帝圣君。渔民还组成“王爷会”，专门办理三年一度的迎神赛会，到寺宫里跳神游街。因此，厦门港宫庙最多，诸如福海宫、圆山宫、田头妈、龙王宫、钓槽王宫、钩钓王宫、金王爷宫、大人宫、会福宫、太平殿、福佑殿、龙山殿、安庆堂、安定堂、福庵庙等。王爷信仰于清代传入台湾，台湾单姓王爷庙宇，以奉祀池府王爷为最多，有 300 余座。大嶝三岛奉祀的蔡府王爷，即清乾隆朝福建提督、金门平林人蔡攀龙，也是金门、大嶝蔡姓“祖王”。

闽南民间尊称风神为“风伯”、“风师”，“风师”原作“风狮”。狮首人身的风狮爷石雕，源于传说中的风神与神兽狮子的结合。金门原属泉州晋江和同安，先民们把祈风文化和风狮爷信仰带到了金门。金门风狮爷是“镇风止煞，祈祥求福”的村落守护神，已成为金门的象征，也是金门独特的人文景观。据日本人梅江田正孝调查，抗战前厦门市内（鼓浪屿除外）共有 65 座石敢当（含石狮王）。① 至今中华社区的石顶巷和草埔巷尚存两尊“石狮王”，营平社区的典宝路也有一尊“石狮公”，香火称盛。厦门许多地方也有

① 梅江田正孝：《厦门的石头与驱邪》，林川夫主编《民俗台湾》第 4 辑，武陵出版公司，1990 年版，第 186—188 页。

风狮爷信仰，如翔安区澳头村有一尊明代的风狮爷。与金门岛隔岸相望的大嶝镇三岛（大嶝岛、小嶝岛、角屿）地区同样虔信风狮爷，东埕村东蔡自然村的风口处就有一尊两米多高的风狮爷。

集美后溪霞城（原属同安县）的霞海城隍庙。系清康熙六年（1667 年），时任同安总兵、水师提督施琅在清郑对峙前线的下店乡建城，城隍庙位于“临海门”（南门）附近，面临大海，俗称“下海”（闽南话谐音美化“霞海”）城隍。1958 年，霞海城隍庙被拆毁，现存“临海门”石匾额，上下款镌刻“钦命总督福建部院少保兼太子太保尚书李奉旨”，“钦命镇守福建同安等处地方总兵官提督施琅、总督标后督造官副将黄顺、同安县知县、参将学成世保、同安镇标原副将关魁、督工由白礁巡察张恩荣，康熙六年八月□日建”。

翔安区大帽山后炉村大寮宫明应殿始建于北宋，主祀哪吒元帅。传说清代有个林姓同安人，年轻时落泊，曾经寄居大寮宫，后炉村某员外见他有志气，勤吃苦有能力，就将女儿许配给他，后来官至台湾总兵。台湾林姓于是把大寮宫哪吒元帅当作林姓的保护神，后来分炉到台湾和福建、东南亚各地。大寮宫在台湾有 100 多间分炉，是晋江、南安、同安、翔安、台湾大寮宫的祖宫，信徒很多。每年都有大量台湾同胞前来寻根谒祖。

台北霞海城隍庙名闻遐迩，祖庙在同安五乡庄。道光元年（公元 1821 年），同安人陈金绒奉请霞海城隍神像渡台。因泉州府晋、惠、南三邑与同安人“顶下郊拼”（分类械斗），同安人携城隍金身从艋舺退至大稻埕。三年后，其子陈浩然集议建庙。咸丰九年（公元 1859 年），“台北霞海城隍庙”落成。因坐落于迪化街“鸡母穴”，各行各业，万事顺利，财源广发，万民信仰。每年霞海城隍爷神诞大游行，盛况空前，有“五月十三日看霞海城隍会甲天下”美誉。①

4. 地方保护神

在古代农业社会，农业是社会最主要的产业，厦门地区（特别是同安）多有奉祀农业神——神农大帝的庙宇，如同安金柄介谷殿主祀神农大帝，厦门曾厝垵仓里社昭惠宫主祀黄帝。由同安移民建立的台北保安宫后殿也奉祀

① 卢绍荀、朱家麟编：《百年交往》，海风出版社，2004 年版，第 68 页。

神农大帝。

闽南民间俗称土地神为土地、土地公，庙祀或称福德正神。各地通常有几座土地庙灵异显著、香火鼎盛、声名远扬，见证着当地一段不平凡的历史。厦门仙岳山、东坪山和万石岩半岭等处土地公庙颇有名气，但都不如岐山古地土地公祖庙。营平片区开元路中段至今尚存数级历尽沧桑的石台阶，相传为宋代古“路头”（码头），台阶上去就是“土地公祖巷”，此处原来有一座土地公庙。“土地庙，在万寿宫巷，祀福德神。为厦岛诸街市土地神之先，俗呼曰：土地公祖。”① 这座土地公庙是厦门岛最早的土地公庙，故称“岐山古地土地公祖庙”，亦称“岐山古庙”、仙祖宫。《厦岛后崎尾岐西保岐山古地土地公祖庙碑记》载：“维公之像，厦岛伊始。维公之神，灵莫与比。悬匾旌扬，尊兼德齿。称之曰祖，自宋有祀。求焉辄应，遐迩一视。梯山航海，咸受多祉。护国助战，靖侯称旨。捐俸重建，一百余纪。默相文场，朱衣暗指……”② 可见该庙历史悠久，功能广泛。民国十一年（1922 年）修筑开元路，岐山古地土地公祖庙被拆。

广利庙位于同安县城东北 10 来公里的北山（又称北辰山、北宸山）南麓，又名忠惠尊王庙，俗称王公宫、北山岩，是闽南祭祀开闽王王审知的主要庙宇。每年农历二月十二日“王公”圣诞，前后五日，来自同安、金门、安溪、南安、晋江等地的香客数以万计，同时伴有宋江阵、车鼓弄、南音队、歌仔阵、布袋戏等文艺阵头，形成“游北山，拜王公”民俗庙会盛况。广利庙前有一带龟趺石碑，高 1.42 米，宽 0.54 米，竖刻楷书“雍正癸卯年浯洲沙尾乡张门郑氏喜舍重建北山岩中殿，并塑忠惠王圣像及文武判官。丁未年再舍，重建前殿。”记载了金门与同安密切的神缘关系。

三、厦门与台湾民间庙宇的交流

近年来，厦门市对台宗教民间文化交流有赖于民间信仰宫庙之力者甚多，影响最大的民间信仰宫庙是青礁慈济宫、马巷元威殿、后溪城隍庙和北辰山广利庙：

① 乾隆《鹭江志》，鹭江出版社，1998 年版，第 34 页。

② 何丙仲编纂：《厦门碑志汇编》，中国广播电视出版社，2004 年版，第 345 页。

青礁慈济宫1988年被公布为市级文物保护单位。1991年被公布为省级文物保护单位。1996年被公布为全国重点文物保护单位。2001年被公布为厦门市第一批涉台文物古迹。每年都吸引大规模台湾进香团前来朝拜，平均每年达5万—10万人。从上世纪80年代末开始，台湾保生大帝庙宇不断组团前来白礁、青礁慈济宫谒祖进香，并与厦门各保生大帝庙宇开展了广泛的联谊活动。如乌石浦洞炫宫充分利用乌石浦萧氏宗亲在海内外的关系，成功开展与台湾萧氏宗亲的联系并开展民间信仰交流活动。2005年9月9日，台湾政要萧万长先生在市台办主任、台商协会会长的陪同下到洞炫宫题字“光宗耀祖，庇佑子孙”。区台办也将洞炫宫定为台商子女夏令营活动基地，进一步充实了洞炫宫的对台交流内涵，使洞炫宫成为大陆对台民间信仰文化交流的重要场所。厦门市还成立了吴真人研究会，专门从事两岸宗教民间信仰文化交流研讨活动。2006年开始，厦门市已经连续三年在海沧青礁慈济宫成功举办了三届保生慈济文化节，举行保生大帝颂典仪式和学术研讨会、闽台中医药博物馆开馆仪式、庙会歌仔戏表演等非物质文化遗产展演等活动，吸引不少台湾保生大帝庙宇信众香客参加。被国台办列为全国重点对台交流项目的第二届保生慈济文化节，千余名台胞共襄盛会。2007年8月11日，青礁慈济宫保生大帝神像直航巡游金门。2008年7月4日，青礁慈济宫保生大帝神像赴澎湖巡游，这是大陆赴澎湖地区最大的交流团，也是两岸首个通过包机直航方式进行民间信仰交流的团体。

由于同安籍先民迎请池府王爷作为渡台守护神，因此台湾单一姓氏王爷的奉祀庙宇中，以奉祀池府王爷的数量为最多，由主祀池府王爷而变成主祀五府千岁的庙宇数量也相当多。1987年台南胜安宫王朝和先生率先冲破坚冰，从日本辗转到池王爷祖庙马巷元威殿进香寻根谒祖。翌年，台南县麻豆镇海埔池王府管委会主委张志雄先生组团从香港转道前来马巷元威殿朝圣，迎请池王金身返台。从此，台湾各地香客络绎不绝，元威殿登记在册的台湾定期进香者在15000名以上。1989年，由新竹县池王宫牵头，联合岛内各池王庙宇共同组团，赴马巷举行“开基池王祝嘏大典”，参加者达千人之众。1994年4月，台南县海埔池王府主委张志雄先生邀请马巷池王宫管委会主委许培坤、副主委蔡树木二人赴台参加“海峡两岸池王史迹研讨会”，并参访岛上90余座分灵庙宇。1998年12月，海埔池王府又邀请祖庙元威殿代表蔡元狮、许培坤等六人赴台，参访了台南、嘉义、苗栗、台中、台北、新竹、高雄等市县 23 座池王分灵庙宇。2009 年 3 月，信众 74 人组团前来马巷元威殿进香谒祖。2009 年 4 月 5 日，台湾屏东县新园乡新兴宫奉祀的“池府王爷”等 12 尊神像直航翔安大嶝，这是两岸“大三通”直航启动后“池府王爷”首次从海路直航谒祖进香。

1991 年，台北霞海城隍庙庙祝陈国汀（明正）辗转寻根至集美后溪，其妹陈文文返乡确认“临海门”石匾无误。于是捐资重建祖庙，陈国汀亲自奠基动土，陈文文完成兄长遗志，重建集美后溪霞城城隍庙。

台湾政要王金平祖籍泉州府同安县明盛乡积善里二十都白崑阳保白礁乡（1957 年划属龙溪县，今属龙海市角美镇）。2008 年 4 月 21 日（农历三月十六日）白礁举办纪念两岸王审知开闽文化节暨三王入闽 1122 周年庆典，王金平委托胞兄王珠庆带领 40 多位宗亲专程参加祭祖活动，并到同安北辰山广利庙祭祖。

1989 年秋，台南麻豆乡李姓台胞 84 人组团回同安莲花镇探亲，并到内庵村中坛爷祖庙祭拜请火。新民镇西山护山宫为台湾众多护山宫祖庙，4 年来台北三重市护山宫 5 次组团共 400 人次回乡请火，并捐资百万元重建祖宫。1997 年 3 月，金门蔡姓 68 人组团回同安新店拜祭蔡氏祖祠、祖坟和大嶝蔡府王爷庙。同安瑶江大元殿供奉的玄天上帝和金门同根同源。2002 年，金门 6 个村发起组成烈屿西甲赴同安瑶江大元殿进香团。10 年来，共有 1200 多位乡亲前来进香寻根谒祖。2009 年 4 月 10 日，台北五圣宫进香团到同安朝元观进香谒祖，这是台湾玉皇信仰信众首次组团来厦进香并开展民俗文化交流。

总之，厦门本岛较多神庙出现于明代以后，说明古代厦门岛的发展滞后于漳泉二府，其主要神明有 20 多种，多为水神和医药神，为满足军事与商业的需要；而漳泉二府较兴盛的祖宗和贤人崇拜此处不太突出，这与厦门岛当时人口稀少和经营环境有很大关系。①

---

① 部分资料引自连心豪《厦门市民间信仰享庙现状考察》，《闽台文化交流》，2001 年第 4 期，第 84 页。

第四节　台湾民间庙神的繁荣与发展

一、汉人迁台以来的民间信仰

（一）祭拜习俗

从明末始，闽南籍人士大量移入台湾，使得其很多风俗与闽南雷同。从修于1685年（康熙年间）台湾最早的方志《台湾府志》的记载，可以了解明末清初的台湾民俗，以及当时民间神庙的影响。该方志记载道：

元日早起，少长咸集，礼神、祭先祖羹饭后，诣所亲友、朋友、故旧贺岁。

元夕放灯，庵、祠、庙、院及所居门首，各悬绳索竹竿，挂红纸灯笼一盏。有善歌吹者数辈为耦，制灯如飞盖状，或丝、或竹、或肉，以次杂奏，谓之闹伞。更有装束道、巫、仙、佛及昭君、龙马之属，向人家歌舞作庆，谓之闹元宵。

二月二日，或十六日，各街社里逐户敛钱，宰牲演戏，赛当境土神，名曰合福。

三月清明，人家无论男妇老幼，谒拜坟墓，舆步壶浆，络绎郊原。祭毕，劝草衔杯，递为劝酬，薄暮乃还，俗谓之上坟。

四月八日，各院僧于阅月前，沿门索施作龙华会。

五月五日，家折松艾，悬之门首，以五色丝系儿童臂上，呼为长命缕；又以茧作虎子形，帖儿额上，到午时，脱而投之。所在竞渡。

六月一日，家以米粉抹红为丸，供神，俗呼为半年圆，盖颂祷团圆之意。

七月七日，是夕人家女儿罗瓜果庭中，谓之乞巧会。

中秋，祀当境土神，俗尚与二月同，盖春祈秋报之意。

冬至，以米粉作丸，遍祀神及家先；合长幼团圆而食之，谓之亚岁。

十二月二十四日，俗传百神将以是夕上天，各备蔬馔供养，以楮印、舆马、从卫、仪仗焚而送之；至来岁孟陬四日，具仪楮迎之。

岁除之日，亲友各以牲馐相饷，谓之馈岁。是夕，各门外爆竹声传，谓之辞岁。设酒肴，一家老少合坐而食，谓之围炉。盖终岁之劳，一夕之欢，皆系内地人民流寓到台，则与内地相仿佛云。①

我们注意到连横的《台湾通史》所描写民国年间的台湾民俗，发现其他各个月份与漳州没什么差别，只是在农历三月十九日，台湾增加了一个太阳诞辰，实为纪念明的亡国；二十三日全台纪念妈祖诞辰。虽然漳州的沿海地区也纪念妈祖诞辰，但是其余许多地方并没有这个习俗。说明郑成功以台湾作为反清复明基地的活动及以妈祖为首的海洋神对台湾有更大影响。

（二）台湾民间庙宇的概况

我们再了解一下当时的庙宇情况，前面叙述表明，漳州至少在宋朝时就有“好鬼神、喜巫觋”的习俗。因此，当漳州的民众移居台湾的时候，也就把这种崇祀多神和请巫师治病的风俗带进台湾。这种习俗的迁播，最初是采用“分灵”和“分香”的形式。

“分灵”是每一波移民出发的时候，通常都会迎奉一尊家乡某个寺庙里的神像，或是制作某神的小神像随行。在海上航行时，把神像供在船上。“分香”则是因为财力弱，或其他原因不方便带神像，就随身携带家乡某个寺庙的香炉灰。登陆之后，就在落脚的地方，先结一座草庵，把神像或香灰袋供奉在草庵中，或者供奉在某人的家中。过了二三十年，当这拨移民的经济状况稳定之后，就捐资用砖瓦来兴建新的寺庙，雕塑大神像供奉。明末至康熙年间，是闽南向台湾移民的最初时期，我们列举一下当时民间庙宇分布情况。

府城隍庙在府署之右，郑成功时所建，今因之。

东岳庙在府治之东，郑成功时建，以祀东岳之神。

上帝庙在府治东安坊，郑成功时建，祀北极大帝。内有明宁靖王楷书匾额“威灵赫奕”四字。

关帝庙三所：府治镇北坊二所，凤山县治土墼埕保一所。

天妃宫二所：一在府治镇北坊赤嵌城南。康熙二十三年（公元 1684 年），台湾底定，将军侯施同诸镇，以神有效顺功，各捐俸鼎建，庙址即宁靖王故宅也。内庭有御敕龙匾“辉煌海澨”。一在凤山县治安平镇渡口。

---

① （清）蒋毓英撰，陈碧笙校注：《台湾府志》，厦门大学出版社，1985 版，第 59—61 页。

慈济宫四所：一在府治西定坊，一在镇北坊，一在凤山县怡安平镇，一在土墼埕保。

观音庙在镇北坊，前后座泥金色相，左右塑十八罗汉，俗呼为观音亭。

沙陶宫在西定坊，神之出处莫考，上人共称沙陶太子。

二王庙在东安坊，云神乃代天巡狩之神，威灵显赫，土人祀之，内有宁靖王行书匾“代天府”三字。

大人庙在台湾县保大里，其神聪明正直，亦是代天巡狩之神。

王公庙在台湾县长兴里。

昆沙宫在凤山县土墼埕保，神称三太子，有宁靖王手书“昆沙宫”三字匾额。

水仙宫在凤山县安平镇。

观音庙在诸罗县目加溜湾社，中堂祀观音，左塑天、地、水三官，右则关帝。庭宇高敞，案座修饬。

龙湖岩在诸罗县开化里，伪总制陈永华建。

靖海将军侯施生祠，在西定坊，万姓公建，甘棠遗意也。

澎湖庙宇：

天妃宫在东西卫澳。澳前有案山，其澳安澜，可泊百余艘，系郑芝龙建，伪藩更新之。今其灵犹加赫濯焉。

真人庙在奎壁港。

太子庙二所：一在鼎湾澳，一在赤嵌澳。

关帝庙二所：一在吉贝屿，一在瓦硐港。

将军庙在将军澳，不知何时所建，澳因此以为名。①

连横也补充了其他一些庙宇情况：

马王庙，在东安坊，郑氏时建，俗以为辅信将军。

总管宫，在西安坊，郑氏时建神姓，佚其名（民间以为是漳籍神明）。又一在西门外中楼仔街，康熙三十年（公元 1691 年）巡道高拱乾建。

水仙宫，在西定坊，面海，康熙五十四年（公元 1715 年）漳泉商郊合建。

---

① （清）蒋毓英撰，陈碧笙校注：《台湾府志》，厦门大学出版社，1985 版，第 64—66 页。

龙湖岩，郑氏时咨议参军陈永华建，祀延平郡王。[①]

至康熙年间，台湾民间信仰神至少有18种，庙宇约32间。见于记载庙宇数最多的是保生大帝和关帝，各有5间。天妃庙有3间。

因此，官方的记载台湾最早、最有影响的神庙是：威武有信的财神关帝和医神保生大帝。这是台湾早期移民社会的必须。当时的移民多以商业拓展为主，加上明末海禁松弛，私人海上资本以大海为田园，过台湾海峡较有把握。妈祖崇拜在清代施琅被力推。清军与郑成功军队军事抗争的残酷，加上清朝初年的海禁，民间偷渡的艰险，提升了航海神的地位，妈祖庙慢慢增多了。其他如城隍、东岳大帝、观音、沙陶太子，二王、大人（王爷）、龙湖、水仙、施琅、哪吒、将军，也多是一些与镇邪或水神有关的，显示最初移民对安全的祈盼。

1895年日本占据台湾后，对台湾民间信仰有所干预。为消灭台湾人的中国意识，1916年左右，台湾总督府大规模的调查台湾各地的寺庙，编成《台湾宗教调查报告书》，把汉人的宗教活动统统规入“巫觋”一类，视之为“迷信”，是必须要扫除的落伍思想。

经过1915年台湾民众结合宗教力量群起抗日的“西来庵事件”，以及1937年卢沟桥事变中，台湾总督府全力推行“皇民化运动”，设立“台湾神社”，强制台湾人参拜，拜祭日本神明。全台寺庙或被占用，或被毁坏，不少历史悠久的寺庙就此一蹶不振。以下简叙几例：

该阶段新竹州中坜郡辖下被废的寺庙209间，斋堂4间，神明会708个，祖公会8个；寺庙和各类神像大部分被摧毁、烧毁；部分保留寺庙，须拆去庙宇屋脊两角，使具日本化。在宜兰，部分神庙被拆毁或收充作仓库，历经浩劫。[②]

在日据末期，由于跟大陆作战的关系，更要积极地消灭台湾人的中国意识，推行“皇民化运动”，寺庙又成为被打击的首要对象。所有的寺庙必须归属于日本佛教的临济宗或曹洞宗。主持必须到这两个教派的本部受训。政府组织佛教会以统驭所有的寺庙。在“皇民化运动”最激烈的时候，有不少

---

① 连横：《台湾通史》，商务印书馆，1996年，第414—416页。

② 游谦、施芳珑：《宜兰县民间信仰》，宜兰县史编纂委员会，2003年版，第16页。

寺庙遭到破坏。大多数的寺庙为了自保，被迫加入佛教会得以留存。①

台北的一些著名寺庙被占用，或作军营，或作补给站、病院、学校等等。著名的供奉保生大帝的台北保安宫，供奉观音的龙山寺等 14 座寺庙，全部被纳入日本佛教曹洞宗系统。即使如此，保安宫还是一样被占用，作为“总督府第三附属学校”，由于多年缺乏保养，庙宇丹青剥落，无人修整。②

1945 年，日本战败，台湾重回中国的版图。1949 年，国民党退踞台湾。为了便于管理寺庙，先后成立佛教会和道教会，要求所有的寺庙必须参加其中的一个。另外规定，凡是寺庙必须有田产，有独立的屋宇，屋顶必须是中国式的“飞檐”。只要有一项不符合要求，就不予登记。

1950 年台湾还是农耕社会，这种要求可以落实。可是随着台湾的工业化进程，人口大量流向城市，问题就出现了。由于习惯，乡下人移居都市的时候，往往也把家乡的神明和祭拜习俗一起带到都市来。但都市拥挤，没有那么多的空地可供盖庙，只能在公寓、楼房中供奉神明。而有关方面基于规定，不许正式登记，于是就形成了部分未登记的神坛。以台北市 1996 年的记录为例，该年有合法登记的寺庙 147 所，未登记的神坛却有 1208 所。③ 呈现 1：8.2 的比例。1993 年全台寺庙、神坛、教堂普查的结果显示，登记的寺庙、教堂有 9834 所，未登记的神坛有 7775 所。④ 1993 年的普查显示，全台湾有 17366 间寺庙、神坛和教堂，其中道教占 71.5%，佛教占 12.9%，基督教占 11%，天主教占 3.5%，其他宗教占 1.1%。其中，道教的庙宇、神坛增长最快。⑤ 其实，这些佛教和道教的寺庙，多数是民间信仰的寺庙。

康熙《台湾府志》记载台湾庙宇的情况：“佞佛谄鬼，各尚茹素，或八九斋、朔望斋，或长斋。无论男女老幼，常相率入礼拜堂，诵经听讲，僧俗罔辨，男女混淆，廉耻既丧，伦常渐乖，故异端之教不可不拒也。”

因此，台湾明末清初的宗教习俗，虽然是“佞佛谄鬼”，然而却是“僧俗罔辨”的民间信仰形式，不是官方认可的正规宗教，属于“不可不拒”的

---

① 高致华：《探寻民间诸神与信仰文化》，黄山书社，2006 年版，第 294—296 页。

② 廖武治监修：《新修大龙峒保安宫志》，第 44 页。

③ 资料来源：台北市民政局，1996 年。

④ 《中华民国八十二年台海地区宗教团体普查报告》，“内政部”统计处，1995 年 7 月编印。

⑤ 高致华：《探寻民间诸神与信仰文化》，黄山书社，2006 年版，第 296—297 页。

“异端之教”。①

连横对20世纪40年代前的台湾的佛道评价，认为：“台湾道教，非黄老之教也，微不足道”，“台湾道士，非能修炼也，凭借神道，以赡其身”；“佛教以慈悲为本”，“故佛者觉也，能自觉而后觉人也。”然而台湾之佛教，“其所以建寺造像者，多存邀幸之心，求福利而禳祸灾也。其下者则坠入外道，秽垢心身，历万劫而不起，此其可哀也。”因此，这些虽名义上是佛、道教，实际上都是民间信仰的做法。

所以，自大陆移民迁入以来，台湾的寺庙多为民间信仰类型，虽然国民党政权迁台后，规定寺庙要归入佛教或道教，却并无法改变其民间信仰性质。

二、台湾民间信仰的神明和庙宇的发展脉络

（一）台湾明清神明发展的大致脉络

台湾进入文明社会的历史很短。宋元时，闽南沿海的商品经济已非常发达，沿海居民通过渔业和贸易活动，把当时还没出现社会分工、处于原始状态的台湾社会，卷入大陆的商品经济体系，成为中国社会经济活动的延伸。

大陆移民迁台多自明清时期，由此带来相关的民间信仰。刘万枝认为，台湾寺庙的发展分为三期：一为拓垦初期，奉香火于屋寮中，未建庙宇；二为庄社建成，普设土地庙；三是庄社发展，街肆形成，富者鸠资建大庙，各种乡土神、职业神明兴盛。李亦园亦认为早期以妈祖和玄天上帝一类的水神为主；定居后以区域神明为主，比如开漳圣王、保生大帝、清水祖师等。

（二）台湾民间庙宇修建的阶段特点

第一阶段，拓垦初期的无庙时期。汉族移民来台拓殖之时，垦民把家乡的守护神随船带来台湾，以祈求渡海平安、开垦顺利。大多私人携带的香火或神像，因陋就简、就地取材奉祀，只能安置于他们居住的草寮或简易住所，甚至于田头田尾。

第二阶段，小祠、小庙时期。定居以后，庄社基础初奠，财力尚单薄，只能建成小祠、小庙供奉神明，以土地庙祠的普遍设立为特征。

---

① （清）蒋毓英撰，陈碧笙校注：《台湾府志》，厦门大学出版社，1985版，第55页。

第三阶段，中型庙宇时期。待村落定型并有所发展，社区渐渐成形，村落里开始有村民共建的庙祠，这些公厝成了社群的中心象征、活动集会的场所。较有能力、专业的工匠从事建庙的工作逐渐产生，各地渐渐落成中型庙宇。

第四阶段，宏大庙宇时期。二次大战以后，社会稳定，经济繁荣，民间财力雄厚。富人乐于鸠资兴建大庙宇。寺庙的翻新、重建处处可见，庙宇越建越大，越盖越壮观。①

三、结语

综上所述，台湾民间信仰神明的出现，或以为开始于元代，但较清晰的为荷兰统治和郑成功时期；大规模的神明引入和造神，见于清乾隆至光绪期间。光复之后（1945 年），出现新的高潮。

---

① 游谦、施芳珑：《宜兰县民间信仰》，宜兰县史编撰委员会，2003 年版，第 6—8 页。

第三章　闽南与台湾民间神庙的现状和相关问题

第一节　闽南与台湾民间庙神的现状

一、20 世纪 80 年代后闽南民间庙神的发展

（一）修建庙宇扩建大庙的热潮

1978 年以后，政府将民间庙宇和神明的供奉活动归属民俗文化类型，以老人活动场所等做法予以保留。厦门民宗局调查了 1500 多座庙宇，多数在 1978 年以后都重新修建，部分还重新扩建。[①] 据泉州民宗局 1995 年调查，当地 1966—1976 年“文革”期间受损的庙宇普遍得到修复。鲤城区东海镇的 97 座宫庙中，75 座得到修缮；安溪“自行修建了 200 多座”。[②] 漳州有关方面的数字显示，至 2002 年，民间寺庵至少修建了 590 多间[③]。

出现这情况与上世纪 90 年代以来较宽松的环境有关，政府落实宗教政策，开始依法登记宗教活动场所，由于民间神明庙宇分类界定困难，以老人活动场所和文物保护单位等方法予以保留。客观上看，晚清 100 多年以来，社会动荡，很多寺庙破烂不堪，多数确实需要翻修。然而很多庙宇并不是简单的翻修，而是扩大规模，提高材料的档次，把原来只是一进单开间的小庙，翻成多进数开间的大庙。把原来灰色两面坡的屋瓦翻成九脊歇山琉璃瓦，木栏杆换成石料，土埕土路铺上各式材料的砖块等等。20 世纪 80 年代

① 厦门民族宗教局：《厦门市民间信仰活动管理初探》，《福建宗教》，2005 年第 2 期，第 33 页。

② 范正义：《泉州民间信仰现状考察》，《福建宗教》，2006 年第 3 期，第 32 页。

③ 段凌平、张晓松：《漳州地区民间信仰调查与研究》，《漳州师范学院学报》，2004 年第 1 期，第 77 页。

后的政策较为开明，闽南的庙宇很多与台湾及海外华人有联系，不少还是他们的祖庙，据不完全统计，漳州省近200间庙宇涉及台湾、海外资金参与修建①。这期间，泉州、厦门海外资金在民间庙宇的修建中起了一定的推动作用。

（二）整体组织的规范管理

由于民间信仰的松散性和多神崇拜，在很长的时间里，庙宇并没有什么管理方法。民间信仰的很多庙宇都是以文物保护单位的面貌出现。

进入20世纪90年代，各种管理逐步规范。1991年，国家宗教事务局和民政部发布了《宗教社会团体登记管理实施办法》；1994年，国家宗教事务局发布了《宗教活动场所登记办法》；1996年，国家宗教事务局发布了《宗教活动场所年度检查办法》。闽南有关方面参照这些条例和办法，对民间信仰庙宇进行了一定的规范，不少地方先后成立了相关组织。

闽南最早成立道教协会的是泉州，于1993年成立筹备组，1995年八县一区的100多名代表，于鲤城区召开泉州道教第一次代表大会，成立了道教协会。漳州市于2000年11月召开首次道教第一次代表大会，成立了道教协会。厦门道教第一次代表大会于2005年10月召开，并成立了道教协会。

各县市（县级）先后也成立了道教协会，1996年6月南安县，1996年7月惠安县，1999年5月晋江市，2000年4月芗城区，2000年11月龙海市，2001年11月德化县，2005年石狮市等。

道教协会为民间团体，并没有强制性。由于闽南民间庙宇的特点，闽南地方上所说的道教宫庙，实际多是民间信仰的做法。以漳州芗城区为例，第一届成立时有20多间宫庙参加。领导班子有11人，会长1人，副会长2人，除了一个道士，其他多为各民间信仰宫庙的负责人。

道教协会的建立开始也不是很顺利，比如：20世纪90年代初，芗城宗教局准备成立道教协会，拟以千年宫观凤霞宫作为场所。然而当时此宫为小学的场地，从1992年开始协调，1994年恢复了凤霞宫。龙海于1994年建立宫庙领导小组，1995年，区宗教局开始成立道教协会的筹备工作。经过前几

① 段凌平、张晓松：《漳州地区民间信仰调查与研究》，《漳州师范学院学报》，2004年第1期，第79页。

年的动乱，旧有乩童有些不敢参与，很多庙宇负责人也认为加入道协不好活动，筹备工作陷入举步维艰的阶段。

1997年福建省道教协会成立，芗城、龙海有部分庙宇参加，人们慢慢发现，参加道教协会后，各种活动较有保障。在这种大形势下，2000年4月，芗城区建立道教协会，同年11月龙海道教协会成立。以这两个协会为基础，该年年底建立了漳州市道教协会。

道协成立后，在规范各庙的财务和各种规章制度方面，在宣传政策、办各类知识学习班，建立安全等制度等方面起了重要作用。民间庙宇活动牵涉面较广，如公安、统战、宗教、街道等方面。在协调各种关系方面，道协起了很大作用，受到好评。以漳州芗城区为例，由于历史的原因，各庙宇除了文物保护条款，其他许多事项都没合法手续，在搬迁方面，道协起了很大作用。比如，在区道教协会的协调下，习益宫从搬迁前的160平方米发展到426平方米，还有80平方米过渡房。因此，芗城区道协从成立时的20多家宫庙发展到66间。

道教协会每5年一届，老一届成员基本为各社区热心的老人。新一届增加了部分财力殷实、事业有成的中年人。

（三）各类神明协会的建立

20世纪80年代以来，闽南民间各同祀神明和各类神明之间的往来，包括与台湾民间信仰的交流非常活跃。同祀神明间的有关来源、史迹、习俗、药签、礼仪、接待等等方面，都有些疑难问题需要集体的力量加以协调。

1989年4月17日“漳州吴真人学术研究会”成立。同时于4月17—20日广邀学者，在漳州召开纪念吴真人诞辰1010年的学术研讨会。随后的几年，相继举办多次学术会议，并出版多套论文集，在推动吴真人信仰的学术交流方面起了重要作用，受到各方面美誉。1989年9月27日“厦门吴真人学术研究会”成立。2008年成立的开漳圣王联谊会，官方也给予支持和推动，作为联络海内外乡情的一个途径。

泉州市区道教文化研究会于20世纪90年代初成立，1997年4月更名为泉州市区民间信仰研究会，晋江妈祖文化研究会于1999年4月30日成立。泉州保生大帝文化联谊会于2001年农历八月十五成立。温陵妈祖会2009年成立。

（四）神明规格的统一化倾向

闽南的民间庙宇如有可能，很多都会在庙堂中增加释迦牟尼、观音等更高神格的塑像。如芗城的古老宫观凤霞宫祀玄天上帝，而平和的灵通岩本是祀观音的，现却增供释迦牟尼。

二、20世纪80年代后台湾民间信仰的发展特点

（一）各类同祀神明联谊会的建立

前文提及，台湾官方早已通过佛、道协会管理寺庙。20世纪70年代以后，台湾经济得到很大的发展，民间财力雄厚。富人乐于鸠资兴建大庙宇。寺庙的翻新、重建处处可见，庙宇越建越大，越盖越壮观。村落里的庙祠成为社群的中心象征、活动集会的场所。各同祀神明的活动影响越来越大。如“三月疯妈祖”、“上白礁”等活动，使同祀神明有了相互联络的必要。举办各寺庙之间的联谊活动的要求摆上议事日程了。然而，台湾庙宇原来具有高度的自主性，也就是各个庙之间很少有联络或从属关系。传统上虽然有超聚落的宗教活勃，以相同的主祀神为号召有困难，庙宇间有各种顾虑，生怕产生矛盾，相互影响等等想法。所以，开始台湾道教协会做了种种努力，希望组建同祀神明的协会都以失败告终。

20世纪80年代后，漳州籍的聚集地宜兰县历史地承担这个责任。据统计，宜兰县漳籍人口占总人口的90%以上，开漳圣王受到热烈崇拜。据仇德哉《台湾之寺庙与神明（二）》的记载，全台奉祀开漳圣王为主神的寺庙共有56间，坐落于宜兰高达20间，比例全台第一。据游谦、施芳珑调查，宜兰共有开漳圣王庙宇28间，占全台一半。①

有了这良好基础，壮围乡永镇村振安宫（开漳圣王庙）主委游礼焰热心奔走，拜访全台开漳圣王庙，耐心地说明办会的宗旨，诚恳地邀请参与，终于1985年成立了“台湾开漳圣王庙团联谊会”。此后，每年举办一次联谊大会。作为台湾地区历史上第一个以同祀神明、同信仰圈的联谊会，现拥有80多间庙宇的会员单位，开创了台湾民间信仰的崭新一页。之后，各民间神明同祀联谊会陆续建立。

---

① 游谦、施芳珑：《宜兰县民间信仰》，宜兰县史编撰委员会，2003年版，第19页。

（二）同祀神明联谊会的作用

神明联谊会对台湾民间信仰发展的推动，可以从保生大帝联谊会方面凸显出来。自1989年成立后，保生大帝联谊会就在海峡两岸间积极活动，展示出一种团结协作的群体力量，不仅会员宫庙在庙会庆典、修建经费等事项上相互支援，而且在对外也往往采取一致的立场。台湾民间流传“闹热看妈祖，团结看大道公祖”的说法，即是对这一点的充分肯定。可以说，联谊会的成立及其积极活动，是当代保生大帝信仰的庙际网络较传统庙际关系更为活跃、交往形式更加多样的主要促进因素。有几件事情让世人印象深刻：

上世纪80年代末，台湾学甲慈济周大围董事长数度返回福建，目睹历经“文化大革命”风雨的白礁慈济祖宫的凋敝残破景象，发愿要号召全台保生大帝的同祀宫庙一起捐资，为重修祖宫奉献力量。保生大帝联谊会在团结全台保全大帝同祀官庙的力量，为重修白礁慈济祖宫提供了组织基础，随之顺利筹集了120多万元人民币与35万张金箔，使白礁慈济宫得以重新修缮一新。

联谊会还连年组织盛大规模的台湾宫庙团队，回福建祖宫谒祖进香。

1990年10月，台湾电视公司将播出连续剧《妈祖后传》，剧情为“妈祖斗法大道公（保生大帝）”，这一剧情主要是根据民间流传的保生大帝与妈祖联姻不成而交恶斗法的故事改编的。联谊会获悉此事后，表示严正抗议，认为“有辱神威”。联谊会全体委员联名函请各地庙宫所属“立法委员”、“省议员”等，向“新闻局”、有关单位及台视公司反映。同年11月，台湾电视公司在联谊会掀起的浩大抗议声势下，表示尊重联谊会的要求，将《妈祖后传》剧中的角色更换。联谊会还于1994年和2000年两次请神学家作专题讲座，澄清导致妈祖和保生大帝寺庙间心结的所谓“大道公、妈祖斗法”的误传。联谊会还在保生大帝画册编印、电视剧、药签等等知识资源起了重大作用。

联谊会除了在两岸庙际间的交往、保生大帝知识资源方面起到重要的桥梁与纽带作用外，还在台湾同祀宫庙修建经费的相互支援上发挥着媒介的功能。比方：1998年，积极赞助内门紫云官、北势家保安宫；1999年，支持金门烈屿保生大帝庙重建；2000年，捐款南投玉衡宫。

此外还有嘉义保生宫、保安宫等等。①

（三）诵经会和礼仪的规范

民间信仰的祭祀礼俗，受着各地的习俗的影响，没有统一标准，各种礼俗十分混乱。台湾部分宫庙有诵经的传统。如台南天坛，约1900年前后有附属诵经团。当时为日据期间，庙宇经营较为困难，诵经团以女性诵经的形式保留下来。②

台湾影响较大的诵经团体为李炳南先生主持的草湖玉尊宫诵经会。李氏系台湾宗教大师杜尔瞻、林六善、朱云鹤、王秋潮的高徒。诵经内容包括列圣宝经经义及诵法、“易经神学”、阴阳五行入门、酬神消灾日法、八字命宫的算法等种种术数讲解。

1962年李炳南先生受邀在玉尊宫筹组诵经会。同年正式成立诵经会。李氏主导的玉尊宫祭仪庄严肃穆，周全的科仪、嘹亮的经韵，受到各宫庙和相关人士欣赏。

于是县内外友庙纷纷请求李氏协助成立诵经会，李炳南还担任义务教授。诸如台南学甲慈济宫，花莲加里保安宫、协天宫，台东玉清宫，香港宝泉庵等，李氏都鼎力支持建立。为此，草湖玉尊宫还特地组成教导团，赶赴各地辅导。

李氏还应邀为妈祖、王爷、玄天上帝庙团分别在台南鹿耳门圣母庙、麻豆代天府、新竹龙台宫办理示范祭仪，对于改善各地庙宇祭仪、端正礼俗有相当的影响力。草湖玉尊的做法，在宜兰县影响很大，其次对花莲县、台东县、台南县、台北县，以及香港都有一定的影响。

三、闽南与台湾民间庙神的互动交流

长期以来，台湾神灵多是从大陆分灵的，新中国成立后一段时期，由于种种原因，这种做法少了。1980年后，台湾方面又开始从闽南相关庙宇分灵神明，但塑像多为台湾庙宇提供资金。然而，这种情况也慢慢在改变。如1990年，台湾相应庙宇从龙文檀林威惠庙分灵“二王”神明，神像费用由檀

① 范正义：《保生大帝信仰与闽台社会》，福建人民出版社，2006年版，第351—372页。

② 《台湾寺庙志（第二辑）》，清流出版社，1986年版，第61—62页。

林方面负责；2006年4月应台湾净明道教会邀请，漳州官园威惠庙护送两尊魏太妈金身离漳，前往高雄。其中一尊魏太妈，定居于高雄慈安宫，所有资金费用由漳州官园威惠庙提供。另一尊巡境台湾、金门56天，受台湾信众的热烈膜拜，由台湾陈元光联谊会护送回漳。陪同的官园威惠庙管委会杨以能主任等9人，先后拜会了台湾20多家威惠庙，并与台湾民间信仰总会李炳南理事长等相关人士交流、座谈。

闽南民间信仰的文化历史悠久，影响深远。从三国至唐中期，北方汉族为躲避战乱，大批迁徙入闽，带来中原的部分神明。但是，闽南的神明更多是本地原来的神仙和先贤转化而来。明清后，闽南民间信仰随着移民向东南海外辐射传播，遍及台湾、港澳、东南亚。民间神明以祖先崇拜和圣贤崇拜为核心，代表一种“尚本”的寻根意思。这种眷恋故土的寻根情怀，使这些宫庙成为海外华人回溯闽南的重要因素。因为这些种种的缘由，当代闽南与台湾地区的民间寺庙拥有众多的信众，其数量大大超过其他各类宗教信徒的总和。而且，每逢某一民间神明的节日，前来朝拜的信徒真可谓人山人海，而且有的还是从很远的地方，使用各种交通工具赶来，只为了那一天虔诚的朝拜，那样的场面不亚于过年的气氛。在民俗文化氛围浓厚的闽南和台湾地区，多数的家庭及成员，都多少有信奉民间神明的思想。“头上三尺有神明”是该地域民众的信条，多数信众都是“逢庙必拜，遇神烧香”。可见，闽南与台湾的民间神明文化已经深入人心，根深蒂固。

第二节　闽南与台湾民间庙神流传的同和异

近年来两岸民间交流日益频繁，其中，关于民间神明活动的相互交往占有很大的比重。台湾2300万民众中，闽南籍的比率超过三分之二。闽南的民间神明与庙宇，对台湾有着极大的影响。对这种影响与流传，人们通常只注意到它们的共同方面，或者说同根同源的反映。然而，一个显而易见的事实是：在数百年历史的流传演绎中，自然由种种原因导致一些差异与流变。这些差异与流变，往往反映了闽南与台湾历史、地理、社会环境的许多重要问题和不少引人入胜的事例。

但是，闽南与台湾民间神明和庙宇的研究，由于资料的便利等原因，多从各自的地域研究下手，而且以个别神灵的个案研究为多。如保生大帝、开漳圣王、天公等研究论文集的出版。笔者查阅了台湾学者林美容搜集的1905年至1995年民间信仰研究书刊和论文目录中，没有这方面的论述；另外近年来的研究，只有厦门大学的石奕龙教授的《闽台民间信仰的表层差别及其原因》①，段凌平、连心豪《漳州与台湾民间信仰的异同》② 这两篇论文，分别从台湾庙宇的宏大、仪式的完整等方面对比两岸民间信仰的差异，文章限于篇幅，只就某个方面、某个地域讨论，亦难以就闽台民间神庙的多方面因素展开较全面的讨论。另外，福建师大林国平教授的《闽台民间信仰源流》著作中，在论及闽台民间信仰的共同特征时，提到在共同中略有部分不同。③

所以，目前的研究，在闽南与台湾民间神明流传中产生或异或同的相关方面，多数只泛泛而谈，或对同根同源等做一般性的概括，而很少涉及具体数量、双方总体与个体、相同与差异方面的比较研究。但是，民间神明的"异"与"同"的比较研究，关系到理论上准确地把握闽南与台湾民间神明活动的文化内涵，是加深大陆与台湾的文化交流，以及促进双方宗教文化的繁荣、旅游资源的开发等方面必不可少的内容，为两岸亟待解决的问题。笔者试从以下几个方面展开讨论。

一、闽南与台湾民间神明和庙宇的异同

（一）同一性大于差异性

台湾的民间神明主要来自闽南，闽南与台湾民间神明属于同一信仰系统，历史上闽南与台湾均"好巫尚鬼"，其民间神灵带有鲜明的区域性。据了解，闽南主祀神明有600种以上，④ 台湾最近民间的主祀神约300种，民间神明信众达千万人，⑤ 闽南与台湾民间信仰庙宇遍布城乡。该地域神灵大部分为土生土长，离开闽南与台湾就很少有人知道。闽南与台湾的民间神明

---

① 《台湾研究集刊》，1999年第3期，第23页。

② 《福建宗教》，2005年第6期，第41页。

③ 林国平：《闽台民间信仰源流》，2003年版，第465—490页。

④ 笔者曾调查，仅漳州就有500多种，厦门大学连心豪教授提供厦门有200多种神明（泉州数字不明），其中有部分重复，但由于闽南神明鲜明的地域性，总数不会少于600种。

⑤ 张兴斌：《中国旅游客源国、地区概况》，旅游教育出版社，2003年版，第267页。

有一脉相承的共同性，其神明系统最高神都是天公，接着的三界公，加上各行业神明，基层是城隍与土地爷。在整个神明系统方面，两地没有一丝差别。可是，强调同一性并没有否认双方在长期流传过程中产生某方面的差异，诸如神明的种类、影响，管理体制等等方面都有许多变异。台湾民间神明的源头、根在大陆，尤其是闽南等地，所以同一性大于差异性。同一性是闽南与台湾民间神庙的主流，闽南与台湾民间神庙的差异性则是值得认真研究的热点。

（二）正统性与地方性

封建王朝长期对佛教、道教等正规宗教予以认真扶持，对地方神明视为淫祀，多加限制以至取缔。所以，民间神明受官方承认才占有优越的地位。闽南与台湾的民间神明很多都产生于本地，外地和朝廷并不太了解。多数地方乡绅为本地的民间神明争取赐封，着力编撰许多与官方联系不紧的民间神明与朝廷相关的故事，并广加传播。非常明显的如妈祖与保生大帝，得到赐封后，神明的地位得到极大的提升。不少没受官方承认的神明，民间尽力营造一些其与官方相关的传说。比如，在漳州和台湾都有相当影响的惭愧祖师，原来并没受过皇帝的赏赐，民间就传说祖师曾给皇后看病，谦虚不求赏赐的说法。还有不少民间神明流传着帮官兵打仗等经历……这些都表明民间希望所供奉的神明得到官方认可，朝着正统方面靠拢的倾向。

反过来，一些外来神明却不断地朝本土化方面发展，如玄天上帝被说是由泉州的屠户转化而来，泗洲佛本是印度僧人，漳州地方上传闻为诏安县人，成为本地的一分子。观音菩萨虽是外地人，但也曾在洛阳桥化为妙龄女子，帮地方官做事。

闽南与台湾地理上依山面海，民间神明具有明显的山海特点。其民间神明的职能均被扩大，进山能扶伤治病，入海能搏浪救生，即使北方传来的神灵亦如此。如关帝本为军神，并非海神，传入闽南，已被变为无所不能、无所不管的保护神；奉祀入台后，同样神通灵验，庙宇数量居台湾民间神明前茅。

这证明本地神明如不正统化，发展就很受限制；外来神明如不地方化，就很难融入民间，很难为本地百姓所接受。

（三）闽南神明种类多而分散，台湾较少而集中

据前面列举的数字，闽南民间神明至少有 600 多种，几乎村村都有自己的神，很分散。在同一县内，每个村社、聚落也往往奉祀一位或若干位特定的神明，作为各自的保护神。如厦门“各乡社俱有社神祠，若澳溪社之会灵宫，东边社之高明宫，尾头社之美仁宫，西边社之豪士宫，鼓浪屿岩仔脚之兴贤宫，内厝澳之种德宫”① 均祀各自神明，这在闽南城乡带有普遍性。

1992 年，台湾道教庙宇 12409 间，佛教 2238 间。② 没有专门的民间信仰庙宇调查数字。这些数字中，根据各方面的记载，道教的寺庙基本属民间神庙类型。

闽南与台湾双方的调查数字说明，该区域确实有很深的“好鬼信巫”的传统，可称为全国庙宇及神灵最多的地区之一。③

台湾人口 2300 万。闽南地区，据第六次人口普查，泉州 810 多万人，漳州 480 多万人，厦门 350 多万人，约 1600 万人，少于台湾，可是主神几乎多台湾一倍。据 2005 年调查，闽南的民间信仰庙宇数泉州 5500 座，漳州 4200 座，厦门 2600 余座，合计约 12000 多座，总数不少于台湾。由于闽南人口数更少，所以人均神庙数多于台湾。

1998 年至 2002 年调查漳州的 2960 座庙宇，其中可知主神的庙宇 2468 座。共供奉 510 多位主神，约 3 个村庄就拥有一位不同的神灵。可见神灵多而分散。但这分散中又有集中与同一，从 2468 座可知主神的庙宇中，数量排列前 20 位的主神共拥有 1552 座庙宇，占已知神灵庙宇的 62%。说明其供奉的神灵相对集中在前 20 名。排列前 10 位神庙数：

保生大帝 240 座，开漳圣王 224 座，玄天上帝 218 座，观音 154 座，妈祖 133 座，佛祖 106 座，关帝 91 座，土地公 73 座，王公 50 座，王爷 44 座。

1981 年台湾方面统计总共 268 种神明，其中 20 位占寺庙总数 83%。具体神明是：

王爷、观音、妈祖、释迦牟尼、玄天上帝、福德正神、关帝爷、保生大

---

① 道光《厦门志》卷二。

② 高致华：《探寻民间诸神与信仰文化》，黄山书社，2006 年版，第 297 页。

③ 据称台湾不少庙宇未登记，没有全面的统计资料，我们只能根据正式发表的数字计算。

帝、三山国王、太子爷、神农大帝、清水祖师、玉皇大帝、三界公、开台圣王、开漳圣王、城隍爷、孚佑帝君、王母娘娘、广泽尊王。①

台湾共 10790 座庙宇，供奉 268 种主神明。就台湾来说，供奉的神明种类虽然比漳州略少，但却比漳州集中。②

可见被台湾民间普遍崇祀的神明数量并不是很多，但多数民众集中敬奉少数的神明。从漳州的数字可以知道，闽南的神明种类多于台湾，人均庙宇的数量亦不少于台湾，主祀神明的类型也比台湾广泛，不像台湾只集中奉祀一些神明。

（四）重视医药神明，朝兼职化发展

除了中原一带传来的药师佛、华佗等药神，闽南本地产生的药神很多。如：同安的保生大帝（出生于同安，原属泉州管辖）、厦门的董奉，平和的三平祖师、华安圣祖大仙（宋道士）、南靖的开山祖师、漳浦湖西的三王公等等。特别是保生大帝，以保生大帝为主神的庙宇在漳有 200 多座，区域较小的厦门同样有 200 多座，泉州目前还没统计数字，由于保生大帝原出生于同安，泉州一带保生大帝的香火非常鼎盛，可以推断保生大帝的庙宇肯定不少。除此之外，其他众多的神明也被赋予能看病消灾的功能。如诏安县西北 13 公里处建于明崇祯十一年（公元 1638 年）的斗山岩文佛寺祀圣僧泗洲佛，也被当地奉为医神，普济四方。

台湾的医神则更多，除了从漳州分灵外，还有其他地方分灵的，诸如神农、孙思邈、临水夫人等等。闽南与台湾历史上是著名的信巫不信医的地区，就是如今，很多人要去看病，也要求神明保佑，让医生下药灵验一些。

由于对药神的强烈需求，许多非药神都兼有部分医神的职能，相当多的庙宇都有药签。比如，漳州的芗城西街王爷、天宝玉尊宫（天公）、新桥正德宫（元天上帝）等等，本不是医神，也有据称很灵验的药签。

---

① 陈小冲：《台湾民间信仰》，鹭江出版社，1993 年版，第 3 页。

② 陈小冲：《台湾民间信仰》，鹭江出版社，1993 年版，第 3 页。

（五）闽南的宗族性与台湾的地缘性

1. 闽南宗族传统势力对民间神庙的影响较大

（1）闽南民间神庙注重家族传统

从记载看，闽南移民多为北方大族的移民，有些还是作为征服者出现，如开漳圣王陈元光、开闽王王审知等。所以，闽南民间神庙往往较注重家族传统，民间神庙呈现出与宗族势力结合的态势。

（2）寺庙兼奉祖宗

每个宗族在村庄里基本上都拥有自己的寺庙，有些甚至多达十几座、几十座。寺庙里除了供奉主要神灵外，还奉祀祖先的牌位。

（3）宗族本家神灵最受崇拜

闽南历代名人均分别为各自本家宗族尊为神，如萧衍（西汉太傅）、谢安、谢石、陈霸先、郭子仪、李泌（唐中期宰相）、陈元光、王审知（闽王）、林希元（明代名臣）……甚至被跨府县本家宗族所接受，表现了宗族观念的扩大，加强了不同地域的宗族联系。

（4）乡村寺庙的宗族“家有”性

寺庙的管理、祭祀，均由宗族安排。有些宗族甚至把奉祀规则写进族谱，如泉州《何氏族谱》记载，每年在东岳庙祀玄天上帝、中岳大帝、天齐帝，在夏游殿祀协天大帝。还有“正顺王庙”、“三宝殿”、“仙姑庙”等等的祀礼。其他地方《赖氏族谱》、《邹氏族谱》也有详细的记载。

2. 台湾民间神庙呈现较强的地域倾向

（1）台湾民间神庙的地域与方言区现象

由于明清的海禁，迁入台湾的人多为零散的偷渡，较难组成家族集团。故以各自的府县祖籍为依据，以较大区域组成群体。反映在民间神庙上，崇拜神灵以地域方言区为主。如漳州的开漳圣王、三平祖师，泉州的清水祖师、广泽尊王，嘉应州的三山国王，汀州的定光古佛，福州的五福大帝等等，台湾民间神庙呈现出明显的地域与方言区倾向。

（2）各地域神的相互排斥性

闽南本土地域神观念较淡。本村本地神明如祈求不应，可到外乡外村祈求。然而台湾的地域神明则不可融和，如泉州籍人决不奉开漳圣王，漳州籍人不奉定光古佛。地域之间的纠纷，还会破坏对方的神像神庙。如台北漳泉分类械斗，泉州籍人攻击漳州籍人的开漳圣王庙，毁庙宇，损神像的眼睛鼻子。南管与北管的田都元帅与西奉王爷，双方各争高低，不可能互祀的。如此例子不胜枚举。①

（3）庙宇多由地方上富户主持

这与闽南庙宇多由宗族主持不同，如云林县玄天上帝庙“于嘉庆年间，街长卢光顺、何春梅出首捐缘公建。至道光年间，街长刘深池、江腾仁、何房先等，出首捐缘再建后进一大间。”开漳圣王庙，“道光甲子年，富户薛大有倡首捐金，绅民公建。”元天上帝庙“同治四年，头人余永顺捐缘重修。”②台湾神灵多由大陆分香，开始供于个人私宅，然后再兴建成庙寺，这过程往往由富户牵头（他们出资最多、最有发言权），富户也希望通过这些活动增强在地方的号召力，通过神明来控制地方。台湾富户本来就是开垦与聚落经济活动的组织者，因此他们必然要在宗教信仰等文化、政治活动方面独树一帜。

当然，台湾地方上也有部分庙宇为家庭所有，可是，就整个区域来说，台湾庙宇的宗族性与闽南无法比拟。

（六）水神崇拜处于重要地位，台湾更为突出

台湾的水神崇拜非常盛，以妈祖为主神的寺庙有 802 座③，闽南略少些，漳州为 133 座，厦门为 75 座。水仙尊王（水神）台湾有十数座，漳州有 19 座。妈祖自然是台湾信众最多的神。而闽南沿海对妈祖也是十分崇敬。即便在山区，如南靖梅林的妈祖庙，也香火很盛。闽南每年端午节划龙舟拜的就是水仙尊王。

笔者了解的数字，漳州玄天上帝庙有 212 座，厦门 84 座，为闽南民间神明最多庙宇之一。据乾隆《重修台湾府志》，台湾民间信仰庙宇排在前五位的是：保生大帝庙 23 座，关帝庙 18 座，观音庙 16 座，妈祖庙 15 座，玄天上帝庙 14 座。据台湾省文献委员会 1960 年的调查，台湾民间信仰庙宇依次是王爷庙 677 座，观音庙 441 座，妈祖庙 383 座，玄天上帝庙 267 座，关

---

① 陈小冲：《台湾民间信仰》，鹭江出版社，1993 年版，第 13 页。
② 陈小冲：《台湾民间信仰》，鹭江出版社，1993 年版，第 16 页。
③ 蔡相煇：《台湾民间信仰专题——妈祖》，空中大学，2006 年版，第 1 页。

帝庙193座，保生大帝庙140座，城隍庙44座，孚佑帝君庙32座。随着闽南人移居海外，玄天上帝信仰也传播到台湾和南洋等地。闽南沿海各县许多庙宇为台湾玄天上帝宫观的祖庙。如漳浦的甘林宫、杜浔的正阳宫、东山铜陵北极殿等等。郑成功在台湾，“多建真武庙，以为此邦之镇庙”。

台湾与漳州都重视水神、财神，但相比之下，台湾比漳州更重视。台湾以妈祖为主神的寺庙有802座①，漳州只有133座，厦门75座。玄天上帝闽南多于台湾，水仙尊王（水神）双方差不多。由于台湾妈祖庙数量大，而且祭祀的规模极为宏大，使水神庙的数量及香火总体盛于闽南。

（七）重视孤魂野鬼，闽南为源头

曾有学者认为中国民间不重视鬼的祭祀②，这结论显然与闽南和台湾情况有区别。闽南与台湾两地均尊敬鬼魂，甚至对鬼的祭祀规模和热烈程度超过了一般的神明。如王爷是有身份的，在台湾的王爷庙数量居第一。客死他乡的孤魂，漳州有数十座庙，进入神庙数前10名。有应公是平民孤魂，而大众爷则是群葬于他地的众魄，在闽南和台湾都有相当数量的神庙。而田头田尾这种祭孤魂野鬼的小庙则不计其数。

由于两岸一段时间的隔绝，台湾学界对于有应公、大众爷这类神格较低的神明来源不了解，以为是台湾本土神明。其实这类信仰漳州明朝前就广泛存在，闽南与台湾两地之间的有应公与大众爷的同一性却是显著的，此类信仰依旧留有深刻的原乡烙印。我们将在闽南与台湾鬼魂崇拜一章中详细论及。

（八）财神众多，台湾更甚

闽南与台湾利尽东西洋，商业气息浓。财神庙宇多：如土地神，手中拿个金元宝，闽南与台湾都供奉财神，田头田尾到处是；关帝，本为战神，闽南与台湾却以财神崇拜，很多家庭都有关帝的神像。土地公与关帝神庙极多，其数量在闽南与台湾名列前茅。另还有比干（文曲星君）、赵公明等。闽南与台湾向来有海上贸易的传统，财神众多，可见商业气息的浓厚。

闽南的财神不少，很多家庭都把土地爷和关帝当财神供奉。赵公明、比

---

① 蔡相煇：《台湾民间信仰专题——妈祖》，空中大学，2006年版，第1页。

② 韦伯：《儒学与道教》，江苏人民出版社，1995年版，第1—18页。

干、文昌帝君香火都很旺。然而，台湾除了以上的神明，还有沈万三等神明，财神的种类多于闽南。台湾“炸寒单”等与财神有关的活动影响极大，闽南在这方面稍为逊色。因此，台湾财神崇拜在广度与深度方面，都超过祖地闽南。

二、闽南与台湾民间神庙异同因素的分析

闽南与台湾民间神庙之异同，与这两个地区的地理、历史、政治、经济、民俗、语言、宗教和社会等多种因素有关。

（一）闽南与台湾移民状况之异同

闽南和台湾都是移民社会，但具体情况不同。闽南移民时间跨度较长，地域来源较广。不同时期，不同族群带来不同的信仰对象，所以神明的类型广而杂。台湾移民时间较短，地域小，祖籍窄，虽然台湾的人口多于闽南，但是，神明的种类、数量比闽南少，并且类别相对集中。

1. 闽南移民的祖籍较为广泛

闽南原住民闽越人，为春秋战国以来南方的百越之一，汉武帝“徙其人于江淮间，尽虚其地。”① 此后闽南居民多为中原移民。自晋终元，一千来年有五次较大规模移民迁往闽南。其原籍遍布于北方各省，以及闽南周边省份。

2. 台湾移民的祖籍相对集中

台湾在三国时（公元230年）被吴国卫温掳走数千人，隋炀帝于607年遣陈蕃等人征台。台湾长期人口稀少，大规模移民从明天启年间漳州颜思齐募民赴台起至19世纪中叶止（以后闽人多往南洋，大规模赴台中止）。200来年时间，台湾移民多为闽南人，次为福、汀二州和潮州。1925年的调查显示，台湾总人口中，漳籍占35.2%，泉籍占44.8%。清末《安平县杂记》称，台湾人中“隶漳、泉籍者十分之七八，是曰闽籍；隶嘉应、潮州籍者十分之二，是曰粤籍；其余隶闽南各府及外省籍者，百分中仅一分焉”。台湾移民人员的祖籍相对集中，而且漳泉移民也只是来自部分村落，这种移民情况必然影响到民间神庙种类之多寡。

---

① 司马迁：《史记·东越列传》。

3. 闽南与台湾地理险隘、烟瘴袭人

闽南的进入性稍优于台湾，闽南山峦纵横，台湾山地为中国东南之冠。地处闽南的戴云山主峰海拔1856米，为福建中部之最；台湾玉山海拔3997米，为中国东南海陆之最。

（1）闽南山脉纵横

戴云山脉平均海拔1000米，正好横亘于福建中部。西南面的博平岭海拔700至1500米，从闽南延伸到广东。这两座山脉基本上把闽南与地区分隔开。整个闽南被山脉割裂得支离破碎，因此素有“闽道甚于蜀道”之说。北方各期的先后移民，各自住在相应的山谷之中，较少与外界往来。但闽南总体上可进入性稍优于台湾。周边山脉总有断层陷落为隘口，如汀州古城口，漳州汾水关可以顺利进入。

（2）台湾与闽南一样烟瘴袭人

闽南与台湾植被为全国最好地区，面对大海，温暖湿润，疫病流行，加上当时缺医少药，人们只能借助神明。由于明清的海禁，闽南向台湾移民多于月黑风高浪大的僻地出行，渡海非常凶险。故人们有海上孤岛孤立无助的祈盼心理。如此的地理社会环境，导致闽南与台湾均有好巫尚鬼的传统，造成神明众多状况。

（二）闽南重族缘，台湾重地缘

1. 闽南较注重宗族传统

中原向闽南移民，多以征服者的面貌出现，如陈元光征蛮獠，王审知之建闽国，或为西晋末的“衣冠南渡”，两宋之交、南宋末皇室迁徙漳州。因此闽南人比较注重宗族传统，重视家族荣誉。为了标榜本族血缘的高贵，一般宗族都向古代同姓名人靠拢，尊他们为祖。如闽南陈姓，多往陈霸先、陈元光靠，通过修改族谱，达到攀龙附凤的目的，混宗现象时有发生。如李姓总往长汀的李火德靠，上挂唐高祖李渊。闽南各姓集中在一些较公认的古代名人上，使同姓的先祖出现合流的现象，加强了不同地区同姓之间的血缘联系，使宗族组织出现超地域的状况。

所以，闽南完全不同台湾，家族性强，其村社祭祀神的活动全以家族为主，管理也是家族里德高望重者，或以本村老人会形式出现来管理。即使到上世纪末，寺庙重新登记调查，各村还是宗族管理。以漳州的龙文区为例，笔者 1998 年调查，共有 91 间民间信仰庙宇，86 间是村里的老人会管理，5 间是管委会，但同样是同宗的人员管理。

闽南表现为弱化区域性，对不同地域神并不排斥。如清水祖师为泉州永春、安溪一带神灵，漳州有数十间清水祖师庙宇；三山国王为广东潮州地方神，在漳也有 32 座神庙；开漳圣王的庙宇在泉州一样受欢迎。惭愧祖师（广东）、九鲤飞真（莆田）、临水夫人（福州）等各地神灵，其在闽南庙宇照样香火旺盛。

因此，在神明崇拜的区域性特点中，台湾趋向于地域性，闽南更重视村社的宗族活动。

2. 台湾较注重地域祖籍联系

清统一后百年间，台湾人口发展到近百万（1782 年达 912920 人）。台湾的移民与闽南不一样。除郑成功因军事原因之外，多数人是因避税、垦荒或者商业需要。台湾为明清时期闽南面向东、西、南洋的货物中转地，所以整个社会较偏于海洋性，与陆地社会组织有所差别。学者认为，海洋组织是海洋淘金者和冒险者的组合，并不株守农业社会的组织规则，具有流动性开放性的特征。海洋利益高于血缘关系。① 加上明清的锁国海禁，其移民多以零散偷渡，较难组成家庭集团。为了加强与外界的抗争力，多以各自府县祖籍，以较大区域组成群体，或以方言区分。台湾就较难以血缘成聚，而结成地域集团，因此有“台湾之民不以族分，而以府为气类。漳人党漳，泉人党泉，粤人党粤，潮虽粤而亦党漳（因潮人语言、文化习俗均与漳人相同）。”② 这客观上使台湾较难以血缘宗族管理寺庙。

台湾神灵由大陆分香，开始供于个人私宅，然后再兴建成庙寺，这过程往往由富户牵头，他们出资最多、最有发言权。富户也希望通过这些活动增强在地方的号召力，通过神明来控制地方。台湾富户本来就是开垦与聚落经济活动的组织者，因此他们必然要在宗教信仰等文化、政治活动方面独树一帜。

① 杨国桢：《第二届闽南文化研讨会论文选编》，2003 年 9 月，第 10 页。
② 陈小冲：《台湾民间信仰》，鹭江出版社，1993 年版，第 16 页。

（三）区域性与趋向传统神明的分析

闽南与台湾地方神中，传统佛道神明占有显赫的地位，拥有不少的神庙。一方面，闽南的早期移民，从北方带来一些全国性的神明；另一方面，这是统治者引导和干涉的结果。长期的传统，民间神庙形成的势力总是受打击，如白莲教（明万历年间，公元 1593 年）、祖师会（公元 1748 年）活动，皆遭镇压。大陆官府历来认为：以地方神为主的民间神庙是邪神淫祀，屡加谴责取缔。而制度性宗教的整个思想意识和组织体系，与官方的形制互为表里，互相利用，大陆官方通常更支持正规宗教，以及全国多数人都信奉的神明。

台湾官员对民间神庙虽没强力镇压，但他们更支持全国性传统的神明信仰活动，一般采取超然的立场，他们所倡奉和祭祀的神明，多是有助于政府维护统治秩序和社会安定的神明。如城隍、龙王、药王、观音、关帝、天后、福德正神等。不支持或不参与某一地方祖籍神明的祭祀活动（义民庙等与官方有关的活动除外）。各地移民往往以地方籍神明作为械斗和区域向心力的旗帜，台湾官方觉得这是不稳定的因素。说明官方并不希望在民间神庙活动中挑起或助长地方派别的矛盾冲突，这可以说是台湾官方对民间神庙政策的一项重要内容。

诸如佛道等宗教，已被官方认可，融入官方的主流意识，纳入统治思想。一般说来，被统治阶级在思想和行为上受着统治者的支配。由于这些原因，导致传统佛道神明在闽南与台湾占有一定的优势。

所以，闽南与台湾民间神庙的神明系统，还是在传统佛道神明系统的大框架中，传统神灵还是起着重要作用。只是这些传统佛道神明经闽南与台湾人的改造，已有较浓的地方色彩。

闽南与台湾民间神实为传统神明系统的统一性和地方神明的区域性的共同体。

（四）重视医药神明的分析

自古以来，闽南与台湾都是全国雨量和森林覆盖最好的区域之一，加上气候炎热，蚊虫滋生，野兽出没，传染病和各种疾病容易产生、蔓延。《漳州府志》记载，开漳时州治原在云霄，由于气候潮湿多疫病，开元四年（公元 716 年），徙州治至李澳川（今漳浦县绥安镇）。后来，又由于同样的原因，贞元二年（公元786年）州治再徙龙溪县桂林村（今漳州城区）。

台湾的高温高湿使少数民族与汉族早期的开发者面临最大的问题是瘟疫肆虐。连横的《台湾通史》也说到当地“草茀瘴毒，居民辄病死”① 的情况。

在缺医少药的过去，人们不得不求助于神明、巫祝。闽南与台湾的不少宫庙都有药签，一般的巫祝或多或少有些治病的本领，得到了很多拥戴。

（五）财神、水神重要的原因

闽南沿海地区为通往闽西、赣南和粤东人货交流的必经之地，是闽西南水陆交通枢纽和商贸集散中心，为华东、华南沿海地区联结的重要枢纽。

台湾岛位于中国大陆海岸线的中央，琉球岛弧与吕宋岛弧的交会点，也是东海与南海的分界点，西侧是台湾海峡，东侧为太平洋。台湾岛西距中国大陆约160公里，离日本约1118公里，又距南边的吕宋岛约320公里，是南北往来必经之地。

闽南与台湾早有商贸往来的传统，海上贸易的繁荣，使很多人投身其中。然而，海上航行的不可预测性，又使人们心怀恐惧。不用说夏季常有的台风和浩瀚的太平洋，就是台湾海峡的“黑水沟”也会使人毛骨悚然。“黑水沟”是台湾和澎湖间最险恶的海域，有“台湾百慕大三角洲”之称，早年祖先渡海来台最大的考验就在“黑水沟”，当初过台湾海峡到台湾本岛，一定要过澎湖黑水沟。船过澎湖，从远远的地方看过去，水的颜色很黑，水很深，海流湍急，要到台湾就得挑选天气，潮流、风势都很好才能来到澎湖。过了黑水沟，如果见到西屿、猫屿和花屿其中的岛屿就能找到澎湖了，如果没有见到，就得赶紧返回，否则就会迷失在大海中。

台湾商品经济总体上发达于闽南。最初进入台湾的汉人，多是一些商人，以台湾为中转“装白糖、鹿皮等物，上通日本”，“并铸永历钱，下贩暹罗、交趾……从此台湾日盛”。②

台湾与闽南的沿海一带，商品经济很发达，淘金集财的愿望和行动，总要面对变幻莫测的大海和商海，使闽南与台湾海商对海洋神妈祖以及各类财神崇拜，置于极高的地位；财神不但分文（文曲星君）、武（赵公元帅），人

---

① 连横：《台湾通史》，商务出版社，1996年版，第10页。

② 江日升：《台湾外记》。

们还把土地爷和关帝拉来壮阵容。

闽南依山面海，闽中大山博平岭和戴云山包围了漳州、泉州平原。加上雨量的充沛，特别是夏季的台风，山区受虐于山洪，平原更是水泽一片。台湾四面环海，山脉为中国东南最高，台风更盛于漳州，旱涝之苦更盛。民间认为妈祖、水仙尊王在旱涝保收方面很起作用，客观上促进了海神与河神崇拜的兴盛。

从明代中期以后，朝廷实施海禁政策，闽南的漳州地处边陲，形成海商武装走私集团，以台湾为据点，用大陆的各种货物，包括农产品和海产品、生丝绸缎、陶瓷等商品，交换来自欧洲、日本的白银及南洋香料等等相关的货物，从而形成以台湾为转运地的多角贸易关系。但是，闽南的山区商品经济相对较弱，客观上形成台湾比闽南更重视财神和水神的情况。

（六）孤魂野鬼崇拜的原因

前文已提及，闽南与台湾的居民由移民组成。跋山涉水、长途迁徙的困难，闽南与台湾住民深有体会。迁徙过程中，本族人自然有不幸死亡者，只能随地掩埋，所以闽南与台湾人本就有掩埋客死他乡尸体的传统。同样对于客死他乡无主的孤魂野鬼，自是同病相怜与深感同情。居于习惯和人道，当然也有害怕野鬼作祟于人的想法，对客死他乡的孤魂野鬼都尊重、同情，并建庙祭祀。

三、结语

综上可知，闽南与台湾民间都好巫尚鬼，可是，在数量、宗族、地域等方面有差别，闽南神明的主神总数及人均庙宇数都多于台湾。但信仰神类较台湾分散，台湾民众集中敬奉为数较少的神明。闽南与台湾民间神庙显示了非常强的区域性。但在庙神信仰和管理上，闽南多以宗族，由家族老人管理，不排斥其他地域的神；台湾民间神的信奉，多以籍贯为分，由地方富户牵头管理。不同地域籍贯的神不互祀。

闽南与台湾之神灵虽然多各自为政，但都在同一神明系统里，民间神庙神缘相同，名义上都以玉皇大帝为最高神。台湾与闽南的民间神庙既有同一性，又有差异性，但同一性是主流。台湾民间神庙的源头、根在大陆，其中，闽南籍神明是非常重要的方面。同一性是闽南与台湾民间神庙的主要方面，闽南与台湾民间神庙的差异性也是值得认真注意的。

第三节　闽南与台湾民间神庙的发展趋势

一、长期性

近年来，随着社会的发达，人们教育程度的提高，民间庙神的崇拜，是否因此衰亡的议题引起人们的注意。

由于相比于正规宗教，民间神庙的很多做法还不太定型，有些学者认为似有衰弱的迹象。如瞿海源、姚丽香指出："国中以下程度者在理性化方面较少发展，他们对宗教的非理性的支持一直是民间信仰维持不坠的主力。当这类程度以下的人口比例大幅下降时，民间信仰的发展将会遭到很大的阻力。"教育人口成长率对于"寺庙数的负面影响，也意含着理性化力量逐渐发生抑制民间信仰继续成长的可能性。"瞿、姚认为，教育水准的提高，可能影响和抑制民间信仰的成长。①

但是两人又同时觉得，"民间信仰的世俗性与功利性，可能与现代社会中所凸显的世俗化趋势与功利特性有相契合的情形"，"因而促成了民间信仰的活力。""至少我们也可以肯定，1970 年之后民间信仰以寺庙数而论，并没有衰落的情形。"宋光宇进行了"20 世纪台湾的疾病与宗教"的调查后认为，"在台湾，现代化的医疗还是居于绝对优势。当人们面对这些退化性疾病和一些无法查出原因的疾病时，心头的恐惧是非常严重的。面对没一定把握的现代医疗设施，只有转而寻求其他的治疗方式。到寺庙中占卜、改运、问流年、安太岁，乃至于求取神明开药方子。这些行动造成了近 20 年来寺庙和神坛勃兴的局面。"②

民间庙神活动的世俗性，与家族制度及其村社、社区生活的紧密结合，使民间庙神的管理形式与社会组织结构的变迁同步进行。以漳州为例：资料

---

① 瞿海源、章英华：《台湾社会与文化变迁》，载瞿海源、姚丽香《台湾地区宗教变迁之探讨》，"中央研究院"民族学研究所，1986 年版，第 665—666 页。

② 高致华：《探寻民间诸神与信仰文化》，载宋光宇《20 世纪台湾的疾病与宗教》，黄山书社，2006 年版，第 302—303 页。

和调查表明，在过去漫长的社会形态中，家族和族长在基层村社结构中起主导作用，当时的民间庙神组织是由族长或本族德高望重者担任；1949 年以后，集体化出现了生产队负责人，民间信仰宫庙又转成村干部主导；1980 年后，改革导致新一代的经济领头羊，而民间信仰又成为部分经济实力较为雄厚人士的活动场所。

民间庙神活动有较强的世俗、功利和与时俱进的特点，可塑性强，是本村社族群精神的体现。在封建时代的械斗中，为鼓舞本村社的象征力量；在 1978 年后又成为村社与社区讲和谐倾向的动力。

如前文所述，由于面对个人社会等诸多问题，加上民间神庙的活动与社会民俗及家族历史的结合，民间神庙基础巩固，不容易消亡。

近期的调查，民间神庙组织在救弱济贫、修桥造路等公益事业上发挥了大的作用，加上和村社、宗族、社区的结合，对社会的稳定和发展有一定的积极作用，如社会整合与控制功能、社会心理调节功能、社会化与交往功能等。因此，即使当今的科技发达，民间神庙也没有衰微的趋势，这包含有深刻的心理和社会根源。民间神庙满足了人们对世俗种种现象的希冀，体现了对社会现象的多方关怀。其内容注意到人与自然的和谐，也反映了人与人之间的关系。民间神庙活动包含“做功德，积阴德”等方面，表现了对人们来生的终极关怀。

所以，笔者以为，在可以预见的日子里，民间神庙将会长期存在。是否可以认为，只要闽台大的环境没有改变，只要人们不能完全认识自己、不能完全解决自身的各种问题，民间信仰就不会消亡，民间神庙就有存在的空间。只有到了“谋事在人，成事也在人”的时候，产生民间神庙生存的土壤才能最后消亡。

二、正规性

正规化倾向有几方面的含义，如组织的规范、神明祭祀礼仪的规范等等。

（一）民间庙神的协会

目前，闽南民间庙宇以加入道教协会的形式取得行政部门的承认。由于闽南的城市建设处于进一步的发展中，没有登记的民间寺庙在土地、房产、活动等诸多方面很受限制，加入道教协会的优势是明显的，不但政府有政策保护，道教协会也在各个方面给予支持。

1978年以后，大陆学界和行政部门对群众性的活动渐渐给以更多的关注，而且对两岸往来有极大的热情。行政方面给予较多的关注和支持，有利于相关神明宫庙的联系。因而进一步推动了闽南民间庙宇加入道教协会和参与神明研究会的积极性。

台湾的神明联谊会也多以道教协会形式出现，台湾的道教协会较为松散，对各个分散的庙宇领导功能不明显。当局的机构，对于寺庙或团体，一般只是履行批复手续，没再进一步关注。

可是，台湾的同祀神明联谊会所起的作用就不一样了，前面已有论及，此不赘言。所以台湾将以同祀神明联谊会为主进行活动。

（二）行业神明数量下降，普遍祭祀神增加

首先，可感受到行业神明庙宇数下降较快的趋势。

如漳州华佗庙只有4间。八仙中的吕洞宾为理发业保护神，只有几座八仙庙，闽南少见专祀吕洞宾的庙宇。鲁班为木匠行业保护神，近年的调查中，闽南地区未发现主神为鲁班的庙宇。闽南的医药神明并不少，只是多为兼职，如王爷等，同时有驱邪保平安的功能，所以闽南的王爷庙很多。而华佗庙也许只是“专攻”医药，可是闽南与台湾民间希望神的功能更多一些。因此，行业神明或者因时代发展，行业的变化，显得职能太窄，庙宇数下降较快。

其次，出现普世性的神佛更受重视的做法

天公是闽南与台湾许多家庭都敬奉的神明，有如释迦牟尼、关公、玄天上帝等普遍祭祀的神明，有逐渐增加的趋势。特别是关帝，非常多的家族及商店都供奉。前文已提及，许多庙宇都增祀释迦牟尼，有的甚至于改祀释迦牟尼，玄天上帝的宫庙，在闽南与台湾民间神明寺庙数量位居前列。

瞿海源、姚丽香在《台湾地区宗教变迁之探讨》中说到，1910年以来的调查数字显示，“一般而论，我们可以发现，在台湾社会中，比较具有普世性的神佛（如释迦牟尼、关公、玄天上帝等）有逐渐更受重视的趋向，另外观音和妈祖这两种普受民众崇拜而较具普世性的神佛，则维持历久不衰的状况”，“相对地比较具有地方性的神祇则日趋衰微，而不适合现代社会职业分化需求的行业神，也有日渐衰落的趋势。”①

（三）诵经会和祭祀礼仪和规范和推广的迹象

台湾李炳南先生推动的诵经和礼仪形式，当地的不少庙宇已有相应的行动。闽南的一些陈圣王和保生大帝也效法台湾的神明祭祀程序，预计台湾方面的诵经等礼仪可能对闽南的民间庙宇产生影响。

三、闽南与台湾民间神庙的部分演变

（一）庙神管理的富户因素

长期以来，台湾的庙宇管理，一直是富户起着主要作用，闽南是宗族德高望重的老人管理。在市场经济的背景下，闽南农村宗族或城市社区的年富力强的富户，逐渐显露了一定的作用，对民间寺庙的管理有所介入。本章第一节提到，闽南的神庙管理过去都以老人为主，现在增加了一些财大气粗的中年人；而台湾一直是区域富户在管理中起重大作用。

（二）可能再出现祖地文化流往台湾的倾向

闽南与台湾民间庙宇之间，长期存在交流往来的传统。闽南与台湾的祖庙与分灵庙、各联谊庙宇的往来将更加密切。闽南与台湾庙宇间有一定的互补性，目前的趋势主要是台湾庙宇的财力，以及一些保留传统礼仪的做法影响着闽南。

民间宫庙的礼仪是习俗与历史传承的集合体，讲究“人气”。闽南是台湾习俗的主要祖地，拥有这方面的优势。经济上又是福建台商投资最多、最密集的地方。未来双边的交流会更频繁。闽南的民俗文化，为长期历史积淀的产物，随着大陆经济的发展，必然重视祖地悠久的文化内涵的丰富与发掘，文化将再现繁荣，泉州的通淮、漳州的东山连续举行的“关帝文化节”，厦门、漳州的“保生大帝”庆典，泉州天后宫的闽台关系史博物馆，厦漳泉三地先后举行民间神明的研讨会，这些活动都耗资巨大，取得了相应的成果。

闽南有深厚人文传统为支撑，台湾乡亲必前来寻根，台湾民间信仰的一

① 瞿海源、章英华：《台湾社会与文化变迁》，载瞿海源、姚丽香《台湾地区宗教变迁之探讨》，“中央研究院”民族学研究所，1986年版，第659—660页。

些疑难问题，可以在闽南找到答案。可能再次出现祖地文化流往台湾的倾向。

因此，将出现闽南或说大陆方面对台湾的民间信仰有较大影响的局面。

四、与道教和佛教的关系

（一）与道教的相互影响

道教是中国的本土宗教，源于古代的巫术和神仙方术。由于国人习惯兼收并蓄，道教的神仙系统趋向于庞杂。只要地方上出现的神明，人气较旺的，道教几乎一并纳入其系统。民间也以为只要是地方神明，都属道教系统。所以，大陆如今亦把民间信仰纳入道教协会。应该说，有些地方神明的出现是泛神、祖宗和贤人崇拜的产物，与道教并没有大的关系，但却都被归到道教系统。

在主要供奉道教神明的民间宫庙，依旧是民间的民俗起作用。但一些大的宫庙，在重大节庆时，有些会请道士做法，建醮。如 2010 年，漳州天宝玉尊宫邀请龙虎山道士前来主持。

道教系统集中向玉皇上帝，佛教趋向释迦牟尼，但整个民间神明却集中于玉皇上帝，民间以为，释迦牟尼也服从玉皇调度。如西游记中，为收服孙猴子，召请如来（释迦牟尼）的说法，民间非常认同。

台湾亦向神格高的神明集中，不少庙观都加修凌霄殿。又如，将有应公转祀林太史，民间神明应集中于玉皇上帝，或释迦牟尼也服从玉皇调度。

在大埕一般是天公炉，前殿大门上是天公。如没天公，必要有天公炉，或香筒多放在上，而是以牌位。用以拜天公，天公是必不可少的。后殿门上是三界公，原设有三界公炉，现在改革，多无三界公炉。但如供奉天公炉，就没有天公的神像。

（二）与佛教的关系

民间庙宇较认同道教协会，一方面因民间供奉的道教神明多，另一方面也因南方道教与民间神庙的做法较为类似。很多供奉佛教神的寺庙，请来和尚管理也非常不适应。如芗城有些寺庙，虽请来和尚，但村里总是按原来的做法安排，与和尚或说佛教的方法多有冲突，双方很不协调。东山大约有 20 来间民间寺庙有和尚参与，然而这种参与并不是常规的，大概是某段时间因某种需要请来和尚，不久又因各种不睦，和尚走了。南靖的一些寺庙也一样。所以，民间寺庙登记为佛教寺庙现在还非常少见。

2010 年，笔者调查了漳州周边的民间佛教的“岩仔”（建于山峦的民间寺庙），这些传统都由民间人士主持，而不是佛教的僧团负责。调查过程中发现：接近居民的密集地民俗的倾向比较浓，与居民区一定区隔的“岩仔”，出现急剧向制度化宗教靠拢的倾向。

漳州城区东部的许多民间庙宇，都有出家人进驻。但他们都表现了明显的民俗化、在家化，在民俗节日里为居民消灾、做法事，这在正规寺庙里并不太时兴。然而，在一定的历史时段中，是世俗化领衔还是制度化占优，目前还无法判断。可是如今这些寺庙还是民间信仰的做法占主导。漳浦海月岩的住持就认为，如果他们不介入民间的节庆活动，在民间的影响、人气和财力都会不足。

可是，不在城区的一些“岩仔”，老一代多由民间的“斋姑”管理，新一代基本都由经过佛学院教育的尼姑接班，如石室岩、乌石岩、紫徽岩等。

台湾林美容探究，当地的民间佛教寺庙，譬如观音，介于世俗和出家人之间，但比重向世俗倾斜。而道教方面，民间庙宇限于重大节目请道士做醮，或一些民间道教组织的负责人加入道教团队，

闽南与台湾各类祭祀庆典活动都以村社和宗族的主祀神为中心，地域和宗族的力量影响很大，民间神庙的世俗化还是非常浓郁，而且祭祀的娱神性质也是与时俱进，在沿海和较发达地区，近期农村的娱神有脱衣舞女的表演，有些村子甚至允许女子参加抬神（比如龙海的木棉村），而这在长期习俗中是绝对不许可的。

所以，地方佛教与道教受世俗的影响是很大的。就总的倾向说，佛教在民间寺庙的介入少于道教，然而，一旦介入，佛教便迅速产生大的影响力。

五、不同主神庙宇间往来的新趋势

闽南与台湾之间同祀神明的往来将更加活跃。闽南不同主神庙宇之间的联谊本有传统。前往台湾的交流，也有不分主祀神明，都拜访、上香的倾向。对于来自台湾各不同神明的庙宇，闽南都给予热情接待。

台湾方面，本来不同主祀神的庙宇并不往来。但天公联谊会的李炳南主

任，认为“天公”的神格高，他又热心不同民间信仰神明间的联谊，所以无论是保生大帝或开漳圣王的活动，他都高调参与。闽南方面主要民间信仰神的活动，李炳南主任经常参加。

这种做法很受欣赏和称赞。因此，可以预期，未来闽南与台湾民间神庙的联谊，可能逐渐打破目前多数限于同主神之间的交往，不同主神庙宇间的往来会成为新的趋势。

这些是据目前的发展趋向做的大致推测，虽然预测总会有部分不准确，但闽南与台湾民间信仰发展的大致趋势是清晰的，只要两岸的交流还在进行，闽南与台湾民间神庙的交往将朝全面和繁荣方向发展，两岸乡亲必将把闽南与台湾民间信仰文化提高到一个新的层次，这个总体方向是不会改变的。

第四章　闽南与台湾的道教俗神庙宇源流

前文已述，闽南与台湾的民间信仰神明系统和道教的神仙系统有相似之处，又有很多不同。比如，道教有自己较成熟的神仙系统，与佛教的菩萨很少交集，最高神祇是三清。而民间信仰至高无上的是玉皇大帝。凡天、地、人三界，儒、释、道三教，无论自然神与人格化神都归玉皇指挥。民间信仰的神明系统没有道教的清晰。很多老百姓对神明的神格高低印象不深，只管是不是灵验，本村的神明效果不明显，就找其他神明，祭祀的方法也不像道教的整齐划一，各地的做法差别很大。所以即使是道教的三清、玄天上帝等神明，在民间信仰中，有着与道教完全不同的供奉方法。因此，民间信仰与道教是不同的两种信仰系统。

由于以后各章将涉及各类神明，本章的道教神明只介绍玉皇、三官大帝和城隍。

第一节　闽南和台湾的玉皇大帝及庙宇源流

闽南和台湾的老百姓认为玉皇是至高无上的神，称呼也特别多，有玉皇大帝、玉皇上帝、昊天上帝、玉皇、玉帝等等称号，民间俗称天公、天公祖。

一、敬天的传统和闽南台湾的天公崇拜

（一）国人的敬天传统

我国古代本就有尊天的传统，古籍诗、书、礼、易等经典叫做“天”或“帝”。最早的史书《尚书》中记载，称其为上帝。从《尚书》中可以看到，商朝有很浓厚的天命观念。当时是把敬天和祖宗崇拜两个方面结合起来，带

有强烈的宗族色彩。[①] 汉代以后，道教出现了。道教的天神很多，有三清（玉清元始天尊、上清灵宝天尊、太清道德天尊）、四御（玉皇、紫微、天皇、后土）等，包涵几十位天神。

然而，秦始皇以后，开始推行中央集权制，由人类创造的神仙世界必然也要和人类社会一样，要有至高无上的形象。唐宋皇帝都推崇道教，经过这两朝代的推波助澜，玉皇大帝处于崇高的地位。

我国夏商周时期已存在祭天的传统。后来民间一般把天帝当作神仙界的皇帝，总管三界、十方、四生、六道。闽台民间极崇敬天公（玉皇大帝），每家民间信仰寺庙及家户都奉祀。每年正月初九，祭拜仪式隆重庄严。

（二）闽南和台湾的天公崇拜

1. 闽南的天公崇拜

“头顶三尺有神明”，闽南俗话说“天公有目瞷（眼睛）”。认为“天公”高居天庭，统辖主宰天地宇宙万物生长轮替、吉凶福祸，掌握人间万物生死和赏罚大权。

“天公生”是闽南和台湾民间一年中第一个重要节日，也叫“做天香”。一般神灵的诞辰纪念常在寺庙宫观里举行，而“天公生”则是家家户户在院子里摆桌子祭拜。正月初九拜天公的形式很特别，时间必须在太阳没出来、天未亮之前。地点要求在户外进行，才可以让天公知道。同时，屋内挂着“天公灯”，以增光明。“天公生”的供品级别最高，用的“天公金”纸的规格最大，祭祀别的神佛都不能烧这么大的“天公金”。初八夜设香案、摆供品、点香烛、折“天公金”，全家守到过半夜之后，鸣放鞭炮，为天公祝寿，直至天亮。闽南和台湾民间隆重做“天公生”，因为玉帝是天下最高主宰，在一年之初许心愿，可以祈求风调雨顺，合家平安。民间认为，每年十二月十五日，玉帝会下凡巡查人间，家家户户烧香恭接玉帝。表示一年到头，有好的开头和结尾。

民众百姓对至高无上的玉帝非常敬畏，所以不敢雕刻神像供奉，只设立牌位祭拜。即使是主祀玉帝的宫观，也很少有玉帝的塑像，一般只供奉香

① 段凌平、柯兆利：《试论殷商德观念》，载《厦门大学学报》，1988 年第 4 期。

炉，称“天公炉”。如泉州东岳庙有石天坛“天公炉”①，龙海市白水镇大帽山麓的金仙岩（亦称妙善宫），亦供奉一石雕“天公炉”。而漳浦县石榴镇长兴村张姓村民自古奉祀玉帝。村中虽没有专门供奉玉帝的宫庙，但有世代相传的两座金牌，高 42 厘米，宽 18 厘米，阳刻“玉皇大帝”四个宋体金字，平时由值年头家保管，每年正月初九日“天公生”，必虔诚供奉醴礼。② 闽南传统民宅正厅前梁多悬有代表天公的“天公炉”或“天公灯”，每天早晨和傍晚及每月的初一、十五上香，以示崇敬。

2. 台湾的天公崇拜

闽南天公崇拜的习俗也传迁入台。“台湾之人无不敬天，无不崇祀上帝，朔望必祈，冠婚必祷，刑牲设醴，至腆至诚。”③ 民间正月初九“天公生”，祭祀时间从午夜开始，到凌晨寅时止。每家在正厅天公灯下设祭，称“天公桌”，一般分为两桌：上桌供奉天公座，备五果六斋；下桌备五牲荤菜，供奉玉帝下属各神将。台湾一些主祀玉皇大帝的宫观除举行祭祀大典外，还有阵容盛大的妆人、舞龙、狮阵、车鼓、踩高跷等等。在广场上搭设戏台，献演戏剧、木偶、布袋戏或放映电影，称“天台戏”，通宵达旦。有的宫观还举行“踩火盆”活动，参加者有时竟超过万人。

台湾主祀玉皇大帝的宫观，1933 年有 32 座；1952 年有 38 座；1981 年有 81 座。台湾流传着“早期有三间半天公庙”的说法，一般指台南天坛、沙鹿玉皇殿、新竹天公坛（金阙殿）和彰化元清观。台南天坛，原来称“天公埕”。郑成功收复台湾后，曾于台南建天坛祭天；郑经嗣后又在台南西安坊建天公坛祀玉皇大帝。台南为清代台湾首府，台南天坛号称“台湾首庙天坛”，当之无愧。沙鹿玉皇殿于嘉庆八年由泉州的同安县分灵而来，“为大肚中堡 53 庄信仰中心”。宜兰庆云宫俗称“大里简天公庙”，嘉庆二年由头城镇草岭的漳州漳浦籍移民奉祀。彰化元清观，俗称“天公坛”，大门有“温陵福地”匾额，由泉州籍移民创建于清乾隆年间。所谓“半间”，或说因元清观后殿奉祀佛祖，或说因后来街道拓宽，元清观被毁大半，被称为“半

① 泉州市区道教文化研究会：《泉州道教》，鹭江出版社，1993 年版，第 15 页。

② 陈国强、陈炎正主编：《闽台玉皇文化研究》，闽南人出版有限公司，1998 年版，第 170—174 页。

③ 连横：《台湾通史》卷二十二，《宗教志》。

间”的元清观。

闽南的习俗也影响到台湾，庙中也很少摆设“玉皇”塑像或画像。日本铃木清一郎的《台湾旧惯习俗信仰》一书记载：“本省人很敬畏玉皇上帝，所以极少有供奉神像的”①。因此元清观是历史上台湾唯一供奉玉皇大帝塑像的宫观②（民国后，台湾多家宫庙雕塑了玉皇金身）。台南将军乡玉天宫，由晋江溪头吴姓渡台时奉家乡香火创建于清康熙年间。台中县玉皇殿由泉州人何声良创建于清嘉庆八年（公元 1803 年）。

二、闽南与台湾部分天公庙与天公崇拜

（一）泉州元妙观

元妙观位于泉州市鲤城区东街观东巷新府口，主祀玉皇大帝和三清，民间俗称“天公观”，习惯上称“天公盖”，其实是闽南话谐音而来的。元妙观是泉州最早的道教宫观，始建于西晋太康年间，原名白云庙。历改中兴观、龙兴观、开元观、天庆观。元朝元贞元年，改玄妙，取《道德经》“玄之又玄，众妙之门”的意思。清朝康熙七年（公元 1668 年），为避圣祖玄烨的忌讳，改名元妙观，一直沿用到今天。元妙观与东岳庙、关帝庙、城隍庙并称泉州四大庙。

元妙观历史悠久、规模宏大、丹宝齐全、名师辈出，成为泉州最负盛名的宫观。明朝和清朝管理道教的“道纪司”都设在元妙观内。

元妙观历来是泉州民间信仰活动中心，每逢国家或神明节日、神诞，元妙观都要举行隆重的活动仪式，设坛打醮。每年，各大宫庙都要到元妙观举行“晋表”、“领旨”仪式。比如正月初九，据清人记载“是日，元妙观最为热闹。初八、初九、初十，三日，观之董事，即遍观中悬灯结彩，早夜奏乐演戏。清晨迄暮，男女老幼持天香、陈八珍，叩拜阶前者踵相接。晚于观门外仿燔柴而祭意，斫柏木六七寸长，造作塔形，投火于尖处焚之，光灼宵汉。”③

---

① 汪毅夫：《客家民间信仰》，福建教育出版社，1995 年版，第 35 页。

② 陈国强、陈炎正主编：《闽台玉皇文化研究》，闽南人出版有限公司，1998 年版，第 148—151 页。

③ （清）陈德商：《温陵岁时记·天诞节》。

历史上元妙观多次重修和扩建，占地曾达 1 万多平方米，曾积累了可观的文化艺术资源。观前的照壁塑有太极图、星象、日月。宽敞石庭，第一进山门称“端门”，重檐歇山顶牌坊式三门并列，左右分别为玄坛祠、康王祠。

进神门至前殿，即第二进三清殿，阔五间，深四间。殿正面祀玉清元始天尊、上清灵宝天尊、太清道德天尊。两边为四海龙王。三清殿后紧连老子祠、南天门祀五显灵官大帝。

第三进为灵霄殿，设有龙陛石阶，地势高于三清殿。灵霄殿正中祀天界神仙的最高统治者玉皇大帝，座前一尊铜雕的日神，两旁为金童、玉女、雷声普化天尊、太乙星君；东西两侧为北斗星君、南斗星君、六丁、六甲。后殿横列三间，单檐山顶式，为“文昌府”，当中祀关圣帝君，左祀文昌帝君，右祀梓潼帝君。

从山门到后殿，东西两边有长廊，列二十八星宿。

各殿前面都铺有青石龙陛浮雕，使殿宇显得庄严肃穆。观内外凿有七口丹井，布列成北斗星座状，称七星井，古香古色，传说为道士炼丹用。观内原有一棵晋代所植的大桧树，树围 7 尺余、树高 1.6 丈，浓荫如幄，传说明代纪道人曾经在此处炼丹。

桧树旁建有固定的戏台，为节庆演出专用。每年除夕，通宵达旦演戏，过去常有欠债的穷人前来避债，度过年关。因此，元妙观的戏台又叫“避债台”。

元妙观自清末以来屡遭破坏、占用。其天公崇拜开始于什么年代现在已不清晰。1996 年，政府规划 10 亩地，用于元妙观的复建。复建的三清殿，建筑面积 340 平方米，重檐歇山顶，雄伟壮观，金碧辉煌。六根高 3.2 米、直径 0.84 米的雕龙石柱，十分精美。东西外墙八个石窗和殿后五面墙壁分别嵌有雕刻了神仙故事图案的石雕、砖雕。殿顶共有飞檐九条龙脊，脊上雕有老君炼丹炉、飞龙、麒麟和各种饰物，颇具匠心。

元妙观被誉为八闽第一观，因丰富的天公文化积淀很受推崇。

（二）漳浦长兴村的玉皇大帝崇拜

玉皇大帝崇拜发展到宋元以后，在民间达到了至高无上的地位，对世俗来说，是可望而不可即的，难以被具体地供奉，所以民间对玉皇上帝的供奉常常只采用一个牌位，上书“玉皇大帝”四个字。这种做法，保留在漳浦石榴镇的长兴村。

长兴位于漳浦县城西面，石榴镇东面，长兴的地名源于这里著名的长兴庵。长兴村的张姓自古崇拜玉皇大帝，村中有世代相传的两座金牌，金牌高42厘米，宽18厘米，上阳刻“玉皇大帝”四个宋体金字，大房田寮，顶福两村各一座，由各一轮值年头家保管并祭祀。

头家的选举，定于每年正月初九天地公诞辰日子，在长兴庵的正殿中，以一大一小两个八仙桌相叠，小桌在上，正中供玉皇大帝金牌，前供奉十二碗醴礼。

经数轮的祭拜后，依次卜杯，直到新任头家入选，入选者祭拜结束将金牌奉回家中供奉。

新一年的头家必须在家中清理出一间最好的房间，布置香案桌，将金牌摆在正中，并在金牌外披上一条新的花布外套（花布套不取下，愈加愈厚），新置一只瓷香炉，墙上贴上“玉皇大帝”的横批，两边对联：圣称无极居太上，尊尚玄穹步青天。每天三餐供奉。供奉的要求是：金牌两边各点一盏长明的花生油灯，每天清早做好卫生，于神前奉清茶三杯，又高又满的米饭三杯，点三支香，中晚则只奉三杯茶，逢每月初一、十五日，还必须备数碗好菜，甚至鸡鸭、猪脚等敬奉，一年到头，不得有误。供奉玉帝祖的这间房子，家中的女人不得进入，房里全由男人打扫，村中有丧事不满一年者不得到此家中，头家对村中发生的丧事亦不得过问，必须清心寡欲。因此，作为供奉玉帝的头家，是长兴张姓人家一件很荣耀的事，必须经过各方面的努力，才可能取到候选人的资格，每一个房角一个候选人，全长兴地区共18人，只有两人有可能有取得这一荣誉。

长兴人供奉的神明主要为玉皇大帝，然而仅仅是敬奉，并不将玉皇大帝作为抽签问卜的神主，村中极少有人会因为某事到玉帝金牌前烧香许愿，在长兴地区，这一方面的事主要由长兴庵中的五佛祖和开漳圣王陈元光神系承担。

从长兴庵建筑风格和保存下的石构件看，始建年代应不晚于元代，现梁架结构为清代中期的作品。长兴庵主祀神为五佛祖，佛名不详，疑为竖三世佛和文殊、普贤；右侧奉广惠尊王，左侧奉陈元光部将辅顺将军李伯瑶，主间左侧奉太保，右侧奉太尉，亦即张姓始祖张虎。

庵中正殿的第一对柱子贴着："圣称无极居太上，尊尚玄穹步青天"的对联，正中则悬着那只当年卸任的头家的瓷香炉。据村中的人称，庵中最大的神就是那香炉，当地知情者进庙朝拜，首先得在这香炉烧香，对这香炉朝拜，之后才可以进去朝拜其他神。唯一全村性的崇拜活动只为玉帝祖而设，头家则专为玉帝祖而选，选举时所唱的神明名称也将玉帝祖摆在首位，而后才是三界公（天、地、人），五佛祖等诸神佛。①

（三）漳州天宝玉尊宫

漳州天宝玉尊宫，坐落于芗城区天宝镇珠里村后坑社，地处风景秀丽的九龙江畔。依照传统帝王九五至尊的特征，天宝玉尊宫在阴阳五行等方面，表现了天人合一的理念，显示玉皇的至高神威与很高的建筑艺术欣赏价值。

1. 天宝玉尊宫沿革

根据《漳浦县志·寺观》记载，玉尊宫开始名称是开元观，唐中宗（公元684年）的时候建立，于今漳浦县境内。后来（公元786年），随漳州州治迁入如今的漳州市区。几经变迁，宫宇迁建于今芗城区新华西路人民新村。

《漳州府志》载：宋朝时宫名为"天庆观"，元朝时改名为"玄妙观"。明太祖时（公元1387年），又改称"玉尊宫"。

民国时（公元1919年）反迷信，玉尊宫被毁。据称天宝珠里后坑村的信众，把玉尊宫的神祇运到穷乡僻壤，藏匿在山中，后来还建起简陋宫宇，予以供奉。②

1992年，台湾省宗教咨询委员会、宜兰草湖玉尊宫管委会主任委员李炳南先生，得知漳州天宝玉尊宫，为加强两岸民间信仰及庙宇的联谊，他分别于1992年11月17日和1993年5月，两度率台湾进香团80多人到天宝玉尊宫参香，开光并分灵64尊像带回台湾奉祀。此后，台胞又多次组团前来进香、考察，玉尊宫成为两岸民俗文化交流的桥梁与纽带。

1996至1999年期间，李炳南先生又多次抵漳洽谈整修玉尊宫事宜，决定慷慨资助天宝珠里旅游度假村管委会修建漳州天宝玉尊宫。经过两年多的

① 王文径：《漳浦长兴地区的玉皇大帝崇拜》手稿。

② 载《闽台玉皇文化研究》论文集，闽南人出版有限公司，2000年版，第163页。

筹备、施工，终于 1999 年 1 月落成，形成如今宫貌巍峨、显赫的天宝玉尊宫。

2. 天宝玉尊宫的地理环境

天宝玉尊宫位于漳州市芗城区天宝镇珠里村后坑社，位于福建最大的平原——漳州平原的中心地带，为福建第二大江——九龙江的干流和最大支流所环抱。是典型的南亚热带季风气候。该地处于大江的下游，气候宜人，风和日丽，花果飘香，鸟鸣鱼跃，土地肥沃，水系发达，四季常绿。

天宝镇珠里村后坑社，南面是漳州平原，西北是丘陵山地。其后巍然屹立者为天宝山，是芗城的母亲山，是九龙江的两大河西溪、北溪的分水岭。

北面是福建的著名大山博平岭的支脉，延伸至五凤山、天宝大山，往南有十二峰，连绵到望高山，接芗城西北郊。天宝山麓放眼东南，一马平川。众多山峰镶在平原边上，蜿蜒蛇行仿佛蛟龙腾空而起，利尽东南。

南面自博平岭以南，过西溪折东南为圆山、琵琶坂，而东为丹霞山。

南北两条山脉环抱郡城像一张弓，是城之屏障，挡住冬天之寒风。地处九龙江西溪和北溪环抱之间。两江向南转而东去。境内水面平坦，两岸翠竹如画。

由于得天独厚的地理位置，地处北回归线偏北，东南平川，尽沐海洋性气候，全年温度偏差不大。冬无严寒，夏无酷暑，气候爽人，花卉常开，果树长青，香蕉更是四季不绝，天宝香蕉驰名中外。人杰地灵，珠里村出了世界名人林语堂，邻近的路边村出水石莲花，洪坑村的明末古村落建筑，已成为市民节假日重点旅游项目。天宝玉尊宫集地理之美景，物华天宝，名扬东南。

玉尊宫所在地是中国农业最发展的地方。其品牌作物“天宝香蕉”目前已通过国家质检总局对“天宝香蕉”地理标志产品的认证。现全镇共种植香蕉近万亩，另有珍珠芭乐、印度青枣等高优品种水果，反季节蔬菜种植也有 8000 多亩。此外生猪养殖业的规模庞大、食用菌发展势头迅猛，代表中国南方新农业的方向。

可是，农业的发展受自然灾害等多方面不可测因素的影响，支撑了人们对天神崇拜的传统。漳州平原地近北回归线，夏天受副热带高压气流控制，又处于亚洲大陆偏南季风的最前沿，经常遭梅雨、台风、干旱的轮番袭击。

地方志中，历代关于灾害的记载非常多。

漳州平原海拔仅5米—20米，地势低平。梅雨与台风暴雨来袭，平原地区便为泽国。因此，几乎每年都受洪灾影响。漳州平原雨量少于山区，容易干旱。据统计，从1951—1990年的40年间，对农业有重大影响的灾害性天气计101次，平均每年竟有2.5次之多。① 对漳州平原的多数作物破坏极大，特别玉尊宫所在天宝地区，以香蕉为代表的各品种水果受天灾的打击更大。当地信众祈求风调雨顺，渴望天帝保佑的心情更为迫切，这是玉皇大帝崇拜广泛的群众基础。

3. 与台湾草湖玉尊宫的交往

闽南和台湾很多天公庙都没有玉皇大帝的金身，可是，漳州的天宝和台湾玉尊宫却供有威严的玉帝雕像。这连接海峡两岸同胞的宗教信仰的宫观，引起多方面的关注。

台湾的天公庙至少有近百座，与漳州密切联系的却是宜兰草湖玉尊宫。漳台玉尊宫的交流很有意外的奇缘。20世纪90年代初，台湾玉尊宫李炳南主任前往大陆考察，听说漳州也有天公庙同名为“玉尊宫”，非常惊诧。1992年11月17日，李炳南先生一行到达漳州玉尊宫，发现情况属实，很是奇异——在两岸音信隔绝的背景下，不同时代建立的天公庙竟有如此巧合：两间庙宇没有祖庙与子孙庙的传承或者香火分灵的关系。

天宝玉尊宫规模虽只有几十平方米，但历史传承悠久，又因为神明很多，显得有些拥挤。台湾玉尊宫为致力于推动两岸民间信仰文化，因而慷慨支持，决定重建漳州天宝玉尊宫，于1999年1月9日落成。新建成的玉尊宫仍位于原址，规模扩大至占地10亩，建筑面积300多平方米。宫面阔5间，进深5间，气势磅礴。宫内闽南独特的剪瓷雕金碧辉煌，石雕考究精致，木雕巧夺天工。目前，天宝玉尊宫又增加两旁的配殿，为漳州地区最大的天公庙。

两岸玉尊宫的往来，确为漳台民间交往的典范。从1992年至今，李炳南先生与台湾草湖玉尊宫信众，数十次往来于海峡两岸；漳州市政协与相关

---

① 地理资料均引自《漳州市志（一）》，中国社会科学出版社，1999年版；《芗城区志》，方志出版社，1999年版。

宗教团体及天宝玉尊宫也十数次前往，增强了两个宫庙的神缘与漳台民间信仰的情谊。

（四）台南天坛

前文曾提及，民间认为天公是可望不可即的。出于对天公的敬畏，这可以从被称为台湾祭拜天公的首庙天坛（天公庙）得到印证。连横《台湾通史》明文记载台南天坛是台南唯一主祀玉皇上帝的庙宇，是民间传说“台湾最早的天公庙有二间半”中唯一官民合建之首座坛庙，是台湾三级古迹，然而，庙是以树立“玉皇上帝圣位”祭祀的神庙，再次印证闽台民间少有玉皇大帝的雕像的说法。

天坛庙址为明永历十五年（公元 1661 年）十二月郑成功驱逐荷人收复台湾后，筑坛祭告天地的所在，过去，人们称此地为“天公埕”。这即是今天“台湾首庙天坛”的前身。当时每年玉皇上帝圣诞，皆设坛于埕西举行祭典。

咸丰四年（公元 1854 年），官署同意在原郑成功祭天处下，由民间建坛供奉玉皇上帝，称“天公坛”，俗称“天公庙”，主祀玉皇上帝圣牌，同祀福德正神与文武判神尊。以后，陆续奉请神明入庙，庙内神明多达 20 多种。由于在道教神明体系中，玉皇上帝神格最高，天公坛也因此成为台南市地位最高、香火最盛的庙宇，是台南人的信仰中心。光绪二十年十二月，改庙名为“天坛”。1983 年庙名改为“台湾首庙天坛”。

从年初至年尾庙会祭典不断，其中以农历正月初九天公生（玉皇上帝诞辰）、关圣帝君诞辰（农历六月二十四日）、九皇大帝诞辰（农历九月初九）最为盛大。每年亦择定吉日举行“朝天大清醮”，请求和感谢上天庇佑全年平安。后殿有道士云集，长年为人收惊、祈福。因此天坛可说是观察民俗活动最佳的地点。

庙内文物十分精彩，尤以龙柱及憨番木雕闻名。雕工精细流畅的龙柱，完成于清同治年间，单龙盘踞，造型刚劲有力，气势非凡，其间分布八仙献瑞及鲤鱼跃龙门图案，可说是府城龙柱中的精品。位于三川门廊堵下方的文字图雕，将“福、禄、寿、山、海”五字巧妙的交织成花瓶形状，喻指平安，由此可见传统师匠将生活熔于艺术的创意。庙中的檐口、横梁处还遍布着代替斗栱功能的“憨番”，造型多变，表情丰富，值得细细玩味。在拜殿正前方的“一”字匾，被列为府城三大名匾之一；“一”字有“千算万算不如老天一算”的含意，围绕在“一”四周写着许多诠释小字，意义深远。庙门门板以门钉取代门神，以彰显玉皇大帝之神格。

（五）台湾草湖玉尊宫

宜兰县草湖玉尊宫位于台湾省宜兰县冬山乡大进村185号，主祀玉皇上帝。玉尊宫坐落于冬山乡境内，西北方与三星乡毗邻，位于兰阳工商重镇罗东西南方约6公里，海拔150米之草湖山麓之上。

冬山乡居于兰阳平原东南，东濒太平洋，南隔中央山脉，由于背山面海，绿树掩翠，景致非常秀丽。本地乡名，乃是因境内有一山丘形状很像冬瓜，所以称为冬瓜山，又有人称辖区内安平村的旧街名为“冬瓜山街”，因而得名。

1. 草湖玉尊宫沿革

该宫创建源起于1940年，据称玉皇大帝托梦指示宜兰县三星乡某村民，雕塑神像供地方民众供奉，以保佑地方平安。村民由此塑神像，并组成天公会。最早于村民屋中奉祀。

1943年，战争日趋激烈，为了躲避日本统治者对宗教信仰的压制和盟军轰炸，经卜签请神指示，将该宫迁往草湖山，由天公会会员和地方人士共同合作，于1945年农历四月初六日，择现在宫址，搭建草苇顶的简陋神殿，额匾“昊天宫”，以为村民的精神寄托。

台湾光复后，庙宇于1949年逐渐扩大规模，改建庙殿。1955年将庙名正式命为“玉尊宫”。经1958年、1964年重建，建成玉尊宫金碧辉煌、气势雄伟壮观的宫殿。

正殿奉祀玉皇大帝，偏殿奉祀玄天上帝、三官大帝、东华帝君、瑶池王母、九天玄女、关圣帝君、文昌帝君等诸仙神。经过60多年，如今已发展成为宜兰县三星、罗东、冬山三乡镇民众的信仰中心，信徒广布于县内各乡镇及外县市。每日由台湾各地前来进香者络绎不绝，尤其是每年农历正月初九日，前往进香者达十万人之众，对民众影响力之大令人惊异。

2. 草湖玉尊宫的信仰背景

玉尊宫所在地冬山乡位于兰阳平原东南，背山面海，东隔新城溪与苏澳为界；西与三星乡为邻；南境一带山岳屏立，与大同乡相隔；北连罗东镇及五结乡。全乡面积 79.86 平方公里。全乡计辖 24 村，51104 人（1994 年统计）。

宜兰祭拜玉皇的宫庙有 14 家，而据仇德哉先生统计全台湾有 81 家①，可见玉皇信仰在宜兰非常盛行，这与宜兰独特的地理、历史条件有关。

台湾冬天“新竹风、宜兰雨”是特殊的气候现象。宜兰是非常多雨的地方，即使是干冷的冬季照旧阴雨绵绵。这是因为宜兰所在的兰阳平原南北是高度在 2—3000 多米之间的雪山山脉和中央山脉，东迎太平洋，为喇叭形地势，是台湾开发最晚的地区。郑成功、荷兰人都没到达这里。除了春夏秋多雨，冬季从海洋吹来的风，带来了阴雨气候。全年雨量近 3000 毫米。台湾年降雨最高值 9513 毫米也发生在宜兰。

冬山乡属热带海洋型气候。年平均温度在摄氏 22 度至 25 度之间，雨量介于 3200 毫米至 3600 毫米之间，年雨日超过 230 天，1967 年曾有日降雨量超过 1600 毫米的纪录，为台湾最多雨的地方。该县三面环山，东面临海，且因西面中央山脉阻隔，导致风向夏季以西南风为主，冬季以东北风为主。多雨潮湿导致疾病流行，汉族移民前来常生病或水土不服，即使当地少数民族也常死于传染病。

冬山乡土壤地力肥沃、排水良好，适合水稻等酸性作物生长。耕地面积 3000 多公顷，水田占 2214.85 公顷，其他为旱地。农业人口 22396 人，占宜兰总人口 44%。农产品以稻米为主，次为茶叶、莲雾、柑橘、李子、蔬菜等。冬山乡位于兰阳平原东南方，境内有冬山河及广兴溪贯穿乡境，汇流于兰阳溪出海。

宜兰地形由西南向东北倾斜，最高从西边的淋离坑山坡海拔 600 米，二三公里内骤降至 40 米。长期以来，宜兰一直为农业发达的地区。加上二次大战时期，宜兰靠近日本，飞机轰炸频繁，人们亟须神的保佑。村民供奉天公，认为这能帮助他们及时逃避疏散到草湖山。因此，独特的气候，加上二次大战的恶劣环境，是宜兰天公崇拜与草湖玉尊宫建成的背景。

3. 参与社会活动

民间信仰的祭祀礼俗，受着各地的习俗的影响，没有统一标准，各种礼

① 游濂、施芳珑：《宜兰县民间信仰》，宜兰县史编纂委员会，2003 年版，第 313 页。

俗十分混乱。玉尊宫祭仪庄严肃穆，周全的科仪、嘹亮的经韵，县内外友庙纷纷请求协助成立诵经会，李炳南还担任义务教授。比如应邀为妈祖、王爷、玄天上帝庙团分别在台南鹿耳门圣母庙、麻豆代天府、新竹龙台宫办理示范祭仪，对于改善各地庙宇祭仪、端正礼俗有相当的影响力。草湖玉尊的做法，在宜兰县影响很大，其次对花莲县、台东县，台南县、台北县，以及香港部分庙宇有一定的影响。

草湖玉尊宫经常赴机关、学校、社团等单位联系合作，参与地方的文化活动。比如，举办国乐演奏会，南、北管演奏、民族舞蹈表演、民歌教唱、老人才艺表演、舞龙、舞狮表演、艺阵表演、踢毽子及跳绳表演、天灯、烟火、蜂炮施放及土风舞联欢会，还经常办理各种球类比赛。

草湖玉尊宫主办或协办学术活动。比如，1983 年及 1984 年，协助台湾省政府民政厅举办“台湾省寺庙国学研习会教师讲习会”；1984 年举办国学研习会，为期半年；1985 年协助台湾省政府民政厅“中央研究院”办理“民间宗教仪式研讨会”；1994 年协助台湾省文献委员会办理“台湾史迹源流研究会八十四年度社会人士组寺庙志纂修研习活动”；1996 至 2008 年与福建省社科联、民俗会联合举办“闽台玉皇文化研讨会”等数十次学术活动。

2006 年由草湖玉尊宫发起，建立台湾“玉皇上帝信仰联谊会”，岛内有 50 多家供奉玉皇大帝的宫观加入，玉尊宫的李炳南教授当选为主任。

4. 积极参与两岸交流

李炳南主任是两岸民间信仰交流的热心推动者。不但在两岸天公文化方面多有建树，比如筹集巨资，于 1990 年完成漳州天宝玉尊宫的修建工程；1996 年资助并参与主持了首次“闽台玉皇文化研讨会”；2008 年促成台湾天公庙联谊会与莆田玉皇文化研究会联合举办“玉皇信仰与两岸关系学术研讨会”等等大手笔活动。还促成了 1990 年台湾保生大帝联谊会，“文革”后首次赴白礁慈济宫大型进香团活动（共 700 多人）；在两岸关帝文化、陈元光信仰交流等方面也极其活跃。

草湖玉尊宫所处较为偏僻，且创庙时间不长，而能由小至大，成为名闻台湾的庙宇，获得广大信众的崇敬与各界之重视，主要得力于该宫现任主任委员李炳南倡导的理念：不强调灵异神奇，而本着“取之于信众，用之于社会”之宗旨，提倡理性的信仰，以净化世道民心，借以挽转世风，建立和谐安乐的社会。

草湖玉尊宫的济世、育人之宗旨，收到较好的社会功效，被当局评为省级的“端正礼俗及管理的典范庙宇”①。

第二节　闽南与台湾三官大帝、东岳大帝及庙神源流

一、闽南与台湾三官大帝崇拜

（一）闽南与台湾三官大帝崇拜概况

三官大帝是早期道教尊奉的三位天神。指天官、地官和水官。中国古代的经典《仪礼·觐礼》说：“祭天燔柴，祭山丘陵升，祭川沉，祭地瘗”。② 瘗是埋藏之意。所以我国上古就有祭天、祭地和祭水的礼仪。但那时祭祀天地水是帝王的权利，庶民百姓只能祭祖。

关于三官大帝的来源，一般都是引用《三国志·张鲁传》卷八记载：“光和中，有张角，修为五斗米道，为病者请祷之法，书病人姓氏，说服罪之意，作三通；其一上于天，着山上，其一埋之地，其一沉之水，谓之三官手书；使病者出米五斗为常，故号五斗米师。”③

张鲁运用祖父张陵和父亲张衡所作的符咒，在蜀的鹤明山一带训练鬼卒，民众生病了，就记下他们的姓名和服罪之意，共要写三张纸条，其中一张焚化后升天，一张埋在地下，最后一张沉入水中，从此有天、地、水三官的名称，这也是三官走向民间祭祀的开始。

三官一开始是自然崇拜，祭天、地、水，在道教介入后，形成三官的民间信仰。到宋朝时，皇帝和士大夫都祭三官。④ 明朝廷一样崇拜，崇祯时封为“三官大帝”。经历代官方和民间的共同推奉，形成仅次于玉皇大帝的三

---

① 资料主要来自《闽台玉皇文化研究》，闽南人出版有限公司，1996 年版，第 115—133 页。

② 《十三经注疏·仪礼注疏》，中华书局，1979 年版，第 1094 页。

③ 《二十五史·三国志》，上海古籍出版社，上海书店，第 32 页。

④ 《二十五史·宋史》，上海古籍出版社，上海书店，一三〇卷。

官大帝神格。具体是：

天官，称为上元一品赐福天官，紫微大帝，隶属玉清境。主管诸天帝王。每逢正月十五日，下到人间，校定人的罪福。故称天官赐福。

地官，名为中元二品赦罪地官，清虚大帝，隶属上清境。主管五帝五岳各地神仙。每逢七月十五日，来到人间，校定人的罪福，为人赦罪。

水官，称为下元三品解厄水官，洞阴大帝，隶属太清境。主管水中各大神仙。每逢十月十五日，来到人间，校定人的罪福，为人消灾。

奉祀：天地水三官各以正月十五日、七月十五日和十月十五日为神诞日，信徒都进庙烧香奉祀，以祈福消灾。

闽南人相信三官大帝是天、地、水三大帝的传说，把人格化的神祇还原为对天、地、水的自然崇拜，闽南和台湾的三官大帝崇拜非常兴盛，继承原始的郊祭、没有神像的传统。几乎每个寺庙都在前门之上设三官大帝的牌位，有的在露天祭祀，一般既有庙祀也有家拜，不雕神像。如漳浦著名的赤岭三官大帝祭坛，长期以来就设在露天，且没有雕像。黄姓聚居的漳浦诒安堡，就在正当城门处修建小庙奉祀三官大帝。泉州进贤境境庙进贤宫又称三官宫，主祀三官大帝和相公爷。金门宫庙或民间举行奠安仪式时，必须扎制象征天公的三层“天公亭”，三官大帝在最上层。① 台湾民间除建庙祭祀外，许多传统民宅正厅都在天公炉旁悬挂“三界公炉”祷祭。三官大帝与人们利害相关。想求功名富贵、延年益寿，可拜赐福紫微大帝；获罪欲求赦免，可拜赦罪清虚大帝；要消灾免祸，可拜解厄洞阴大帝。天官赐福，民间视为“福神”，最受人们欢迎。

（二）闽南与台湾部分三官大帝宫观

1. 泉州三官大帝宫

泉州的三官大帝宫俗称三官爷宫，位于泉州市北门河岭巷，坐南朝北，三开间，二进。建于明朝嘉靖年间。传说明嘉靖进士、泉州进贤铺人林云程，字登卿，号震西，官至吏部侍郎，出任江西九江知府。有一次返乡探亲，路经进贤县，将该地三官大帝神像请回泉州老家，并献宅地建宫供奉。由于当地名“进贤”，宫也就称“进贤宫”，保进贤铺一方平安。开始时只供

① 林丽宽、杨天厚：《金门的民间庆典》，台原出版社，1993年版，第111、57页。

奉天官、地官、水官三尊木雕神像。后来慢慢增加、寄祀关帝、观音、妈祖、相公爷、夫人妈（陈靖姑）、狗舍爷等。①

2. 雨霁顶三官大帝坛庙

漳浦县赤岭畲族乡山坪村雨霁脚自然村后小丘上，有一处独特的祭神坛，祭三官大帝，这个祭坛称为雨霁顶三界公坛。

我国古代的自然崇拜，既原始又朴素，多是在野地里郊祭。三界公坛的特点是没有庙，没有神像，仅在露天适当位置筑一座祭坛，定时拜祭，这与封建时代官方筑坛祭天地的形式相同。

雨霁顶三界公坛约建于清代中期（或说建于明代）。相传三界公香炉是从赤土乡炉飞村九落庙飞过来，落在雨霁顶村榕树上，民众就在村后被称为雨霁顶的土丘上建坛奉祀。现存石碑 7 通，都是清代刻立的，记述信士捐赠的事迹和名录，时间最早的是清嘉庆九年（公元 1804 年）。信士的地域很广，包括龙溪、海澄、今芗城、龙文、龙海等县和本县各地。雨霁顶三官大帝坛现在为漳浦县文物保护单位。

雨霁顶三官大帝除了正常的三个祭祀神诞日：天官农历正月，地官为农历七月，水官为农历十月，又有其特定的大祭祀日期，每三年举行一次，即农历逢寅、辛、巳、亥年举行，具体日期在正月下旬的二十四日至二十七日几日中选择一天为祭祀日。到时漳浦、芗城、龙文、龙海等地民众云集雨霁顶参加祭祀活动，人数最多年份达 5 万多人，常年也有 3 万人左右。其他年份由当地的王、蓝二姓祭拜。民众进行装“辇”和“艺”，大车鼓、踩高跷，还有舞龙、舞狮等民间娱乐活动。很多妇女，束着裙围，手拿扫帚，在游行队伍的神座前清扫道路，以此许愿，乞求家庭平安兴旺，很有意思。

1992 年台胞捐资在原祭坛上建一座顶上开孔的大葫芦顶亭，便利香客拜祭，祭坛也更为壮观。后来又增塑三尊三官大帝神像于庙中，使三界公形象化。2001 年在旧庙址上新建一座规模更大的三官大帝庙，捐款的有台湾台北、桃园的蓝姓宗亲，台北、高雄、印尼、新加坡和闽南各地的信众。一改过去三界公没有庙，没有神像，仅有祭坛和香炉的现象。

雨霁顶三界公的民俗信仰较为独特，既古朴，又有创新。此为漳浦畲族

---

① 沈继生：《泉郡三官大帝宫的调查报告》，《泉州民间信仰》，总第 15 期，1998 年 12 月。

的风俗，漳浦其他地方无此盛况，各地畲乡也少有这种情形。①

3. 桃园八德三元宫

三元宫位于八德市公所旁，相传建于清乾隆四十六年，供奉尧、舜、禹三官大帝，谨以石碑刻文，祈求三官大帝保佑开垦平安。经历300年的岁月演变与数次修整后，三元宫依旧是当地的信仰中心，如今前殿供奉三官，主殿扩建后供奉妈祖，右为炉灶地君，左为福德正神。历来神灵威显，尤其以祈雨灵验闻名，风调雨顺。

建庙由来已久，碑文或史册书籍的记载有些矛盾。《淡水厅志》卷六“庙祠”：“三官祠，一在霄里社，乾隆三十八年岁歉，黄燕礼等祈安建设，一在八块厝庄，嘉庆八年疫灾，庄民建设。”另外《台湾旧地名之沿革》谓：“八块厝境内有创建于乾隆二年之古庙三元宫，奉祀三官大帝”；“霄里玉元宫，奉祀玉皇大帝，创建于乾隆五十二年。”也有记载八德三元宫与霄里玉元宫，同为乾隆五十二年建庙，众说不一。

庙坐座北朝南，一栋三殿。前殿为门楼，厚实木门上一方“大哉三元”黑底金字匾额，给人庄严肃穆的感觉。前庭光线直射，清爽舒适；神案边侧，雕刻精致细腻，为名师手笔杰作；后庭建一水池，假山流水，喷龙握珠，池中金色鲤鱼悠游自在，与庙中盆栽，奇花异草相映成趣。后殿为重新修建之庙宇。

这是一座年代久远、富有历史价值的庙宇，庙中的彩绘、石雕等刻画精美，匾联文化丰富。丰富的建筑装饰彩绘等相关的人文内涵，是一个地方的珍贵资产。该庙宇曾历经多次修葺，详细年代不清楚。只知民国十二年重建，于民国十四年完成重建工程。庙貌一新，堂皇富丽。八德三元宫在建筑艺术上最显著的特点如下：一、庙中现存叶金万、张火广的遗构（叶金万是1920年前后台湾北部的名匠，原籍福建漳州，风格师承自漳派匠师，作品别具一格，纤细、雕工精湛为后人所不能及，张火广也是闽南籍著名石匠）。二、庙中匾联、楹柱上多为当时名家真迹。三、庙中描金彩绘，非常珍贵。②

---

① 《漳州文史资料》第二十七辑，第218—219页。

② 田金昌：《台湾三官大帝信仰——以桃园地区为中心》，“国立中央大学”图书馆硕博士论文电子档，2004年5月最新修正版，第75—76页。

二、闽南与台湾东岳大帝崇拜

（一）东岳大帝崇拜的源流

山岳崇拜属于原始宗教的自然崇拜。五岳是指东岳泰山、西岳华山、南岳衡山、北岳恒山、中岳嵩山，东岳大帝是指泰山之神，东岳泰山被认为五岳之首，泰山神为五岳神首尊。泰山君“主治死生，百鬼之主帅也，血祀庙食所宗者也。世俗所奉鬼祠邪精之神而死者，皆归泰山受罪考焉。①”东岳庙奉祀东岳大帝，传说东岳大帝是天帝的孙子，主管人间贵贱尊卑的气数，掌十八地狱和寿命长短的权力。

泰山位在今山东省，又名岱山，历代帝王多以祭五岳为国家重典，古代帝王登基之初，或国家有重大庆典时，都要来泰山举行祭拜大典，祭告天地，因此名声很大。封禅祭天是君权神授、王权礼制的象征，是帝王的特权专利。“古者以神事山川”，“坛壝有地，非必庙为也。”② 山岳崇拜原属原始宗教的自然崇拜，天地山川形象与人截然不同，泰山崇拜开始只不过设坛祭祀而已，祭祀所用礼器、祭品相当于公侯，并无庙宇神像。“岳者，地祇，祭坛而弗庙。”所以，一开始五岳崇拜并没有庙宇，只设祭坛。

“五岳总立庙，自拓跋氏始。唐乃各立庙于五岳之麓。东岳（庙）之遍天下，则肇于宋之中叶。”（《集说诠真》）唐和宋的统治者喜欢以宗教介入朝政，经常到泰山封禅祭天，泰山神也因此常受封赠。宋辽“澶渊之盟”后，宋真宗屡屡假借托梦制造天降天书的祥瑞神话，宣示赵宋受命于天、国祚延永，并改元大中祥符，加封东岳曰“天齐仁圣帝”。“敕下，从民所欲，任建祠祀。”③ 于是“土木祷祠之事兴，天下靡然向风。而东岳之庙，遍寰宇矣。”④

汉代，民间盛行泰山主冥府、能决定人年寿长短的信仰。泰山神逐渐人格化，并有生前正直者死后充任泰山府君的传说。隋唐以来，由于东岳大帝主宰幽冥十八层地狱及世人生死贵贱，职务繁重，所以庙中一般配有众神分管众务。其中最有名的是速报司，以包拯（或岳飞）为司主。

---

① 《古今图书集成·神异典》卷二十二。

② 《风俗通义·正失》。

③ 王鼎：《东岳庙碑》，胡聘之《山右石刻丛编》卷十二。

④ （清）胡聘之：《山右石刻丛编》卷十二，《东岳庙碑》按语。

明清以来，东岳大帝和阎罗王两种信仰逐渐合流，两位神往往并祀于东岳庙，而民间则以东岳大帝为阎罗王的上司，居于阴阳两界，执掌人间福、禄、寿、考，贬恶惩奸，为阴间十殿明王首席，主司地府阴曹。东岳大帝对作奸犯科、作恶多端的人都能够明察秋毫、赏罚分明，深获得民心忠诚信仰，所以民间对东岳大帝极为敬畏。①

现今的东岳庙大殿内光线都较阴暗，神像很多，阎罗天子、牛头、马面、范将军、谢将军、勾魂拘魄等鬼神，个个都栩栩如生，让人感到阴森肃穆，不自觉由衷心畏，不敢造次。

（二）闽南与台湾部分岳庙

1. 泉州东岳行宫

东岳行宫俗称东岳庙，在泉州城东仁风门外凤山南麓，“为一邦神祠之冠”。东岳行宫始建于宋绍兴二十二年（公元 1152 年），共有七殿十三坛。民国后屡遭破坏，现仅存正殿，其余都为新建。东殿称宏文府，西殿名阴骘司。奉祀青帝（东岳大帝）、五岳大帝、地藏王、十殿冥王、七娘妈、织女、陈金李三夫人、痘疹娘娘和冥司百职。

明朝崇祯年间的《第一山重修地祇忠义庙记》记载：“宋绍兴有金紫光禄大夫张公讳汝锡者弹击秦桧不中，避地入泉，修玄于此山。以贻书以（与）其一子婿，载宝南来，大兴三清五帝、岱岳诸宝殿。”② 因此，张汝锡建东岳庙的倡议者，女婿韩习“实始终之”，才是东岳庙的实际创建者，功不可没。韩元吉《东岳庙碑》记，绍兴年间创建东岳庙，縻缗钱十有四万，历时五六年而后成。③《第一山重修地祇忠义庙记》说“大兴三清五帝、岱岳诸宝殿”，东岳行宫“前为天坛，坛之下东为地祇。”地祇忠义庙正所谓“六庙外辟”之一。东岳庙于绍兴始创，已经达到相当的规模，已不仅是一进一殿的小庙。

《第一山青帝记》说东岳行宫“一郡之精神命脉系焉”。凤山“形胜天

① 连心豪：《闽南民间信仰》，福建人民出版社，2008 年版，第 14 页。

② 吴幼雄：《泉州关羽信仰的儒道释文化渗透》附录，《泉州道教文化》总第 4、5 期合刊，1994 年 10 月。

③ （宋）韩元吉：《南涧甲乙稿》卷十九，《东岳庙碑》。

生，有‘万山第一’之誉称”[①]，东岳行宫“遂为一邦神祠之冠”，“一郡之精神命脉系焉”，说明东岳庙为泉州民间信仰的大本营。东岳行宫“第二进存石天坛、石亭、石香炉，供泉郡各神庙往此击石取火（俗称‘乞火’），称‘名山取火’。”[②] 清陈德商《温陵岁时记》称：“神（奇仕妈）于仲秋之日，必至东岳行宫进香”。“百祇卫兮万灵从”[③]，奇仕妈亦系东岳大帝统辖的“群灵之府”众神其中的一员。泉州各神庙往东岳行宫击石取火，奇仕里临济夫人宫当然也是这样。

韩元吉《东岳庙碑》还记述了宋代时泉州人“利贾而业儒”的风俗，从中透露了宋代泉州海外交通贸易发达及其与民间信仰之密切关系等珍贵消息。“民之幸神赐者，不懈益虔”，“倚千万岁兮神施亡穷”[④]。泉州人民虔诚祈求东岳大帝及其麾下众神保佑，期望“海无飓风”，海外交通贸易兴旺发达，“蛮委路”，“卉衣蒙茸”，大食等东西洋各国商人前来兴贩贸易[⑤]。《东岳庙碑》为海外交通贸易促进泉州民间信仰提供了一个鲜明的例证。

2. 龙海凤山岳庙

凤山岳庙位于龙海市榜山、海澄二镇交界的凤山，风景优美。原名黄田岳，又名凤山岳，俗称岳岭。相传建于南宋淳熙年间，历代修葺不一，现存古碑20通。凤山岳庙主祀五岳大帝，俗称“岳帝祖”。庙坐西朝东，并列三座，各二进，面阔51米，其中主殿面阔五间三门22.5米，进深三间26米，殿中有坍墀，总占地面积4000余平方米。主庙后殿为五岳大帝殿，前殿和坍墀两庑为功德司、速报司和总头伯及十二生相大夫办案之地。两座配殿：左翼为文昌楼、观音阁、天王殿；右翼为注生娘娘宫、众神殿。

传说五岳大帝为黄飞虎、崇黑虎、崔英、文聘、蒋雄，分封东、西、北、南、中五岳。东岳大帝最为尊贵。龙海凤山岳庙，五岳大帝皆祀，颇具特色。正殿有“五岳朝天”匾，五岳大帝并排，左右两旁是十殿阎君，阎罗手下众官分列。每年三月廿四日庙会，海内外香客络绎不绝。过去当地人有

---

① 刘浩然：《温陵山川诗文略》，第153—154页。

② 泉州市区道教文化研究会：《泉州道教》，鹭江出版社，1993年版，第15页。

③ （宋）韩元吉：《南涧甲乙稿》卷十九，《东岳庙碑》。

④ （宋）韩元吉：《南涧甲乙稿》卷十九，《东岳庙碑》。

⑤ （宋）韩元吉：《南涧甲乙稿》卷十九，《东岳庙碑》。

事不平相争者，不找官府，先到岳庙解决，即以得安慰。庙中配祀道、佛、儒三教所崇拜神佛菩萨。五岳大帝面前两侧排列鲜明对比的历代人物神像：儒教圣人孔子对年幼博学聪颖的项橐；长寿彭祖（820 岁）对短命甘罗（12 岁）；气盖世、力拔山的楚霸王项羽对手无缚鸡之力的汉将韩信；巨富石崇对衣不遮体之韩丹。庙中供奉神像 170 余尊，堪称闽南宫庙之最。①

凤山岳庙的重大庆典在东岳大帝的诞辰日。该庙由 5 个村共管，每年的农历三月廿八日是东岳大帝的生日，都要举行"过炉"仪式。民间认为守护岳庙的香炉可保平安，事业兴旺。每年由一个村子守护，到东岳大帝生日纪念都要将香炉转给另一村子。香炉在村里时，每年的日子按村庄的户数平均，为每家轮流守护的时辰。大的村落每户最多几个时辰，小村子每户可守好几天。

各村间的"送炉"和"接炉"的交接仪式很隆重，一般要请道士，并以哪吒鼓演示。送迎的队伍除了请出本村的相关神明及民间剧团，还要舞龙、狮，踩高跷以，达到娱乐神明活跃气氛的目的。村民都认为，香炉在的那一年，村庄平安且发财。

3. 台南东岳殿

创建于明永历二十七年癸丑（公元 1673 年），位于当时的府城东安坊附近，庙内保有的文物很多，石质的香炉、精雕细刻的木质神桌、彩绘壁画及石柱楹联都是年代久远的民间艺作，其中的数帧匾额都有 100 年的历史，建筑体三进两厢、坐北朝南。

目前只剩下正殿及后殿还维持旧貌，门前抱鼓石及柱础为古物，门柱上有清乾隆时期的对联，殿内现存文物很多，如：石刻、木雕、壁画、梁枋画等，都是佳作。整个正殿气氛阴森、凝重、肃杀。大殿中不论是墙上的壁画还是梁枋画，都富有历史的意义，来造访东岳殿时，必须诚心的膜拜及细细地观察殿内的重要古迹。

历年来经过多次修建，从日据时期至今，二次大规模的马路拓宽工程皆影响到东岳殿的庙宇保存维护，1942 年，日本人因为要开辟道路，将钟鼓楼及三川门拆除，门前石狮座也被移走，庙貌改变许多，1979 年，又因为要拓

① 连心豪：《闽南民间信仰》，福建人民出版社，2008 版，第 17 页。

宽庙前建国路，拜殿被拆除，庙门也被迫移到骑楼边，正殿紧临着喧嚣的道路，与原来有宽广的庙埕相比不可同日而语，好在拆除的旧材料都尽量使用到目前的庙门上，外部观感还具有古典朴实的面貌。

4. 金门五岳庙

位于金门县金城镇南门里，主祀五岳大帝，配祀南斗星君、北斗星君等。庙中碑文载称："大清光绪二十四年八月间，自古以来先人弟子许嘉卿，往去泉州府五岳庙焚香礼拜，视其神衣在桌上，向请金杯三圣，随弟子往到后浦南门许家中的住处，过四年之久，雕装五岳神像完备，移出庙宇与金门岛善男信女祈求平安礼拜。以至大清光绪二十八年八月十二日，五岳众神神驾浯岛金门。"①

泉州府城有五岳——东岳凤山、西岳龙山、南岳溜石山、北岳狮山、中岳云山，分别设立宫庙崇祀，并无专门的五岳庙。东岳乃五岳之首，泉州东岳庙祀五岳大帝。金门五岳庙应是泉州府城东岳庙分香。

第三节　闽南与台湾的城隍及庙宇源流

一、城隍的演变历史

（一）城隍信仰的起源

城隍信仰的起源，必然与城的出现有关。即中国古代由游牧部落社会进入农耕定居社会形态的产物。古代在进入农耕社会之后，由于定居的需要，出现了提供居住需求的一般性建筑聚落，除此之外，为了便于物资、货品的交换、流通，在一些交通枢纽处产生了集镇。进而逐渐建立了城市，以及具体象征城市的城池。基于万物有灵的泛灵崇拜信仰，城池既是保护城市居民，也是维护政权的重要建筑设施，因此对于城池的崇拜，也就理所常然被当政者和民众的重视。

根据周代文献《礼记·郊特牲》中的记载："天子大腊八。（郑注：所祭有八神也，水庸七。）祭坊与水庸，事也。（郑注：水庸，沟也。孔疏：坊者

---

① 杨天厚、林丽宽：《金门寺庙巡礼》，稻田出版有限公司，1998年版，第76—77页。

所以畜水，亦以障水；庸者所以受水，亦以泄水，谓祭此坊与水庸之神。)”这里的“坊”就是后世城墙的雏形。而“水庸”即是城墙之下的“护城河”。虽然先秦祭祀的对象是“坊神”与“水庸神”，但一般都认为这是中国城隍信仰的源头。①

而文献中所记载关于坊与水庸的祭祀，是天子在岁末年终的国家重大祭典“腊祭”(又称为“蜡祭”)，是当中八个祭祀对象之一，也可以看出城隍信仰从古代开始，具有鲜明的官方色彩。

周代的坊神与水庸神祭祀，在汉代之后逐渐转型成为“城隍”祭祀，所谓“城”就是城墙，而“隍”即是城墙之外的护城壕沟。古代将城墙与外环的护城河合称为“城池”。“隍”则是没水的护壕沟，后世便将“城池”指城市建筑聚落，“城隍”一词则逐渐成为城市守护神的代称。

（二）历代的城隍神

中国关于城隍神祭祀，最早见于文献记载的是“芜湖城隍”，建于三国时期吴国赤乌二年（公元 239 年）。但这项记载为宋代的稗官野史的杂记，而有史可稽的记录，较早的是《北齐书·慕容俨传》与《隋书·五行志》，前者为北齐时期的“郢州城隍”（河南汝南），后者为六朝梁代的“益州城隍”(四川成都)。

城隍神的祭祀虽可追溯自六朝时期，当时，城隍神的祭祀脱离不了社神的性质，南北朝时，仅有个别地方城隍立庙。在南梁与北齐的一次战斗中，镇守郢城（今河南信阳县南）的北齐军队因城隍护佑而得胜，城隍神的威信从此提高，修建城隍庙逐步扩展到全国，并从单纯的城池守护神变成社会职能广泛的神明。唐代加封城隍爵位，所以祀典的展开及神格的定型，还是唐代以后的事。如唐玄宗开元五年（公元 717 年），张悦撰《祭城隍文》，此为祭祀城隍有祭文记载的开始。城隍的庙祀，唐初还不普遍，所祭拜者还是为“郡县”社神性质的自然神。

后唐清泰年间（公元 934—936 年），后唐末帝敕封城隍为王爵，于是城隍神才被尊称为“城隍王爷”，简称“城隍爷”，这里才有神像出现。

---

① 谢宗荣：《台湾的庙会文化与信仰变迁》，博扬文化事业有限公司，2006 年版，127—131 页。

城隍神的祭祀，首先列入国家祀典始自北宋。宋太祖就注意到城隍庙祀的重要。《宋史·礼志》载："建隆元年（公元 906 年）六月，太祖平泽潞，仍祭……城隍。"城隆成为国家正式祀典的正神。但是，各地奉祀城隍神的风尚，如人间的长官。各州郡县的城隍神，也由不同的人来担任，人们多以去世后的英雄或名臣为城隍神，如苏州祀战国时春申君黄歇，上海祀秦裕伯，北京祀杨椒山，杭州祀周新、文天祥，莆田抗元英雄陈文龙被封为福州城隍爷，其从叔抗元英雄陈瓒被封为兴化府城隍爷等。说明城隍神由自然神转变为人格神。民间对城隍神的崇拜也已十分普遍，地方官到任谒告城隍之说，亦见于宋代。入元以后，元世祖建大都城隍庙，此即后世"都城隍庙"之起源。

所以说，元以前，民间一般人也都祭祀城隍爷，但城隍之祭祀，仍因列入国家祀典，一直具有相常浓厚的官方色彩。

在中国历史上对于城隍神信仰影响最大的，为明太祖朱元璋。明太祖建国以后，为了维护明室政权的稳固，便利用信仰的力量来控制各级行政官吏与人民，城隍信仰就成为最佳的手段。

朱元璋初登大位，对于城隍神信仰，虽然去庙为坛，但对城隍大感兴趣，因为他是在土地庙里出生的，因而对土地神的同系统、神格较高的城隍神就特别敬重。在明洪武二年（公元 1369 年），朱元璋下诏加封天下城隍，并严格规定了城隍的等级，共分为都、府、州、县四级。明朝初年规定京城城隍封帝，开封、临濠、太平三府及和、滁二州城隍封王，府城隍封公，州城隍封侯，县城隍封伯。后来又取消封官爵，命各地城隍按其行政建制，称某府某州某县城隍神，让城隍神与地方官各理阴阳。地方长官赴任，必先拜谒城隍。于是一下子全国各地的城隍庙便如雨后春笋般修建了起来。再加上佛教地狱观念的深植民间，城隍开始有了地狱组织的观念，而配祀阴府赏善司和罚恶司等冥司，使得城隍庙更加类似人间官衙与地狱阎王殿的综合体。

清代城隍信仰同样兴盛，并在北京、沈阳各设一都城隍。并且也沿袭明的做法，从省、府至州、县，一律都要设坛建庙供奉城隍爷。清末以前，官方祭祀城隍是将城隍神视同超自然界的各级首长官史，但民间崇祀城隍爷的情况，则与官方有所不同。一般人相信，阴官城隍爷乃是管从现世到来世人的吉凶祸福，比如贫穷、厄难、疾病，甚至死亡，都认为是城隍爷审判冥籍的结果。所以，民间对城隍爷的敬畏，远超过地方官。①

二、闽南与台湾的城隍神庙源流

（一）闽南与台湾城隍崇拜概况

闽台城隍庙从根源上为一体。台湾现有的城隍庙中，大部分是以福建的城隍庙为祖庙，闽南的城隍对台湾有更大的影响。

城隍庙里的塑像与配神一般是：正殿之中祀奉城隍大神，两旁分列八大将、判官、牛头、马面、黑白无常、钟鼓神以及十殿阎王、十八司等地狱塑像，府城隍庙里则有更多的配神。

城隍庙里通常挂有“纲纪严明”、“浩然正气”、“护国庇民”、“我处无私”、“节义文章”、“发扬正气”等匾额，还有“作事奸邪任尔焚香无益，居心正直见吾不拜何妨”、“善恶到头终有报，是非结底自分明”、“善行到此心无愧，恶过吾门胆自寒”等楹联。这些匾额与楹联的核心是歌颂城隍爷的功和德，劝人行善不作恶。此外还有石碑、石刻等，这些文化古迹是城隍文化的重要组成部分。

每逢正月十五日的元宵、五月二十五日的城隍寿诞、十一月初七日夫人妈的生辰以及清明节、七月十五日、十月十五日的祭孤，城隍庙都要举行庙会活动。这些庙会规模大、范围广、人数多。

城隍庙里，每年都有钱、米、衣服、棉被、医药等的施舍，府城隍庙每年农历十二月廿五日会有最大的一次施舍活动，每月初一和十五亦有小规模的施舍。还有为人主持公道，排解纠纷的活动。

台湾最早的城隍庙为台南的“府城隍庙”，创建于明永历二十三年（公元1669年），其前身为参军漳州籍的陈永华在天兴州承天府东安坊创建的“东宁府城隍庙”。康熙二十三年（公元1683年）清统一台湾以后，亦根据祀典在各级省、府、州、县、厅等设置城隍庙。

台湾许多学者认为，那些普遍被祭祀的、神格较高的神明发展较快；而

---

① 谢宗荣：《台湾的庙会文化与信仰变迁》，博扬文化事业有限公司，2006年版，第127—131页。

部分与时代发展不太同步的职业神和某些祖籍神有衰弱的迹象。① 闽南也有类似的情况。笔者以为，闽南与台湾城隍本是至少为县级祭祀的神明，城隍的神格高于土地，发展到许多民间都有庙宇，也印证了神格高的神明有所发展的倾向。

城隍庙不像文庙那样只有县以上才能设置，只要有城就可设置城隍庙。泉州和漳州都是府治、县治同城，同时拥有府、县两座城隍庙。同安马巷厅并未建筑城垣，因清乾隆四十年（公元 1775 年）“移驻别驾于此，而武帝庙、城隍庙一时并建。②”明代为了防倭，在闽南沿海设立永宁卫、中左所（厦门）、镇海卫、铜山所、悬钟所，筑城守御，闽南于是出现一批卫所城隍庙。其中永宁卫城隍于明嘉靖倭乱中移到还没建城的石狮，后又分灵各地。随着移民渡台，永宁石狮城隍香火分炉彰化县鹿港等地。台北松山霞海城隍庙香火分自同安五乡庄，就是施琅任总兵时督造的下海城。

城隍神多为历史上的英烈，许多闽南人（俞大猷、施琅、吴英）或与闽南有关的杰出人物（如戚继光）都被尊奉为城隍神。宋宝元进士、晋江（或说同安）人苏缄（公元 1016—1076 年），字宣甫。熙宁八年（公元 1075 年），苏缄知邕州（今广西南宁），交趾（越南）入侵，苏缄身先士卒，奋勇抵抗，率兵民守城四月，因寡不敌众，城破，苏缄全家自焚殉国，谥“忠勇”。交趾军随后转攻桂林，忽见宋军高呼“苏城隍督兵报怨！”从北边席卷而来，交趾军惊逃。苏缄于是被奉为邕州、桂林城隍。明嘉靖进士、刑部侍郎、同安人洪朝选因反对张居正而获罪惨死狱中，身后被族人奉为厉神，派往四川为城隍。③ 鸦片战争中英勇战死吴淞的江南水师提督、同安人陈化成被奉为上海城隍神。明嘉靖深沪巡检司、四川成都人汪芳山御倭身殉，被奉为泉州深沪城隍神。祖籍漳州长泰的台湾农民起义领袖朱一贵，被台南小城隍庙奉为城隍爷。④

---

① 瞿海源、章英华：《台湾社会与文化变迁》，“中央研究院”民族学研究所，1986 年版，第 659 页。

② 《重建马巷庙宇记》，何丙仲编纂《厦门碑志汇编》，中国广播电视出版社，2004 年版，第 352 页。

③ 陈支平：《福建族谱》，福建人民出版社，1996 年版，第 229 页。陈支平：《永宁城隍庙漫考》，《永宁古卫城文化研究》，福建人民出版社，2001 年版，第 135—136 页。

④ 郑镛、涂志伟编著：《漳州民间信仰》，海风出版社，2005 年版，第 30 页。

（二）闽南与台湾部分城隍庙介绍

1. 清溪城隍庙

安溪古称清溪，清溪城隍庙始建于五代后周显德三年（公元 956 年），位于县治东（今小东街）。上世纪 40 年代初，城隍庙因驻军和基建，城隍先暂奉于北街隘子头民舍，后又迁北门桥边。1953 年，迁入东岳寺东厢。1985 年，神像迁往东岳寺檀樾祠奉祀。1997 年，新加坡韭菜芭城隍庙和杨桃园城隍庙捐资重建。新城隍庙与东岳寺并肩联臂，五进殿堂，顺山势递升。主体建筑重檐歇山顶，面阔五间，进深五间。正副三尊城隍神像均坐正殿，八爷、九爷伫立两旁。四殿奉祀观音，五殿奉祀三宝佛。

传说清溪城隍由于保护安溪、南安、晋江、惠安、同安五县百姓免受旱、涝、风、虫、兽灾之苦，因此两次受敕封，赐金冠、黄龙袍，“敕封清溪显佑伯印”。拜亭楹联故称：“宠锡袍冠八闽第一，褒封伯爵五邑无双。”

随着安溪人外迁，清溪城隍香火被带到各地。据不完全统计，闽南泉州、晋江、石狮、南安等地有清溪城隍分炉 70 余处。泉州城内原有两座城隍庙，即泉州府城隍庙和晋江县城隍庙。龙宫巷龙宫庙原祀龙王，后亦改祀城隍，清光绪十八年（公元 1892 年）加封昭威侯。清道光十二年，经商泉州的安溪人又在南门土地后建立一座城隍庙，此庙应为清溪城隍庙的分炉。

台湾清溪城隍分炉达 200 余处，其中尤以中寮、南投两处最为出名。新加坡的韭菜芭、杨桃园安溪城隍庙颇具规模，文莱、马来西亚及香港等地也有清溪城隍分炉。

2. 永宁、石狮城隍庙

历史文化古镇永宁现属石狮市管辖，“东滨大海，北界祥芝、浯屿，南连深沪、福全，为泉襟裙”。宋代建永宁水寨，明洪武二十年（公元 1387 年）设置永宁卫，开始有永宁卫城隍之祀。清道光二十三年《重修永宁城隍庙序》称：“吾永宁卫为郡要区，名锡鳌城，地连鲤廓。都人士创建庙宇”。由于永宁卫地位冲要，规格较高（卫指挥使为正三品），因此，永宁卫城隍为“忠祐侯”。永宁卫城隍庙建筑面积 1407 平方米，由门楼、前殿、戏台、拜亭、后殿和左右厢房组成。后殿面阔五间，进深三间，殿前有檐楼，抬梁式结构。前殿和后殿为重檐歇山顶，余为单檐歇山顶。永宁卫城隍庙规制完备，除主祀城隍神，还模仿封建仪制，设置二十四司、役吏差官等。

明嘉靖四十一年（公元1562年），倭寇入侵，永宁卫城失守，逃亡百姓背负城隍神像来到石狮。“安之土地祠庙中，盖暂寄居。”① 至万历二十年（公元1592年），信众在券内（今宽仁）兴建石狮城隍庙。石狮城隍庙建筑规模奠定于清康熙六年（公元1667年），1990年重修，坐北朝南，占地面积560平方米。二进，正殿奉祀城隍，配祀广泽尊王、观音等，边殿附祀开山殿七大巡。

彰化县城隍之祀始于清雍正十一年（公元1733年），鹿港属彰化县辖，却有一座奉祀“忠祐侯”的城隍庙（又名鳌亭宫，号称分府城隍），规格比彰化县城隍高。乾隆四十九年开放鹿港与晋江蚶江对渡，鹿港成为大陆农副土特产品的主要进出港，各类“郊行”应运而生。泉州移民源源进入鹿港，占鹿港人口八成以上，至今鹿港尚存泉州街、永宁街、铺锦巷等祖籍地名。乾隆初年，永宁高姓在鹿港开设经营土特产的“日兴行”，失窃甚多，官府无力破案。相传高姓特地回祖家奉请永宁卫城隍“忠祐侯”过水台湾断案，贼人惧怕神威，投案自首，失物如数追回，永宁卫城隍从此威震鹿港，被众商家奉为保护神。乾隆十九年（公元1754年），泉郊商户凭借雄厚实力，破格在鹿港不见天街鼎建“鳌亭宫”城隍庙奉祀，门柱上镌刻著名永宁籍郊商“林日茂”捐题楹联：“赫濯声灵昭鹿水，绵延香火肇鳌亭”，保留至今。

鹿港城隍庙又称“分府城隍”，因其香火与石狮城隍同源于永宁卫城隍，故称“分府城隍”。因此，永宁城隍庙——石狮城隍庙（清代称“鳌城迁建石狮城隍庙”）——鹿港城隍庙三者一脉同根，一本同源。

随着永宁、石狮移民大量前往鹿港谋生，石狮城隍信仰陆续传播到台南、台中、嘉义等地。光绪年间，王年以把石狮城隍香火带到台南。其后裔将祖宅改建成“忠泽堂”，供奉石狮城隍，后又分灵台北、台中、彰化等地。日据时期，中华传统文化备受日本殖民统治者严酷摧残。殖民当局借口改善交通，拆毁三山国王庙。1934年，推行“市街改正方案”，拆除不见天街，鹿港城隍庙山川殿（拜亭门）、拜殿及左右厢房被推倒，大量文物流失。但鹿港城隍庙管理人员及四方善信依然不定期到城隍庙朝拜。1936年，鹿港城隍庙信众冒风险组团前来石狮城隍庙进香谒祖，当年进香团使用的“香龛”

---

① 民国《温陵商氏家谱》附记，《佛缘》。

至今仍保存在鹿港城隍庙，成为这段历史的见证。90 年代以来，台南、高雄、彰化、台中等地城隍信徒先后 20 余次组团来石狮祖庙进香谒祖。菲律宾马尼拉、宿务都有石狮城隍公庙。

3. 九峰城隍庙

九峰城隍庙位于九峰古镇东门。九峰地处闽粤边界群山之间，为闽粤边境的交通要冲及边贸重镇，潮汕文化与闽南文化在这里交汇。自明正德十三年（公元 1518 年）至 1949 年是平和县治所在地，400 余年间，这里曾是平和政治、经济、文化的中心。建于明正德十四年（公元 1519 年）的城隍庙，至今已有 480 多年的历史。据《平和县志》和《重修城隍庙记》，清康熙三十六年（公元 1697 年）曾多次重修。

根据明代为城隍所定爵位品级，因新置平和县被恩准县堂与文庙视同属府一级建制，故城隍庙规模较大，全称为显佑伯都城隍尊神。

平和县城隍庙建筑前后五座相连，依地势北高南低而建。坐北朝南，平面呈中字形。南北通长 73 米，东西最宽 24.4 米，总面积 1400 平方米。在中轴线上由南向北依次为牌楼（大门）、前厅（仪门）、中堂（廊屋与大殿）、后殿。两侧有回廊。前厅九檩，中堂十一檩，后殿七檩，面宽均为三间，抬梁式。

城隍庙殿堂画栋雕梁，木瓜斗拱，玲珑鎏金；石柱龙雕，石盾石屏，精雕细刻，其中斗拱形式多样，石柱亦有圆形、方形、八角形及浮雕盘龙柱等多种形式。另瓜柱下部瓜形下斗描金彩绘，纹饰繁密，金碧如新。仰观屋顶二龙戏珠，张牙舞爪，栩栩如生；所有人物花鸟，千姿百态，惟妙惟肖，令人叹为观止。城隍庙内至今仍保存着明清时期的壁画 40 多幅。在第五进后殿之左右横廊墙壁上，分别绘有二十四孝图、十八地狱图，其场面恢弘、人物众多、造型生动，兼工带写，线条流畅，极具功力。画面基本保存完好。在第三进廊屋墙上绘有平和八景图。

平和县城隍庙祭祀的庙神是唐著名诗人王维，城隍庙由王守仁始建，庙神的选立应与他有关联。

明清两代，知县须祭祀城隍神。据县志载："在东郊溪边，知县祀风云雷及境内山川与县城隍之神，每岁仲春秋以祭社稷之明日行礼，其位以风云雷雨居中，山川居左，城隍居右。"民国以来，知县祭祀社稷于东郊停止了。

但有正月十五日官绅民众身穿长衫马褂，手捧长香顶礼膜拜，列队游行，恭迎城隍爷出巡；沿途路祭，沿街鸣放爆竹，各乡社组织的彩旗队、锣鼓队、舞龙队、八音阵、龙队及狮队、铁枝艺、落地扫随行表演。农历五月二十五日和十一月初七日，分别为城隍爷、城隍妈寿辰，年年必庆，请道士设醮，请剧团演戏，戏曲百艺，好戏连台，热热闹闹地庆祝一番，企求神灵护佑。

每年正月初七、十九日邻县南靖的长教、书洋乡的曲江、塔下及高港一带的群众，各办旗鼓、鞭炮、彩轿，奉迎城隍妈的金身，从百里外的南靖到九峰城隍庙挂香，返回当地后，游村演戏隆重祭祀，以求辖境平安。闽粤两省邻县的人们，几百年来一直把城隍爷、城隍妈当作慈善的神来敬奉，海外的侨胞和港、澳、台同胞也非常敬仰，朝拜香客不断，并捐赠款项，修缮殿宇。①

4. 台南城隍庙

台南城隍庙位于台湾省台南市中区清水里青年路131号，台湾原为福建省隶属之府，因此名为府城隍庙，是台湾最早兴建的城隍庙，始建于明永历二十三年，清朝几经修复。庙内供奉城隍老爷，配祀二十四司，庙虽小而香火旺。每逢农历五月十一日，城隍圣诞祈福还愿更是络绎不绝。清朝乾隆年间为台湾主要的七寺八庙之一，现被列为台湾二级古迹。

5. 新竹都城隍庙

新竹都城隍庙位于新竹市北区中山路上，列属台湾二级古迹，其庙宇规模在当时是全台湾之最，供奉专门掌管阴间与阳间赏罚善恶的城隍，所以城隍庙的布置犹如古代的衙门。

新竹都城隍庙创建于清乾隆十三年，由淡水同知曾日瑛倡议兴建，1875年设台北府，但府治仍在新竹，因此将城隍爷晋升为府城隍（绥靖侯），香火鼎盛，有“新竹城隍爷，北港妈祖婆”的称誉；1891年，全台官民在此举办护国佑民祛除灾厄祈祷醮法会，故于次年改封为“晋封威灵公，新竹都城隍”，为全台唯一的都城隍庙，也是唯一的省级城隍庙；又因显灵御匪有功，光绪皇帝颁赐“金门保障”匾额，更是新竹都城隍庙重要文物之一，其后陆续获历代皇帝封赠，成为全台官位最高的城隍爷。

---

① 郑镛、涂志伟：《漳州民间信仰》，海风出版社，2005年版，第31—33页。

新竹都城隍庙历经多次翻修，如今所见的外貌为1924年的修建，以三川殿及三叠式屋顶最具特色，庙内文武判官范、谢将军及四捕快之雕琢更是精致传神；悬挂在屋梁上的大铁算盘，据传是城隍用来计算人世罪恶的。新竹都城隍庙门前的石狮及其他雕饰都有艺术价值，龙柱是台北名师辛阿救的作品，雕工细腻生动，进入大门上方的八卦藻井，为泉州惠安大木匠师王益顺之作，颇具历史意义。

新竹都城隍庙在每年元宵节前后时，与邻近的北门街、长和宫都有花灯展示，色彩缤纷，民众可以欣赏到不同风格的花灯作品，这是新竹当地颇负盛名的元宵活动；新竹都城隍庙农历七月的迎城隍活动更是当地的盛事，每年从七月初一开始至八月初一东门市场的“东门普”收尾才算结束，期间几乎夜夜都有八家将巡街；七月十五中元节当日是活动的最高潮，由城隍爷本尊出巡，赈济孤魂野鬼，由于出巡队伍长达数公里，整个新竹市都为之沸腾；至农历十一月二十九日城隍爷生日时，新竹都城隍庙内更是涌入大量信徒，人山人海，热闹非凡。

闽台两岸的城隍庙数量是极其众多的，庙宇也各有特点，极具文化内涵与观赏价值。如新竹都城隍庙庙埕的市集小吃摊，是新竹特色之一。有些城隍庙已经成为了旅游景点。

第五章 闽南与台湾的佛教俗神及庙宇源流

闽南古代有佛国之称。台湾在汉族移民入台后，同样也信奉佛教神明。但是，如前文所述，闽南与台湾民间有极深的好鬼信巫的传统，完全按照民间信仰的一套行事，全无佛教的观念，杀鸡宰鸭，烧金许愿，都是世俗的功利做法。所以佛教的菩萨，已经完全成为民间崇拜的神明了。

比如三平祖师为僧人，三平寺属佛教系统。然而漳州人照样在里面配祀地方神明，诸如“开漳圣王”等神明。更有崇蛇的“蛇侍者”，这在其他佛教寺庙是很难想象的。观音作为佛教的菩萨，本有规范的崇拜礼仪。可是闽南与台湾民间却有烧寿金，带孩子到观音庙中许愿，写给观音娘娘当“契儿”以“保平安”等等世俗做法。

由于闽南与台湾民间信仰的随意性，释迦牟尼、观音、药师佛等佛教中的佛佗和菩萨，也已被闽南与台湾按地方的一般神明的做法供奉，成为闽南与台湾民间信仰活动的一部分。

第一节 闽南与台湾的观音及庙宇源流

一、闽南与台湾观音崇拜概述

观音原来是印度大乘佛教的菩萨，最早翻译作“观世音”。《法华经》说苦恼的众生，一旦呼唤，菩萨即时观其音声，可以得到解脱，所以名为观世音；或者说是观察时机前往救，自在无阂，因此又译作“观自在”。唐朝人避太宗李世民的讳，略称“观音”，沿袭至今天。

（一）称呼与性别

民间对观音的称呼很多，如：观世音菩萨、观音妈、观音佛祖、南海观世音菩萨、大悲菩萨、大慈大悲观世音菩萨、圣宗古佛、妙善夫人等等，法名为正法明如来 。

佛教认为，佛、菩萨都无生无死，也无性别。他们在世人面前可根据不同需要，示现各种化身。所以，南北朝时的观音菩萨造像有男相，也有女相。可是，自从唐开始到如今，观音造像多为女性形象，民间也有以观音为一妙龄女子。《楞严经》曾说到这个原因："观世音尊者白佛言：'若由女人好学出家，我于彼前见比丘尼身，女王身，国王夫人身，命妇身，大家童女身，而为说法'"。但中国《南史》、《北史》之传说均为女性。"巧笑倩兮，美目盼兮，彼美人兮，西方之人兮"。宋朱弁《曲洧旧闻 》"过去国庄王，不知道何国，有三女，最幼者名妙善，施手眼救父……"①

从佛经的记载，观音本为男子形象，传入中国为吸引广大妇女信佛。另也坚定了众多比丘尼，实为"应化身"（应身)。其应身有"长者身，居士身，宰官身，童男童女身，非人身等"。观音能随类随缘，发展出"娘娘庙"的信仰；民间信仰以观世音为女神加以崇拜，日久遂与道教之"娘娘神"信仰混合，而有"观音娘娘"之称。

作为女性的观音，表现出许多的女性神的职能。如"送子观音"，妇女们通常在观音诞辰日前往寺院，供奉水果、寿桃、寿面，烧寿金。有的信众会以金牌或银牌，刻上观音名号，佩戴在小孩的脖颈上，以为保护。她们还常常在孩子出生后到观音庙许愿，有的契给观音娘娘，给孩子取名为娘龙、娘狗、娘喜等，以为这样之后，就会得到观音娘娘的保佑。此外还有一种"补运"的习俗，即观音圣诞当天，准备纸制的人形、米糕和与家属数目一样的龙眼干或鸡蛋，到寺院里观音佛祖前祈福消灾。

（二）应身、胁侍与节庆

观音被认为有六、十五、三十三、三十七、八十四个应化身。常见的有白衣观音、紫竹观音、鱼篮观音、净瓶观音、千手观音、送子观音、洒水观音等。实际上观音的形象出于信众着意制造，也有画工塑匠的艺术创造，塑造了多种形态而繁衍出来的。

闽南与台湾崇尚白衣送子观音，沿海对保护航海神紫竹观音也极推崇。

---

① 陈小冲：《台湾民间信仰》，鹭江出版社，1993 年版，第 39—41 页。

紫竹观音又称南海紫竹，端坐岩上，下为海水。民间也认为妈祖为观音化身。杨柳观音手持净瓶和柳枝，瓶里有甘露，以柳枝沾洒，点化众生。

观音的胁侍是善财和龙女。两人本是文殊的弟子，仅仅因为他们也参过观音，所以便留在观音的身边。据说龙女（婆竭罗）是龙王女，八岁成佛。善财出生的时候，曾出现很多珍宝的奇异现象。因为学善，“善财童子五十三参”，见过五十三种各类人学习善行。由于《西游记》的缘故，民间也有认为善财是红孩儿的说法。民间对善财特别钟情，有人认为他会使人发财，还有人认为祈求他可以得男婴。

因为，不少人认为当遭遇困难之时，只要诵念观音名号，观世音菩萨即时会给予保佑。因此，观音的节庆很隆重。

观音诞生日为农历二月十九日，成道日为六月十九日，出家之日为九月十九日。民间将这三个日子都当做是观音的生日。在台湾，多以农历二月十九日或六月十九日为观音圣诞，而举办各项庆祝祭典活动。

二、闽南与台湾部分观音庙

闽南与台湾观音信仰悠久而广泛。如今两地的观音庙宇数量在众多民间神庙中名列前茅，相当多人的家中都供奉观音神像。

（一）安海龙山寺

清朝道光年间的《晋江县志·寺观志》：“安海龙山寺，在八都安平，古称普见殿。以大榕树雕千手眼佛祀之，座下树根石井尚存。”

古名普现殿，又名天竺寺，俗称观音店。位于晋江市安海型厝村北的龙山，因此称龙山寺。建于隋朝皇泰年间，是泉南著名的千年古刹，被列为全国重点佛教寺院。

清朝康熙五十七年（公元 1718 年）颜仪凤撰《安平镇龙山寺重兴碑记》和道光《晋江县志·寺观志》都认定“隋皇泰年间建。”也有持东汉说的。柯琮璜于道光元年（公元 1821 年）撰《安海龙山寺古刹考》：“福建晋江八都安海龙山寺，东汉时道人一粒沙行经安海北，见大樟树十数围，瑞光顶现，雕千手观音祀之。”

寺有“三绝”：千手千眼观音、盘龙柱、钟鼓楼的一鼓一钟。建寺工程由隋朝皇泰年间（公元 618—619 年）持续至唐初，至今龙山寺圆通宝殿中梁有块记载“大唐贞观十三年（公元 639 年）鲁国公程咬金知节捐捧一千两督修”的牌匾。历代屡次修葺，现存建筑物为清朝康熙五十七年（公元 1718 年）由施琅等捐资修葺。

寺坐北朝南，巍峨宏观，幽深开阔。由放生池、山门、钟鼓楼、三进殿堂、拜亭所组成。东西两侧为祠庙、斋厨、禅房。总占地面积 4250 平方米。

放生池位于寺前，与寺同建。山门两旁有华表，周围墙壁上镌有许多浮雕。钟鼓楼在寺前左右。

三落殿堂，重檐歇山顶。前殿（金刚殿）面阔五间，进深二间。前立两石狮子，门上方悬着“一片慈云”鎏金字的匾额，前檐石柱楹联题云：“现丈六身开汉代，备千百手援闽疆”。朱门两旁墙壁，犹如石雕艺术长廊。辉绿岩墙面，透雕着精美动物花卉、二十四孝、龙纹图案。过堂两侧浮雕着寒山、拾得大幅肖像。白色花岗岩墙裙，浮雕着龙、狮、虎、麒麟等威武神兽。为清道光年间（公元 1821—1850 年）的石雕艺术。殿内供奉四大金刚。前殿东廊供奉伽蓝，龛前有“依法为家镇安海，护持寺事守龙山”对联。西廊供奉达摩祖师，龛前题有“密示不传之指，元空无性之心”。

正殿（圆通宝殿）面阔五间，进深三间，通高 11. 3 米，面积 493 平方米。交错重叠的斗拱承托梁枋，形成下小上大的托座，状如莲花盛开，保存唐代建筑风韵。屋脊正中雕一座五层小宝塔，一对瓷雕龙朝向宝塔，取双龙护塔，镇邪摄吉之意。殿前筑有亭榭，叫天坛，是供进香的善男信女摆设香案的地方。殿内上方悬挂明代大书法家、本地人张瑞图题写的额匾“通身手眼”，正中龛台内供奉着木雕千手千眼观音。

后殿即大雄宝殿，重檐歇山式建筑。殿堂龛内正中供奉释迦牟尼。

“三绝”之首——千手千眼观音，用大樟树躯干所雕。通高 4. 2 米，宽 2. 5 米，头冠中嵌阿弥陀佛像，周围又雕有众多戴花冠的小佛首，层层叠作帽状。观音两肩雕着 1008 支手，每只手的掌心都精雕一只慧眼，指掌分别执法器、书简、钟鼓等等，千年不朽，是闽南古木雕艺术登峰造极之作。

《安海志》载：该寺历经多次兵燹匪劫，皆化凶为吉。因此龙山寺千手千眼观音被誉为“镇国佛”。明朝嘉靖年间倭寇八次进犯安平（安海古称），准备烧毁龙山寺，先后遇寺内乌蜂涌出，雷电交加，使“群寇惊惧跪叩，服罪而归，免得焚炬。”清朝顺治辛丑（公元 1661 年），清廷禁海迁界，“滨海梵宫灰烬，惟龙山寺岿然独存。”即使在“文革”时代，远近寺庙毁之殆尽，龙山寺大部分文物乃保存完好。

“三绝”之二是盘龙柱。该柱位于圆通宝殿前，呈八角形，以辉绿岩透雕，共一对，左右相峙，清朝道光年间立。称奇的是龙爪抓珠，一双鳞甲相间的龙爪，分别捧出同一大小石质的一磬一鼓，用细铁条轻敲，分别显磬和鼓声，是闽南石雕的精品，列全国四大龙柱之一。据说这位石雕大师，创作严谨，精雕细琢慢磨，一生仅雕龙柱两对半。

龙山寺第三绝是金刚殿前左右侧钟鼓楼的一鼓一钟。大鼓即由雕刻千手千眼观音的樟树尾部整筒凿空而成，直径近 1 米，至今有 1700 多年历史。鼓面由牛皮制成。鼓楼镌有对联：“暮传百八贪痴警，鼓觉三千菩萨音。”古钟重千斤，用一根直径仅有 14 厘米的檀香木横架于钟楼顶端。此檀木是早年旅外华侨专程从海外运来捐送的。古钟造型古朴，镂刻着“天竺钟梵”四个字的古朴图案。“天竺钟梵”是安海的八景之一，每天晨昏，照例敲钟 108 下，钟声悠扬，顺风时可传到十几里外。

唐宋以来，龙山寺的香火随着安平商贾的足迹，传播海外，在东南亚、台湾等地尤其突出。其中最著名的是鹿港龙山寺和台北艋岬龙山寺。移民为祈求神明保庇平安横渡台湾海峡，普遍带着龙山寺观音菩萨的神像和香火，定居后就在当地建龙山寺，共约有四百多座，其中最著名的是鹿港龙山寺和台北艋岬龙山寺。

（二）漳州云霄观音亭

阳霞观音亭在云霄莆美镇阳霞村中，始建于明代，清道光间（公元 1821—1850 年）重修。木石结构，其前墙窗、壁、柱、梁，都以花岗石雕琢而成，有透雕螭龙、浮雕麒麟、莲花翠鸟等图案，栩栩如生，工艺精美。内悬木刻横匾“精明应妙”。庙中主神为观音菩萨众多的法相之一，造型有别一般的观音形象。当地传说，庙中奉祀的观音大士木雕古像来自明代中期，是该村方氏先辈因经营海上生意，偶然从海中捞起来的。开始供奉在船内神龛上，后来带回到阳霞村的家中奉祀。因佛祖异常灵验，香火旺盛，族人于是筹资选址建造观音亭，数百年来香火鼎盛。当地民众尊称“泗州观音”、“泗州大士”、“观音佛祖”等名。《宋高僧传》记载：唐有泗州大士，信徒甚众。民间称为观音娘娘、泗州娘娘和观音佛祖。

2001年12月6日，来自台湾省嘉义市中埔乡的20多位方姓族人代表，专程到福建云霄阳霞祖籍地认祖归宗，拜谒宗祠祖庙，同时在“阳霞观音亭”佛殿进香祈愿。台胞们在此佛殿进香瞻仰佛像时，皆异口同声地说：“此尊‘观音佛祖’与嘉义中埔乡湾潭村的‘泗州佛祖’太相似了！”当他们获悉阳霞观音亭所祀的佛像就是“泗州观音大士”时，更加欢欣鼓舞，纷纷表示：“佛祖灵感，祖宗显耀，今天指引我们认到祖根、寻到佛像，真是喜出望外。”

相传清代康熙五十五年（公元1716年），云霄云阳方氏第十五世族人方蔼，从云霄港渡海赴台谋生，定居于诸罗县（乾隆末改名嘉义县）中埔乡湾潭村。当年离乡时，在祖籍地恭请了佛祖画像和香火，随身奉带到新居住地供奉，祈求永保平安。其后裔在中埔乡建造庙宇，虽世代供奉，但未知祖庙的情况。而今始知源自祖地“阳霞观音亭”，所以喜出望外。①

清代以后，泗州大士形象各地逐渐少见，所以，阳霞观音亭的泗州观音像，为少见的文物，非常珍贵。

（三）台南大观音亭

台南大观音亭，又称“赤崁大士殿”，在尖山南坡。建于明朝永历二十三年（公元1678年），是台南较早的观音庙，列属台湾三级古迹，为郑成功时期规模最大、最庄严的观音亭，除供奉着观音，还配祀齐天大圣和月下老人。现地址为台南市成功路86号。

《台湾县志》记载：“镇北坊之观音亭，伪时（为郑成功时期）建。中奉大士，左右塑十八罗汉。清康熙三十二年里民重修，并建后堂。”原来此处称为尖山，草木丛生，人烟稀少。开始建造一间小庙供观音。周边以为灵验，信徒日益增多，香火渐渐兴旺。康熙三十二年扩建大殿，并建后殿。之后乾隆年间、嘉庆、道光、同治、光绪、民国屡有修建。② 1978年，又建讲经堂、图书馆。

大观音亭历经多次整修，建筑布局维持朴实风格，庭中绿荫掩映，幽雅静谧。山川门檐脊上华丽缤纷的剪黏装饰，最为引人，正门格扇、壁堵上吉

---

① 周跃红：《漳州与台湾同根神祇》，广角镜出版有限公司，2004年版，第40—41页。

② 见大观音亭《华成社碑记》。

祥图案与两侧廊墙上的文字图雕，匠心独具；中门与两侧边门门神，以金泥勾勒轮廓，姿态威武生动。正殿奉祀观音菩萨，左右陪祀齐天大圣与掌管人间姻缘的月下老人；后殿主祀三宝佛，殿内悬挂清代文武官员题献的匾联与历来重修碑碣。石作、木作多清嘉庆、道光重修时故物，精美细致。神像则明朝永历时的雕塑，端重庄严 。其中“大雄宝殿”的年代最久，水师提督王得禄所题楹联最珍贵。

听说在台南市所有供奉月下老人的庙宇当中，以大观音亭的最灵验，想要祈求好姻缘的人，可以到月下老人神像前掷杯，得到允杯后，再到月下老人身上披挂的红丝线中抽取一条红线放在身上小心保管，如果哪天发现红丝线不见了，就表示在那一两天内所遇到的异性，就有可能是自己的另一半。①

（四）台北万华龙山寺

台湾古有“一府、二鹿、三艋舺”的说法，一府是府城，是今日台南市；二鹿为鹿港，是今日彰化县鹿港；三艋舺即艋舺，是今日台北市万华。艋舺是台北的发源地，也是台湾北部最早繁荣的地方。万华区内著名的庙宇很多，而位于广州街的龙山寺香火鼎盛，是其中第一古刹，列为台湾二级古迹。是旅游团体来台必到之处，每遇假日，都会看到许多的日本观光客。庙埕则常常可以见到民众聚集，非常热闹。

龙山寺始建于清乾隆三年（公元 1738 年）。艋舺人祖先——闽南三邑人在清雍正初年（公元 1723 年），渡海来此地贸易定居，为了祈求航海平安、生意顺利，所以募款合资建筑寺庙，并恭迎家乡安海乡龙山寺观音菩萨分灵回艋舺奉祀，寺名也叫做“龙山寺”。龙山寺在当时不仅是艋舺居民的信仰中心，更是生活中议事聚会的场所。清光绪十年（公元 1884 年），光绪皇帝还敕赐“慈晖远荫”的匾额给龙山寺。

龙山寺历经地震、炮火的侵袭，始终能幸免于难；再经历代几次重修扩建，渐渐有了现在的规模。该寺坐北朝南，为传统三进四合院的宫殿式建筑，主要分为前殿、正殿及后殿。前殿供奉“三宝佛”（中为释迦牟尼佛、左为阿弥陀佛、右为药师佛）；正殿供奉龙山寺主神观世音菩萨（右为文殊菩萨、左为普贤菩萨）；后殿又分为天上圣母殿、文昌帝君殿及关圣帝君殿，

---

① 《台湾寺庙志》（第二辑），清流出版社，1986 年版，第 378—379 页。

除奉祀各殿主神外，还配祀相关神灵。

寺内雕梁画栋，结构布局庄严富丽，许多雕饰皆出自名家之手，以“线雕”、“透雕”、“浮雕”、“浅浮雕”的手法，将寺内各式各样花草龙鱼、人物故事、吉祥图像雕刻得栩栩如生。而左右护龙屋顶配有钟楼和鼓楼，为扁六角形的楼台，屋顶为三重檐，好像将军的头盔，气宇轩昂，造型雄伟，为全台首见。近年来，寺内又增加多项公共设施，如：庭园造景瀑布、夜间照明设备、图书馆、文物馆等，又举办青少年奖助学金、成年礼、佛学讲座、冬令救济等活动。

自从捷运（地铁）板南线通车之后，寺前规划了民俗小吃摊位，使得龙山寺的游客更是络绎不绝。

（五）鹿港龙山寺

鹿港龙山寺始建于明永历七年（公元1653年），是传入台湾的第一座佛教寺院，被台湾列为一级古迹。相传在明崇祯十五年（公元1642年）的时候，福建泉州有一个名叫肇善的苦行僧，携奉着石雕观音像，打算进献到南海普陀山，没想到中途遇上暴风雨，一直漂流到鹿港来，于是他就地在鹿港暗街仔一带苦修，后来在港畔初创寺院，就是最早的鹿港龙山寺。

清乾隆五十年（公元1785年），鹿港龙山寺因旧寺狭窄，不敷众用，所以迁建于现址，并延聘大陆名匠设计，仿祖地龙山寺的图样，奠定今日所见的规模。鹿港龙山寺的建筑极具特色，属北宋宫殿式，全寺格局为台省寺庙罕见的四进三院：第一进是山门；第二进是内门，又称五门，有全台仅见的内门戏台，以及用榫工组成的穹窿式八卦藻井；第三进是正殿，供奉观音菩萨，左右配祀境主公、注生娘娘等；第四进是后殿，原称北极殿，主祀玄天上帝，左右设龙神、风神位，配祀龟、蛇二将，今供奉日本本愿寺阿弥陀佛像，左右配祀地藏王菩萨与药师佛。正殿与后殿之间的后埕，掘有两口龙眼圆井于两旁，龙喉方井于正中央。

鹿港龙山寺的年代久远，香火始终鼎盛，经过几次整修，目前多已恢复旧观，每逢节庆假日，信徒与游客川流交织，现在是鹿港多项民俗活动的中心。

（六）林口竹林山观音寺

竹林山观音寺，原称竹林山寺，又称林口庙或林口观音妈庙，是台湾台北县林口乡的著名景点，位于林口乡竹林路325号，为一佛道混合寺庙，奉祀十八手观音。清乾隆年间，由闽南分灵而来观世音菩萨大妈（十八手观音），清嘉庆八年（公元1801年），由大坪顶地区（五湖、五坑、龟山）所谓十八坪位（十八处角头）轮流奉祀。早期所谓十八坪位包括：菁埔、太平岭、大湖、树林口、南势埔、牛角坡、坑子外、下福、顶福、南崁顶、旧路、瑞树坑、枫树坑、下湖、大桧溪、坑子、大南湾、内厝。

1937年，日本殖民政府积极推行“皇民化运动”，禁绝台湾民间信仰活动，企图烧掉本寺十八手观音尊像。后由陈隆先生兄弟设法暗中奉祀两年多。后来日本政府同意兴建日本风格寺庙，地方士绅协议，找到现址，作为建寺基地。

1946年，因台湾日治时期已结束，信众将日本天照大神丢出寺外，正式风光迎回十八手观音佛祖安奉寺中，信徒提议改建为传统闽南式寺庙，新庙于1949年完成，并更名为竹林山观音寺。信众日益增加，将原有18坪位轮值祭祀区以及新加入之区域重新调整为三大轮值区：直属坪位、巡回坪位、正炉坪位，共22个坪位，日后各地参与者众，轮值区域增为24至26；1977年，再次召开会议重新调整整并，而为现今范围扩及北台湾4个县市15个乡镇市的20个坪位之规模。

竹林山观音寺热心参与体育活动，早期曾赞助文化大学棒球队，该队名为竹林山。并举办过全台体育竞赛，甚至邀请国外选手参加，影响深远。为了奖励各级学校清寒优秀学生，设立奖学金，每年定期颁发，受惠学生已经有几千名。它为青年朋友提供户外活动场所，寺内设置完善之露营区，免费开放。1984年兴建的鹤龄交谊中心及图书馆，为老人提供休闲娱乐活动场所及良好的读书环境。同年，还兴建网球场四座，免费供各界人士打球，使运动人口增加不少。为宣扬中华文化，教孝、教忠，在后花园围墙上，由各地信徒捐献经费，塑造以忠、孝、节、义为题材雕像，人物鲜活生动，颇受各界人士的赞许。为扩大服务民众，寺庙兴建2500建坪的青年活动俱乐部。1985年元宵节，台北县花灯展览就在这幢建筑内举行，游客超过百万人，为节日活动掀起高潮。活动中心完工后，将提供膳宿，欢迎各机关、学校、公司、行号开会、以备训练、举办活动之用。

林口竹林山的观音寺每年都会举办一次盛大的巡回观音佛祖值年庆典。

“巡回观音佛祖”是没有主庙的“二妈”，巡回在林口和桃园芦竹等 9 个沿海地区，由村民轮流供奉，每区九年轮值一次。在每年的农历三月轮值交接的前一天，也就是上任炉主轮值的最后一天，举办值年庆典活动。信徒做醮宰杀猪公拜拜、大摆流水席，恭送巡回观音佛祖圣驾。

在值年庆典前，要先举办一场牲猪比赛。养得肥肥的各大猪公经过评比、秤重，选出一只最壮大、最具威仪的神猪，它的体重通常都超过一千台斤。比赛得奖的猪公，才有资格被供奉在装饰得五彩缤纷的彩楼上，亲朋好友更是争相赠送金牌、礼品，主办单位还颁发奖状，祝贺饲主养猪成功夺魁。①

第二节　闽南与台湾的三平祖师及庙宇源流

三平寺为唐高僧杨义中“卓锡”开基之处，始建于公元 845 年。三平寺处于闽粤交界的大山博平岭峰峦环抱之中，古时候比较偏僻，交通不太发达。如今已是宽敞的水泥路，交通、通讯便捷，三平寺虽历经沧桑，香火却依然鼎盛，不利的外部环境并没有影响三平寺作为全国著名寺庙的形象。经多年来的努力，现在已成为朝圣、旅游和避暑休闲胜地。

一、三平祖师崇拜的来源

三平祖师，俗姓杨，名义中（公元 781—872 年），敕号广济大师，俗称三平祖师公，原是唐代的一名高僧，圆寂后逐渐演化为佛教俗神。他生前创建的平和县三平寺，迄今已有一千多年的历史，一直香火鼎盛，每年从海内外到三平寺进香礼拜者，多达数十万人。

王讽撰写的《漳州三平大师碑铭并序》，是现存最早的记载杨义中的资料（下简称《碑铭》），王讽与杨义中是同时代人，官至吏部侍郎。《碑铭》记录杨义中的生平事迹，记述王讽与杨义中的交往，赞杨义中的德行。《碑铭》的全文收入《唐文粹》、《全唐文》及《四库备要》中。《碑铭》云：“得菩提一乘，嗣达摩正统，志其修证，俾人知方，则有大师，法名义中，俗姓

① 竹林山观音寺编：《竹林山观音寺简介》，《林口乡志》，林口乡公所，2001 年。

杨氏，为高陵人。因父仕闽，生于福唐县。”“咸通十三年十一月六日，宴坐示灭，享年九十二，僧腊六十五。”

咸通年间（公元 860—874 年）王讽受他人牵连被贬到漳浦为县令，即慕名拜访义中。此后，两人交往甚密，成为至交。义中过世第二年，王讽撰写《碑铭》，作为墓志铭，其中多少有溢美之处，但基本上还是可信的。根据王讽《碑铭》，可知三平祖师的生平如下：

三平祖师俗姓杨，名义中，祖籍陕西高陵。因其父入闽为官，义中出生于福唐（今福清市）。先拜玄用律师为师而出家，之后拜谒怀晖禅师、智藏禅师、怀海禅师、石巩慧藏禅师、大颠宝通禅师学法。经多年修行，达到很高的禅修境界。经过近 20 年的游历，于宝历初年（公元 825 年）回漳州弘法，任三平真院住持。会昌五年（公元 845 年）唐武宗反佛教，义中避于平和县三平山，建三平寺。大中元年（公元 847 年），官方又崇佛教，义中出任漳州开元寺住持。咸通十三年（公元 872 年）农历十一月初六，义中圆寂，享年 92 岁。

宋代普济编撰的《五灯会元》记载有关三平祖师的故事：

当义中拜谒石巩时，石巩张弓搭箭，对准义中大喝“看箭!”义中挺胸挡箭，说道：“此是杀人箭，活人箭？又作么生?”石巩用手弹弓弦三下说：“三十年张弓架箭，只射得半个圣人”。禅宗基本理论是“直指人心，见性成佛，不立文字”。石巩张弓架箭，直指人心，启发义中学禅要直指本源，才能见性成佛。义中了解其中道理，挺身挡箭，但他所示的“心”，不是佛经所说的“大心”，而是“肉团心”，所以石巩说“只射得半个圣人”。

元和十四年（公元 819 年），韩愈被贬官到潮州当刺史。有一天，他向大颠请教：“弟子军州事繁，佛法省要处，乞师一语。”大颠听了，良久不作声。义中答道：“先以定动，后以智拔。”意为：欲求佛法，须先以静坐入定，由定生明，才可望顿悟成佛。韩愈听后，若有所得，赞道：“和尚门风高峻，弟子于侍者边得个入处。”

这些记载都表明义中在禅宗理论方面有很高的造诣，是唐代的一名高僧。

三平祖师圆寂后，有许多民间传说广为流行。明万历三十五年（公元 1607 年）漳东居士王志道摹述、同郡李宓所书的《漳州三平山广济大师行录》（非王志道所写，而是王讽撰），记述了“鬼魅造寺”，以及“擒服大毛人，收为毛侍者”等民间神话传说（据三平相关人士认为，此碑应是王讽所撰），《行录》中有关三平祖师的民间传说的记述，表明三平祖师已演化为佛教俗神了。

流传于民间的有关三平祖师的神话传说要比古文献记载丰富得多，如“斗妖驱鳄”、“地下宫殿”等地方的志书就没记载。

“斗妖驱鳄”说的是：韩愈在潮州当刺史时，因鳄鱼精在恶溪兴妖作怪，找不到办法治而伤透脑筋。后来三平祖师建议：“何不用官家大印和朱砂笔来对付鳄鱼精”。韩愈受启发写了《祭鳄鱼文》，盖上官印，并在恶溪旁摆下香案，宣读文告，规劝鳄鱼精离开恶溪。想不到七天过去了，鳄鱼精仍伤害人畜。韩愈遂率弓箭手，射杀无数鳄鱼。三平祖师手舞锡杖助战，恶战了三天三夜，终于把鳄鱼公、鳄鱼母这两只鳄鱼精杀死了。

“地下宫殿”讲的是：义中在三平山降伏了山鬼，山鬼为了赎罪而建造寺院、开山垦荒。三平祖师晚年担心自己圆寂后山鬼重新危害百姓。于是心生一计，在毛氏洞下施法，变成一座地下宫殿，对山鬼们说：“你们辛辛苦苦为我建成三平寺，我也回报你们，替你们建一座华丽的宫殿，吃喝玩乐，应有尽有，你们去吧。”山鬼们一拥而入。三平祖师移来一座巨石，在上面竖一石烛并刻上咒语，压住地下宫殿的入口，镇住山鬼们。还传说山鬼在地下宫殿玩够了，闹着要出来，三平祖师答应每年六月廿九让乡人送好东西给他们吃，山鬼才不闹了。因此，每年盂兰盆节前乡民做了许多赤米粽，抬着三平祖师的塑像到毛氏洞口，监视山鬼们吃米粽。

相传山鬼们答应帮忙建造寺院，但要祖师公闭目七日方可建成。祖师公闭目了五天五夜，听到山鬼们干活劳累的声音于心不忍，在第五天的夜晚他微睁双目观看，顿时佛光四射，山鬼们放下手中活计惊恐躲藏，躲避不开的变成了蛇虺，有几只蛇虺被三平祖师抓住，叫它们当侍者，俗称“蛇侍者”，至今三平祖师塑像左右仍站立青面獠牙的蛇、虎侍者。距三平寺十里许还有一座侍者公岭庙，专祀蛇侍者。又传蛇侍者平时化成小黑蛇，头部为八卦形，如在乡民家中出现，则被视为吉庆的征兆。三平村百姓有崇蛇的习惯，形成人蛇相亲的独特习俗。

三平祖师的向外传播情况是，除漳州外的闽南其他县市，主祀三平祖师的不多，配祀倒不少，比如：厦门市海沧石云岩、内田莲三宫；泉州市涂岭龙济宫、灵源寺、石狮朝天寺、双龙寺、水头福安堂等。

明清时期，三平祖师信仰传到台湾，如今在台湾有数十座三平寺的分庙。

二、三平寺的突出特点

1. 三平寺为漳州唯一以寺庙建成国家AAAA级旅游区、省级风景名胜区的风景区。作为海内外著名的宗教旅游胜地，至今已有33个国家和地区的善男信女到此朝圣旅游。

2. 1949年后三平寺长期由官方管理，特别是1980年以来，成为漳州唯一官方管理、事业单位建制的民间信仰寺庙。领导人一直由县党政科、局级以上人员担任：1980—1984年中共平和县委常委出任管委会主任；1986—1999年县由旅游局领导担任；1999年至今，由县政协副主席出任。现在三平寺的管理机构为副处级事业单位，这在漳州比较罕见。

3. 三平寺有可知确切的参拜信众数量。由于民间信仰的随意性，使参拜的信众的数量极难有确切的数字。但是三平寺收门票，所以，可以较为清楚的了解每年的参拜人数，它是漳州少有的可以计算参拜信众数量的寺庙之一。1988年之后，每年前来参拜的信众已逾50万人次。

4. 三平寺的香火收入为漳州寺庙之最。1981—1986年，香火等捐款年收入均数十万元；1987—1994年，年收入均数百万元；1995—2005年，年收入1000多万元；2006年以后收入2000多万元，2009年达3000万元。作为单个寺庙的收入，三平寺在闽台名列前茅，即使在全国也很突出。

5. 三平寺对港澳台、东南亚等地区的影响很大。三平祖师不仅在漳州地区家喻户晓，而且在闽南、粤东、台湾地区，在东南亚的菲律宾、马来西亚、新加坡、印度尼西亚、泰国等国家及中国香港和澳门同胞中也久负盛名。他们大部分连续来三年，“一年到，三年透（闽南话）”以表“诚心”。有的已成为三平寺的常客，并且一踏上乡土，未及和离别多年的亲友见面，便直奔三平，或除夕专程赶到三平寺和祖师公过年，可谓情深谊重。

三、闽南与台湾的三平祖师寺庙

据不完全统计，在漳州各地主祀三平祖师公的寺庙不少于66座，并有众多配祀三平祖师公的寺庙。在台湾，主祀约50间，且相当部分规模不太大。总的说，三平祖师的分灵庙与其他影响较大的神明相比，庙宇数显得不多。这与台湾的清水祖师（也称祖师公）两位神明相混淆有关，也与三平祖师的朝拜方法有关。多数信众在固定的年份前来神明的分灵庙进香，可以增进分灵庙的神力，祭拜多在分灵庙。可是，三平祖师的信众的许愿或答谢，相当部分都到三平祖庙，且主张“一年到，三年透（闽南话）”，即连续来三年，以表“诚心”；或除夕专程赶到三平寺和祖师公过年，祖庙在信众心中具有不可替代的位置，这使分灵庙的数量和作用受到一定的影响。

（一）闽南的三平祖师寺庙

1. 平和三平寺

三平寺位于福建省漳州市平和县文峰镇三坪村北，为晚唐高僧杨义中禅师于会昌五年所创建，距平和县城28公里，寺庙坐落在蛇山山麓，处于岩石深邃、结构曲危的三平峡谷中。寺庙坐北朝南，北靠狮头峰山脉，西邻九层岩。寺庙依山而筑，前低后高，结构匀称，寺之前方不远有一状如龟的小山丘，称为“上水龟”，与寺之“下水蛇”南北呼应，相映成趣。三平古寺总建筑面积3000平方米。

寺为三进三开间的古朴殿宇。结构精致严谨，体现出中国传统纵轴式建筑风格。中轴线上依次为天王殿（半殿）、大雄宝殿、祖殿、塔殿，左右为长廊（各有260米）。

三平寺的山门兼做天王殿，故又有“三落半”之称。殿门上的匾额“三平寺”是赵朴初居士所题。

一进大雄宝殿。面宽五间、单檐、歇山顶。两侧为两层的钟鼓楼，钟楼里置有一口一千多斤的大钟，其声洪亮清远。鼓楼里有大鼓，节日时，钟鼓齐鸣，庄严肃穆。殿前埕中铸有一个一吨多重的万年宝鼎及一对栩栩如生的石狮。大雄宝殿内，供有三宝佛及十八罗汉金身塑像。左右偏殿供奉着迦蓝爷和开漳圣王陈元光夫妇的座像。

二进祖殿（广济大师殿舍）。面宽三间，堂中奉祀广济大师金身塑像，边立青面獠牙侍者。左右偏殿分别供奉监斋爷和地藏王。

三进塔殿。基座高于二进祖殿两米余，两侧设台阶通往殿堂。殿为正方形，面积有200平方米左右。殿正中屋顶藻井谓蜘蛛结网八卦井，结构精巧。殿内有一石龛，当中端坐广济大师塑像，龛边对联曰："法大无边龙虎伏，道高有象鬼神惊"，龛后左边供有义中禅师的师父石巩慧藏禅师，右边供奉着有功于三平寺的潘荣尚书、颜颐仲尚书，俗称"潘颜二尚书"。塔殿后面有一石刻佛像，谓之石公。相传是三平祖师真容，也是三平寺中仅存的唐代文物。

相传三平寺为蛇穴宝地，三殿之中轴线左右曲进，从后山俯瞰，有游蛇动感之美，整座建筑突出了三平寺中轴转动、蜘蛛结网、八卦门拱、雕龙饰凤、鬼斧神工之特色。主体建筑依山逐级升高，更好地烘托出中轴线建筑的雄伟气势。

每年节庆活动及春节期间，三平寺游人云集，盛况空前。每年正月初六（祖师公出生之日），六月初六（出家纪念日），十一月初六日（大师圆寂之日）及春节，海内外香客来三平寺同祖师公过年。三平寺有隆重庙会和祭祀活动，形式各异、丰富多彩、具浓厚的闽南宗教文化特色。

三平风景区经上海园林设计院和华侨大学旅游系规划后，已投资超过亿元。建成祖师公雕像、九龙照壁、十二生肖、假山放生池、三平寺、炮廊、虎爬泉、广济园、生态休闲竹林、红军会师纪念馆、仰圣山庄、素菜馆、游客中心、商店、三平广场等景点和旅游配套设施。初步形成了两条游览线路：一条是以三平寺为中心的朝圣线路；另一条是以毛氏洞为中心的生态休闲旅游线路。另外，景区将进一步规划建设三平祖师文化园、龙瑞瀑布、毛氏洞等新景点。①

2. 芗城初华坊

芗城初华坊地处新华东路530号，位于九龙住宅小区内的繁华区域，面对新华东路。该庙相传始建于清咸丰元年（公元1851年），建筑面积仅9平方米，祀温府三帝君。据当地老人介绍："民国二十一年（1932年），漳州城发生鼠疫病，死亡数千人。当时人心惶惶，莫知所措。后由乡绅蔡潮初中医

① 《漳州文史资料》第二十七辑，第439—442页；三平寺提供部分文字资料。

师倡议，请三平寺广济祖师神像来镇，意为压邪除瘟。本来计划坐镇12天就返回三平寺，但信众求神明长期留住初华坊，其意难却，只好另塑一金身送回三平寺。”从此，初华坊祀奉三平祖师公，并冠以“三平分镇”之名。后经募缘修建，面积扩大到20多平方米。

初华坊建于1944年，由地方绅士蔡竹禅先生捐资，再次扩建面积达69平方米，又在庙边购买200多平方米的地皮，做为今后扩大庙宇之用。1993年信众集资重修。初华坊现有规模：占地面积600多平方米，建筑面积360平方米，为两进半间庙宇，面阔三间，进深三间，坐西北向东南，硬山顶，琉璃瓦铺盖，屋顶为燕式攑尾的宫殿式，并于边带瓷雕或剪贴人物、翠鸟和花草。殿堂两边为钟鼓楼；庙的右侧建金纸炉与厨房，左侧为仓库。初华坊门前竖立两根雕龙青石柱，中门对联曰：“初日万方开胜景，华封三视荷神府”。前殿祀温府三帝君。中留天井，并建造一座假山式放生池，两边为长廊，楼上为办公室与接待室。后殿中堂祀广济大师，后殿左边祀玄天圣母（原供奉在“顶井巷”妈祖庙）与伽蓝大王；右边祀山西夫子（原供奉在“六十间”帝君庙）与将官爷；两边左右，雕塑十八罗汉。祖师公坛后又供奉三宝佛。①

（二）台湾的三平祖师庙宇

三平祖师公在海外，尤其是在东南亚及港澳台地区不少地方都见供奉。究其源，主要是漳州民众外出渡海谋生，随身携带的三平祖师公神像。台湾较早见于明代永历年间，如台南县四鲲鯓龙山寺，后有乾隆时的南投竹山三坪院等，台湾祖师公的香火随之兴盛。

现在的台北、台南、高雄、南投、屏东、宜兰等地的广州宫、三平祖师宫、飞安宫、三龙宫、塔楼三平祖师庙等，虽称号不一，但供奉的主神都是三平祖师公。每年均有台湾进香团从南投、屏东、高雄及台南等地到三平寺进香，拜祭祖师公。

现在台湾主祀三平祖师公的寺庙达50多处，有16间较具规模，分布在台南、高雄、屏东、南投、宜兰、台北等地。号称台湾最大的三平祖师公分庙是台南市广济雷音宫。在台湾，其实供奉三平祖师的庙宇是不少的。由于

---

① 《芗城文史资料》第十三辑，第107—109页。

民间传说三平祖师与安溪清水祖师是师兄弟，所以两神明的庙宇总混在一起，一些寺庙，既供奉三平祖师，又供奉清水祖师。由于三平祖师的祖庙对台交流较迟，有偏向清水祖师的倾向，台湾三平寺分庙大部分是明清时期大陆移民从漳州平和三平寺分灵过去的。关于三平祖师公的历史，两岸传说基本相同，个别年代有偏差，需要进一步交流沟通。

1. 台南广济雷音宫

台南广济雷音宫位于台南永康市胜学路159号，该宫规模较大，号称台湾最大的三平祖师庙。该庙始建于明永历年间，由移民台湾人民带来的广济祖师香火袋供奉而来。

在迁来此地前，原庙址很小，约于1961年，人们开始寻找适合兴建寺宇的“吉穴宝地”，前后经历7年。某日凌晨一两点，吴清良等人受禅师指引前来此地，站在溪谷边抬头往上，见柴头港溪上游（目前本庙所在地）绿荫盎然，竹林苍郁，虫鸣鸟声，法音天然浑成。俯瞰溪边时，却见有条白色巨蟒盘踞此地，昂首吐信，巨蟒见吴氏等人闯入此地，竟不攻击，似有灵性般向吴氏等人点首三下后消失无踪。吴氏等人以为三平祖师在大陆祖庙地已收蛇类为“脚力”，此巨蟒应是自愿来此为禅师守护宝地，随后众人决定建庙于此。①

2. 屏东县塔楼三平祖师庙

屏东县塔楼三平祖师庙位于屏东县里港乡塔楼村塔楼路54—2号，属乡里寺庙，规模较大。三平祖师庙是塔楼人的信仰中心。

最初是塔楼社邱姓先民，从福建漳州府平和县移居此地，自三平寺请了一尊三平祖师公圣驾保佑。此庙与祖庙三平做法差不多，信众平常有事请教祖师公，都由庙公或法师作译意或解签。

祖师庙管委会对于小区及教育工作极为热心，把祖师庙一楼作为小区活动中心，亦作为小区幼儿园。另外，塔楼小学增购校地及独立设校时，均由祖师庙公款预先支付，对于塔楼公共事务推展及回馈甚大。本村村民极为感谢祖师公的恩德。

1988年，塔楼三平祖师庙管理委员会一行数人，在主任杨明义带领下，

① 资料来自台湾广济雷音宫网站。

前往大陆打听三平祖师公庙在何处。该年度这件事始终没有着落。次年，皇天不负有心人，经多方打听，确认三平寺即是塔楼三平祖师庙的“元祖庙”，终于前往平和县三平寺参拜三平祖师公。

1990年塔楼村三平祖师庙进香团一行37人，浩浩荡荡回娘家祖庙三平寺进香朝拜，一团人刚踏入庙门，主香炉立刻自动燃烧起来，火焰朝天，约一米多高。进香团员都非常感动，认为是元祖祖师公给予的礼遇，有人忍不住当场喜极而泣。大家虔诚参拜，均五体投地，三跪九拜，并恭取香火回台。①

第三节　闽南与台湾的哪吒及庙宇源流

一、闽南与台湾哪吒崇拜概述

（一）称呼与形象

哪吒（汉语拼音为 né zhā）是中国民间传说中的人物。哪吒，又作“哪咤”，别称三太子、太子爷、罗车太子、太子元帅、三元帅、哪吒元帅、金环元帅、金康元帅、大罗仙、罗车公等。原为佛教经典中所描述的护法神，又是道教的中坛元帅，相传天兵天将分为东、西、南、北、中五营，哪吒为中营主帅，身兼五营总指挥，所以，闽南与台湾民间信仰庙宇一般均奉哪吒为中坛元帅。哪吒在《西游记》、《封神演义》等多部文学作品中有杰出的表现。哪吒的名字显示其为印度的神，可是现在一般不认为“太子爷”是佛教神，尤其在闽南与台湾哪吒已经变成地道的道教神。

闽南与台湾的一些村庙或一般神庙的主神都有“五营”。五营各有元帅，通常以太子爷哪吒为中营元帅，坐镇于庙内或庙前，其余四营元帅，分镇于村社四角。元帅就是军头，供奉元帅的庙祠一般称为元帅营或将寮，有时只是插一截竹子，上面贴个神符，就代表五营中之一营，称为“营头”。五营的作用是守卫村庄四围，威吓、收服游荡作祟的“恶鬼”。这些五营兵马都是野鬼转来的，经过哪吒的收服，能驱逐它们原来的同类鬼魅。

---

① 部分资料为平和三平寺提供。

民间神明中孩童的形象不多。闽南与台湾的哪吒神像大多是传奇性小英雄形象。他身穿甲胄，左手横胸，执有火球，右手上扬，提着火尖枪，臂套乾坤圈，腰围红色混天绫，背负豹皮囊，囊中有金砖一块，双脚踏风火轮，威风凛凛。由于哪吒在许多文学作品中，甚至是电视动画中，特别是《封神演义》里演绎了闹龙王宫、莲花化身、父子相克的故事等，而广为人们所熟知。

（二）哪吒信仰的发展

1. 佛法的守护神

哪吒二字亦是佛经中的经咒。中原最早的记载为，哪吒是毘沙门天王的儿子，哪吒是汉译名。①

唐代固定了“哪吒太子”的名称。《西游记》等小说中李天王的三太子的原型，唐代已出现，确立哪吒的佛教守护神的地位。从唐代到宋代，哪吒是以“析骨还父，莲华化身”的形象出现的。这大概是后来民间相信《封神演义》的说法的开始。

2. 道教的神将

宋代出现了哪吒跟道教有关的记载，包含哪吒跟石矶娘娘争事的蓝本，哪吒被改变性格，成为民间信仰神祇之一。

元明的通俗文学中，哪吒完全是个天界勇猛的神将。《西游记》等明代小说中的描写差不多一样。大概在明初，“天界神将，玉帝配下大元帅”等表明哪吒的地位已经确立了。

3. 民间神明故事

明代小说中活跃的哪吒，除了《封神演义》之外，还有《西游记》。《西游记》里，孙悟空闹天宫时，哪吒跟悟空打仗，而玄奘取经时，帮助师徒们治妖。《西游记》的哪吒的打扮跟《封神》有些不同，可是明代的哪吒却是《西游记》那样的。这个形象后来为《封神演义》的形象所取代，所以现在庙里看得见的是有火尖枪、乾坤圈、混天绫、骑风火二轮的《封神演义》里的打扮。但是在元明代通俗文学中，以《西游记》里的形象为标准。

由于《封神榜》的流行，明末以后哪吒的故事以《封神榜》的说法为标

① 《佛所行赞》，《大正大藏经》第四册，第 3 页。

准。此为道教色彩浓厚的作品，哪吒在闽南与台湾，也彻底成为“民间神将”，本来作为佛教守护神的形象被人们淡忘了。

历史上神仙故事编撰的过程中，借别的神故事来丰满内容是常有的。所以哪吒、殷元帅、二郎神、田都元帅等神明故事，共通的部分不少。①

4. 闽南与台湾的中坛元帅（太子爷）

闽南与台湾民间，哪吒一般被称为“太子爷”，是人人都熟识的神。哪吒的称呼还有“中坛元帅”、“李哪吒”等。有时候还会被错认成“玉皇太子爷”，从这称呼来看，在民间哪吒的地位升高多了。

根据调查，台湾的中坛元帅的庙偏在南部，在北部几乎没有规模大的太子庙。南部出色的太子庙有两座，一座是台南新营太子宫，一座是高雄市的三凤宫，而新营太子宫称全台开基之祖庙。但是根据地方志的记载，明永历时台南已有太子庙。②

刘枝万先生说：“然而虽属中级神，若无人缘，不通下情者，当然靠不住，文弱之神，亦无法对抗凶神恶煞，于是乎武艺高强而且法力无边之神明，最为可靠，自然成为童乩之理想守护神。按符合此一条件之神明，当首推太子爷即哪吒，系骁勇善战之少年神。”③ 这应该是闽南与台湾哪吒信仰受推崇的原因。

由于台湾的民间信仰研究相当有积累，不少学者引用了台湾方面的一些资料，或在台湾开展田野调查。但是，如果忽视了闽南原籍地的研究，有些结论会不完整。比如，日本二阶堂善弘在民间信仰方面很有造诣，可是也曾说：“台湾的哪吒信仰中特别的部分相当多，恐怕在台湾独特地发展出来的。除了有少年神、武力高强等传统的形象以外，担任很多角色。第一是，哪吒被认为‘五营’的中营主将，恐怕‘中坛元帅’之称是从这儿发生的。”他以为中坛的称呼出自台湾，这有偏颇，据笔者初步调查，漳州至少有 20 多间主祀哪吒的庙宇，好些庙宇都直接称哪吒为“中坛”或“中坛元帅”，如长泰的朝凤宫、崇福宫。平和山格宝丰村的“元帅庵”更是以“元帅”命名

① 部分资料来自二阶堂善弘：《哪吒太子考》，载《1996 年佛学论文集》。
② 蔡相煇：《台湾之祠祀与宗教》，台原出版社，1989 年版，第 41 页。
③ 刘枝万：《台湾的灵媒——童乩》，《台湾风物》，第 31 卷 1 期，第 109 页。

庙庵。

二、闽南与台湾部分哪吒太子庙

（一）同安后炉大寮宫

大寮宫明应殿位于大帽山后炉村（现属翔安区），面积100多平方米，始建于北宋，主祀哪吒元帅。传说清代有个林姓同安人，年轻时候落泊，曾经寄居在大寮宫。后炉村的某个员外见他有志气、勤吃苦、有能力，就将女儿许配给他，林氏后来官至台湾总兵。后来大寮宫分炉到台湾和福建、东南亚一些地方。大寮宫在台湾有100多间分炉，台湾大寮宫的祖宫，信徒很多。台湾林姓于是把大寮宫哪吒元帅当作林姓的保护神，每年都有不少台胞前来厦门翔安区大帽山后炉村寻根谒祖。

（二）顶岱山九龙宫

九龙宫亦称太子庙，位于漳州市芗城区芝山顶岱山社。约始建于宋末，现存为清代建筑。该庙占地面积约370平方米，坐东向西，正殿单进单开间，硬山顶燕尾脊，前有轩亭为单檐歇山顶建筑，面阔一间，进深一间。

庙宇祀奉金吒、木吒、哪吒，悬“眷顾诞膺”匾。檐前有二石方柱撑托石水槽，柱联“九州游遍光临净土，龙洞修成灵达玄天”。宫前有卷棚顶拜亭及石坪，宫内现存许多哪吒鼓。石坪前有清光绪四年（公元1878年）“漳州府禁止乞丐骚扰”告示碑一通。每年九月初九哪吒神诞均举行隆重庆祝活动：八月初一开坛，九月初八请神，九月初九踏火；冬至后十一月初送神。仪式活动期间，人们抬神求龟（乞龟），敲哪吒鼓表演，非常热闹。

（三）南靖霞寮太子庙

霞寮太子庙俗称下寮庵，位于漳州南靖县船场镇西坑霞寮村，主祀哪吒太子。霞寮太子庙分中、左、右三殿，中殿供奉释迦、如来诸佛；左殿供奉哪吒太子、保生大帝；右奉广应圣王等。内匾名隆兴堂，外匾名太子庙。社内各姓居民分为六甲，各推首事负责募款建庙诸事。霞寮太子庙始建于明代，漳州草坂陈氏分支肇迁南靖船场西坑霞寮埔。因地临溪边，春夏雨季山洪暴发，陈氏田庐每遭水灾。明弘治十四年（公元1501年），陈氏家族始建太子庙于村边，供奉哪吒太子，祈求借其神力制伏蛟洪水患。

嘉靖八年（公元1529年），霞寮陈家突然遭到侵杀，家毁人亡。当时陈家祖妈徐美娘携三岁孙陈法行走亲戚幸免于难。陈妈后携孙重返霞寮，寄居于太子庙内，含辛茹苦，抚养法行长大成家。法行的儿子应春，发奋创业，成为一方巨富。明天启二年（公元 1622 年），76 岁的陈应春首倡建立本村各姓共同信奉的社庵，将太子庙与对面旧庵合并，以消除各姓自祖本姓庵庙的矛盾，促进乡土团结和睦。此举得到各姓家长赞同，于是人们拆除两庙，在太子庙原址扩建新庵，太子庙建成如今的模样。

霞寮太子庙与台湾省台北、彰化、高雄、桃园、嘉义、南投、苗栗、新竹等地的庙宇有着千丝万缕的联系。明末以来，霞寮所在地船场乡百姓东渡台岛，拓荒垦殖，移民带去祖宗香火，也带去祖家神庙香火。清康熙年间，霞寮太子庙香火传入台湾，后分传十几个庙宇，成为台岛颇受欢迎的神祇。1989 年以来，台湾彰化代天宫太子庙、台北进龙宫、高雄万安堂、桃园山林太子宫、苗栗水兴宫、南投明圣宫、台北广武宫、新竹拱阳堂、仁德乡水明殿、台北新店后仪神宫、嘉义太极圣德殿等庙宇纷纷组成晋香团到霞寮太子庙添割香火，参拜太子。不少庙宇从霞寮太子庙请去开光的太子神像，到台湾安奉。

（四）台南新营太子宫

新营太子宫，又称新营太子庙，为新营地区的信仰中心，主祀中坛元帅。这里是新营开发最早、最繁荣的地区。太子宫是新营市最大的庙宇，自清康熙末年闽南移民来台垦拓，迎来家宅的护土神。由于移民们以为，拓垦的发展，多受太子爷保佑，便以“太子宫”作为这个村落的名称，这是“地名沿庙名”现象。

太子宫最早为一草寮建筑，清康熙二十七年（公元 1688 年）建造土石庙宇。光绪九年（公元 1883 年），迁于现址重建；1926 年，又修建并增建拜亭，形成现在的规模。1971 年大规模建新庙，构架以钢筋水泥的洋楼式建筑。新庙的建设历经 14 年。

旧庙由台南县政府重新维修之后，古香古色，列为县定古迹保存。形成前旧后新、前小后大，一神两庙的有趣景象。新庙庙宇上方有巨型太子爷雕像，脚踩风火轮，手持兵戟，威风凛凛。旧庙则保留传统寺庙的建筑风格，新庙因太子信仰发展的需要而建，新、旧庙并存，体现太子宫的历史沿革。

新营地方人士认为太子爷很灵验。二次世界大战期间，当地人被征调前往南洋地区参战，到“太子宫”求取香火携带的，都能平安返回故乡。盟军飞机轰炸时，村庄的居民只要靠近“太子宫”，都能平安不受灾难，村民一致认为是太子爷保佑。

（五）高雄三凤宫

三凤宫（旧名三凤亭），所祀主神为哪吒太子，为三块厝住民之守护神，故又称为三块厝太子爷庙。建于清康熙年间，至今已有300多年历史。

起初三凤宫为一茅草房，后来经过重修，成为略具规模的庙宇，据《凤山县志》记载，太子庙在县西十里，屋八间（额三凤亭），同治年间、1920年、1947年多次重修。1964年因市政建设，择地重建庙宇于河北路现址，历时7年，于1971年完成，将三凤亭改称为三凤宫。

“三凤宫”称呼的来历有两种说法：一说，因庙殿面向凤鼻头山，所以取三块厝的“三”和凤鼻头山的“凤”字为名；另一说是因三凤宫北背龟山、南向凤鼻头山、东连凤山、西近寿山，外环三块厝港（现在的三民区运河）、凹子底港和龙水港三溪流，因此取“三水”的“三”与凤鼻头山的“凤”字。

三凤宫以宫殿结构、殿宇壮丽而著称，以雕刻精细而凸显。庙宇三进皆为二层楼建筑。据说三凤宫首开二楼庙宇的建筑模式，也使得为数不少的台湾庙宇建筑效仿，开二三楼庙宇建筑形式之先，是庙宇建筑的一大转变。

前殿为五门，东为启门阁，西为长庚阁，中殿为正殿，奉祀主神中坛元帅哪吒太子。中殿楼上为凌霄宝殿，以祀玉皇上帝，右侧南斗星君，左侧北斗星君，后殿为大雄宝殿，祀释迦牟尼佛、观世音菩萨以及诸菩萨十八罗汉尊者，东西两廊，楼上东为钟楼、西为鼓楼。

位于高雄三民区运河以北的三凤宫，是高雄市三民区的地标之一，也是全台湾最大的太子庙，更是许多台湾信众的圣地。三凤宫有许多文物：如300多年前分灵时的“老祖”哪吒太子木刻神像；有100多年历史的出巡神轿、古老的雕花神桌等等。

三凤宫是台湾民间信仰的重地，民间的草药是不可少的物品。三凤宫旁边的青草铺很有特点。“只要是绿色的植物都有药效，只看你识与不识”，是青草店标志性的宣传语，朴实而打动人。许多店都是数代相传，是高雄的青草药集散地。①

第四节　闽南与台湾的清水祖师及庙宇源流

一、闽南与台湾清水祖师崇拜概述

清水祖师俗称“祖师公”，又称“麻章上人”，闽南一带多称为“乌面祖师”，台湾则称为“祖师公”、“祖师爷”。在台湾全省近百座的清水祖师庙中，祖师爷的分身又有称“蓬莱祖师”、“昭应祖师”、“辉应祖师”、“落鼻祖师”等，为佛教俗神。据宋代人写的《清水祖师本传》等记载，清水祖师俗姓陈，名普足，永春县小岵乡人，即今天的福建永春县岵山镇铺上村人，生于宋庆历五年（公元 1045 年），元丰六年（公元 1083 年）为安溪县祈雨获得成功，在当地百姓极力挽留下，清水祖师移居清水岩，直至建中靖国元年（公元 1101 年）圆寂。

传说清水祖师陈普足与三平祖师杨义中是师兄弟，各据一山，普济民众，其实这只是民间的良好愿望。三平祖师为唐代人，清水祖师为宋代人，相差 264 年。因此，民间传说证据不足。

清水祖师的主要功绩，一是热心于慈善事业，一生劝造数十座桥梁，修桥铺路功德无量，得到百姓的敬仰和崇拜是很自然的。二是清水祖师在祈雨方面很灵验。仅南宋时期，有文献记载的向清水祖师“祈祷雨，无不感应”的“灵异”就多达 16 次。清水祖师还有治病、驱逐蝗虫以及防御盗贼等职能，志称：“凡人有疾病，时有雨旸，及盗贼之扰，随祷随应。”在百姓看来，祈雨获应是因为“道行精严，能感动天地”，所以百姓赋予清水祖师以神奇甚至神秘的色彩。清水祖师去世后，就被当地百姓奉为神灵，加以崇拜。

南宋时期，清水祖师的神阶大大提高，先后 4 次得到朝廷敕封，反映了南宋时期清水祖师信仰影响的扩大，并且得到了官方的扶植，取得了正统的地位。

清水祖师的祈雨等功能，在漳州临近泉州的县份影响较大。漳州农业较发达，沿海地区雨量较少，人们渴望风调雨顺。如长泰靠着安溪，集中了本

---

① 资料引自台湾“高雄三凤宫”网站，http：//www. sunfong. org. tw/。

地最多的清水祖师庙宇。漳州地区清水祖师信仰由来已久，共有数十间庙宇主祀清水祖师。

明代中期以后，清水祖师信仰传入台湾，成为民众敬奉的主要神祇，庙宇数居台湾前十名之列。早期的移民仅仅把祖师香火供奉于家中，随着移民人数的增多和村落的形成，清水祖师庙被陆续建造出来。已知台湾最早的清水祖师寺庙是建于南明永历年间（公元 1647—1661 年）的台南楠梓区清水寺和彰化二林镇祖师庙。清代康熙以后，台湾祖师庙如雨后春笋般地涌现，其中规模最大的是台北市万华清水祖师庙。

台湾的清水祖师又有“落鼻祖师”之称，传说艋舺祖师庙的一座清水祖师神像非常灵验，每次只要有天灾、人祸，祖师神像的鼻子就会掉落，以之向信徒示警，信众皆称之“落鼻祖师”。

清水祖师信仰带有浓烈的闽南区域文化特点，在泉、漳、厦和莆田籍的乡亲中有一个很大的信仰群体，其中又以陈氏乡亲为众。每年农历正月初六祖师诞辰日，各庙宇均隆重举行清水祖师祭祀庙会活动，连续数日绕境游神，信众拈香祈求消除灾祸、社里平安，并通过这一民间信仰习俗来维系怀念故土的情结。

二、闽南与台湾部分清水祖师庙

（一）安溪清水岩

安溪清水岩位于安溪县城西北 17 公里清溪、蓬水汇合处的蓬莱镇鹤前村蓬莱山上（海拔 500 多米），始建于北宋元丰六年（公元 1083 年），是国家 AAAA 级旅游区、省级文物保护单位和泉州市十佳风景旅游区。900 多年来，清水祖师已成为闽南各地民众信奉的主神，并远播海外，今中国台湾地区、东南亚一带共建有清水岩分炉庙宇 200 多座。

蓬莱山发源于西北永春县，峰为两翼，左翼至凹岭草店，右翼展于偏东祈雨坪。清水岩本来叫张岩，因山界权属张姓而得名。清水岩寺于北宋元丰六年，为清水祖师所创建。由于乡人深感普足多行善事，德高道深，于其圆寂后，乃运石造塔，筑亭于岩，刻木成像，崇奉为清水真人。从始建迄今，屡有兴废。期间重建、增建达 30 多次。据查，山中现存文物古迹达 66 处，其中宋代 29 处、元代 1 处、明代 8 处、清代 5 处、近代新拓展 23 处。

现存的清水岩寺，位于蓬莱山右侧，西向，重楼复阁式，依山而筑，面临深壑，此为1966年以后，经20多年填修、改造、扩建而成的，建筑面积约3200平方米。它的整体布局、建筑风格，均按古文献记载重修，尽可能保持原貌。

殿堂呈“帝”字形，由下而上，共分三层：第一层奉弥勒佛，称昊天口；众岩庭正中登石阶至外廊，上有虚设一层附在岩壁，后檐及中间各减柱4根，成为廊道。第二层为祖师殿，面宽三间，进深三间，补间铺作两垛，祀清水祖师。第三层为释迦殿，俗称顶殿，石檐当心间设木龛，奉释迦牟尼，后有清水祖师梵塔。

殿中有由巨石拱护成孔，称为“狮喉”。殿下两阶称为“狮唇”，形成雄狮仰天长吼形象。又因前觉亭形似球状，称为“金狮戏球”。

主殿左、右翼为钟、鼓楼；两侧依次毗建楼阁亭榭，左为檀樾祠、斋房、餐馆，右为观音阁、芳名厅、客舍，红砖褐瓦，富丽堂皇，层叠勾连，颇为壮观。附属建筑有清水法门、觉亭、三忠庙、护界宫、石粟柜、护碑亭、瞰龙亭、清水山庄、龙宫、山门等。山门即法门，为祖师殿第一隘门，是祖师殿出入口处。

清水岩有题名及登游纪事石刻16方。从蓬莱鹤前大桥起步，沿曲折盘绕的石阶古道拾级而上，沿路有各种奇岩异石，形象逼真。如嵌入“田”字的袈裟，烙有脚印的仙迹，顽似儿戏的弄狮，以及如鸡、似狗、若船、像蒸笼的异石。

觉亭稍下西侧的古樟称“枝枝朝北树”，枝干粗悍，三五人合抱不过，历千年风雨雷电摧劫而不枯不衰。尤为称奇的是，它一反普通树向阳而茂的习性，“枝枝朝北”。传说此树乃清水祖师亲植，因为大悟成佛，得了山水灵性，当宋二帝被掳北上、岳飞抗金壮怀激烈之际，此树亦怀孤忠，枝枝朝北，一则望北盼帝归，二则向英雄示敬。昔日游人曾于此题诗寄情：“岩外名樟占一隅，枝枝向北与它殊。无知草木犹如此，寄语人间士大夫。”

（二）漳浦清水岩

漳浦清水岩位于漳浦县赤湖镇后湖村赤水自然村，是漳浦县境内唯一的奉祀清水祖师的寺庙，也是继安溪清水岩之后最早的寺庙之一。

庙位于村西侧，背依小山，面朝大海，东南向，由正座和东厢组成，正座阔 14 米，深 43 米，正座深三进，每进落差 0.8 米，依次为门厅、天井庑廊、正殿、天井庑廊、后殿。面宽三间，其中正殿深三间，门厅、后殿深各一间，台梁木结构，悬山顶。全庙采用石柱承重，正殿后座保存了始创时的粗石柱，略呈梭形，该石柱配以鼓形素面连座式柱础，有明显的南宋到元期间石刻的风格。其他两组石柱为清乾隆年间重置，刻有乾隆己亥年（公元 1779 年）及奉舍人姓氏，有柱联两对云："清水思光昭赤水，雪山善果应丹山"，"清水鸿声光法界，丹山瑞气入华堂"。该石柱的石础为青石浮雕双层瓶式，似为清同治年间修建时重置。

清水佛供奉于正殿中，为木质雕像，软身，乌面，又有二佛祖，以供正月各村迎奉下乡巡社祈安之用，佛之上方悬木匾二，分别为"清水佛"、"可以前知"，均有供奉者姓氏。清水佛两边分别配奉红面王和黑面王，是为护法神；佛祖屏风后供奉哪吒太子，后殿则供奉观音佛祖。

庙中的厢房和正殿中，存历代石雕、碑刻四处：

1. 昭应菩萨记碑，碑置于中殿左侧，南宋淳熙二年（公元 1175 年）立；

2. 舍石狮石刻一件，元朝至正九年（公元 1349 年）大岁己丑十一月题；

3. 石狮一对二件，青石质，立身侧首，大卷毛，开口，内装有活动的石珠，尾上翘，设榫卯嵌入，尾剖面呈弧形，脚上肌肉丰富，筋骨毕现，身上系四组缨结，背上负鞍，鞍长过腹，下作如意形，缠枝花边饰，主题浮雕蒙古人骑射图。该石狮历来就是赤水清水岩的镇岩之宝。

4. 舍庙产碑，清同治十三年（公元 1874 年）立，记载庙产事，碑嵌于墙中。这一碑石已历千年风雨，多处斑驳，但主要内容尚可辨认，据此可知南宋隆兴元年（公元 1163 年）当地人陈姓、蔡姓、林姓等从安溪清水岩奉回香火，于南宋淳熙二年（公元 1175 年）始建赤水清水岩。赤水清水岩应是继安溪清水岩之后较早的祖师传炉（清水祖师 1101 年去世）。

安溪清水祖师的香火如何传到漳浦，除绍兴二十六年龙溪主簿方品、淳熙初年漳浦主簿周鼎曾先后奉命视察过安溪清水岩，带来了民间关于清水祖师的传说外，查《漳浦县志·卷四·风土下·灾祥》也有一条记载："宋孝宗隆兴二年大旱，首种不入，自春至于八月"。这条记载可能与迎奉清水祖师香火有关，且碑文中又有"远迎香火，应祈而验"一说，其时清水祖师正以祈雨立应而闻名，漳浦赤水清水岩的《昭应菩萨记》和《漳浦县志》中的记载，也当是其中一条事迹。至于时间差了一年，是碑刻上的错误，还是县志上的错误，尚待进一步考证。

赤水清水岩创建以后，又经元至正年间、清乾隆年间、清同治年间以及20世纪80年代等多次重修，其信众除包括岩寺所在地赤水村等10个村，人口5000余人，还包括附近的后湖村、西潘村、前张村等。以赤水村为主成立了管理团体，由各自然村选出代表做为小头家，为主者称头家，每年正月初四开始，即依次迎奉二佛祖到各村中巡村祈安，至十三日入庙乃止。十三至十五日，即于庙前唱三天酬神大戏。除此之外，这个信众社区与清水岩有关的两次祭祀活动是六月十九日和九月十九日，其主祀神为供奉于后殿的观音菩萨。

漳浦赤水清水岩创建年代久远，历代多次修缮，大致保持南宋初创时的基础，庙中管理井然，保存多种历代文物，其中元代青石狮，尚属罕见，南宋淳熙二年立的石碑，史料丰富，印证了安溪《清水岩志》等资料中的记载，也是记载清水祖师事迹的最早的碑刻，当引起重视。①

（三）台北三峡祖师庙

台湾台北三峡祖师庙是台北著名的旅游景点，始建于清乾隆元年（公元1736年）。三峡祖师庙原名长福岩，位于三峡镇民生路旁，主祀清水祖师，故又称祖师庙。曾两次重修，建成融合历史、文化和艺术的庙宇。整座祖师庙乃是以木为顶、以石为基的建筑，采五门三殿的格局，庙内无处不雕、无处不琢，最精彩的是石雕、木雕。该庙与台北市的龙山寺、保安宫合称为台北三大寺庙。

光绪二十一年（公元1895年）清廷割让台湾给日本，当日军进逼三峡时，三峡居民奋起反抗，以祖师庙为军火库和给养库，以祖师公的大红旗为令旗，杀伤日军千余名。日军凶狠报复，烧毁了三峡祖师庙。

台湾人民崇信祖师，先后三次重建三峡祖师庙，形成华丽的建筑。整座庙采用五门三殿式的布局，石材均为观音石，156根石柱根根精雕细刻。雕刻过程少则一年，多则三四年。其中一对“百鸟朝梅”上面竟有100只鸟，姿态不同，种类各异，生动活泼，令人眼花缭乱，叹为观止。

---

① 《闽台清水祖师文化研究文集》，闽南人出版社，1999年版，第107—112页。

祖师庙的浮雕、木雕、石雕上的内容都取材于历史上忠孝节义的故事，刻画栩栩如生，气韵非凡。屋梁有圆形、方形、螺形、菱形、四角形、五角形、十二角形等形式，都由柚木或樟木雕刻成，或涂朱抹红，或嵌以金箔，金光闪闪，富丽堂皇。屋梁旁的斗拱刻有罗汉和狮子，造型细腻逼真。藻井为螺旋结构，精雕数百朵莲花。五门皆铜铸而成，上面有细致的浮雕。庙宇中多有铜铸浮雕，均出自名家之手。

三峡祖师公庙被公认为台湾庙宇艺术雕饰的杰作，素有“东方艺术殿堂”之美誉。①

① 连心豪：《闽南民间信仰》，福建人民出版社，2008年版，第79—80页；“维基百科”网站，http：//zh. wikipedia. org/zh－cn/。

第六章　闽南与台湾女神及庙宇源流

第一节　闽南与台湾民间女神崇拜的特点

在闽台民间信仰的神明系统里，女性神比较多，这在我国各宗教神明中也非常突出，诸如妈祖、临水夫人、柔懿夫人、张英祖姑、案妈、有应婆等等，不胜枚举。特别是妈祖这样一位海边的普通女子，成为举世闻名的的女神，她以特有的魅力，吸引着众人的关注。妈祖出生于莆田，现在虽不属闽南，但历史上归泉州管辖，莆仙话属闽南语系。所以，闽南沿海妈祖的庙宇很多，如漳州就有130多座。每年的农历三月二十二日是“海神”妈祖的生日，就是在山区也有祭拜活动。以南靖县“土楼之乡”梅林镇为例，梅林、背垅、下坂等自然村都要举行大规模的祭拜妈祖的民俗活动。祭拜活动一般从农历三月二十一日开始持续到三月二十三日，以二十二日为最高潮。而这一独具特色的土楼妈祖庆典至今已经延续了300多年。台湾的“三月疯妈祖”和台北龙山寺（供观音，民间认为观音是女神）等，都已成为海内外旅游与宗教朝圣的重要活动和地方；以女神名誉打造的各类文化节，也成为旅游观光的热点。

然而，闽南与台湾的女神为什么影响这么大，这在中华传统的“重男轻女”文化中显得非常不可理解和突出。这当中的缘故与成因是个颇为有趣的问题。

台湾“中研院”林美容研究员曾收集了约从1905年—1995年两岸民间信仰的研究目录，只有4篇讲到女神崇拜；① 笔者查阅了“中国期刊网”，1995年以后有3篇闽南与台湾女神的论文，另有一些民间信仰的论著，或多或少提到闽南与台湾女神文化的成因。

学者们的分析，为闽南与台湾女神文化的研究提供了一些资料，但是，

---

① 林美容：《台湾民间信仰研究书目》，台湾“中央研究院”民族学所，1997年版。

从历史、地理、社会民俗等现象分析解说闽南与台湾女性神明的成因，挖掘其丰富的文化内涵，还有不少可以提升的空间。本节试说明闽南与台湾民间多女神的原因，对闽南与台湾女神崇拜的特点做一定的分析，借以抛砖引玉，推动该方面研究的进一步发展。

一、闽南与台湾的女神节庆

长期的民俗习惯，民间神明庙宇的庆典都在特定的时候举行，比如神诞日或者庙宇落成的日子。一段时间以来，部分影响较大的女神庙宇重视节典的举办与宣传，各式活动的规格越来越高，投入与影响也越来越大。

（一）闽南方面的女神节庆

近年来，大陆地方上主要将庆典提升为文化节的形式，官方参与承办，把旅游和经济等方面结合运作。①

1. 泉州浔埔的妈祖巡香

浔埔顺济宫位于泉州丰泽区东海街道浔埔社区。浔埔地靠晋江北岸，处于泉州市区东南部，距城区大约十几里。古时，此地是泉州湾的出海口，为泉州东南海防门户。港深浪平，历来为海交要津。所处的地理位置和在泉州“海上丝绸之路”的独特地位，逐渐形成了一些独特的民俗奇观。

随着泉州港的兴盛及妈祖信奉者的传播，浔埔村民靠海为生，家家户户皆敬奉海神妈祖。这座坐北朝南建在海岸边的宫宇，建于明万历年间（公元1573—1620年），以商、渔民为主发动广大村民集资建宫，开始时仅为一座小宫，经数次扩展，至大清顺治年间建成现有规模，称为顺济宫。1931年重修。现存为两进，中有拜亭，外有拜埕，还有旗杆夹石及百年古榕树数棵。建筑面积400多平方米，占地总面积约1500平方米。顺济宫祀海神妈祖，有大妈、二妈、三妈，配祀观音、圣姑妈。浔埔村有10多坐民间庙宇，其中妈祖一直是浔埔航海人的精神慰藉，为该区域的最高神明。村民祈求妈祖保佑风调雨顺，出海平安。

每年正月二十九是浔埔的妈祖巡香日，当地都要举行盛大的巡游仪式，演戏放电影庆祝，那天，人们要煮菜桌敬奉神灵，在宫庙里揉丸子，煮粽

---

① 福建省旅游局网，www. fjta. com，www. fjta. gov. cn 。

子，吃斋面，图个吉利，象征人们丰衣足食，社会和谐安康。

浔埔村的妈祖巡香的亮点是盛装浔埔女打扮得漂漂亮亮地参加正月里的狂欢活动。浔埔妇女装束的突出点在头饰。她们把长发梳成一串后，盘成几圈髻子，中间横插一根称为“骨格”的象牙或塑料筷子，两端外伸。这样，发髻就轻而易举地干脆利索地完成。这是在闯海生活中逐步总结出适用于海边的“发髻”，是浔埔女的创造。由于这种发式叫“粗脚头”，人们便称“浔埔阿姨”叫“粗脚氏”，这是相对于“缚脚氏”（缠脚：三寸金莲）而言。因为即使在封建社会，浔埔妇女也是从来不缠足的。该村的男人大都出海捕鱼，家务、农活，以及养殖海蛎、扛网挑鱼都由勤劳能干的“浔埔阿姨”承担。浔埔女与惠东女、湄洲女，并称为福建三大渔女，享誉海内外。

巡香的队伍中，除了前面的大旗和抬妈祖轿，约1000长的队伍里的各个阵头全由头饰斑斓、衣着锦绣的浔埔女承担。她们用麻丝把花苞或花朵缀成一串串碗口大小的花环，围有四五环之多，在发髻四周聚拢起来。用镀金珠子针插在头髻上，整个头髻花团锦簇，美丽而芬芳，这是浔埔妇女在头饰上一大特色。花的种类有菊花、玉兰花、山茶花、茉莉花、素馨花、含笑花、粗糠花等等，佩上金银首饰，争芳斗艳。那一个个的发髻，活像姹紫嫣红的小花圃。

以2010年队伍为例，最前面是10多名手执扫把的女子，跟6面锣，再由着将军装束的铿、锣、长号、唢呐、娘伞等10多人，再妈祖神轿，后跟26面彩旗，再26人各挑一对大红灯笼，再18人各执一面锣，跟20人大鼓小鼓队，35人的腰鼓队。

2. 南靖书洋的梅林土楼妈祖节

南靖书洋的梅林妈祖庙，将原来以巡境为主的妈祖祭祀活动上升为“土楼妈祖节”，得到梅林籍侨、台乡亲的鼎力赞助，他们先后捐款修缮“天后宫”和开展庆典活动，别具一格的民俗活动吸引了许多海内外摄影家和游客前来观赏、采风。①

① 简清枝：《土楼里的“妈祖节”》，《闽南与台湾文化交流》，2008年第2期，第70—71页。

（二）台湾方面的女神庆典

1. 大甲镇澜宫妈祖绕境进香

“三月祭妈祖，四月迎王爷”，每年从春节至农历三月二十三日妈祖诞辰期间，是台湾妈祖祀盛典的高峰期，在所有的进香活动中，尤以动员10余万人、途经4县市、历时8天7夜、跋涉约300余公里的大甲镇澜宫妈祖绕境进香活动规模最为盛大。近年来绕境的群众都达十多万，而前后参与的群众达百万，参加徒步的还有外国人。绕境时，台湾当局的行政领导，以及国民党、民进党的高层都介入其中，展示了妈祖文化在台湾的巨大影响。表演的阵头里还有来自中国大陆、中国香港、中国澳门、新加坡、马来西亚、泰国、韩国等地区与国家的队伍。与大陆的“神明搭台，经济唱戏”一样，台湾“经济部”认为“妈祖绕境”蕴藏的巨大商机。单单数十万人的饮食，每天约消耗1亿新台币。企业推出的妈祖衫、妈祖铃、妈祖平安卡（银行）、妈祖邮票等十分热销。还有艺人担任观光大使，在民俗与社会经济方面有很大的推动作用。①

2. 台北县林口的“巡回观音佛祖”

台北县林口观音妈庙，每年盛大的巡回观音佛祖值年庆典也很有影响。“巡回观音佛祖”在林口和桃园芦竹等9个沿海地区，由村民轮流供奉，每区9年轮值一次。在每年的农历三月轮值交接的前一天，举办值年庆典活动。特别是值年庆典前的牲猪比赛，更是牵动人心，是一场别具特色的民俗活动。②

（三）闽南与台湾民间女神庆典活动的倾向

1. 集中于少数神明

面上看，闽南与台湾民间女神的节庆活动搞得轰轰烈烈，其实这些活动只是集中在个别影响较大的女性神中，比如，妈祖、观音、临水夫人。而众多影响小的女神却从来没有举办过，比如：电母、有应妈、土地婆、案妈等等。

① 高致华：《三月疯妈祖》，《闽南与台湾文化交流》，2007年第4期，第62—67页。

② 竹林山观音寺编：《竹林山观音寺简介》，《林口乡志》，2001年。

2. 集中于主祀女神的庙宇

女神的庆典活动都是集中在以女神为主祀的庙宇，如果该庙宇主神是男性神明，女神作为配祀供奉，当然配祀女神就不可能“喧宾夺主”，作为庆典的主角，而闽南与台湾女神多数以男性神的配角形式受人供奉（将于下文论及）。所以对比男性神，以女神为主的庆典活动并不多。

3. 集中于少数月份

闽南与台湾的男性神作为主祀神比女神多，所以一年中的每个月都会有男性神的庆典，如正月的天公，二月的开漳圣王，三月的保生大帝，四月的武安尊王，五月的萧王爷，六月的田都元帅，七月的法主公，八月的广泽尊王，九月的丰都大帝，十月的水仙尊王，十一月的张仙大帝，十二月的三代祖师等等，且每个月份中，都有数位男性神的庆典。因此，男性神的节庆多而密集。

女神的庆典并不多，一般都集中在上半年的二三月份，如妈祖的农历三月二十三日诞辰，注生娘娘的为三月二十日。观音诞生日为农历二月十九日，成道日为六月十九日，出家之日为九月十九日。闽南民间这三个日子都庆祝，在台湾，多以农历二月十九日或六月十九日为观音圣诞，举办各项庆祝祭典活动。虽然，个别女神的节庆在下半年，如七娘妈的诞辰在七月初七，但这种情况较为少见。

所以，女神的庆典总体上比较少，且集中在少数月份。

二、闽南与台湾女神的特点

笔者曾做了调查与探究，发现闽南与台湾女神从人气极旺的妈祖和临水夫人，到信众极少的土地婆、案妈等，体现了共同的特点，试述如下：

（一）神格的依附性

这可以从两个方面看出：

1. 称呼的依附性

闽南与台湾女性神的称呼多以“夫人”、“娘娘”、“婆婆”等已婚的形象出现，较少单独称为某某神。如妈祖明明还未成家，也称为“天妃”、“天后”，为男性的配偶身份。

闽南与台湾的女性神明多，她们基本上以配偶的形象出现。比方，很多杰出人物被崇拜，人们总要把夫人一起配祀。扩而广之，只要是男性神，就要加上配偶奉祀。有应公与大众爷是孤魂野鬼，客死他乡，实不知其具体婚姻状况，信众还是以“有应公妈”和“大众爷公妈”同祀。

2. 祭拜的依附性

除几个女性以单独的方式被供奉，多数的女性神都为配祀，不是主神。比方 36 个婆祖、电母、土地婆、有应妈、案妈等等都没单独受祀，人们不单独祭拜她们，只作为男性神明的陪伴供奉。

（二）职司集中于水神与婚育神

海洋多女神是一个世界性的现象。一般认为妈祖是海洋神，笔者以为作为水神更为合适。其实开始妈祖是跟着溪流走，很多山区也有妈祖。临水夫人重要功能是“祈雨”，和水也很有关系。观世音在南海，和水联系紧密。

闽南与台湾女神更多是主管婚育方面的神明。如七仙女主姻缘，注生娘娘管生育，36 个婆祖也是生育神，临水夫人则姻缘、生育两方面都管。

（三）职能的两极分化

闽南与台湾的男性神明，一般本领都较多，上山能除妖，下海能救难，平地保平安。百姓无论什么问题不能解决，一进寺庙，只要是男性神明，不管是开漳圣王或保生大帝，就烧香祈求。这是说明闽南与台湾的信众觉得，男性神明的本领比较大。可是女性神明的情况就不太一样，除了妈祖、观音（民间认为是女性）和临水夫人的能量大，几乎是无所不能，其余的女性神明职能都较单一，有的没有多少能力，从而呈现女性神明职能两极分化的状况。

如王母娘娘，虽为所有女性神明中神格最高者，职能是主管女官和长寿；七娘妈（七仙女）是主管一些与妇女和儿童有关的事；土地公的太太土地婆以及案妈、有应妈等，却没听说有什么掌管。

（四）形象的矛盾性

闽南与台湾民间女神具有美好的一面，非常受赞誉，如：救海难的妈祖、促成姻缘的幸福神七仙女、大慈大悲的观世音、祈雨解旱的临水夫人等，都有美好的一面。

然而同时闽南与台湾女神又被赋予了狭隘、丑陋的一面，总把众多人格缺陷归于女神。比方王母娘娘拆散牛郎与织女，土地婆的势利与小气等等。

即使信众极多的妈祖，也被编造了一个与保生大帝谈恋爱又单方面悔婚的说法。

（五）传说的低俗性

闽南与台湾的许多女神都有一些风流传闻。比方，王母娘娘在昆仑山与周穆王饮酒、妈祖与保生大帝谈恋爱、吕洞宾想与何仙姑发展私情等等。有些传闻实际上挺荒诞，台湾的李炳南考证说，保生大帝与妈祖谈恋爱是绝无可能，但民间却乐于传播。① 所以，女神是同时被赋予崇高与卑贱的矛盾统一体。

三、闽南与台湾民间女神特点的形成原因

（一）人口繁衍的需要

古代社会的科技水准较低，人口是第一生产力。农业社会，人口繁衍是决定性的因素，这是女神及生殖崇拜的基础。

1935 年，在泉州元代番佛寺遗址出土印度古婆罗门教象征女性生殖器的“瑜尼”（yoni 磨盘）。晋江池店乡也出土多块象征生殖崇拜的古婆罗门教“湿婆”（Shiva）神像，说明外来宗教对闽南民间生殖崇拜信仰也有影响。泉州地区发现的唯一“女阴石刻”，位于南安丰州大坑村西北边的泉永古道，在通往清代官绅陈大玠石坊前的路边山坡上，有一斑驳古朴的石碑上面阴刻女阴外形，女阴外形四周刻有“来龙进宝”四个字，初步判断为宋物。相传旧时大坑村一带多虎患，经常伤及人畜。有人认为村旁山峰上有一巨石形似老虎阳具（已被炸毁），因老虎极其凶悍，为镇煞虎气，于是在巨石对面竖立一块“女阴石刻”，作为阴阳相克制衡的驱避虎患镇煞物。

在漳州漳浦县大荟山岩画中，古代原始生殖崇拜石刻有 8 处之多。最典型的为县城绥安镇麦园石妈铺女阴岩、湖西乡岭脚石妈铺女阴岩。女性生殖器石刻亦见于华安县石门坑和南靖县村雅村。东山铜陵镇风动石旁也有抽象化的女阴石刻“贵子石”。闽南民间流行《杨文广平闽南十八洞》，实乃陈元光民间传说原型。漳浦盘陀镇娘子寨村唯一的一座小庙，至今供奉该村的保

① 范正义：《保生大帝信仰与闽南与台湾社会》，福建人民出版社，2006 年版，第 367—368 页。

护神娘子妈，即闽南十八洞之一的飞鹅洞洞主金精娘娘。[①]

台湾也有生殖崇拜。台湾东海大学吕炳川教授的《台湾土著民族之乐器》，据称台湾省少数民族流传的木鼓，外形就模仿女阴。

只有人丁兴旺，才能五谷丰登。闽南与台湾地区的生殖、生育女神信仰崇拜自古盛行，这些都是闽南与台湾女神众多的原因之一。

（二）闽南与台湾海洋性的影响

福建省位于中国的东南部，地近北回归线。福建三面环山，一边面海。武夷山平均海拔1100米，主峰黄岗山海拔2186米，为大陆东南最高峰，连绵于闽赣边界；戴云山次之，平均约1000米海拔，亘于闽中。闽粤之交有博平岭，闽浙边界有鹫峰山。福建与中国大陆其他省份相对隔绝。一直到20世纪末，福建只有战备所需的鹰厦铁路，交通极其不便，素有“闽道甚于蜀道”之称。

福建植被茂密，北部高山挡住了北方来的冷空气。由于接近北回归线，面向台湾海峡。南有海洋调节，气候温暖湿润，与台湾同为中国植被最好的地区之一。山高林密，使福建长期以来只靠海路与外部联系。所以，唐朝的福州港，宋元时期的泉州港，明代和清初的漳州港，五口通商以后的厦门港，都很有名气。

台湾为我国第一大岛，境内有中央山脉、雪山山脉、海岸山脉，3000米以上62座，最高峰3900多米，为中国东南之最，陆地交通一样不便。

闽南与台湾具有鲜明的海洋性。海边多女神，这是个世界性的倾向。关于世界海洋多女神，美国学者的研究表明，人自从胎儿开始有感知起，刻骨铭心以为最安全的时候，是在母亲的腹中；人们十分依恋的是母亲的心跳声。成年以后，人们因为痛苦，因为思想斗争，因为孤独，或者是危难之中，人们最容易想起的是母亲腹中的安全感，最容易想起母爱。最艰险时，人们呼唤母亲，这是与生皆来的对母性的依恋。[②]人们的恋母及对女性的依赖，导致海洋多女神。

---

① 王文径：《漳州文化》，海潮摄影艺术出版社，2003年版；王文径：《漳浦历代碑刻》（内部发行），第8—14页。

② W. W. S. Bhasker、N. S. Prabhu，穆磊、唐述宗译注：“English through Reading”，安徽科学技术出版社，1982年版，第49—51页。

福建自古就有太武夫人崇拜，台湾在明中后期以前，还是氏族社会形态。闽南与台湾地区的女神信仰崇拜自古有之，泉州市宝山村后坑有娲皇宫，有华夏人祖女娲“抟土造人，炼石补天”的传说。因此，闽南与台湾受古越族影响浓厚，母亲、女神信仰崇拜遗风尚存。五代时中国著名的道士泉州人谭峭，说到这种“重阴”的思想：“戎羯之礼，事母而不事父；禽兽之情，随母而不随父；凡人之痛，呼母不呼父。”①

闽南与台湾所处纬度较低，属亚热带气候，具有高温、多雨、强风之特点。年平均雨量约2000毫米左右，为世界平均值的2—3倍，属于降雨量丰富地区之一。但降雨在时间和空间分布极不平均，多集中在春夏。如热带风暴年均4次左右，多集中在7—9月。风暴带来破坏，也带来充沛雨量。有时2—3天内可降数百至1000多毫米，相当内陆很多地方一年的雨量。台风暴雨时，山区洪水，平原则为一片汪洋；加上地形山高谷深，坡陡流急，雨水、河水较难聚集有效利用，往往直接流入海中。夏天副热带高压控制时，则干旱少雨，加上人口稠密，因此每人每年可分配的水量，在世界平均量之下，因此用水较为紧张。

由于海洋的汹涌澎湃，或人们面对洪水的无助，激发危难中的恋母本能。闽南与台湾有深厚的海洋背景，交织的水系，或者可以说明闽南与台湾的水神有较多的女性的原因。

（三）闽南与台湾女性的特点与政府的推动

由于宋元泉州港的发达，紧挨泉州的湄洲神女就多次受赐封，如北宋宣和年间因妈祖佑护出使高丽的使者，被封“湄洲神女”及“顺济”庙额，以后至宋末，共被皇帝赐封14次之多。临水夫人同样有助水运的功能，从宋淳祐年间赐封“崇福昭惠慈济夫人”开始，元明清多有敕封，至“天仙圣母”、“顺天圣母”等等至高的称号。帝王的推动，提高了福建女神的地位。

海洋性也使得闽南与台湾女性生存能力较高。在沿海地区，男性外出打渔往往需要好几天，多数事情都要女性安排。如果有亲属前往台湾或东西洋，往往移民总是男性先行，女性留守，里里外外一把手，撑起整个家庭。待海外生活富足了，男性或衣锦还乡或带走家眷。所以沿海的女性非常独

① 谭峭：《化书·卷五·食化·巫像》。

立，令人佩服。如产生妈祖的湄洲湾一带的莆田女子和泉州惠安女，下田干活，在家服侍老小，能力极其突出。

然而，闽南与台湾沿海与山区的女性有重大区别。两岸的地势以依山面海为主，兼有内陆性和海洋性产业的两个方面。一般说来，内陆的女子与“日出而作，日落而息”的状况相结合，获取的信息量较少。与海洋产业结合的女性视野较为宽广，两者承担的责任不太一样，体现的能力也有差别。

福建沿海出了不少杰出女性，比如，宋末元初诏安和云霄的反元农民起义，陈吊花和许夫人两位女子就起了重大作用。漳浦当代的著名民间艺人林桃，丈夫早年往南洋杳无音信，她不但抚养了儿子，还是村庄里主持民俗活动的“花仔姆”。妈祖和临水夫人生前是拥有相应本领的女巫，在周围村庄已有不小的影响。而福建内陆农业产业的男耕女织，妇女局限锅台，使内地女性能力受到限制，视野也较狭隘。由此影响到当地女性神明，呈现或无所不能或职责单一的两极分化状况，这是女性能力在沿海的较为开放与内地的相对闭锁状况的不同体现。

（四）女神依附性强与形象矛盾的原因

父系社会以来，男尊女卑，男子往往以“圣贤”的面貌出现，而“女子与小人难养”①、“女子无才便是德”的观念根深蒂固。虽然闽南与台湾女子不乏贤惠卓越之辈，但七仙女的形象虽然正面，但职责不大。当玉皇大帝以“君临三界”至高权威形象出现，王母娘娘却担任镇压和禁锢的恶名；土地公仁慈与笑眯眯的形象，与土地婆的刻薄小气形成强烈反差——这是男性主导社会的结果。

女神称呼的依附性同样是男性为主导的社会特点，女性的赐封，必须依附男性的官秩。一般的官太太称“夫人”，诸侯的太太称“王妃”，帝的妻子称“后”，不然就无法封赏。这也是为何妈祖未婚而封“妃”、“后”的原因。

很多女神本身并无建树，因丈夫受祀，便以配偶的身份受祀，是凡间“夫贵妻荣”在仙界的反映，自然也没有职责和法术。

另外，有应公与大众爷是客死他乡的野鬼，人们根本不知他们生前婚姻情况，但都配以“妈”、“婆”，并且一起祭拜。笔者以为，这是中国传统的

① 《十三经注疏·论语》，中华书局，1979年版，第2526页。

阴婚习惯，其做法至少在先秦时期就已流传开。《周礼》有关于冥婚的记载："禁迁葬者，与嫁殇者。""迁葬"，郑玄注："谓生时非夫妇，死者葬同穴，迁之使相从也。"① 一般认为，生前无婚配，死后不能享受祭祀。再者，死者没有婚配就死亡的，在生人看来，死后无伴，当是很可怜的，这大概是冥婚流行的理由吧。

至于神明的风流传说，是闽南与台湾民间信仰与民众生活结合的成果。民间信仰的理论程度不高，很多做法与民间习俗、传说文学相结合，而男欢女爱总是民间文学的主题。台湾现在已有诵经等形式，随着民间信仰的理性化程度提高，这种民间文学传说的成分或许会有所减少。

四、结语

从上可知，由于文明社会男性占主导地位的缘故，导致在闽南与台湾神明的世界里，女神多数属于"弱势群体"，其职能多数为婚姻神、生育神，能力比较单一，或为配祀，很多女神说不上有什么本事。可是，闽南与台湾特殊的地理与历史传承，加上人类固有的对母亲的依恋，造就了灿烂的女神文化。如妈祖、临水夫人、观音具有高超的本领，成为信众最多的神明。台湾约三分之二的民众信妈祖，福建沿海妈祖也是最有人气的神明，山区妈祖的神庙也不少。据湄洲妈祖祖庙的资料，闽南与台湾约有 5000 座的妈祖庙。② 每年农历春节至三月，与妈祖相关的祭祀礼仪成为闽南与台湾民间最重要的活动，其广泛的影响与民俗积淀，成为极丰富生动的旅游资源，吸引着无数游客前往观摩和参与。临水夫人与观音也有类似的情况。就总体发展看，闽南与台湾的女神崇拜正处于上升期，一段时间以来，女神中神格最高的王母娘娘的职能在不断扩展，信众急剧增加，特别在台湾的涨势更猛。

然而，节庆过后的漫长日子里，除信众的朝拜外，女神庙宇的观光旅游就陷于低谷和较为乏味的状况。笔者以为，从特殊的地理条件与历史入手，阐述闽南与台湾女神独树一帜的原因，加以各个女神的民俗积淀，诸如圣物、法器、献祭等，女神的神像如大甲妈、七娘妈都有软身雕像，有利替换

---

① 《十三经注疏·周礼》，中华书局，1979 年版，第 733 页。

② 世界妈祖庙大全编辑部编：《世界妈祖大全》，国际炎黄文化出版社，2003 年版，序言。

衣服；女神的献祭总有鲜花、鲜果，这也是男性神明较少有的。突出体现女性神明鲜明的特点，使游客沉浸于闽南与台湾女神文化的种种跌宕起伏，细细品味女神被塑造为崇高与狭隘、广博与单一矛盾体的形成过程，理解其中的酸甜苦辣，以期进一步探讨闽南与台湾女神崇拜的历史文化背景，为闽南与台湾女神旅游注入更深的文化内涵，这是女神文化游值得开拓的内容。

第二节　闽南与台湾王母及七娘妈神庙源流

一、闽南与台湾王母娘娘崇拜

王母娘娘又称王母、西王母或瑶池金母，为玉皇大帝的配偶。王母娘娘的形象及信仰的形成，是个渐进的过程。

（一）简史

《山海经·西山经》记载“玉山，是西王母所居也。西王母其状如人，豹尾虎齿而善啸，蓬发戴胜”。可见当时王母娘娘的体态并不好。虽为人的形象，但豹尾又虎齿，头发乱蓬蓬的，还经常吼叫。

到了汉代，中央集权的加强，作为主管宇宙三界的玉帝之妻，她的形象已完全改变了，成为一位中年的艳丽光鲜的美人。身旁侍女个个闭月羞花，且此容貌流传至今。

王母娘娘的职责，一管女仙。据清代赵翼《骇余丛考》说：“西王母为女仙之宗”，“女子得道登仙者，咸所隶焉。”二为监管长生不老仙药。《淮南子·览冥》载：“羿请不死之药于西王母，姮嫦窃以奔月。”①

民间认为王母娘娘干涉七仙女的婚姻，口碑本不佳，还有其他不利的传说，《古今图书集成·神异典》收录《穆天子传》载，周穆王西游昆仑山与王母娘娘饮酒，还对歌相约，此说法也一直流传。

（二）现状

闽南的王母娘娘崇拜并不盛行，只在天公庙里作为配祀，新近于漳州芗城坂仔顶有一处供奉王母的祭祀场所。然而，台湾却较为盛行，主祀王母的

① 陈小冲：《台湾民间信仰》，鹭江出版社，1993年版，第98页。

庙宇数进入庙宇总数榜前 10 多名。花莲胜安宫是台湾地区“王母娘娘”信仰的发源地。但很快分有两派：一为胜安宫系统，一为慈惠堂系统。胜安宫大概维持原有王母娘娘神明崇拜。而后来从胜安宫分出的慈惠堂，创建于 1949 年农历六月十三日，通过王母娘娘显灵而另起炉灶，形成自己独立的组织系统，迅速分灵全台。

胜安宫系统（着黄色服）以“王母”称之。慈惠堂系统（着青色服）以“金母”称之。花莲吉安乡的慈惠堂以“降鸾阐道，劝喻世人悟道修身”为主，以问事、治病等通灵方式为信徒服务。而台湾民间对王母娘娘的信仰，颇为虔诚，信徒的扩充相当迅速，根据 1998 年“内政部”统计室的统计，全省各地所设立以王母娘娘为主庙的庙宇就有 598 座之多。

二、闽南与台湾七娘妈崇拜

（一）概况

七娘妈，又称七星娘、七仙祖、七仙姑。有说是北斗七星女性化。民间传说是嫁牛郎的织女，或嫁董永的七仙女。

《史记·天宫书》就有“织女，天女孙也。”可见流传的久远。牛郎织女七夕鹊桥相会的故事至少从魏晋就有。宋人秦观的“金风玉露一相逢，便胜却人间无数”，“两情若是久长时，又岂在朝朝暮暮”，打动了无数人的心。

民间认为，七娘妈主管女子美貌和才艺，又可保护儿童健康成长。还将未婚男女的性情专长等情况造册提交月老，作为月老牵红线的根据。可见七娘妈是幸福的天使。

每年七月初七，闽南与台湾盛行“乞巧会”。女子在月下摆香案、备针线，还有鲜花、白粉、瓜果，祭牛郎织女。通常是求貌美，祈才艺。如许下心愿，要对月穿针，线过可以心想事成。如祈儿童平安，要带上古钱、银牌或银锁，到庙里祭拜七娘妈后，用红线挂在孩子颈上，到 16 岁后才取下。

台湾以七星娘娘为主神的庙有云林县斗六镇的济安宫与嘉义县太保乡的福济宫，云林县水林乡的七星宫及台南市的开隆宫，均有百年以上的历史。

（二）闽南与台湾七娘妈宫庙

1. 龙海白礁七娘妈庙

白礁七娘妈庙位于龙海市角美镇白礁村内，为“角头庙”。始建年代不详，村里 90 多岁老人说自祖上就有该庙，可见其历史较为悠久。

白礁七娘妈庙占地约 20 来平方米，为捲棚式两面坡建筑。主祀七娘妈，配祀观音和土地爷。七娘妈主神穿皂色长衫，披皂色软帽，约 50 厘米高。左侧一尊七娘二妈高约 20 厘米，为髻发无帽扮相，身穿铠甲。七娘妈庙前原有条清澈小河，村里老人说，七娘妈喜清洁，常沿着河前小石阶到小河里洗澡。七娘妈庙于 1966—1976 年间“左”倾思潮泛滥时废弃，然而有村民曾看到七娘妈显灵，20 世纪 90 年代后人们又重新修建。

七娘妈原对小孩、女性、婚姻较多保佑。由于白礁村为保生大帝的祖庙，人们求姻缘多往慈济宫求保生大帝。目前村民求平安常来七娘妈庙，认为很灵验。所以，每月初一、十五都有人祭拜。最隆重的节日在七月初七，人们全天络绎不绝前来。供品是水果或干果，较为丰富的要十二种干果。如香菇、木耳、金针、鱿鱼干、虾干等等。通常人们也喜欢备上发糕、红色汤圆、红龟粿祭祀，并请来剧团演戏，称为“粿戏”，酬谢一年间七娘妈对村民的保佑。

2. 台南开隆宫

台南开隆宫位于台南市中西区中山路上的开隆宫，创建于清雍正十年（公元 1732 年），是全台历史最久、最具特色的七娘妈庙，主奉三大生命之神：“注生娘娘”求的是早生贵子，“临水夫人”可保生产平安，而“七星娘娘”则是孩童 16 岁前的庇佑之神。由于神明掌管的都是生儿育女等与女性有关之事，因而开隆宫也有“查某（闽南话女人之意）庙”之称。

开隆宫位于台南市闹区，有属于府城特有的民间习俗——每年七夕七星娘娘诞辰举行的成年礼，这使得这座古老庙宇地位非常显赫。

成年礼是在每年农历七月初七，年满 16 岁的青少年男女，只要穿过父母亲所抬起的纸制的“七娘妈亭”，钻过七娘妈的神案，最后再将七娘妈亭放入火中焚烧，即完成“做十六岁”的成年礼仪式。

开隆宫受一些不孕夫妇的热捧，据称很灵验。子女操行不佳者，许愿也可得改善。

庙内奉祀的七星娘娘都是软身菩萨，所着衣物十分讲究，每年诞辰开隆宫会请专人为七娘妈净身及换新衣新鞋，神明梳妆打扮期间，庙门紧闭，并有人在外把风，从三寸金莲到披肩、头冠，每一步骤都仔仔细细，往往需五六个小时才能换装完成，煞费周章。①

第三节　闽南与台湾的妈祖神庙源流

一、闽南与台湾妈祖崇拜概述

（一）地域、称呼与形象

在中国大陆，西至四川、陕西，北至东北，南到广东诸省，到处都有妈祖庙，妈祖也是在台湾影响最大的神明。随着华人的脚步，妈祖的香火已传遍世界各大城市。美国的纽约、法国的巴黎，都有妈祖庙宇，妈祖已是世界性的神明。

“妈祖”为通常的称呼。闽南称“妈”是对女长者、望重者的尊敬，有“祖母”之意。又称天上圣母、天妃、天后、马祖、妈祖婆等。妈祖按面部形象有红面妈祖、金面妈祖、乌面妈祖和粉面妈祖之分。这是因为妈祖显灵时，不同的场合有不同的形象。配祀罗府元帅和千里眼、顺风耳等神明。

（二）妈祖崇拜的兴起及发展

妈祖信仰的出现，一般认为自北宋开始。因出生后一个月不哭，被称默娘。8岁读私塾，13岁因乐施得道，懂“玄微秘法”，16岁得到神授予的铜符而称神姑，或称通灵贤女，可预知祸福。28岁九月初八白日升天，从此当地人立祠祭拜，有求必应。

以上的记载为传说性质，大致可推论妈祖生前是个女巫，去世后受人崇拜而成神。

北宋宣和年路允迪出使高丽，得妈祖保佑，故请封。诏赐庙额“昭利”；后宋徽宗，诏给“湄洲神女”及“顺济”庙额；南宋高宗封“灵惠夫人”。封建社会，妇女从属于男性，只能以夫人的形式颁给封号，妈祖也不能幸免。古代妻妾的封号，大臣、国公之妻封为夫人，如魏国夫人、郑国夫人，皇亲国戚为王者，其妻为妃。由封号可见，宋以来妈祖的身份在不断地

① 参见台湾寺庙志编撰委员会：《台湾寺庙志》（第二辑），清流出版社，1986年版，第67—68页。

提高。

南宋淳熙三十年，封为“灵惠昭应崇福善利夫人”；光宗绍熙元年，封为“灵惠妃”。宋朝崇道，妈祖也是最受宠的神明之一，但不是唯一的海神。

元世祖封为“护国明应天妃”，因泉州市舶是元朝大汗的重要财源，泉州为当时最大海港，泉人崇妈祖，所以，元世祖也支持（元代海运、漕运都很发达）。

明太祖封为“圣妃”，明成祖封“天妃”。后来，明实行海禁，妈祖地位虽有所下降，但明使者出洋，“天妃”的名号依然存在，因此，妈祖信仰在官方得以保留。

（三）妈祖信仰在闽南与台湾的发展

妈祖庙在莆田和闽南出现，最早为宋代，明清则遍地开花。这情况和海外贸易有关，前文已述。明代至清初，闽南与台湾为中国海洋文化最发达的地区，而宋元时泉州为最。笔者曾调查统计，漳州沿海的龙海、漳浦、云霄、诏安、东山，妈祖庙各有十多座至数十座；而内陆的长泰、南靖、华安，最多就是2—3座，山区的平和没发现有妈祖庙。妈祖崇拜与海洋结合较为紧密，陆地则与溪流有关。①

泉州天妃宫始建于南宋庆元二年（公元1196年），现有建筑为清靖海侯施琅重建，占地7200平方米。包括山门、戏台、东西阙、正殿、东西廊、寝殿、东西轩、四凉亭、西斋馆及梳妆楼。

南宋后期漳州经济繁荣，航运发达，海上贸易兴旺，九龙江畔大路头为漳州古代船运码头，承运漳州外销货物。相邻的下沙路口（古称鹤沙社口）是来往漳州城的必经之路，行船人祈求妈祖保佑，于是在下沙路口建立齐天宫。漳浦县佛坛镇岱嵩岛嵩山宫（妈祖庙）始建于南宋绍熙年间（公元1191—1195年）。东山县下英村天后宫地处海边，村民是宋代从莆田移民而来，把家乡的妈祖神香火带来下英建庙。诏安县南诏镇西门街妈祖庙（原称北门内妈祖庙）建于宋末元初，当时诏安尚未建县，隶属漳浦，是诏安最早兴建的妈祖庙。漳浦县港口村妈祖庙始建于元代。现漳州境内有131座妈祖

---

① 段凌平、张晓松：《漳州地区民间信仰调查与研究》，载《漳州师范学院学报》2004年第1期，第76页。

庙，大多始建于明清时期。

台湾妈祖庙“以湄洲妈祖庙为本庙。本庙以外泉州、同安两妈祖庙之信徒最多”。①

在台湾妈祖庙最早出现于澎湖，约明万历年间（公元1573—1620年），或称可能出现于元代。清收复台湾以前有明末郑成功所建的3间庙宇。据台湾蔡相煇先生研究，由于郑成功信奉玄天上帝，施琅以信奉妈祖为号召。清统一台湾后，妈祖信仰大兴。至乾隆中叶（公元1765年）台湾妈祖庙总数近30间。日本占据台湾前的1895年，数量增至150间。② 所以，台湾地理的海洋性是妈祖信仰的坚实基础，施琅和清统治者为了统一台湾和维持统治，利用妈祖信仰为工具，客观上推动了妈祖信仰在台湾的迅速传播。

二、闽南与台湾部分妈祖宫庙

（一）闽南部分妈祖庙

1. 泉州天后宫

泉州天后宫位于泉州的城南，南门天后路1号，建于宋庆元二年（公元1196年），有温陵天后祖庙之称，台湾和东南亚的许多妈祖庙都从这里分灵。

宋元时代，泉州为世界著名的贸易港。据《泉州府志》载：“泉州浯浦海潮庵僧觉全梦神命作宫，仍推里人徐世昌倡建。”初名顺济宫，因宣和五年（公元1123年）敕封妈祖为“顺济夫人”而得名。元政府于至元十五年（公元1278年），下诏“制封泉州神女护国明著灵惠协正善庆显济天妃”。明永乐五年（公元1405年）出使西洋太监郑和，奏令福建镇守官重新其庙。此后朝廷节遣内宦（太监）及给事中行人（对外使节）等官，出使琉球、爪哇、满刺加等国，率以到庙祭告祈祷为常，永乐十三年（公元1415年），少监张谦出使渤泥（今加里曼丹岛文莱一带），从泉州浯江（顺济桥一带称浯江）起航，归奏于朝廷，改宫号为“天妃宫”。清康熙十九年（公元1680年）施琅征海，师次于此，“神涌潮济师”、“有助顺功”。敕封“护国庇民妙灵昭应宏仁普济天后”，后易宫名为“天后宫”。康熙二十四年，钦差礼部郎

---

① 新编《新竹县志》卷八《宗教志》。

② 蔡相煇：《台湾民间信仰专题——妈祖》，空中大学，2006年版，第220—247页。

中雅虎来宫致祭。雍正元年（公元1723年）御书匾额“神昭海表”，今悬挂于殿中，乾隆后历代有重修。

庙宇坐北朝南，正对泉州南门。现有建筑格局主要为清靖海侯施琅重修。占地7200平方米，包括山门、东西阙、正殿、东西廊、寝殿、东西轩、四凉亭、西斋馆、梳妆台及戏台。此建筑群还保存宋代构件和明清时代木构建筑，在海内外同类建筑中以规模较大、规格较高、年代较早著称于世，1987年由国家公布为全国重点文物保护单位。

原山门马戏台因筑公路被拆毁，1990年3月由台湾鹿港天后宫暨诸委员捐资重建。整座殿宇系明代大木构建筑，屋盖为两坡面的悬山楔，面阔七间，宽35.1米，进深19.8米，高8米许，木质梁架粗大古朴，大木柱置于浮雕仰莲瓣花岗岩的圆形石础之上，殿前檐柱保存一对十六面青石雕的元代印度教寺石柱，约为明代翻修的作品。木柱刻有楹联“神功护海国，水德配乾坤”。正面原有悬挂明代大书法家张瑞图书“后德配天”的横匾，属国家木构建筑之瑰宝。

宫内的闽台关系史博物馆，收藏有大量珍贵的历史文物和民俗文物，近期已举办“闽台民间艺术展”、“泉州古今字书展”、“闽台民俗风情摄影展”等展览。

2. 银同妈祖宫

银同妈祖宫亦称同安南门天后宫，位于大同镇南门街土窟墘，始建年代不详，清康熙年间重建，奉祀“黑脸三妈”。同安东市《林氏家谱》记载，北宋皇祐年间（公元1049—1054年），同安掾吏林怿从湄洲祖庙分灵本家姑婆林默神像，恭迎至城隍庙西侧本族厅堂供奉。南宋绍兴年间（公元1131—1162年），黑脸妈祖被迎请至朱紫门楼（南门）内供奉。同安妈祖宫黑脸三妈香火兴旺，“神灵赫翟”，特别是明嘉靖三十八年（公元1558年）御倭入寇，清顺治五年（公元1648年）解清兵之围，屡立功绩，“赐福于民”。后因城楼毁损，黑脸三妈遂被请至外双溪之南奉祀。

银同妈祖宫坐北朝南临溪，两进三开间带右护土木建筑，并有释仔宅寝宫前城垣麒麟墙，占地达419.5平方米，邑教谕蔡骥良书联作记。

银同妈祖宫黑脸三妈直接分灵于湄洲祖庙，灵验异常，先后分炉台湾地区、新加坡等地，为各地“银同妈祖”的传炉宫庙发祥地，为台湾妈祖宫庙三大专派的祖庙之一。台湾鹿耳门天后宫与银同天后宫有着至亲关系，当年建庙时演绎了一场千古佳话。清康熙二十九年（公元 1690 年），同安教谕蔡骥良带头发起，当地士绅民众纷纷响应，在同安南门大街桥头左侧兴建银同妈祖宫。该宫整体建筑为两进三开间，主殿外，还有配殿。

郑成功收复台湾，部将林圮特恭请银同妈祖上战船供奉护佑。三月廿三妈祖诞辰日，郑成功大军扬帆出航，因遇大风停驻澎湖，风浪不止。为赶上大潮汛的有利时机，郑成功果断下令顶风进军，并亲率众将士在旗舰船首摆下香案，祈愿妈祖平息风浪保佑大军顺利收复台湾。三月三十日，船队顺利进抵台南鹿耳门海域。潮水大涨，战船畅通无阻，部队成功登陆，迅速包围台湾城。但荷军依仗坚城利炮负隅顽抗，城堡久攻不下。郑成功派林圮潜入城内，联络当地林氏族人，暗中发动汉族与台湾少数民族里应外合，终于迫使荷兰殖民者开城投降。鉴于银同妈祖护佑克敌，功勋显著，郑成功下令将鹿耳门荷兰教堂改建为妈祖庙，供奉银同妈祖。清康熙二十二年（公元 1683 年），施琅将军奉命东征台湾，又迎请银同妈祖随军护佑，果然完成祖国统一大业。战后，施琅奏请朝廷晋封妈祖为天后，并在鹿港重建天后宫，专奉银同妈祖。

3. 乌石妈祖庙

乌石妈祖庙建成的时间并不早，最早是在上世纪 90 年代初。然而，乌石妈祖庙却在两岸有极高的知名度，因为这里供奉的妈祖神像，据称是明代林士章从湄洲带回来的北宋雍熙年（公元 984—987 年）所雕的，为目前可知最早的妈祖雕像。

据当地传说，嘉靖三十八年（公元 1559 年）漳浦乌石的林士章赴京赶考，途中遇到一位女子给了副对联，后来与皇帝殿试的对子正好相符，于是高中探花。回福建在湄洲发现那女子正与妈祖形象一样，认为是受妈祖保祐，因而迎请神像回漳浦奉祀。

遍观如今各妈祖庙宇的造型，基本和佛教的观音形象没什么差别，即为丰腴的中年妇女模样，表情是若有所思。可是乌石妈祖却是一个和凡人无异、瓜子脸造型的苗条少女形象，面部表情非常平静。从资料的记载来看，妈祖 20 多岁去世，并且未婚，显然乌石的雕塑形象与妈祖的记载更一致。

笔者以为，从时代特征看，虽唐初到中唐是喜欢胖美人的时代，但洛阳龙门石窟中以武则天为原型的“卢舍那大佛”，看不出肥头大耳的模样。并且从中晚唐开始，女性多喜欢苗条，如白居易（公元772—846年）写“杨柳小蛮腰”，晚唐李群玉（公元813—860年）写“轻盈绿腰舞”。且五代时期女性开始缠足，这种风气随后进入民间，到北宋神宗熙宁年间就广为流传。可以说，当时整体的习俗，使女性形象更倾向于“苗条”。

台湾的妈祖雕塑最早出现于明末，整个造型与如今各妈祖庙所见的无重大差别。其实笔者考察甘肃麦积山的南北朝佛像，造型体态与凡人没有太大不同；洛阳龙门的“卢舍那大佛”也没有如今妈祖或观音丰满。所以，实际上，自唐以后佛教神像的雕塑也有一个由普通“人”的表情体态，到“神”的玄秘、雍容的转化过程。从乌石妈祖这尊雕像传出的信息是，妈祖的造型出现和佛教观音的形象逐渐融合，随着时空的推移，妈祖由“人”的原型，转为佛教“神”的模样。这是妈祖研究一个非常值得注意的方面，表明民间信仰文化与佛教之间的相互影响，是否也和民间以为妈祖是观音传说法有关?

由于妈祖最早的神像在漳浦乌石，受到台湾方面的很多关注。1989年，移居台湾的乡亲林瑶棋、林瑞国等先后回家乡拜祖，经漳州文物工作者介绍，得知乌石妈祖为古雕像，至今未建成行宫，便慷慨捐献巨资。工程于1992年始动工，1994年落成，规模宏大，命名为“乌石天后宫”。

2000年后，台湾中国两岸新闻文经交流协会唐忠义听到这个消息，于2002年汇同台湾世界弘道会陈再发会长，从该年9月至2003年1月共4个月时间，组织了“乌石妈祖巡安台湾”（包括澎湖、马祖、金门）的活动。并于2003年1月1—5日于海拔3275米的合欢山顶举行天祭。当时天飘瑞雪，令人振奋，现场信众密集，台湾各地妈祖共鉴。据称这数月期间，前后有百万以上人参拜了乌石妈祖，为两岸民间交往的盛举。

乌石天后宫建成后，一直是两岸民间交流的平台，台湾信众络绎不绝前来。仅以2003年农历八月十二日为例，乌石妈祖一次性接待了15000多来自台湾的信众。同时，这也影响了部分台资入驻漳浦。乌石天后宫捐巨资，在奖学、救困、敬老等方面多有建树。

4. 漳州下沙齐天宫

漳州芗城下沙齐天宫位于芗城区南部，处九龙江畔的威镇阁与战备大桥边。始建于南宋，属漳州地区最早的妈祖庙。

齐天宫所在的九龙江大路头码头，自宋代以来，是漳州城区繁忙的码头。水运的需要，促成了下沙齐天宫的建成。

庙宇坐西朝东，分前后两殿，左右两护廊，后接威镇阁广场。《漳州府志》卷四十册之十记载："齐天宫妈祖庙系御赐皇宫三进建筑，并册封天后娘娘在西隅春秋致祭。清乾隆八年（公元1734年），天后庙祀水神。巡道陈树著、署府张迁球扩地改建未就，十三年（公元1748年）巡道单德逸成之。二十五年（公元1760年）知府吴宜燮重修，就外埕余地附筑店屋三间以充庙费。"明万历六年（公元1578年），知府罗青霄在齐天宫后侧的漳州城墙上建成威镇阁（俗称八卦楼），两建筑相连，成为漳州的风景名胜地。古漳州地图有明确标注。①

1970年，齐天宫与八卦楼同时被毁。齐天宫主持收藏两尊妈祖雕像，临终托付一当地老人保存，使这数百年文物得以留传。

1998年，芗城区政府重修八卦楼、齐天宫，成为城区旅游胜地。齐天宫为芗城建筑工程公司捐建。

由于齐天宫的悠久历史，其分灵庙台湾基隆庆安宫结为姊妹庙。另外，屏东、高雄、嘉义、彰化等地的庙宇也先后前来朝圣。2009年，齐天宫被漳州市民宗局公布为"漳州市对台交流重点宫庙"，为省级对台文物保护单位。

5. 东山宫前天后宫

原称天妃宫，位于东山县陈城镇宫前村，因古时村在宫之前，故名宫前村。宫前村位于东山岛的西南部，自古以来为天然良港。东山人民与荷兰殖民者的战斗、郑成功收复台湾、施琅出兵台湾，都与这里有关。宫前妈祖因所在的地域及数次保家卫国的事例，显得非常引人注目。

宫前天后宫始建于明末，相传为郑成功于永历年间驻兵铜山时所倡建，历代有修葺。总占地面积3000多平方米，建筑面积300多平方米。抬梁式木构架，悬山顶。依山临海、坐北朝南，面对台湾海峡。有门楼、大殿、小天井及侧室等。宫两边筑有"晓春亭"、"善和亭"。宫左"晓春亭"前有一古井，并不深，石底，常年甘泉如涌。大殿之前为广场，场上搭有戏台，每

---

① 光绪《漳州府志·卷之首·舆图》。

年妈祖生日演戏庆祝圣诞。戏台后有一日月池，传为妈祖梳妆之镜。大殿内奉祀妈祖，神像为海上漂来的神木所雕，香火源承莆田湄洲天后宫。妈祖神座上方悬“天上圣母”鎏金匾，侧室附祀南海观音佛祖。

宫前澳（明代称灵宫澳）海湾自古为东山岛天然港湾，湾长水阔。早在明崇祯七年（公元1634年），侵据台湾的荷兰殖民者进扰东山，东山军民在宫前的海湾上与之激战，全歼侵略者并焚毁全部敌船。至今宫前湾仍留有与荷寇战斗的“番仔角”与“枪台角”。明末清初，郑成功据守闽南粤东沿海诸岛，派忠匡伯张进镇守东山。清顺治十七年（公元1660年），清兵进犯粤东，郑成功令张进派船于宫仔前（宫前湾）游飏，阻退清军。

康熙二十二年（公元1683年）六月十三日，施琅于东山湾祭江，誓师铜陵；十四日，先锋蓝理率军启征直取澎湖。施琅收复台湾后，奏请康熙帝敕封妈祖显灵助战一事，康熙帝准奏，敕封妈祖为“天后”，妈祖遂从“护国庇民妙灵照应弘仁普济天妃”升为“护国庇民妙灵照应仁慈天后”，成为“天上圣母”。所有天妃宫从此起更名为“天后宫”。

康熙二十四年，康熙帝御赐额匾并派钦差大臣雅虎赴天后宫祭祀，宣读祭文。康熙帝还特赐每年农历三月二十三日妈祖诞辰在天后宫演戏十天。现宫前天后宫亦悬挂一方御赐额匾，木质绿底金字，外框1.93米，高0.79米，内刻施琅奏本和钦差礼部郎中雅虎祭文。①

相传乾隆年间，台湾鹿港一渔船在海峡遇飓风遭险，幸妈祖显灵遣宫前村渔民出海相救。台湾渔民同胞脱险后，于宫前天后宫乞请妈祖香火回鹿港奉祀，并立石碑铭记此事。

（二）台湾部分妈祖庙

1. 新港奉天宫

新港奉天宫位于嘉义县新港乡新民路与中山路交口上，是一座三开间四进带左右护龙及钟、鼓楼的庙宇建筑，主祀为圣母妈祖，原先庙址位于外九庄笨港市街，后来北港溪泛滥，庙内文物遭洪水冲毁，在嘉庆十七年（公元1812年）迁建于现址，并改名为“奉天宫”沿用至今。

奉天宫是嘉南地区知名的古庙之一，列为台湾三级古迹。奉天宫的创建

---

① 连心豪、郑志明：《闽南民间信仰》，福建人民出版社，2008年版，第165页。

年代有多种说法。如嘉庆二十三年（公元 1818 年）、嘉庆四年（公元 1799 年）、乾隆年间、明天启二年（公元 1622 年）等。①

相传刘定国于明朝天启二年（公元 1622 年）随颜思齐来台，为了能平安地渡过澎湖的黑水沟，至湄洲天后宫恭请五尊妈祖圣像奉祀，船途经笨港时，圣母示意停驻于此地，因此新港妈祖又有“船仔妈”之称，又称“开台妈祖”，与北港朝天宫齐名。

康熙三十九年（公元 1700 年）当地居民集资兴建天妃庙，后改名“天后宫”。嘉庆初年，笨港洪水泛滥。据景端碑文“溯自我天后圣母，在笨之宫，因乌水泛滥横遭冲毁……敬迁我神诸圣像于笨东麻园寮（今新港）肇庆堂”。

当年王得禄将军捐款发起十八庄民众合建，历经十余年终于重建笨港天后宫（公元 1811 年），并赐名为“奉天宫”，坐落于今新港乡新民路与中山路口。

奉天宫正殿主祀圣母妈祖，后殿奉祀观音菩萨，配祀文殊、普贤，左奉福德正神，右为注生娘娘及八位娘娘；左、右翼殿配祀文昌帝君及关圣帝君；左、右护龙厅则供奉笨港城隍及功德主王得禄、檀越主林溪和等长生禄位；第四进则为新建的凌霄宝殿。

在奉天宫内设有历史文物资料室，可供游客参观。每年农历三月廿三日为妈祖诞辰，庆祝活动与大甲妈祖绕境活动结合，为南下的最终站，同时也是新港乡的年度重要节庆活动。

2. 北港朝天宫

北港朝天宫又称为天后宫，为云林最著名的庙宇，也是台湾妈祖的著名庙宇，列为台湾二级古迹。庙中武城阁则为朝天宫南管乐社所在。

康熙三十三年（公元 1694 年），僧人树璧奉湄洲天后宫神像，在笨港登陆。当时台湾很多地方荒野偏僻，开始租民居简陋茅屋供奉。康熙三十九年，当地富户，在今庙前捐献庙地，建成一小庙祠。

雍正八年（公元 1730 年），人们建瓦房替代原来的茅屋。乾隆十六年（公元 1751 年）再经修葺。乾隆三十九年（公元 1774 年）笨港县丞薛肇熿、

① 蔡相煇：《台湾民间信仰专题——妈祖》，空中大学，2006 年版，第 321 页。

贡生陈瑞玉、监生王希明、蔡大成等人，率先捐奉，吏民纷纷解囊鼎力协助。筑成两座神殿，正殿奉祀妈祖，后殿奉祀观音佛祖。当年雕刻之石雕龙柱两对，还保留在圣父母殿前埕和正殿。观音佛祖殿内现存的龙柱雕刻雄浑生动，如今研究台湾地区艺术史学者，都视其为珍宝。

至嘉庆五年（公元1800年），朝天宫又重修。还派员前往漳州龙溪县天柱岩学佛法，以后成为传统，数次派有关人员前往漳州天柱岩。嘉庆九年（公元1804年）、道光十七年（公元1837年），募款重修。重修除了得到福建水师提督王得禄捐款义助外，泉郊新德泰号敬捐双龙献珠石陛，形状栩栩如生，为台湾现存清代石雕中之极品。

咸丰初年增筑后殿。光绪三十一年四月，嘉义地方发生大地震，朝天宫受损，四垂亭倒坏。区长与地方绅士倡议募捐重建。此次重建，劝募捐款，遍及全台，捐款人数达3万余人，其中部分募捐者姓名被刻在朝天宫四围栏杆上。

1923年住持顿超圆寂，传承200余年之僧统停止。1959年，朝天宫因风雨剥蚀，金粉脱落，栋梁亦有腐朽，再次重修，至1964年完工。此次重修，延聘彰化县永靖乡人江清露制作屋上各种剪粘妆饰，宫殿益加华丽美观，令人叹为观止。

朝天宫数经扩建，宫宇观瞻富丽，规模之大，但仍未冠绝全岛。然因信徒众多，感宫庭狭隘，不堪容纳。于是1956年在宫前中央市场，兴建一座“宗圣”楼台。该建筑中西合璧，堪称伟构，台高七丈，全镇胜景，尽收眼底。楼分三层，备供香客休息，并作种种展览会场，并不时供演戏酬神之用。

三、柔懿夫人与妈祖

台湾三峡等地有12个天后宫奉祀的神像不是莆田湄洲岛的林默娘，而是被尊称为“玉二圣母”、“二娘娘”的“二妈祖”。台湾三峡天后宫庙史记载，“二妈祖”神像是明末从大陆“五都”传到台湾，当时“玉二妈”神像是跟随郑成功军队的船只到台湾的。

由于两岸隔绝多年，台湾“玉二妈”众多信徒对大陆的祖庙魂牵梦绕。开放后，他们多次到大陆寻找，但每次都无获而归。据称，陈秀卿女士梦中曾受“玉二妈”神灵的指点，他们又抱着试试看的心理，组团到大陆继续寻找。由于不知道以前的“五都”地域，他们盲目地从厦门到晋江、泉州、漳州、诏安等地，逐个神庙寻找，但都令他们失望。正当他们即将打道回台时，东山籍台胞杨克政向东山县文化体育局局长林剑国了解情况，林剑国局长当即判断，“台湾二妈祖天后宫”要找的祖庙，可能就是铜钵净山名院，主要依据有四：一是东山历史上被称为“五都”；二是东山只有铜钵村净山名院奉祀的妈祖不是林默娘，而是被称为“大妈、二妈”或“大娘娘、二娘娘”的“柔懿夫人”陈怀玉；三是铜钵净山院奉祀的“柔懿夫人”陈怀玉神像，在郑成功收复台湾时，被铜钵村将士请上船跟随到台湾；四是台湾传说中的“玉二妈”原型是个小女孩，与铜钵净山院奉祀的“柔懿夫人”陈怀玉相符。

陈怀玉（公元 704—718 年）为开漳圣王陈元光侧室所生次女，自幼熟读诗书，怀报国大志。父亲殉国时，怀玉年方 7 岁。她日积哀伤，15 岁病逝。民间传说陈怀玉自幼习武，钻研韬略，随父从征有功，未嫁而卒。唐贞观十七年（或说宋绍兴七年），敕封“柔懿夫人”。

（一）东山铜钵净山院

净山院又称净山名院，俗称铜钵妈祖庙，位于东山县康美镇铜钵村南面妈婆山下。净山院始建于明万历十七年（公元 1589 年），坐北朝南，面对台湾海峡，三开间，进深三间，悬山顶。占地面积 1000 余平方米，建筑面积 200 多平方米。主祀“柔懿夫人”陈怀玉，俗称“夫人妈”、“妈祖”。配祀开漳圣王夫人，附祀注生娘娘、注寿娘娘和南海观音、天后圣母、神农大帝、玄天上帝。

2006 年 10 月 24 日，以台湾“山上天后宫”为首的台湾“玉二妈庙”寻根谒祖团一行 21 人抵达东山县康美镇铜钵妈祖庙（净山院），举行隆重的认祖祭祖仪式。谒祖团团长、台湾“山上天后宫”负责人陈秀卿女士介绍说，“玉二妈”随郑成功收复台湾时从台南上山，香火首播山上乡山上村，故山上村天后宫是台湾所有“玉二妈庙”的总庙。

台南、台北、嘉义、台中、基隆等地现有“玉二妈”宫庙 12 座。玉二妈祖文化在台湾十分兴盛，民间有“可与湄洲妈祖平起平坐”之“第二圣母”说。①

（二）台南山上天后宫

山上天后宫位于台南山上乡山上村南面。山上村是山上乡本村，当地称“山仔顶”，山上天后宫位于山上国中南边，主祀“玉二圣母”，是山上村的信仰中心。

据称郑成功收复台湾时，“二圣母”神尊随军护船，由福建渡海来台。后被奉祀在大内乡被改称为国圣湖的“北尾仔”。后来，二圣母指示迁居山仔顶，奉祀于现在庙址的左前方民宅中，由此天后宫开基。

清咸丰四年（公元1854年）由于信徒日增，建成泥土墙的简陋庙宇。光绪五年（公元1879年）因地震，于第二年迁建现址，二娘娘则改称“二妈”。1978年又斥资重新修建。

据传，郑成功时随船守护的神明共有三尊，都被认为是妈祖金身，因此都被当做妈祖供奉。就连清朝以后所建的庙宇也都冠上“天后宫”的名号，“山上天后宫”亦由此命名。由于早期之玉二圣母被误认为妈祖，因此庙里同祀的神明中迎来多尊不同天后宫的妈祖分身，计有大妈、二妈、三妈、四妈（黑面妈）、五妈（北港妈）等。虽然信众皆尊玉二圣母为“二妈”，也以“天上圣母”的礼仪供奉，可是圣诞却是农历八月十五日，而非一般天后宫所祭祀的农历三月二十三日。②

第四节　闽南与台湾的注生娘娘神庙源流

一、注生娘娘崇拜的来源

闽南与台湾地区的生殖、生育女神信仰崇拜自古盛行。漳州市某民居院内亦有一“石笋”，下半部分埋入土中，上半部分露出地面约1.5米，相传为先秦遗物，自古被民众奉为生殖崇拜灵物。漳浦县赵家堡也有男性生殖崇拜物“石父”。在漳浦县大荟山岩画中，古代原始生殖崇拜石刻有8处之多。

① 《漳州文史资料》第二十七辑，2002年版，第406—408页。

② 台湾“山上天后宫”网站，http：//www. tan—ho. org. tw/。

注生娘娘操纵着生命的开始和成败，主司生育，是保佑孕妇、产妇和婴儿之神。注生娘娘又称“授子之神”，属下十二婆姐造型各抱一婴孩而立。人们以为，怀孕生子是人生的重要关卡，于是借诸神灵信仰，以保佑生育顺利。

闽南主祀注生娘娘的宫庙不是特别多，但很多宫庙都附祀注生娘娘。关于注生娘娘的来历，流行的说法出自《封神演义》，传说武财神赵光明的妹妹——云霄、碧霄、琼霄阵亡后受封为“注生娘娘”，或说她们勇于与吃小孩的狐狸精争斗，被姜太公封为“注生娘娘”。

台湾关于“注生娘娘”的姓氏来历，至今混淆不清。民间有四种传闻：1.“注生娘娘”就是福建的“临水夫人”陈靖姑。2.“注生娘娘”和“临水夫人”不相同，是分别管生育的两个神。3. 女娲。4. 赵贞娘。台湾民间较为普遍接受第一种说法。

漳州以赵元帅的妹妹为注生娘娘，赵元帅是赐福财神，说明漳州较倾向于多子多福。而临水夫人是古田县人，生前有降妖、镇邪、斩蛟蛇的本领，后因流产去世。临死时发誓要为民保胎，这种信仰与开始时医疗条件的不足，民众将护胎作为重要的方面有关。

由于传统的生育观，人们认为注生娘娘忙不过，就再供奉三十六尊婆祖，称为“三十六宫鸟母”。还有两位老人，一位是“花公”，另一位是“花婆。”

“花公”、“花婆”，又称“树公”、“花妈”。闽南与台湾民间认为，男人是树，女人是花，花开几朵及颜色（红花生女，白花生男）由注生娘娘掌管，“花公”、“花婆”负责照管，浇水、施肥等。假如某妇女想生女孩或男孩，可以请注生娘娘换朵白花或红花，这叫“移花换斗”。倘若不孕，可请注生娘娘赐花，这叫“栽花换斗”。因此，栽花是促生，换斗是改性别。花公、花婆可保佑婴儿正常出生，照看其健全发育。

三十六婆祖专门照顾孩子 16 岁前的成长，可使其聪明活泼。婆祖也当“床母”，保佑小儿“一夜睡到大天明”。到七月七日床母生日，要供上鸡、酒、油饭，并烧特制的“床母衣”金纸，专门庇护小孩平安。

古代医学不够普及，生育是妇女面临的一大生死难关，婴儿存活率很低，于是专司妇女生育、婴幼安康的临水夫人备受人们信仰崇拜。相传陈靖姑生于唐大历二年（公元 767 年），福州府罗源县下渡人，贞元七年（公元

791 年）死于难产，年仅 24 岁。古田县东地名临水，于五代时有陈姓世代为巫，陈靖姑亦为一女巫，父陈昌，母葛氏，教以巫鬼道之术，陈靖姑与其结谊姐妹，巫医相兼，习武修道，由巫而神，乡人祀之。据说陈靖姑曾师从闾山法主许真君，得许旌阳秘诀；又从龙虎山张天师学道，得斩妖宝剑。后在古田临水乡显圣斩白蛇，其地建有“临水宫”。

临水三夫人指传说中的临水夫人三姐妹：一在福州（临水夫人），一在陀矶岛，一在山东长岛县庙岛。临水夫人同妈祖有着密切关系。山东是妈祖信仰传播较早的地区，长岛县庙岛天后宫有一尊宋宣和年间铸造的妈祖铜像，比泉州天妃宫建置的年代更为久远。无独有偶，松江顺济庙丹凤楼也同时供奉三位女神。临水夫人曾作为水神之一在明代兴盛一时。嘉靖十三年（公元 1534 年），高澄出使琉球，中途遇上风暴，据说妈祖派临水夫人替船工“管舟”，方才转危为安。高澄回福州后，听天妃宫道士介绍，神像脸上若有水珠，即从海上救人归来。“今岁自夏至秋，汗珠不绝，或者劳于海舶焉!”① 因为灵验，“海上诸舶，祀之甚虔”，以至谢肇淛《五杂俎》斥之为“淫矣”。可见，宋元至清初，临水夫人一直作为水神接受香火，明代达到鼎盛，与妈祖一起被崇祯帝敕封为“碧霞元君”。

临水夫人是泉州天后宫“二十四司”（即妈祖的陪神）之一。妈祖的陪神塑造大体完成于明代，多由原来各地不同的水神充任，泉州作为国际性商业港口，迎纳水神临水夫人，是合乎情理的，其作用在于强化妈祖的海神地位。随着妈祖信仰的广泛传播及其神祇系统的逐步完善，临水夫人从海上隐退，让位于妈祖的嫡系部将千里眼、顺风耳，而专职掌管妇幼保健。清代以后，临水夫人的海德神功被逐渐抹杀。最明显的例子是援救高澄一事改换成妈祖“红光烛舟”、“蝶雀示象”，并且传颂至今。施琅上疏康熙皇帝所说的攻克澎湖时，“天妃神像是日衣袍透湿”，显然借鉴了明人关于临水夫人的神话故事。

宋淳祐间敕封“崇福昭惠慈济夫人”，后加封“天仙圣母表灵普化碧霞元君”，清咸丰年间晋封“顺天圣母”。古田临水宫又称顺懿祖庙，主祀顺天圣母（陈靖姑）和江夫人（俗称虎奶）、石夫人（俗称二奶）。福州的三奶夫

---

① （明）萧崇业：《使琉球录》。

人为陈靖姑和林淑靖（林九娘）、李三靖（李三娘）。闽南民间也信奉临水夫人陈靖姑，如泉州有主祀陈靖姑的“奇仕宫”。1933年，上海暨南影片公司还在苏州拍摄了“厦语片”（厦门语对白有声影片）《陈靖姑》。[①] 台湾有台北市临水顺天堂、台南市临水夫人妈宫、高雄县三奶宫、南投县顺懿宫、台中市临水宫、宜兰县靖安宫等16座临水夫人庙，皆属三奶派道教。

泉州、漳州民间奉祀各种各样的夫人妈，如黄陵、西庄村有始建于明末的姬、宓、池三夫人妈，漳州有蔡妈夫人，均为求后代、助产、护婴之神。旧时民间相传，妇女凡因难产而亡，均下血池地狱受折磨。每当妇女生育或难产，都要祈求池头夫人保佑顺产。游路夫人，俗称（车庄）脚妈，邱二娘（公元1831—1853年），惠安前亭村人，因家穷被卖到蜂尾村刘家当童养媳，受婆婆虐待而出逃，参加永春林俊起义，遭人出卖被捕，泉民在其就义的南教场立庙奉祀。泉州东岳庙附祀血疯夫人妈，即国姓妈，为郑成功之母田川氏。相传清兵攻入安海郑氏府邸，田川氏撞石柱自杀，人称血疯夫人妈。

二、闽南与台湾部分注生娘娘宫庙概况

（一）泉州奇仕宫

奇仕宫又称祈嗣宫，位于西街台魁巷17号，原名“临济夫人宫”，为郡城西隅华仕铺奇仕里境庙，始建年代不详。奇仕宫主祀授胎、护产、育婴女神临水三夫人妈（陈、金、李），配祀妈祖，且有“观音签”。奇仕里临济夫人宫是泉郡最著名的临水夫人宫，泉人因此称临水夫人陈靖姑为“奇仕妈”，称奇仕里临济夫人宫为“奇仕妈宫”。

清人陈德商《温陵岁时记·迎奇仕妈》载：“奇仕里临济夫人宫，香火极盛。城内外之妇人祈子者，祈产难者，得夫人案前花一朵，或迎神像归，则梦兰有兆。而语忘敬，遗胥远去矣。神于仲秋之月，必至东岳行宫进香，为郡人消灾迎福。是日远近男妇，乘舆徒步者踵相接。小儿衣冠骑马，或执旌旗，或持鼓吹随之。叩拜者肩相摩，毂相击。奇仕宫中，金纸齐山，花香委地。江南班、七子班，丝竹管弦，极其热闹焉。”农历十月十五日临水夫人诞辰日，奇仕宫数年必往古田临水宫谒祖，盛况空前。

---

① 参见洪卜仁主编：《厦门电影百年》，厦门大学出版社，2007年版，第11—12页。

泉州玉霄宫在礼让巷东端，一殿一拜亭，西向，单檐硬山顶，面积数十平方米，主祀平天圣母临水夫人。泉州津头埔镇东宫建于清代，主祀陈、金、李三位夫人妈。泉郡富美宫右侧也有夫人妈宫。

（二）晋江福全临水夫人庙

明初设置福全所城（今金井镇福全村），城分四境，临水夫人庙坐落于所城东北隅的东山境，坐东向西，面积约150平方米。清康熙年间，候选清源厅陈瑞熊倡修。该庙光绪二十一年（公元1895年）重修碑记载："临水夫人之崇祀于福全也，由来久矣。灵爽昭赫，四方祈厘、祷嗣、护产、卫孩，求无不应。香火尸祝之盛，不仅数十乡而止。"①

（三）泉州对山苏夫人姑庙

苏夫人姑庙位于泉州市江南镇常春村紫帽山麓，坐南朝北，东西宽22米，南北深16.8米，占地面积700平方米。主体建筑由前殿、拜亭、天井、正殿组成，即闽南传统的一进三开间，进深三间，硬山顶。庙左侧为报恩堂，供奉苏夫人姑父母神位，右侧护厝为斋舍。庙后有苏夫人姑墓（蚁穴），竖一无字墓碑。庙后山坡上有明崇祯浮雕观音坐像一尊，庙前南环路边有明八角五层石塔一座。奉祀苏夫人姑苏六娘，配祀三夫人妈、月娘妈。

"苏六娘，苏启能女，以（明）洪熙乙巳（元年，公元1425年）腊朔诞生而神异，稍长端淑孝敬。料祸福多奇中。年十六不字，或劝之，曰：'对山（紫帽山）可移，我志不移。'正统六年（公元1441年）一日，拜别父母兄弟，曰：'夜神人见召，明晨寅刻将辞世矣。'及期，祥云缭绕，天乐遥闻。六娘素不知书，时辄索笔留吟曰：'溶溶月色浸清秋，鹤御翩翩此日游。一点灵光何处寄？万年烟火紫山邱。'因护柩至紫帽山麓，忽索绝坠地，雷电风雨骤至，众散归。诘朝往视，则蚁泥已封矣。自后累显神光。里老建庙于墓前，塑像祀焉。正统十四年（公元1449年），邓茂七作乱，侵泉州。太守熊尚初战死古陵坡。贼乘势长驱，军民鸟散。俄东南风急，白昼晦冥，有神兵从空而下，素旗飘扬，书'对山苏六娘'五字。贼气大沮，走去。已而延平告警，援军有与前役者，乘风沙树六娘旗帜，遽蹂之，贼望旗溃，茂七

① 《重修临水夫人庙碑记》，见郑振满、丁荷生编纂《福建宗教碑铭汇编》泉州府分册，福建人民出版社，2003年版，第456—458页。

歼焉。事闻于朝，成化六年（公元1470年），勅封护国卫生夫人，谥贞烈。万历中（公元1573—1620年），太守邱浙大修坟、庙，建亭竖碑，复奏请加封'衍圣崇福'四字，勒石祀之。国初遭兵燹，里民鸠工重建。"①

（四）南靖山城注生宫

注生宫位于南靖县山城镇墟尾街（今民主路），是专祀注生娘娘的宫庙。始建于明崇祯三年（公元1630年），坐南朝北，二进，建筑面积近100平方米，供奉注生娘娘（分大妈、二妈、三妈）和花公、花婆。②

1997年以来，台湾沙鹿镇巡安宫和台中、台北进香团多次前来进香，并恭请山城注生宫二妈金身赴台巡安。高雄县路竹乡慧贤宫是奉祀注生娘娘的百年古庙。1989年，宫主陈碧霞首次率团回大陆寻根，在南靖县找到了与族谱记载相符的祖籍地，同样供奉注生娘娘的山城注生宫。2005年9月28日，慧贤宫宫主陈碧霞第六次率团回南靖寻根，到山城注生宫进香。在朝拜间隙，陈碧霞兴致勃勃地与当地群众同唱闽南语"七字仔"歌。③

（五）台湾的注生娘娘庙宇

台湾非常崇信注生娘娘，大多数民间寺庙都配祀注生娘娘，但是以注生娘娘为主神的祠庙并不多，台北市有三座，嘉义、高雄、屏东、云林各有一座。高雄县桥头乡仕隆村的"注生宫"和屏东县竹田乡竹田村的"永福堂"建庙较早。高雄"注生宫"主祀注生娘娘，配祀有婆姐二人，是一座单纯的注生娘娘庙，各地妇女均远途来此进香祈福，庙虽远处僻野，占地也小，不太容易找，但香火倒是鼎盛。嘉义县新港乡共和村"水月庵"、云林的"龙云堂"都祀注生妈。

台湾的很多庙宇里，在主神的两旁，另设两个厢房，时常可以看到一旁奉祀福德正神，另一旁就奉祀注生娘娘，多在右边或后殿。

"注生娘娘"的生日是农历三月二十日，那一天，妇女们都前往祭拜，无子求子，有子求安。若是小孩有病，还要一起带去，掷筊许愿。若获得注生娘娘的同意，妇女们就可以将神前供奉的花簪，插在头发上带回家。生病

① 道光《晋江县志》卷六十，《人物志·仙释》。

② 林嘉书：《南靖与台湾》，华星出版社，1993年版，第422页。

③ 周跃红：《漳州与台湾同根神祇》，广角镜出版有限公司，2004年版，第114—115页。

的小孩可以把神前放着的小鞋，用红线串起来，挂在脖子上戴回家。如果将来如愿以偿了，花簪和小鞋都要另制新的，加倍偿还给寺庙。小孩经过“注生娘娘”保佑，成长到 16 岁时，必须再回到庙中祭拜，以表谢意。有些妇女自备了已经串好红线的金锁或古钱，领着小孩到“注生娘娘”神前拜祀，再当场将金锁等挂在小孩的颈子上，以求“长命百岁”之意。未婚的妇女也可以到“注生娘娘”神像前祭祀一番，祈求能嫁个如意郎君，能幸福平安地过日子。

第七章　闽南与台湾先贤民间神明庙宇源流

我国历来有崇敬祖先和先贤的传统。《尚书·盘庚》曰："肆上帝将复我高祖之德"，"兹予大享先王，尔祖从与享之"。① 在盘庚看来，高祖（祖宗）崇拜与天帝崇拜是相通的。盘庚祭祀自己的先祖，族人的列祖也"从与享之"，有浓厚的崇祖倾向。中国一直有较浓的血缘关系，并且一直是聚族而居的。在这种状况下，祖先的经验是可循的，祖先受到崇拜是必然的。②

台湾的宗族组织弱于闽南，可是大陆向台湾的移民，"往往是同乡同族结伴而行，或是先后渡台的同乡或同族相互援引，因而从一开始即已形成同乡同族相对集中的趋势。"③ 所以，台湾也有一定的祖宗崇拜的基础。

郑镛、涂志伟在《漳州民间信仰》书中认为，祖先崇拜分为四个阶段。一为漫长的氏族始祖神崇拜；二是闽越先王崇拜；三是汉族移民的祖先崇拜；四是无后代的先人包括未成年的夭逝者崇拜。④

构成闽南与台湾的祖宗崇拜主要是第三、第四种。因为历代迁入闽南的多是衣冠大族，闽南人珍贵这种身份。比方开漳的陈元光，及其部将构成的陈元光神系有十多种神明，如王爹陈政、开漳圣王陈元光、陈元光六部将、开漳欧哲、开漳元将、开漳功臣、辅顺将军马仁、武德尊候沈世纪、辅胜将军李伯瑶、柔懿夫人等等。而且，闽南的陈氏族谱祖先的世系，不是陈元光就是陈霸先（南朝的皇帝）；闽王王审知与其兄王审潮、王审邽合称"开闽三王"。其中王审知还被尊为"八闽人祖"。龙海、金门、厦门、集美、翔安、安溪、南安、晋江以至闽台，很多王姓村落，都认"三王"为祖。很难说陈氏、王氏祖先都来源于这两个支系，这种情况只能说明闽南与台湾的珍

① 《黄侃手批白文十三经·尚书·盘庚》，上海古籍出版社，1983年版，第22、24页。

② 段凌平、柯兆利：《试论殷商德观念》，载《厦门大学学报》，1988年4期，第94—96页。

③ 郑振满：《明清福建家族与社会变迁》，湖南教育出版社，1992年版，第199—200页。

④ 郑镛、涂志伟：《漳州民间信仰》，海风出版社，2005年版，第105—106页。

惜大族的荣耀，由此出现各派系、旁系的族谱都往这两支系靠拢的倾向。

闽南与台湾地区的民众往往不同的家族祭祀不同的主神，形成了家族祭祀习惯并影响了村落的祭祀活动。当然也有超越姓氏、村落的神明，在较大的区域产生影响，如保生大帝和开漳圣王等。

《礼记·祭法》："法施于民则祀之，以死勤事则祀之，以劳定国则祀之，御灾捍患则祀之。"① 表明先祖和贤人因"有德"而被崇拜。闽南与台湾继承了传统的崇祖习俗。朱熹曾在闽南就任，造成"海滨邹鲁"的美称；台湾儒家忠孝节义观念深入民心。因此，乡贤崇拜也是漳台民间信仰的重要组成部分，主要是对社会有杰出贡献者，或品行卓越者，在其去世之后将其供奉为神。

闽南与台湾贤人崇拜神明的种类很多。既有从中原传过来的，也有周边地区的和本地的。既有官宦人士，也有普通百姓。如谢安、岳飞、朱熹、黄道周等，属于统治层面的人物，而孝顺的圣侯公陈笒和聪颖的女子张云则为民间百姓。有僧侣也有义士。只要生前感动乡里，都有被奉祀的可能。因此，闽南与台湾民间有很多奉祀忠孝节义的圣贤及品德高尚先祖的宫庙。

第一节　闽南与台湾开漳圣王及辅顺将军庙宇源流

陈元光，生于唐显庆二年（公元 657 年），字廷炬，号龙湖，河南固始人（或称粤东人、闽南人）。陈元光文武双全，14 岁时随祖母魏氏和伯父陈敏、陈敷率 58 姓军校入闽，与先前到福建平定"蛮獠啸乱"的父亲陈政会合。唐仪凤二年（公元 677 年）陈政逝世，陈元光袭父职，于垂拱二年（公元 686 年）获准设立漳州，为首任漳州刺史，为漳州与福建的开发立下不朽功勋。

景云二年（公元 711 年）战殁，"百姓闻之，如丧考妣，相与制服哭之，画像祀之。追思之甚，将遗体捏塑（一说埋葬）于绥安溪之大峙原"是为民

① 《十三经注疏·礼记正义》，中华书局，1979 年版，第 1590 页。

间奉祀陈元光之始。入宋，陈元光逐渐被神化，奉为安邦护境州主之神。陈圣王崇拜不只在漳州，在厦、泉、闽西、粤东等地都有分布，随着闽南人的迁居海外，圣王成为海外华人的重要神明。

历代对陈元光屡有敕封，唐代封“颍川侯”，宋代赠“辅国将军”、“灵著顺应昭烈广济王”，明初封“威惠开漳圣王”，俗称“王公”。宋宣和二年（公元1120年），各州县将军庙均赐额“威惠”。明代，随着人口的繁衍，村社扩增，社会治安不好，匪寇时发，百姓希望安邦护土神灵保佑，于是各村社相继建起了符合自己心理需求的“陈元光”祠庙。人口较多、氏族观念较强的村社则奉随从陈元光入漳的始祖为神，单独立庙。如李姓奉祀“辅胜将军”李伯瑶，俗称“辅胜公”；沈姓奉祀“武德侯”沈世纪，俗称“沈祖公”；马姓奉祀“辅顺将军”马仁，俗称“马王公”；许姓奉祀许天正，俗称“许元帅”；也有单独奉祀陈元光夫人种氏或其女“柔懿夫人”，形成开漳圣王信仰神系。

一、陈圣王庙宇的数量与分布

陈圣王庙宇的分布，反映了陈元光在闽南与粤东经营的足迹，一定程度表明了漳籍移民的步履所至。因此，了解陈氏家族及部将为主神的庙宇，确定圣王陈元光为主神的庙宇数量，在闽南与台湾区域开发历史有相当重要的意义。可是，陈圣王庙宇多而杂，且历来没有一个准确数字。近年来通过多方面的努力统计，漳州224座，泉州、厦门、龙岩、粤东、浙江、海南也有所分布，约数十间，台湾有300多座，东南亚及海外有30多座。①

由于漳州的资料较为集中，我们就此进行论述。

（一）漳州的陈圣王庙宇数量

笔者曾调查落实了漳州的97座以陈圣王为主神的庙宇。郑镛、涂志伟先生的《漳州民间信仰》引用两个数字97座和251座；刘小龙的《开漳圣王文化》一书，单漳浦、云霄、芗城、龙文和东山就有400多座。但文中都未提及陈元光是否是主神。究竟以哪一个数据为准，都没有结论，可见漳州

① 林少敏：《关于“开漳圣王”文化品牌建设的思路》，《开漳圣王文化国际学术研讨会论文汇编》，2010年，第5页。

陈圣王庙宇的数量还没有公认的确切调查数字。

2005年漳州民族宗教事务局调查，面积10平方米以上的开漳圣王庙宇有224座。近年来的调查，都以10平方米以上为标准，有一定的根据。没达到相当的规模，正常祭祀有难度。民间有用几块石头垒起，或简易搭盖，都很难作为确定的庙宇列入统计。各县区的陈圣王庙宇分布情况，大概是沿海多，山区少（不能一概而论，将于第三部分论及）。

漳州民宗局的统计也只是个较接近的数字。目前这些数字的统计，依据调查表，并还没到实地逐一落实。然而，在新的数字未出现以前，笔者以为，可以此数据作为研究起点。

（二）漳州的陈圣王庙宇分布

漳州地区现统计供奉开漳圣王的宫庙有224座，奉祀陈圣王部将及其家属的宫庙也有数十座。漳州为陈氏家族及部将建功立业的地方，是开漳文化发祥地。陈圣王庙宇的分布，对探讨移民将中原文化带入漳州，继而又传到台湾与海外的过程，提供了重要的研究路径。因此，了解以陈元光为首的开漳诸神庙宇的分布，对我国移民史和漳州开发史的研究，有一定的意义。

1. 地域分布

陈圣王庙宇各县具体数量，芗城16间，龙文3间，龙海51间，漳浦67间，云霄34间，诏安9间，东山23间，平和7间，南靖11间，华安2间，长泰1间。以上所有祠庙只计民间专祀庙宇，供祀于宗祠家庙、从祀于佛寺和其他神庙的尚且不包括在内。

从数量的分布情况看，庙宇分布大概是西南多，东北少。就是沿海和靠广东方向的多，反方向就少。这与传统所说，“沿海多，山区少”略有不同。比如，平和也是山区，其开漳诸神的庙宇比例就高于较靠海的龙文、长泰。

这种情况应该和陈元光的活动多在沿海和广东东部有关。还有关于陈元光入闽的路线争论，有“南下说”与“北上说（由广东过来）”，是否开漳诸神的庙宇的分布状况，与陈元光由广东进入福建有关？开漳圣王的庙宇分布似乎支持了这一观点。比如，陈圣王庙宇的位置，基本上沿着国道324线，即朝着通往广东的方向走。这与过去漳州通向广东潮汕的路线大概一致。如龙海的颜厝地处平原，由于不在广东方向的路上，圣王的庙宇一间也没有。云霄虽是陈元光开漳的最早地方，但山区、不在朝广东方向（324国道）的马铺、和平乡同样没有圣王庙。沿海县多有威惠庙，山区较少，如华安仅两座。平和虽是山区，却有7间圣王庙，大多分布在通往广东的路上。南靖的庙大概在国道319线，即原来江西通往福建的龙山溪谷地。

当然，陈元光的开漳活动不能只靠庙宇来说明，还需更有力的资料来证明，这不是本书的主要着眼点。

2. 年代分布

我们将漳州224间圣王庙宇的年代分布予以统计，情况如下：

朝代 区域	唐代	宋代	元代	明清	民国	不详
芗城	1	1	1	11	1	1
龙文	—	1	—	—	—	2
龙海	1	4	4	16	—	26
漳浦	1	1	1	8	—	56
云霄	3	—	—	23	—	8
诏安	—	—	—	8	—	1
东山	—	3	—	18	—	2
平和	—	—	—	5	—	2
南靖	—	—	—	4	—	7
华安	—	—	—	1	—	1
长泰	1	—	—	—	—	—
合计	7	10	6	94	1	106

（注：以上多数庙宇都在近期内维修过）

从以上表格，可知庙宇的修建时代多在明清。明清时期，漳州经济极为发达，商人多有出洋做生意的，往往渴望神明给予保佑。这里透露的信息是，漳州民间信仰的发展与经济活动有着很大的关系。上世纪80年代以来，闽南历史悠久的威惠庙香火依旧兴旺，但是，一些处于经济发达地区的威惠庙发展势头非常迅猛。如漳州的檀林威惠庙、官园威惠庙和厦门的圆海宫，在民间与两岸交流方面异常活跃，这与它们地处经济较为发达地区有关。

二、闽南部分陈圣王崇拜庙宇

（一）云霄威惠庙

清嘉庆《云霄厅志》载："威惠庙，祀将军陈元光，唐嗣圣间建。现庙在镇城西门外，明成化间里人吴永绥建"。崇祯、道光、光绪年间曾修建。此庙为官方按节俗在此庙祭祀开漳圣王。云霄云陵镇（西门）的威惠庙是迄今保存年代最早、结构最完整的开漳圣王宫庙，被奉为"开漳祖庙"。

祖庙占地2000平方米，建筑面积800平方米，坐北向南，抬梁穿斗式悬山顶木石结构，二进一院。庙里正中前排祀奉陈政，后排祀奉开漳圣王夫妇塑像，栩栩如生。两侧分别祀奉着开漳圣王祖母魏妈、子陈珦、女陈怀金、副将许天正、李伯瑶、马仁。其中大厅石柱上有一对烫金石刻对联"漳水云山开万世衣冠文物，馨香俎豆报千秋伟业丰功"引人注目，概括了开漳圣王当年在云霄开疆辟土建置漳州府的伟绩。大门的两侧凿刻着"辟草披荆历尽关津劳剑履，建邦启土肇基文物在云霄"。

云霄民众与漳州所属的其他县区纪念开漳圣王与众不同，即在每年农历九月十五和二月十六，陈政、陈元光父子生日时，庙里庙外人山人海，人们准备祭品，抬着用糯米粉做的大龟（有的重达数百斤）到庙里祭祀，并在开漳圣王塑像前抽签许愿，祀求合家平安、生意兴隆。如抽到吉签得到大龟，来年将准备一只更大的糯米龟还愿，同时出资在庙前搭台演戏。每逢农历正月十五，该庙就隆重抬着王爹、圣王出巡到本县县城各条街巷，每到一处，民众即备祭品顶礼膜拜，瞻仰其容。云霄民众俗称为"走王"，至今有1000多年的历史。①

（二）绥安威惠庙

唐开元四年（公元716年），漳州州治从漳江北岸移设于李澳川（今漳浦县城），朝廷追封陈元光为颍川侯，诏立庙，这是漳州府首座官建的陈元光将军庙。庙前立"盛德世祀"牌坊，便是延续至今的漳浦威惠庙。

漳浦威惠庙位于县城西郊，俗称西庙。庙主祀开漳圣王陈元光（俗称王公），配祀部将许天正、马仁、卢如金、李伯瑶、沈世纪等，后宫祀陈元光

① 郑镛、涂志伟：《漳州民间信仰》，海风出版社，2005年版，第112页。

夫人种氏（俗称王妈），右宫祀陈元光次女陈怀玉（怀玉从征有功，未嫁而卒，宋绍兴年间追赠“柔懿夫人”，俗称“柔懿妈”），后来后宫及右宫坍圮，王妈、柔懿妈移祀在王公座右和座前。

西庙经过历代多次修建，宋、元漳浦未有《县志》，早先的修建失载，据传建筑有七落。有记载的《县志》始于明代弘治年间，知县吴云在庙门处建两层楼，每层三间，左右各加平房一间，与上落的左右厢房相连。登楼可俯瞰崖谷，旷视平原，为漳浦一大胜景。嘉靖三十三年，知县慎蒙重建，挂“天然图画”匾。嘉靖末，县丞丘鲁重建寝殿，济南通判、邑人林一阳为撰碑记。万历初，知县房寰再度修建庙楼。至清初，楼房倾圮殆尽。康熙二十六年，知县杨遇及邑人蔡祚周在西庙楼故址建宽阔的庙门，前殿后殿重建一新。至清末，大部分圮坏。民国时期小修，只筑修一厅二房，厅上祀王公、王妈、柔懿夫人、部将许天正、李伯瑶、卢如金、沈世纪等。

据康熙《漳浦县志》记载，当时县官于每年春秋仲月各一次备办牛、羊、猪各一及笾豆之类，到西庙致祭，祭文“惟公开创漳邦，功在有唐。州民允赖，庙食无疆”，民众则随时前往上香朝拜。

漳浦到处有威惠庙，都认西庙为祖庙。陈圣王生日为二月十五日，而许多村庄和城镇角落轮流为陈元光祝寿诞（俗称王公生），于轮值之日敲锣打鼓成队到西庙“请”（抬）王公到村里，备“牲醴”敬拜，演戏，请客，热闹一番。排定的“王公生”，自农历正月十四日开始，至五月初九结束。后又有几处陆续迎奉。一般都要王公、王妈一齐“请”去，只有草埔村只抬王公，没抬王妈；下梧村只抬王妈，没抬王公，较为特殊。①

（三）芗城松州威惠庙

松州威惠庙位于芗城区浦南镇松州村。唐贞元二年（公元 786 年），漳州治所从李澳川（今漳浦绥安镇）迁龙溪县，于漳州北郊松州书院内兴建将军庙，以纪念陈元光、陈珦父子二刺史开发漳州功德，定例文武官员春秋致祭。

与松州威惠庙合二为一的松州书院建于唐景龙三年（公元 709 年），为陈珦讲学处。景云二年（公元 711 年）陈元光战殁，诏令陈珦袭父职，任漳

---

① 《漳州文史资料》第二十七辑，第 158—162 页。

州刺史兼岭南行军总管。开元二十五年（公元 737 年），57 岁的陈珦“疏乞哀龄待终，复就松州别业，聚徒教授，品风月”，二度讲学松州书院，直至天宝元年（公元 742 年）卒，终年 62 岁。松州威惠庙与松州书院在建筑上成为一体，前庙后书院，别具一格。庙倚石鼓山，坐北向南，占地面积各 5 亩许。庙前原辟有三级平台和一片开阔地，庙内主殿、偏殿及走廊、两厢坐落有序。

松州威惠庙临近开漳圣王陵园，漳州市政府已决定以陵园为中心，建成占地数千亩的圣王公园，松州威惠庙和松州书院所处的位置极为显赫。

（四）泉州丰泽西福宫

西福宫位于泉州市丰泽区城东街道西福社区。始建于五代，历代都有修建。

庙主体二进，中有天井，拜亭。一进为悬山顶，二进为歇山顶。主祀开漳圣王，配祀朱、邢、李三位王爷和武安尊王许远。神龛的神案有“嘉庆丁卯年（公元 1807 年）阳月置”字样。

庙大门外对联为“守睢阳义勇千秋颂，护唐室忠贞万世传”。根据这对联和庙中供奉的武安尊王，是否该庙原来是供奉主神是许远，原某种原因改为主祀陈圣王？这只能进一步考察，或者等待相关的新资料出现。

（五）官园威惠庙

官园大庙据称建于宋建炎四年（公元 1130 年），清嘉庆六年（公元 1801 年）、光绪十五年（公元 1889 年）及 1992 年多次重修。现留有嘉庆六年、光绪十五年重修碑记各一方；石门墩、镂空雕花石门窗各一对；石香炉一具，为省文物保护单位。

2002 年 3 月官园威惠庙管委会改选。改选后的管委会重视该庙的文化积淀，重修该庙时古庙建筑、形制不变，为漳州地区奉祀陈圣王公一家最齐全的寺庙。

官园威惠庙位于漳州芗城区东大门。过去此地多开金铺，素有“东门金”的说法，人文荟萃，内涵深厚。古建筑有官园威惠庙（俗称“官园大庙”）、慧华寺、慈惠宫、习益祖宫、水阁庙、蔡竹禅故居等。如今这里集中了东南商贸城、花鸟鱼市场、古玩市场、丹霞书城、沃尔玛超市等商场，以及丹霞园、都市阳光、天下广场、榕园、文华园、瑞芳苑、官园城堡、香格里拉观园等小区建筑。

近年来，官园威惠庙前后接待了如新加坡保赤宫，马来西亚陈氏总会、陈氏书院，印尼棉兰颍川堂宗亲会，台湾草湖玉尊宫管委会、台湾区开漳圣王庙团联谊会，以及台湾的高雄、台北、宜兰、桃园等处的陈氏宗亲进香团队。

2006 年 4 月应台湾净明道教会邀请，官园威惠庙两尊魏太妈金身离漳，一尊定居于高雄慈安宫（资金费用由官园威惠庙提供），另一尊巡境台湾、金门 56 天。

2006 年 6 月 25 日，值漳州开漳圣王文化联谊会成立之际，近百名海外侨胞、台湾同胞到官园威惠庙，祭拜陈圣王家族神像。

官园威惠庙在海内外文化交流中起着积极作用，2005 年被芗城道教协会评为“优秀活动场所”；同年市政协授“护国佑民”旗帜一面；2006 年 6 月被市开漳圣王文化联谊会授“开漳圣王、护国佑民”旗帜一面。

（六）檀林威惠庙

檀林威惠庙地处漳州平原中部，靠近福建省第二大河九龙江的西、北二溪交汇处，西临芗城区，东接龙海市，是连接厦门、汕头两大经济特区的必经之道。交通便利，鹰厦电气化铁路、324 和 319 国道、厦漳高速公路、漳诏高速公路交汇于此，省道郊柏线连贯南北，水路可沿江而下直抵厦门港。庙宇位于漳州著名的蓝田开发区之中，地近闽西南水陆交通枢纽和商贸集散中心。这里古迹甚多，素称“闽南第一碑林”的云洞岩，史称桥梁一绝的江东桥，兵家必争之地的“万松关”，海月江春的“瑞竹岩”，都在檀林威惠庙的周边。

1989 年檀林威惠庙已与台湾高雄有关宫庙建立往来关系，之后又发展了与台湾开漳圣王庙南区联谊会、台湾凤山、新加坡、金门等地宫庙的友好交往关系，为漳州地区较早与海外建立密切民间交流的宫庙。除了接待上述进香团的前来，檀林威惠庙亦多次组团前往这些国家与地区进行交流。2006 年 3 月 16 日，芗城区官园威惠庙和龙文区檀林威惠庙开漳圣王陈元光神像和魏妈启程前往台湾宝岛巡安一个月，历经 14 座圣王宫庙，接受台岛信众朝拜。

（七）厦门美仁后社“圆海宫”

据传说，厦门美仁后社“圆海宫”于明朝末年（公元 1600 年），因洪水漂来开漳圣王金身而建成的。

据说400多年前的农历四月初八，漳州连下了三天三夜大雨，九龙江水暴涨，淹没了新桥威惠庙，漂走了圣王雕像。雕像漂到了当时位于海岸边的圆海港，其他非陈姓的民众一直打捞不起它，而美仁宫后社陈姓族人一抬就上岸了，人们便建起“圆海宫”来供奉它。圆海宫落成后，村落兴旺，村民出海打渔有好的收获；在两岸对峙时，过海都可保平安。许多要去台湾的人，都到宫里祈求平安。陈圣王为闽南陆地神明，由此而成渔民和两岸的保护神。

后来当地人们得知神像来自漳州，因此每年漳州的陈元光庆典，圆海宫都会隆重组团到漳州进香。圆海宫重视文化积淀，现为厦门市陈元光学术研究会所在地。

现在圆海宫一带已经成为是陆地，周边街道繁华，高楼林立。圆海宫跟海岸无缘了，但它却见证了这一带的沧桑变化。

三、台湾部分开漳圣王庙宇

作为台湾重要民间信仰之一，开漳圣王信仰在台湾非常兴盛。据两岸史料所记载，台湾开漳圣王香火始于明而盛于清，至今遍及全台。早期台湾有些地方的发展，以开漳圣王庙为中心点向外延伸，如北台湾知名的金山老街、基隆庙口等，都是循此模式。据“开漳圣王庙团联谊会”近年统计，台湾登记供奉开漳圣王的庙宇已达360余座，其中已加入庙团联谊会的宫庙有80余座，信众以福建漳州移民占绝大多数。其中宜兰县是开漳圣王庙最多的地方，有28座；桃园县大溪镇开漳圣王庙最密集，方圆不过105平方公里，却有10座开漳圣王庙；现存最老的开漳圣王庙是桃园的仁和宫，建于清康熙四十八年（公元1709年）；而最具代表性的当属凤山开漳圣王庙、碧山岩碧山寺、芝山岩惠济宫和桃园景福宫。现将目前笔者已知的几座祀开漳圣王庙宇略述于下：

（一）桃园县大溪仁和宫

该宫庙位于桃园县大溪镇。据史料载，清康熙四十八年（公元1709年），有闽南漳州籍兄弟二人带着开漳圣王神像从闽南渡海来到台湾北部，择地于此开基建庙。此系桃园地区最早的开漳圣王庙，初为乡人奉祀开漳圣王搭建的茅屋，后来开垦者增加，参拜者增多，便称成“开基祖漳圣王庙”。庙内供奉一尊有着 330 余年历史的开漳圣王神像，该神像是台湾北部最早供公众参拜之神明。该庙不仅是大溪镇民众信仰的中心，台湾各地所供奉的开漳圣王庙宇，也大多是从仁和宫分香建庙的，如闻名全台的桃园市大庙——景福宫，其开漳圣王神像便是从仁和宫分香出来的。

（二）台北碧山岩开漳圣王庙

该庙位于台北内湖碧山岩之尖峰，又称为尖顶碧山岩。奉祀开漳圣王陈元光及其部下李伯瑶、马仁两位将军，香火源自漳州威惠庙，是台湾最大的圣王公祖庙，香火鼎盛。据传明末清初，某黄姓漳人随郑成功入台后，将随身佩带的开漳圣王及辅胜公李伯瑶、辅顺公马仁香火悬挂于碧山尖顶石洞中膜拜，乾隆年间，又由附近黄、郭、林、简、郑等五姓漳人共同发起建石屋小庙而祀，至今已有 250 余年。清嘉庆六年（公元 1801 年），因香客日增，故在原址小庙前另建起现在规模的台北碧山岩。据称该庙有求皆验，福庇万民，泽被四方，故各地信众纷纷前来祈求分灵，至今计有数百尊，甚至远渡海外。

（三）宜兰县永镇庙

该庙位于宜兰县壮围乡滨海公路旁永镇村永镇路 56 号。相传始建于清乾隆九年（公元 1744 年），是宜兰县年代最为久远并且最具代表性的开漳圣王庙，是漳州府的陈元光后裔陈镇民、陈福老等人渡台拓土、垦耕立业后，为求不忘源流，随迎祖籍地松州堡高陂山威惠庙的开漳圣王分灵金身，以作护安之祖神，祈请圣王护镇乡梓，永保平安，故定庙名为“永镇庙”，地亦称为“永镇村”。该庙正殿祀主神开漳圣王，从祀辅顺将军、辅信将军、别驾将军和护驾将军，左殿供奉五谷先帝、黄帝、三官大帝，右殿供奉福德正神，前案为玉皇大帝、文昌帝君和开漳太子等神明。该庙在全台设有多达 30 多处的分堂庙，均香火鼎盛，浴恩之信徒遍布全台。

（四）高雄县凤山市开漳圣王庙

该庙位于高雄县凤山市忠义街 132 号，与凤山县城内的龙山寺、双慈亭、城隍庙并列为市区四大古庙。相传清嘉庆六年（公元 1801 年）由漳州籍移民张元音募建。据传，最先大陆漳籍移民来台，集居于凤山县城西郊龙仔地段，俗名竹巷口。陈姓漳籍移民带来先祖开漳圣王香火，于此立庙供奉朝拜。据说，庙圣王威灵显赫，每有灵验，故四方来朝，香火鼎盛，该庙逐渐成为当地最重要的信仰中心。庙除主祀开漳圣王外，还奉祀福德正神、注生娘娘、太岁星君、马仁将军、李伯瑶将军等神明金身。

（五）台北市芝山岩惠济宫

该宫庙位于台北市士林区芝山岩，相传始建于乾隆十七年（公元1752年）。清初，闽南漳州移民即来此定居，见此山小丘屹立，葱茏独秀，状若祖地漳州的芝山，故名之。据传，平和县人黄澄清渡海迁台至此，将从祖地云霄威惠庙带来的圣王公香火挂于此山树上，后人屡求皆灵验，为感念开漳圣王护国庇民的恩泽，乃由地主黄某献地建庙而成。现该庙同时供奉三教主神，前殿主祀开漳圣王，后殿为阁楼式，楼下祀观音佛祖，楼上祀文昌帝君，彰显儒释道三教合一。“儒释道同垂教化”，乃该庙一大特色，令世人称道。①

四、漳台开漳圣王崇拜的异同

由于开漳圣王的庙宇在漳州和台湾较为集中，我们对两地的神庙作一对比。

（一）相同的方面

1. 神源的相同

漳台两地祭祀的开漳圣王，皆是漳州的首任行政长官陈元光的神化。漳州最早的将军庙建于云霄大峙原，传播过程中规模较大的庙宇要算云霄威惠庙、漳浦威惠庙（西庙）、漳州北庙和松州威惠庙。台湾岛上最早奉祀开漳圣王的祠庙“香火”，均从漳州祖庙分灵渡海而入，且多分香于漳州的北庙、漳浦的西庙和云霄的威惠庙。如：台北碧云岩开漳圣王庙供奉的开漳圣王最初是由漳籍黄姓移民从漳州威惠庙带香火入堂而祀的；台北芝山岩惠济宫供奉的开漳圣王最初是由漳籍平和移民黄澄清从漳州云霄威惠庙处分香而祀的；宜兰永镇庙的开漳圣王神像最初是由漳籍陈元光后裔陈镇民、陈福老等移民从漳州松州威惠庙迎请开漳圣王分灵金身入台而祀的。这反映了漳台两地开漳圣王同根同源的现象。

---

① 胡迢：《台湾的开漳圣王庙》，《台声》，2008（4—5），第63—73页。

2. 庙神外部形制的相同

因漳台两地神缘上的一致，故台湾开漳圣王信仰不得不受到漳州开漳圣王信仰的影响，具体表现在建筑风格上，台湾各地奉祀的开漳圣王庙宇继承了祖籍地漳州开漳圣王庙宇的建筑风格，主神庙里开漳圣王的神像很有特色，全武将打扮，尤其是垂胸的长须，貌威武而慈祥。

3. 祭祀礼俗的相同

台湾方面的很多典仪都与漳州开漳圣王庙所在地相仿，如：每逢开漳圣王诸神神诞或有关岁时节日，台湾岛上民间举行祀典、“鉴王”、“走王”等活动，这些都与漳州信众在开漳圣王神系诸神寿诞日举行的祭祀礼俗做法几乎一致。又如，台湾信众大多与漳州一样，都将开漳圣王庙的祭典定在农历二月十五日，因为这一天是开漳圣王陈元光的诞辰纪念日（或说是二月十六日子时）。当然，也有个别地方例外，如桃园县大溪镇的福仁宫，是在每年的农历二月十一日祭陈圣王。

4. 庙宇数量众多

如前所述，漳州地区现计以开漳圣王为主神的宫庙有 224 座，奉祀陈圣王部将其家属的宫庙也有数十座，总数居漳州神明庙宇数的前列。据近年统计，台湾现有供奉“开漳圣王”的庙宇已达 360 多座，进入台湾主神庙宇的前十数名。陈小冲先生说：台湾庙宇数前 20 名的神明占其所有庙宇数的 80％以上①，这也可证明台湾开漳圣王宫庙数的众多。

（二）漳台开漳圣王信仰的部分差异

虽然台湾开漳圣王信仰受漳州开漳圣王信仰的影响，在信仰崇拜大的方面与漳州相同，但是漳台开漳圣王信仰也在流传过程中，也形成一些不同的特点。

1. 漳台开漳圣王庙宇名称有所不同

漳州共有 224 家“开漳圣王庙”，其中称威惠庙的有 39 家，称开漳圣王庙的有 21 家，称圣王庙的有 19 家，称陈圣王庙的有 18 家，称王公庙的有 16 家，称王爹庙的有 7 家，称王爹妈庙的有 4 家，称王爷庙的有 3 家 ，计 127 座。由此可见，在漳州，“开漳圣王庙”的名称，一半以上都是以威惠

---

① 陈小冲：《台湾民间信仰》，鹭江出版社，1993 年，第 3 页。

庙、开漳圣王庙、圣王庙、陈圣王庙、王公庙等命名，让人一看就能断定该庙是供奉开漳圣王的庙宇。

台湾“开漳圣王庙团”计有85个会员单位，仅10家称开漳圣王庙或威惠庙，其他绝大多数采用的是当地其他神明庙宇所通用的名称，或者以地名为庙名。如：汾阳宫、永镇庙、灵惠庙、庆安宫（寺）、惠济宫、碧山庙、太平宫、广济宫、保民宫、忠福宫、广安宫、昭惠宫、清惠庙、三清宫、瑞源宫、开元寺、永兴庙等。真正称开漳圣王庙或威惠庙的却寥寥无几，以“开漳圣王庙”最多的台湾宜兰县为例：该县全县共有“开漳圣王庙”28家，而真正以开漳圣王庙、威惠庙、圣王庙、圣王公庙命名的仅4家，占该县全部“开漳圣王庙”的七分之一。这说明，开漳圣王虽是漳籍移民从家乡带来的具有强烈地方色彩的守护神，然而它在台湾落脚之后，在庙称方面却呈现了“土著化”的倾向。

2. 开漳庙宇供奉神明的不同

在漳州，开漳圣王庙宇多以开漳圣王为唯一主神来供奉，兼祀其亲人、部将等，而在台湾，以开漳圣王为唯一主神并兼祀部将的庙宇却较少，如：台北市的惠济宫并祀文昌帝君、观音佛祖为主神；桃园县的福仁宫和福安宫并祀天上圣母（妈祖）为主神；瑞元宫并祀中坛元帅（哪吒）为主神；仁和宫并祀玄坛元帅（赵公明）为主神；宜兰县的庆安宫并祀三山国王为主神等。①

3. 传播的范围不同

漳州开漳圣王信仰形成之后，在长期的发展过程中，传播至闽南、闽西、闽中、浙南、粤东，还影响至海外如台湾和东南亚，且多数地方信众不仅限于漳籍人士，他已成为为跨区域保护神。而台湾神庙自漳州分香而来，较早的神庙成为台湾地区的祖庙，在本地流传，信众多为漳籍人士，为漳籍信众的保护神。

4. 社会职能不同

漳台两地信徒最初焚香朝拜开漳圣王，基本上都是为了寻求精神上的慰

① 邓孔昭：《台湾漳籍移民与开漳圣王崇拜》，《台湾研究集刊》，1992年第2期，第75—76页。

藉。然而，随着社会的变迁，开漳圣王在漳州的社会职能转变成“地方保护神”的功能，而在台湾，开漳圣王信仰的社会职能却伴随着台湾社会形态由“移民社会”向“安定社会”、“现代社会”的不断演进而不断的演变，发挥着抚慰移民心理、凝聚漳籍人心等作用。①

五、结语

闽南与台湾开漳圣王信仰文化相同点突出，但在传播和交流中，难免存在着一些差异。上世纪 80、90 年代以来，两岸关系的发展，两岸经济文化交流日益频繁，台湾和闽南相继成立了开漳圣王庙团联谊会和研究组织，两地开漳圣王信仰的交流有了新的发展，除了成千上万的台湾信众前来漳州开漳圣王祖庙进香谒祖外，漳州的信徒也积极对台胞的热情作出回应，突出表现在漳州开漳圣王祖庙的主神多次应邀频繁赴台湾巡游，接受信徒的顶礼膜拜；开漳圣王文化的探讨交流规模宏大，已先后分别在新加坡、中国台湾和漳州召开了三届国际开漳圣王文化联谊大会，台湾的庙团联谊会会长还兼任漳州市开漳圣王文化联谊会的名誉副会长，闽南与台湾开漳圣王文化交流走上新的发展阶段。对于两岸交流的热潮中出现的新倾向，及其影响开漳圣王的神明庙宇的相关方面，需要学界进一步跟踪研究。

六、辅顺将军崇拜

（一）辅顺将军概述

辅顺将军马仁，民间尊称“马公爷”；由于传说马公曾任舍人一职，也称“马舍公”、“舍人公”；或因在漳州神像为红脸，又称“红枣公”。据《陈元光开漳史篇》载：“马仁，河南光州固始人，唐玉玲卫校尉。总章二年，马仁随陈政、陈元光父子戎闽。时值流寇犯境，马仁率轻骑围剿，大败贼兵于盘陀。”漳州置郡，陈元光任刺史，授马仁为州司马。后蛮獠首领苗自成、雷万兴再次作乱，在岳山战斗中，陈元光陷入敌军重围，马仁飞马冲入敌阵，掩护主帅突围。后因寡不敌众，马仁被砍死而其身仍坐在马上不倒，神勇无比。宋代，被追封为辅顺将军。漳郡百姓，敬仰马仁刚强威猛，荡寇安

① 本节部分参考林小倩：《浅析漳台“开漳圣王”民间信仰的交流与发展》手稿。

民，开拓漳州，造福庶民，各地建庙敬祀，尊称其为“马王公”、“马公爷”。宋时，东园一带民众念马仁威武神勇，惩恶扶善，诛奸灭邪，绥靖四境，以专庙祀之，祈求保佑乡土平安，奉其为本境保护神。

东园马公庙于宋代建立后，在城东颇有名气，香火兴盛。相传，清初漳州浦头一带有蓝理、柯彩、陈龙、许凤、吴田等五位流浪汉。他们去投军时，曾到东园马公庙拜谒神灵，祈求庇佑，并随身带了一包马公庙香灰。不久蓝被任命为施琅攻台水师先锋，在澎湖海战中，中炮肚破肠流而昏倒，朦胧中见身穿红袍的辅顺将军抚其伤口，蓝理猛然苏醒，即从胸前掏出自带的那包东园马公庙香火，敷在伤口处，继续作战，从而荣膺头功。此则当属神话，但民间多有传颂。台湾收复后，此传说也广为流传，因此台湾部分区域立庙奉祀，作为乡土保护神，并认定漳州东园辅顺将军马公庙为台湾各辅顺将军庙的庙祖。

台湾台中辅顺将军庙记载，将军曾在漳疫病流行时，施方救人。漳州北斗辅顺将军庙保有药签，认为是马仁留下的，共有内科、外科、儿科、眼科药剂，据称药到病除，非常灵验。

然而，由于两岸的隔阂，台湾一些宫庙对辅顺将军的身世不甚了解，以为将军是唐宋之际人士，或以为是宋将杨文广的部下，名为“马殷”①。此说来源于流行于闽南的《杨文广平闽十八洞》的小说。其实，杨文广从未到过福建，此小说借杨文广之名，描写的是陈元光将军的事迹。这在厦门大学叶国庆老教授《平闽十八洞研究》中已清楚论述。② 由于海峡阻隔，台湾方面不了解，近期的双方往来，将释此误解。

（二）闽南与台湾部分辅顺将军庙

1. 芗城马公庙

马公庙，又称辅顺将军庙，亦称马王公庙。庙址在漳州城东东园，今芗城区巷口办事处民主里。始建于宋建中靖国元年（公元 1101 年），明洪武元年（公元 1368 年）重修，后屡有修葺。主祀唐辅顺将军马仁，为东园一带村社的社庙。

---

① 游谦，施芳珑：《宜兰县民间信仰》，宜兰县史编纂委员会，2003 年版，第 450—451 页。

② 叶国庆：《笔耕集》，厦门大学出版社，1997 年版，第 64—140 页。

漳州东园马公庙距今已900多年，历代虽有修葺，但庙址、庙貌不变，至今仍依旧坐落在民居错杂的巷道内。现庙为砖木结构，悬山顶，坐东朝西。1999年贯彻宗教政策后，庙宇经过装修，屋顶燕尾瓷雕、斗拱架设，雕梁画栋，古色古香，属清代建筑风格。占地面积1400平方米，建筑面积421平方米。主殿三开门，面阔一间，进深一间，上悬匾额横书："辅顺将军"。神座上供奉辅顺将军马仁及其策应妙英韩氏夫人。马仁的塑像，红脸黑须凸眼，神态威武。旁祀一匹白马，右蹄弯曲形似作战时受伤状。这些雕塑均系建庙时古木雕，保存完好。主殿背后夹天井，后座原设居室，现改成后殿，祀观音和弥勒佛，供善信诵经朝拜。主殿前方建一四方凉亭，斗拱画栋，朱漆木柱，左右设石板座供香客憩息。亭前有狭长的混凝土庙埕，供节日弄龙舞狮和信众活动；西端建一座大戏台，作演戏酬神之用。凉亭南面另建老人活动室，供本社老人休闲娱乐。可惜庙里原有的文物，在1966—1976年间的破除迷信运动中遭到破坏，现仅存明崇祯辛未（公元1631年）青石雕长方形香炉一只，正面阴刻："罗溪善士黄宽喜拾祈求如意者"。殿门两侧原有一副木刻楹联已破坏，现以红纸书写原来联句："勇平蛮獠敕封辅顺将军，掩护主帅突围忠烈千秋"。除外，其他文物已无可查考。

从20世纪80年代起，随着宗教政策的贯彻落实，信众又恢复了对辅顺将军的参拜与祭祀。2002年6月，东园马公庙经申请被核定为民间信仰活动场所。十几年来，每日都有来自市区和邻县的善信到庙里进香、许愿、谢恩，香火日渐兴盛。台湾的台中、彰化、宜兰、台南、高雄等奉祀辅顺将军的庙宇，从1988年起，先后组团到漳州东园马公庙进香，拜谒祖庙。据不完全统计，十几年来，自台湾到漳州拜谒祖庙达600多人次，他们除虔诚崇敬祭拜外，还先后敬献给祖庙铜铸香炉一个、刺绣"欢门"与"幡门"各一个、金牌5枚、供台（长方和四方桌）两张；并捐赠修建祖庙经费港币8000元，台币3.6万元，人民币2万元等。据说，台湾各地奉祀辅顺将军的庙宇有18座，除上述前来拜谒分香的6座庙宇外，尚有12座也将在适当时候到漳州寻根谒祖，共同探索民间信仰的文化内涵。①

① 《芗城文史资料》第十三辑，134—136页。

2. 台中顺天宫（辅顺将军庙）

台中辅顺将军雕像，据称为康熙时漳州漳浦籍将领蓝廷珍奉请入台，至今280余年。

该庙位于交通枢纽，战略位置重要。所以，在林爽文事件、戴潮春事件及漳泉械斗等冲突中受破坏和影响，多数文物损失殆尽。由于地方人士大力保护，尚存清嘉庆年间，记载相关械斗事件的“民和降福”匾额，非常珍贵。

大正年间，日本据台，压制民间信仰，台中辅顺将军庙危在旦夕。所幸地方乡绅捐款迁址，定于龙庄现址。后于1966年、1987年多次维修扩建，形成如今规模。

宫庙关注社会公益事业，于1987年创办“仁爱之家”，供老年人休憩学习之用。除此之外，还致力于慈善活动。自1986年以来，每年都受省市主管机关的嘉奖表彰①。

3. 宜兰庆和庙

传说清嘉庆二十年（公元1815年），有从大陆迎来马公神明的队伍，路经宜兰庆和里，在现庙址（厅治的北门城外）前休息。之后准备再起程，却抬不动辇轿，只好请示马公的意思，得知神明有意驻守此地，于是人们盖起草寮奉祀。右侧祀有徐公，原为神明队中敲锣者，留下照料庙务；左侧供注生娘娘。庙宇特为先贤供奉，还奉土地爷。

光绪十三年（公元1887年），举人林廷仪求马公保佑而中举，因而与地方乡绅共同倡导修建庙堂，获支持建成如今的建筑。庙门的对联“庆云景星，天鉴精忠呈瑞彩；和风甘雨，人邀默佑报馨香”，为林葆英应林廷仪恳请而撰写的。1970年庙宇火灾，重建宫殿式庙宇。1989年新建了牌楼②。

第二节　闽南与台湾部分先贤庙宇源流（一）

闽南与台湾盛行贤人崇拜，本节介绍广惠尊王、朱文公、林太史、圣侯

① 《台中辅顺将军庙简介》，台中市辅顺将军庙编撰。

② 游谦、施芳珑：《宜兰县民间信仰》，宜兰县史编纂委员会，2003年版，第452页。

公等部分先贤崇拜概况。

一、闽南与台湾广惠尊王庙神源流

（一）闽南与台湾广惠尊王崇拜的由来

广惠尊王，又称广惠圣王、广应圣王、护国尊王、显济圣王、王公等，为东晋宰相谢安，字安石，号东山，东郡阳夏（今河南太康）人。东晋孝武帝时，前秦苻坚带百万雄兵南侵，谢安临危受命，于太元八年（公元383年），令侄儿谢玄挂帅，与其弟谢石带兵八万，在淝水一战，巧用疑兵之计，以少胜多，打败前秦百万兵。这就是著名的以少胜多的秦晋淝水之战。谢安病逝后，民间感恩立庙供奉。

据《漳浦县志》记载，相传中国唐朝年间开漳圣王陈元光奉令带领58姓将校，3600府兵，来到闽南，平定“蛮獠之乱”以后，在这里落籍定居，把他们从中原请来的“谢府王公”香火，在各地塑像立庙奉祀。《漳州府志》记载：“谢广惠王即晋谢安石也，陈将军元光奉其香火入闽漳，漳人因而祀之。”唐初，陈元光及其部属将谢安的香火带到闽南奉祀。移民因战乱等背景而迁徙，人们希望有如广惠尊王一样的贤臣保护一方平安，所以其神明广受崇拜。闽南仅漳州就有数十座广应圣王庙，也称元帅庙。明清时，闽南人迁台，携带香火分灵台湾，全岛有20多座广惠尊王庙。

（二）闽南与台湾部分广惠尊王庙宇

1. 古县广应圣王庙

广应圣王庙又名积苍庙，俗称古县大庵，位于龙海市颜厝镇。庙中奉祀广应圣王及元帅爷诸神。大庙本为南朝梁大同六年（公元540年）建立的龙溪县的县衙。唐德宗贞元二年（公元786年，即建立漳州的100年后），陈元光的曾孙陈谟把州治迁到今之漳州（即芗城区，当时属龙溪县境内）来。古县自龙溪建县到州治迁入漳州，结束了作为县衙246年的历史。后来，村民不愿县衙空着，就改为供奉“谢府王公”的庙宇，所以庙门前还保留有七级台阶，作为纪念。庙门也不像一般庙宇，保留了“凹”字形的衙门与府第的形式。

从唐贞元二年（公元786年）至今的1200多年中，此庙历代屡有修建。重修后的古县广应圣王庙占地面积780平方米，建筑面积518平方米，为二进殿堂，中有小天井，神龛上奉祀元帅爷和王公、大妈王氏、二妈胡氏及妈仔等神像。相传，这些神像除了元帅爷奉祀在正殿外，其他神像都奉祀在正殿两旁的偏殿。到了乾隆年间，历任礼部、兵部、吏部尚书和文华殿大学士的蔡新回漳浦省亲，到古县看望女儿及女婿，特地到古县大庙参香，见庙中神像排列以谢安侄儿谢玄位列正中，认为就昭穆、官阶而言都不合礼仪，回京后遂奏请皇上（乾隆帝）敕封谢安为“广应圣王”，才把谢安神像供奉正中，“广惠圣王”庙自此改称为“广应圣王”庙。庙中有蔡新题写的“苍生霖雨”“东山辅晋”两面牌匾，还有赐进士出身加三级诰授奉直大夫特受山西和顺县知县郑玉振题写的“郿山福地”大匾。后殿石柱联有嘉庆五年（公元1800年）郑玉振题写的“新亭一语慑权奸，扶危定倾，克绥晋祚；北府三军多义勇，披坚执锐，雄扫秦氛”；有道光乙亥年（公元1839年）重修时，前任福州儒学教授郑锡三题写的柱联：“东山扶晋祚，济世匡时，允矣，金陵硕辅；淝水扫秦氛，运筹决胜，卓哉，江表伟人。”前殿有道光戊子年（公元1828年）乡进士拣选知县郑锡周题的石柱联：“优游却壮骑三千，一局其中早已运筹决胜；精锐破雄兵百万，八公山上谁不服教畏威。”

明末清初，古县郑氏先民多批移居台湾垦殖。据记载：清顺治年间郑成功与清军展开争夺漳州城之战，古县是郑军的主要据点。后郑军挥师台湾，古县郑氏有不少青壮年加入郑军入台，并在台湾垦田建业。现在其后裔主要分布在台南、高雄、澎湖及台湾北部等地。古县人入台时把祖家王公香火带至台湾奉祀。自清统一台湾后郑氏后裔常派人回祖地谒祖，1949年后中断。1988年台南旅游界人士魏先生受父老委托特意前往大陆寻访“广应圣王”。他到古县一看到谢安神像就兴奋地喊了起来：“找到了！这和我们那边的王公一模一样！这就是台湾王公的祖神啊！”于是把王公神像和大庙一一拍照带回台湾，从此台胞经常前来古县参香谒祖。

早在康熙十八年（公元1679年，亦即南明永历三十三年）原古县大庙主神（时称“广惠圣王”）香火已传至台南县大湾广护宫奉祀。清乾隆五十二年（公元1787年）王公香火（时称“广应圣王”）也传至高雄县林园乡“广应庙”和屏东县万丹乡下廊，“廊振宫”至今香火旺盛[①]。

---

① 资料来自古县广应圣王庙筹备会 。

2. 南靖船场新溪尾寺

位于船场镇世禄村的新溪尾安善堂，创建于公元695年，开漳圣王陈元光的部属将王公的香火带到南靖船场新溪尾，并塑像立庙奉祀。

新溪尾寺原址在庵坑山麓，建于唐天册万岁年间（公元695年），后因山洪暴发，庙宇被冲塌，迁至新溪尾石洞内，至明天启二年（公元1622年）在洞外建庙，一直至今。庙里有唐代铜香炉一只，重15公斤，炉底铸有“大唐真定年制”字样，庙门外有明、清时期的石碑三面，宽一米。该庙现有建筑是1992年修建的。1993年新溪尾寺被列为县级文物保护单位。

庙址依山傍水，风景秀丽。有主殿、侧楼、石雕山门、水面桥、碑亭等建筑。有1.5万平方米的花圃广场，广场上有一尊连底座高12.49米的花岗岩谢安雕像，雕像左手持剑，右手举于胸前，做思考决断状，神情凝重，目视前方。还有6080平方米的放生池；广场绿草如茵，湖边长堤翠柳成行。

农历十一月二十六是谢安的生日，按照传统，从农历十一月二十五日起，当地群众会连续三天举行庙会活动纪念。船场镇政府于此机会举办了九届旅游文化节。包括上刀山、下火海、民族风情歌舞等表演；还有乡亲恳谈会、歌手演唱会、广场游园活动。前来朝拜的香客和旅游观光的游客就达数万人。

新溪尾寺的香火世代鼎盛不衰。特别是近几年来，漳州、厦门、泉州、广东、香港、新加坡等地海内外乡亲络绎不绝地前来观光朝圣。1997年11月，台湾省台北县的乡亲前来新溪尾寻根，还雕塑一尊“广应圣王”神像带回台湾供奉①。

3. 厦门海沧正顺宫

正顺宫位于厦门海沧新垵村，建于明初。清嘉庆二十三年（公元1818年），同治十三年（公元1874年）及民国六年（公元1917年）曾重修。1966年后，正顺宫被毁，1998年五月初五重建。

新落成的正顺宫为三进殿堂，重檐歇山顶，占地9000平方米。庙旁另有诒古堂一座，为会宾所。

正顺宫原是观音堂，不知何种原因改祀谢王公。现中殿供奉谢安、大

① 《新溪尾寺（安善堂）简介》，南靖县船场新溪尾寺编。

娘、二娘、谢玄及谢玄之子大保哥。后殿供三宝佛。

民间称正顺宫神明灵验，声名远播，香火长盛。

4. 台南大湾广护宫

大湾广护宫，俗名王公庙，位于永康大湾，清康熙年间建成，是大湾旧聚落的中心信仰庙宇，其所在地曾是台南府城近郊最古老的村落之一。

大湾古称大湾塘，东是溪流，西有巨沼，朝北汇流，大湾三面环水，位于郑成功的承天府小东门城外。当时的漳泉移民形成以谢姓为中心点，谢、汪、李、郑、王、黄、陈、杨、刘等九大姓聚居的长兴里大湾庄。漳州府龙溪县二十八都宝树社人谢德明，把故乡宝树社王公庙所祭祀的先贤广惠圣王谢安之神像，在大湾谢姓家族设坛奉祀。康熙十八年（公元 1679 年），村民共商建庙奉祀圣王，仿照祖庙名称，号大湾王公庙，正式奉祀广惠圣王、谢府刘夫人、王公祖，并祀谢府元帅（名玄，字幼度）、注生娘娘、天上圣母、中坛元帅、福德正神、岳府元帅和观音菩萨等神佛像，成为大湾开基祖庙。

广护宫或修建或易名，可说历尽沧桑，尤其以甲午战后，日本殖民统治台湾 50 年间，广护宫被局部拆除，很多古文物皆毁坏在“毁神庙、除神明”的浩劫中，实为可惜。光复后王公庙恢复了旧观。重建庙厢，并易名为“广护宫”。目前庙貌为 1991 年重建后所呈现的面貌，庙体为宫殿式造型，分中殿及左右厢室，外观雄伟，远观如三庙并立。广护宫琢磨工致的石雕、精细的木质雕刻、生动的彩绘作品、雅致的剪贴装饰，耐人寻味，令人百看不厌。

5. 高雄县广应庙

位于高雄县林园乡广应村王公路 340 号的广应庙（王公庙），是林园乡乡民的宗教信仰中心。面向高屏溪，东瞻猴山，西接凤鼻头，南临琉球小屿，北连凤岫，俯瞰林园市区。

庙宇由来于清乾隆五十二年（公元 1787 年），有位大陆移民来台，路过此地，护身“香火”遗落于番石榴树上。乡民发觉后，初以竹茅建立小祠奉祀。祈求许愿，有求必应，于是香火日盛。清嘉庆癸酉年（公元 1813 年）腊月，修造石砖庙宇，雕塑神像以奉祀，建成“广应庙”。光绪乙未年（公元 1895 年），再次扩建前后殿。1957 年，再增建左右厢房，供作议事及香客休憩之所。1999 年重建一、二层新庙宇，楼下作活动中心，楼上奉祀谢府王公尊神等①。

二、闽南与台湾的朱文公崇拜源流

（一）朱文公简介

朱熹，生于南宋高宗建炎四年（公元 1130 年），卒于庆宗六年（公元 1200 年），字元晦，改字仲晦，号晦庵、晦翁，别号云谷老人、沧州病叟、遁翁。

朱熹长期生活于福建，除三年时间在其他省外，近 70 年都在福建各地，主要从事学习、著述、讲学、为政等活动，其学派称闽学或考亭学派。朱熹被誉称“绍道统，立人极，为万世宗师”，为孔子之后伟大的思想家、经学家、教育家。对此，《宋史·朱熹传》有明确的说明：“其为学，大抵穷理以致其知，反躬以践其实，而以居敬为主。尝谓圣贤道统之传散在方册，圣经之旨不明，而道统之传始晦。于是竭其精力，以研穷圣贤之经训。”朱熹的理学思想影响了中国 800 多年。

朱熹从政七年，其中在闽从政四年。首次为福建泉州同安县主簿，任职三年。光宗绍熙元年四月（公元 1190 年），朱熹到漳州任职，时间一年。按《宋史·光宗本纪》记载，绍熙二年三月诏福建提点刑狱陈公亮知漳州，朱熹同措置漳、泉、汀三州经界。总计在闽南任职四年，游历了闽南地区的山山水水。留下的政绩，为后世之榜样。

作为一代宗师的朱熹逝世后，各大书院纷纷立朱子像祭奠之。白云岩寺的乾隆年间的郑玉振进士撰写的《重修白云山紫阳书院碑记》说：“宋绍熙初，紫阳先生来守吾漳，尝于暇日登白云山，讲《诚意》之章，手书堂额联句存山中。后人不忘先生之戾止也，立祠以祀。”

朱子哲学 15 世纪影响朝鲜，明末（16 世纪）福清隐元禅师把朱子学带到日本。朱熹的追随者不单单只有国人，其影响力已经遍布全球。在日本，醉心朱熹哲学的有藤原星窝（公元 1561—1619 年）、室鸠巢（公元 1658—1734 年）等。最为著名的是贝原益轩，其所著《大疑录》是日本研究朱熹哲学的重要著作。西方人士李约瑟将朱熹与天主教著名神学家圣多玛斯相比，

---

① （台湾）“广应庙（王公庙）”网站，www. oheart. com. tw/kuang－ying/。

称二人都继承了伟大的传统，把它发展为一种统一的哲学。

1981 年 10 月，全国宋明理学讨论会在杭州召开。1982 年 7 月，朱熹思想国际讨论会在美国夏威夷召开。2003 年 11 月，由武夷山朱熹研究中心和世界朱氏联合会在武夷山联合举行了题为“《朱子全书》与朱子学”的学术研讨会。

朱熹是世界文化名人，他的思想已成为国际学人共同关注的重要课题。朱熹思想及朱熹遗址受到越来越多人的关注和追捧。

（二）闽南与台湾部分朱文公庙宇

1. 白云岩与紫阳书院

紫阳书院位于漳州城东南 10 公里处，处龙海市颜厝镇兰庄（也作丹庄）社南的白云山腰，为书院与朱子祠同体，依岩势而筑，占地 1400 平方米。北距漳州城区八公里，东距龙海市区石码镇 11 公里。岩的周围林木苍翠，风景幽雅。登岩远眺，九龙江奔流向东，绿野平畴，溪山如画。

宋代理学家朱熹任漳州郡守时，对白云岩见而爱之，在这里建紫阳书院，开学授徒，讲过《诚意》章。紫阳书院的取名，主要是朱熹为怀念其父朱松而取。徽州的紫阳书院与漳州的紫阳书院为同名异地，都与朱熹家山紫阳山、朱熹父亲朱松、朱熹别号有关。白云岩的紫阳书院匾额上，有朱熹亲手题书的“与造物游”四字，及门联一对，曰：“地位清高，日月每从肩上过；门庭开豁，江山常在掌中看。”

朱熹在漳门人有九人，包括朱熹最重要的弟子陈淳。朱熹知漳重视文化教育的发展，“以道德正大行之民心”。

白云岩大雄宝殿前的朱子祠，是乾隆十年（公元 1745 年），由大殿西侧原紫阳书院旧址上的朱子祠改建而成。朱子祠主祀朱文公，配祀唐朝彝、玄天上帝。如若复以朱熹在漳门人理学家陈北溪、王东湖从祀，则可增地方色彩，可添文化氛围。

因为朱熹与白云岩的缘故，历史上许多文人墨客、高官厚德慕名而来，寻芳留迹，比如：明朝万历年间，朝鲜状元千里南来造访镌文；明末曾任兵部、礼部尚书的黄道周所题“白云深处”横匾庄重高悬。

紫阳书院的建筑，前看有通风采光门屏等书院风格，后视如宗祠庙宇一般的结构，是少有的清代祠堂、书院的并合体建筑。而白云岩、百草亭、朱子祠、禅寺却同处于一条线，坐南向北，亭、庙、院同藏匿于一小片千年原始森林，为释、道、儒三教同山。

祠中东壁现存两石碑。一为重修白云山紫阳书院碑，立于乾隆乙巳年（公元1785年）。有篆额，作“重修白云山紫阳书院碑”。乡贤郑玉振撰文，记朱子祠沿革；里中举人黄金莲书。一为白云山紫阳书院建置祭田碑，立于道光三年（公元1823年）。仍由郑玉振撰文，记建置朱子祠祭田事。

百草亭前左侧涧边，有一巨石，上镌“何有”二字。相传当年朱子于亭中讲经，四方士子来听。有一漳浦儒生后至，不得近前，遂挤立石上，聆听入神。待回神，自惊几跌涧中。这个漳浦儒生姓何名有，朱熹被他这种专心致志认真好学精神所感动，乃手书“何有”两个大字，命人镌于其坐过的这块大石头上以褒之。后人把这块大石头叫做“何有石”。

另有唐代高僧虔诚禅师卓锡处，一股清泉从巨石的圆眼汩汩流出，涓涓不息，历经千年不干涸。据传说，虔诚禅师当年决定在白云岩居住，苦无用水，他把锡杖植在岩石上，便涌出一股清澈的甘泉来。这胜迹就叫“卓锡流泉”，石径旁边的松树下，还有一块大石，也是虔诚禅师遗迹。

书院前面建有一座百草亭，亭内立一石碑，上书“紫阳夫子解经处”。现存的碑柱上还刻有“百草亭中留胜迹，白云山下隔尘缘”和“解经遗迹踪犹在，过化尊神泽未泾”的对联。朱熹当年经常洗砚的小池塘，水黑如墨，就是现存遗迹洗砚池。

清代的唐朝彝在寺庙前面造朱子祠祀朱熹，追念他在学术上的功绩，尊称“朱文公”，书院匾额和门联遂移到朱子祠上面来。

2. 同安文公书院

文公书院位于同安大轮山，又名紫阳书院。明嘉靖年间，经理学名宦林希元提议，自县东门内畏垒庵迁建于梵天寺。“文革”期间仅存朱熹石刻画像及部分残垣。1987年，依旧制重修，是研究朱子学的实物资料。据厦门大学哲学系教授高令印考证，文公书院里留存的朱熹石刻画像，是朱熹当年众多“对镜写真”的自画像之一，存于明代，年代最早。

同安乡贤颜立水先生说，“畏垒庵”是当年朱熹任职期满，继任者未到时，在陈良杰之馆借住的居所。当年朱熹“批襟行吟”的大轮山如今是同安香火旺盛之地。朱熹曾在大轮山留下许多石刻。明代，刘裳构筑瞻亭，拓朱子“瞻亭”墨迹挂在石亭上方。如今，“瞻亭”依然可见，只是在石构之间，多了许多后人修补的痕迹。

3. 金门浯江书院

浯江书院位于金城镇西门，建于清乾隆四十五年（公元 1780 年）。当时，驻金门的同安县通判署移驻马巷，金门人黄汝试将房屋买下，改建为浯江书院，塑朱子像并配祀乡贤。这是金门县有朱子祠之始，其源来自同安。

金门原本有四大书院，即朱熹（公元 1130—1200 年）创立的燕南书院、元代的浯洲书院、清代的金山书院和浯江书院。如今，浯江书院硕果仅存，被列为台湾二级古迹。

1968 年，浯江书院及朱子祠重修，保留了学宫风格，面阔三间，进深两间。重檐歇山式，墙壁由对称式点金柱组成，柱间置有三通五瓜七架梁，在断面的通梁上置放瓜筒，瓜筒上再置放斗、拱、通，组成叠斗式木构架。

讲堂左右两壁挂着《朱子学规》等，四周装挂纪念金门历代乡贤的匾额及进士题名录和武功题名录，正面挂“海滨邹鲁”匾额，为福建巡抚使许世英于 1915 年题。祠内配祀金门乡贤黄伟、蔡复一、林焊、卢若腾，陈列朱熹著作和《金门文献丛书》、《金门文库》以及有关书籍 30 多种。国学大师钱穆题额“朱子祠”，并撰有《朱子生平》、《朱子学术》各 500 字，置于祠内两壁；正中挂钱穆夫人胡美琦所画朱子遗像，旁挂朱子手书“鸢飞月窟地，鱼跃海中天”拓片，及《太极图说》。

2004 年，朱子祠再次重修，恢复仪门，增设廊道、竹篱等。朱子祠并兼作图书馆，成为金门文化、教育、学术活动中心。

三、闽南与台湾林太史庙神源流

（一）林太史崇拜概述

林太史公，即林偕春（公元 1537—1604 年），字孚元，号警庸，晚年自号云山居士。明漳浦县前涂村人（今属云霄县），祖籍云霄葭洲。幼年聪颖，由父林文贡（邑生员）亲自教读，“得钱即购书，燃灯即以开卷”，勤奋异常，学业精进。

嘉靖四十年（公元 1561 年）林偕春参加乡试中式；嘉靖四十四年（公元 1565 年）考中进士，选为庶吉士，任翰林院检讨。

隆庆（公元 1567—1572 年）以后，林偕春参加编纂《穆宗庄皇帝实录》，书成，升编修，掌制诰。在为朝廷拟写名相张居正之父的诰敕时，张相要求略增褒语，偕春以“王言有体”为由，执意不肯更改。由于获罪于张居正，次年被外调任湖广按察副使（四品衔）。偕春行至淮安，愤然辞官归里。

林偕春在家乡“筑室云山之麓，洗耳漳水之滨”，自言“知我者稀，则我自贵，又安能贬胸中奇崛，徇他人之欢”，成为一位清高隐士，在此专心学问九年之久。万历十一年（公元 1583 年）张居正卒，翌年偕春复职，并奉命督导两浙学政。他所识拔的，多是有真才实学的士子，时人称其慧眼识才。但他秉性直率，与朝廷派出监督学政的使者相抵牾，被诬参解职归里。

后来，朝廷又起用林偕春为赣南兵备道（衙驻赣州，统理江西的南安、赣州，广东的韶州、南雄，湖广的郴州，福建的汀州等处军务）副使。当时虔州（今赣州）岑冈一带山贼为患，众议应予清剿，独偕春认为山贼难剿，“小胜不武，滥杀非仁”，主张安抚。巡抚采其议，地方迅速安定，黎民免受骚乱、干戈之苦。不久，升任湖广右参政，分守荆西。适逢荆西大旱，偕春与地方官极力设法赈济。此时，朝廷中妒忌者又提起他在浙江主试涉嫌的旧事，纠缠不休。万历十四年（公元 1586 年），偕春决心摆脱官场中同僚的倾轧，愤然题诗于壁：“丈夫愤世倚层楼，漫向妻孥笑细侯，便往田园归潦倒，何须竹马迓鸣驺。”再次辞宫归里，从此不复出仕。

林偕春于云霄镇筑小书斋，悬挂“读书谈道”匾额，邀远近学子共同读书谈论儒家学说，恢宏器识。学子归之如就市，“户屦常满”。

明朝制度，凡官宦归休，地方官每月例给车马费作为津贴。林偕春辞谢说：“我遨游山水，安步当车，已感愿足，岂敢浪费公帑。”

万历末期，神宗派内监到全国各地办税，遍设关卡津渡，捐税如毛。内监恃势横征暴敛，地方官吏和民众大受侵扰，屡有反抗行为发生。林偕春以休闲之身不惜为民请命，呈请蠲免“公溪舶税”和“榷税”，以致得罪当政者。

万历三十二年（公元 1604 年）九月二十六日，林偕春病逝，享年 67 岁，乡民罢市送殡，葬于云霄马径山（今马山村西北）。遗著有《〈晋书〉〈北史〉钞略》（已佚）和《云山文集》。

清光绪九年（公元 1883 年），云霄缙绅倡建“云山书院”于城关竹仔街，塑像祀奉林偕春。随后，林太史公信仰渐次普及到漳州府各属县，香火鼎盛，成为乡贤信仰的典型。

（二）闽南与台湾部分林太史庙

1. 云霄太史公庙

云霄太史公庙又称太师公庙、云山书院，奉祀乡贤林偕春。清光绪九年（公元 1883 年）建。

太史公庙坐落于云霄县云陵镇溪美街的漳江畔，占地面积 1300 多平方米，主体建筑面积 700 多平方米。该庙布局奇特，装饰典雅。由门厅、庭院、大殿、厢房、照壁等组成，东西长 45 米，南北宽 29 米。抬梁穿斗式，重檐歇山顶方型楼阁，24 根附柱支撑整个大屋顶，屋脊顶端安上一青色瓷制大葫芦，并上书“天开文运”四个醒目耀眼大字，整体结构严谨，堂皇华丽，具有闽南沿海独特的古建筑风格。

该庙分上下两层，前后两进，中为天井，正面三齐门，龙虎门左右拱护，庙前为广场。上层为“奎星阁”，祀奎星，下层厅堂正中祀林偕春塑像，两侧大柱悬对联：“云天孰与高，直节曾飞权相魄；山郭何其重，官箴犹系邑民心。”庙里大厅上有书画大师刘海粟先生的“云山书院”、厦门大学叶国庆教授的“一代文宗”等珍贵墨宝制成的烫金匾额为云山书院增辉添彩。每年农历四月初四林偕春生日，云霄民众即在庙前大埕，搭台演戏数场。部分云霄民众及邻县、广东、港澳台同胞娶亲建新房，也到这里找日，因此，每天到这里的香客络绎不绝。

云霄太史公庙在台湾基隆、南投和新加坡、马来西亚等地都有分庙①。

2. 台湾南投草屯林太师庙

草屯林太师庙，据称前身为万应公庙，因中正路道路拓宽，使得万应公庙，庙地狭窄不敷使用，在众人提议下另在原地后面新建闽南式重檐结构水泥建筑，原本主神应为万应公婆，但神桌上供奉一张大陆林太师画像相片，众人请示万应公，万应公指示本庙应以林太师为主神，更万应公祠为林太师庙，因神缘才会有现在的林太师庙。

---

① 郑镛、涂志伟：《漳州民间信仰》，海风出版社，2005 年版，第 124—126 页。

此庙为新丰里与御史里共有的万应公庙，每年七月十四日两里共同普度，演一台公戏，另有一台民众谢戏。消灾化劫、祈安植福，非常热闹，堪称草屯最具规模祭典活动。

林太师庙位于草屯镇中正路与成功路交叉路口，交通方便，四通八达，左接草屯市区，右临乌溪河畔，后依茄老山坡，前有宽广的青翠稻田，景色优美，地灵人杰。

农历四月四日为该庙林太师公诞辰，庆祝活动有祝寿三献礼和诵经礼赞，各界民众热烈参与。

南投林太师公庙注重神缘，曾三次前往大陆寻根，谒祖会亲①。

四、闽南与台湾圣侯公庙神源流

（一）圣侯公崇拜概况

圣侯公，据清乾隆《长泰县志·杂志·仙释》记载："陈耸，东城人（今苑山村），少倜傥，尝语人曰：'吾生不能膺侯封，死当为神明，享庙祀'。没而有灵，元至正间，敕封英烈侯。"

据长泰民间传说，陈耸的祖父早年居于武安南坑社，到其父迁居武安陈厝内，生陈耸。不久父亡，孤儿寡母，生活十分艰难。俗话说："家贫出孝子"。贫寒的陈耸，长大后果然是个大孝子。陈耸在县衙当差，节衣缩食，将微薄俸禄用于侍奉老母，尽孝子之心。

相传，陈耸在一次公务中受牵连蒙冤入狱．母焦急卧病于床，请人杀鸡炖汤送至牢房。陈耸见物思母，扯下鸡肉，留给老母，自己只啃鸡骨头。由于不慎，鸡骨梗塞咽喉，不治而死。陈耸死后，尸体三日臭气不散，弥漫县城。官府惊动，查明陈耸蒙冤真相和行孝事迹，平反昭雪，表彰孝德。此后，臭气散尽，香气飘溢三天，官民认为陈耸已成神。元至正十九年（1359），朝廷敕封陈耸"至圣英烈圣侯"。长泰武安兴建了专祀陈耸的正顺庙，善男信女尊称"孝子公"、"圣侯公"。每年农历四月初四日为陈耸忌日。

明末清初，长泰先民移居台湾。有定居彰化县桃源里的移民带去正顺庙圣侯公香火，奉祀陈耸，称之为孝子公。十几年来，长泰县与台湾桃源里两

① 部分引自林美容《由祭祀圈来看草屯镇的地方组织》论文。

地民间文化交流的密切开展，两岸宗亲对圣侯公陈笋的共同祭拜，表现对中华民族传统美德的认同与尊崇，缔结了闽台两地宗亲血浓于水的世代亲情。2001年1月，中央电视台《天涯共此时》栏目组，将长泰县正顺庙的专题节目，在电视台国际频道播出。

（二）闽南与台湾部分圣侯庙

1. 长泰正顺庙

南岳正顺庙，又称圣侯庙，主祀圣侯公陈笋，位于长泰县城南门。元至正年十九年至二十八年间（公元1359—1368年），由县尹忽都火者倡建。

正顺庙占地面积1372平方米，建筑面积704平方米，庙宇坐北朝南，主建筑分前后两进，正面设三个大门，大门楹联“格天孝德凫飞舄，奠国神功石作盘”，由长泰举人、饶平县令杨积源撰于乾隆五十三年（公元1788年）。后殿正中供奉着陈笋神像。由门厅、天井、侧廊、正殿组成。石、砖、木结构，单檐硬山式屋顶，穿斗抬梁混合式木构架。庙前埕有一口水井，东侧有一座二层塔——孝子阁。门厅面阔三间，进深一间，盘龙柱二支，鼓形石柱础浮雕有花草图案。侧廊面一间，进深一间。正堂面阔三间，进深三间，有六支石圆柱，鼓形石柱础，其中两支石圆柱阴刻着敬奉者姓名。梁架间镶有木透雕花卉图案，正殿地下有一口0.3米见方的小水井，水质甘醇，久旱不枯竭。屋顶的坡度倾斜较大，屋脊的装饰尤为精致，置有“双狮抱炉”、“神龙腾飞”、排楼彩阁、人物造型及水族形象等立体雕塑，皆用釉面瓷片拼凑粘贴，图像小巧玲珑，光彩夺目。

庙内有古代孝子图24幅，庙史图16幅。前厅高悬台湾彰化泰源宫、北极宫赠送的“孝行天下”、“灵感万里”、“福泽群生”等三方匾额。1999年5月被列为县级保护单位①。

2. 彰化县桃源里泰源宫

清康熙至乾隆年间，长泰县的陈、林、曾、蔡等姓先民，移居台湾省彰化县彰化市桃源里（坑仔内等社），并引正顺庙香火到桃源里，祖辈虔诚供奉圣侯公。为铭记圣侯公的孝德，桃源里宗亲称之为“孝子公”，并尊圣侯公为地方保护神。1979年，桃源里乡亲择地坑仔内社中建大型庙宇“泰源

① 部分资料引自郑镛、涂志伟：《漳州民间信仰》，海风出版社，2005年版，第135—136页。

宫”，供奉圣侯公，对“孝子公”陈耸尊崇膜拜。而此“泰源”二字寓意深远，一是寄望于桃源里百世安泰，二是表明长泰与桃源里同根同源，桃源里乡亲不忘根本，情意浓浓。同时，在彰化县烧坑的北极宫，也同样供奉着“孝子公”。

起初未建庙宇，孝子公神像放置民家供奉，每年农历四月初四祭祀孝子公时，将神像置于社里公共处，各社信徒都来朝拜。因信徒越来越多，于是在社里建立一座小庙供奉，尊为地方保护神。1973 年，桃源里百姓动议兴建供奉孝子公的大庙。1979 年庙宇落成，命名泰源宫，寓意桃源里与长泰祖地的密切关系。泰源宫有楹联：“泰开花县，神威坐镇出孝子；源溯茗山，功德巍峨拜圣侯。”其中“花县”为长泰县古代雅称，“茗山”指长泰的山峰。表达了对故土的眷念，对圣侯公的崇拜。近年来，桃源里林、陈、王、曾等姓乡亲，经常组团回长泰谒祖，祭奠圣侯公，累计捐资 25 万余元，用于家乡的公益事业。并捐资兴建一座孝子阁。桃源小区位于八卦山脉与彰化市区的交接地带，小区居民人口数 4000 多人，约有 830 户。小区内山坡地较多，风景优美，仿佛人间仙境，多处绿林小径郁郁葱葱。每年三、四月间南路鹰会到此处栖息，到处燕语呢喃，名列台湾十大环保小区。

泰源宫管理委员会秉承“孝子公”美德，弘扬“孝道”文化传统，积极推动纯正民风，鼓励居民来参加公益活动，努力将所在社区建成人们向往的世外桃源。

早在 1989 年，台湾“泰源宫”就派人到长泰寻根，联络谒祖事宜。1991 年 5 月，台胞一行 42 人首次到长泰正顺庙谒祖进香。从此每三年组团到长泰谒祖进香一次，至今共九次，特别是在 1991—1993 年，台湾“泰源宫”连续三年组团前来谒祖①。

---

①　部分资料来自闽台宗祠网，http：//www. zongci. com. cn/。

第三节　闽南与台湾部分先贤庙宇源流（二）

一、闽南与台湾的牧马侯庙神源流

牧马侯祠位于金城镇贤庵里庵前村，又称庵前恩主公、牧马王庙或孚济庙，供奉开浯恩主牧马侯陈渊。

唐朝在安史之乱以后，失去原有西北、河北一些肥美的牧马地，只好在内地寻找牧马地。贞元二十年（公元 804 年），福建观察使柳冕奏设万安监，以滋养马匹；当时在泉州共设马区五处，金门旧称浯洲，即为其中之一。牧马监陈渊率蔡、苏、吕、陈、黄、颜等六姓（或说十二姓）来到金门开辟牧马场，牧马垦殖，化荒芜为乐土。陈渊精通马性，长于驱策，被人们视为“天驷降精”，尊称“马祖”。据说陈渊牧马“立竿”，马会认旗排队。卖马时，买十四送一匹，但顾客欲带马回去时，赠送的那匹马却带不走。陈渊熟谙草药，为民治病。陈渊逝世后，乡人感怀其开拓金门恩泽，在其牧马处丰莲山麓筑庙塑像祭祀，奉为开浯恩主（或称恩主公、恩祖公或圣侯恩主），号护骥将军，即金门守护神。元代，倭寇侵扰，传说陈渊曾以阴兵庇疆土，朝廷特敕建庙，封为福佑圣侯，赐额“孚济”。

金门共有七座牧马侯庙，而庵前村牧马侯祠是祖庙，坐北朝南略偏西，三开间，共七落，有四位配神，重建于清道光二十三年（公元 1843 年）。

对金门人而言，牧马侯祠具有慎终追远的意义，是金门最重要、最有特色的庙宇。就连新加坡也建有孚济庙（现改为金门会馆），供奉家乡守护神“开浯恩主”[①]。

二、闽南与台湾的灵安尊王崇拜

灵安尊王张悃，或说为三国吴将，大多认为五代闽将。明嘉靖《惠安县志》载：“青山在县南，伪闽时将军张梱（悃）尝立寨于此，以御海寇。既

---

① 参见林丽宽、杨天厚：《金门的民间庆典》，台原出版社，1993 年版，第 111、57 页。

殁，乡人庙而祠之，至今不废。”南宋建炎年间（1127—1130），封“灵惠侯”，赐庙额“诚应”，故青山宫亦名“诚应庙”；南宋景炎元年（公元1276年），封“灵安王”，制入祀典。南宋两知泉州的真德秀曾亲至青山宫致祭，所作《惠安成（诚）应宁济庙祝文》收入《西山真文忠公文集》。

（一）惠安山霞青山宫

惠安县最著名、在海内外影响最大的民间信仰宫庙当推青山宫，位于山霞镇青山村北，背依青山，面对青山湾，坐北朝南，主体建筑三进，由山门、两廊、天井、前殿、拜亭和后殿组成；东侧有文昌祠，西侧有英烈祠。

青山宫始建于五代十国，或说宋太平兴国年间，主祀灵安尊王张悃。

民谚称：“未有惠安，先有青山。”惠安未建县时，先在鳌塘铺（今泉港区山腰镇北部）设官署，管理钱粮刑狱之事，称为“古县”。宋太平兴国六年（公元981年）惠安置县，官署移置螺山之阳（今惠安螺城）。建县衙时发现张悃墓，出土一铜牌，上镌偈语：“太平兴国间，古县移惠安；若逢崔知节，送我上青山。”惠安首任知县崔拱于是将张悃墓迁至青山，并建庙奉祀。青山宫应始建于五代末，宋太平兴国年间当为重建。青山宫建筑富有特色，山门、后殿为硬山顶，前殿为悬山顶，然其前殿举折比例颇大，前后屋盖非常陡峭；又山门、两廊和天井与前后殿的地面高度差也较大，且背青山，使前殿显得格外高峻斜险。清乾隆重修时，曾降低五尺，但高峻斜险特色犹存。

青山灵安王曾被尊为惠安县境主，或以为惠安城隍。在惠安，除了青山南麓的青山宫祖庙，不少地方有分灵。其中较闻名的是惠安县衙旁的螺城联珠巷青山庙，宋太平兴国六年（公元981年）张悃墓移至青山后建造。泉州城内及泉州府属各县有些乡村也都建有青山王庙或供奉青山王神像。随着惠安人大量出外谋生，青山王信仰传播到台港澳和南洋各地，超越了惠籍乃至泉籍移民的界限。

（二）台湾的灵安尊王庙宇

台湾多有私宅供奉青山王神像，不少地方建庙崇祀，青山王成为台湾民间信仰的主要神祇。台湾最早的青山王庙是彰化县芬园乡溪头村南路灵安宫，建于清嘉庆五年（公元1800年）。而影响最大的青山王庙是台北市龙山区贵阳街青山宫，即艋舺青山宫，始建于清咸丰四年（公元1854年），1943

年重建，是台湾香火最旺的青山王庙。据娄子匡《台湾民俗源流》记载："一百年前，惠安有几个信徒，因为想修建青山王庙，便奉着青山王的神主，渡海到台湾来募捐。那时万华（今台北市龙山区），是本县商业很繁盛的一个城市，万华蕃薯市有一家商店后进古井里，出现了蟾蜍精，所以没有人敢住在里边。这时恰好青山王的神主没有地方放，便把他拿来镇压在古井上，果然一下子妖精绝迹，显赫异常，很快就募得一大批款了。可是当他们几次要把神主捧回惠安，都碰到大风巨浪，于是大家晓得青山王看中了台湾不想回去，便把神主放在原来的地方，醵金建庙，那时盖得很简陋。"此传说在台湾广为流传，传说不足征信，但说明台北青山宫直接分灵于惠安青山宫，而台湾的青山王庙基本上是台北青山宫的分灵。台中县沙鹿镇北势里东晋路青山宫，建于清光绪四年（公元1878年）；新竹市下竹里东南街灵安宫，建于1921年。台湾现有青山王庙多达100余座，台湾青山王庙经常组团前来惠安青山祖庙进香谒祖。

三、闽南与台湾开闽王庙神源流

唐末五代时期，中原战乱频仍，寿州（在今安徽）崛起一支以王绪为首的农民起义军。起义军占领寿、光二州，家住光州固始县的王家三兄弟（即王潮、王审邽、王审知）前往投军。唐光启二年（公元886年），王潮率二州兵民5000多人随王绪赴福建，先后攻陷汀州、漳州。王绪心胸狭窄，猜忌滥杀，军民怨声载道。当大军途经同安北山时（现为同安北辰山），发生王审知参与的兵变，将王绪擒囚，众推王潮为义军领袖。乾宁二年（公元895年），王审知攻陷福州，闽疆尽归王氏兄弟。王潮被唐昭宗封为"行王"，卒后，由王审知继任。五代后梁开平四年（公元910年），王审知被封为闽王。

王潮、王审知执政治闽，采取选用良吏、省刑惜费、辟港通商、轻徭薄赋、劝农耕息等政策和措施，福建"时和年丰，家给人足"，出现了民生安康的升平景象，这就是王审知治闽的政绩，被誉为"开闽第一"，宋太祖赵匡胤御赐"八闽人祖"匾额褒其文治武功，闽王裔孙也以"开闽第一"为堂号，并以黄、红、黑三种颜色书写灯上，作为区分王潮、王审邽、王审知支派的标志。

泉州、福州、漳州、同安、莆田等地至今仍保存了“开闽三王”许多珍贵的历史遗产。特别是泉州留存的史迹更多，如保留了福建省最为古老和完整的唐王陵王潮、王审邽墓；泉州的开元寺、承天寺、三王祠、古钱币制造遗址、聚宝街等都有“三王”当年留下的史迹。

目前有数百万三王后裔分布海内外，其中台湾岛内有50万人，金门当地有一万余人。

（一）同安广利庙

广利庙位于北山，北山又叫北辰山，位于同安之东北，距县城约12.5公里。广利庙也叫北山王公庙，或忠惠尊王庙，是五代时闽王王审知兄弟兵变开闽的肇始地。

为纪念王审知的德政，在兵变起事的竹林间也立专祠，修衣冠冢，也就是广利庙。庙门上挂有“开闽第一”的横匾，指的就是兵变、夺权、开闽三件事。庙宇代有兴废，但香火一直旺盛，宋太祖赵匡胤特赐御匾“八闽人祖”。南宋朱熹在同安任主簿时，也曾到此祭奠。清雍正元年（公元1723年），重建忠惠尊王庙前殿和中殿，清咸丰己未年（公元1859年）再次重建。广利庙在“文革”中受到破坏，1982年复建，1994年修建北辰山雄伟山门。

每年农历二月十二日是“王公”圣诞，来自同安（包括现在的金门、厦门本岛和岛外集美、翔安以及龙海市角美等地）、安溪、南安、晋江等地的香客数以万计，同时还伴有宋江阵、车鼓弄、南音队、歌仔阵、布袋戏等文艺阵头，形成一种“游北山，拜王公”的民俗庙会活动，诚敬朝拜开闽王。

（二）泉州开闽三王祠

开闽三王祠地处泉州承天寺西畔（今泉州南俊路71号），始建于五代末。因泉州刺史王延彬献地千顷于承天寺，僧人建祠祀奉，又称“檀樾王公祠”。开始建于寺法堂之东，后毁于兵灾，明万历间重建于此。岁月沧桑，风侵雨蚀，历朝均有修缮。

1999年春，王氏宗亲捐资逾百万元重建“开闽三王祠”。重建时按原式样，古朴素雅，保留明、清闽南建筑风貌。祠坐北朝南，占地面积900余平方米，建筑面积700余平方米，是一座悬山式、燕尾脊、穿斗架构的砖木建筑。主祠为上下落三开间，中有天井及两庑。附属建筑有垂花埕围大门、画廊、上下护厝等。

主祠正门额以青石横刻篆书“开闽三王祠”，左右石柱楹联：“太原望族源三晋，固始义师竭八闽。”门廊两边角牌保存明、清砖雕两幅。祠厅两边石柱雕刻颂扬三王开闽治泉功绩的联文三对。灯梁及松梁木雕狮子、梁柱木雕纹饰及斗拱花木，保存原建筑构件。厅堂中央雕花坐龛金碧辉煌，龛内供奉王潮、王审邽、王审知雕像。祠厅前梁悬挂前新加坡总理王鼎昌题赠“开闽第一”匾额，后梁悬挂宋朝米芾手迹之一“一本三宗”匾额，整体设置庄重肃穆。

主祠外石埕西侧画廊，嵌有青石影雕“五代闽国三王史画”12 幅，以生动形象的画面，简洁明快的文字，再现三王历史功绩。石埕东侧有门通承天寺法堂，门额横刻“檀樾王公祠”，为重修承天寺所发现之原构件。

千百年来，海内外王氏裔孙奉为寻根谒祖之宗祠。

（三）金门闽王祠庙

闽王祠庙为金门王氏的大宗祠。金门浦边王氏始祖学法是王审知 23 世孙，明代由同安迁浯江，至五世王世杰开发台湾竹堑。王氏在宅后、山后、营山、吕厝、东沙、尚义、田浦都有聚落，宣统元年（公元 1909 年），王廷恭等人倡建，亲赴南洋募款，由建筑师王挺之设计成二落大厝格局的祠庙。祠庙曾受冲击，如 1949 年后，闽王祠曾被征用为宪兵司令部，正殿地面被挖空建地下室。

金城镇东门里闽王祠每年二月十二日都要举办春祭忠懿王王审知大典。2005 年农历二月十二日，金门闽王祠主办闽王圣诞祭奠典礼，台北、新竹、彰化、高雄、台中大甲等地宗亲代表组团赴金门参加祭祖活动。

四、闽南与台湾的延平郡王庙宇源流

（一）延平郡王与闽南和台湾

郑成功通常称“延平郡王”或“国姓爷”，台湾又称为“开台圣王”。郑成功祖籍泉州南安，赴台前，以漳州和厦门为基地，进行抗清复明活动。郑成功曾出征延平，取得显赫战功，受封为“延平郡王”。1661 年出兵台湾，并于次年收复宝岛。郑成功在闽南和台湾都留下很大的影响。两岸的祭祀形式略有不同，台湾多以“开台圣王”庙宇的方式祭拜，闽南则多是以宗祠的形式保留，这与清朝初期严禁祭祀郑成功有关。大陆由于控制得更紧，有关郑成功的庙宇全被废除，只有郑氏后人以宗祠为保留，而台湾民间却改换名称，偷偷祭拜。现在，台湾地区的开台圣王庙有70余座，庙宇数进入前20名，表明台湾人民对郑成功的敬仰。

（二）闽南的郡王祠和台湾开台圣王庙

1. 厦门的延平郡王祠

厦门的延平郡王祠的修建有特殊的意味。清末的台湾屡遭外敌侵扰，光绪皇帝于是下旨，命令沈葆桢在台南、台北和厦门修建延平郡王祠，鼓舞御敌斗志。

然而由于岁月沧桑，厦门的郡王祠年久失修，已难修复；2010年6月，厦门在郑成功驻兵的鸿山嘉兴寨边重建延平郡王祠。其建筑为典型的闽南风格，一进，三开正殿，两旁护厝，雕梁画栋。殿内供奉一尊近四米高的延平郡王塑像。落成时还举办了“郑成功文化节”，进行了郑成功海洋文化的探讨，民众阵头也进行了踩街活动，成为两岸交流的又一新平台①。

2. 泉州南安郑成功庙建筑群

南安的延平王祠原是郑成功故乡石井郑氏家庙，人们为缅怀郑成功的威风雄烈，将其改为延平王祠。厅中供奉郑成功塑像，有“三世王爵”、“威风雄烈”等匾额和官阶总录。1996年列为省级文物保护单位。

开台圣王堂的建筑，由海峡两岸共同发起，由台北延平宫王庆文先生牵头，台湾100多个延平宫分庙共同参与捐资，为奉祀开台圣王郑成功的庙宇，主殿宇面宽五间，硬山顶三重檐仿古建筑。建筑面积1200多平方米，附设郑成功史料展览室等场所。

西侧有郑成功纪念馆，为三进宫殿式的建筑。总建筑面积3000平方米。展示了郑成功从“文韬武略，少年英俊”，到“北伐抗清，威震东南”，再到“收复台湾，建设宝岛”的一生。馆内陈列郑成功的玉带、头发、龙袍碎片等真品。侧边为郑成功碑林，极具观赏价值。

---

① 《台海》，厦门日报主办，第50期（2010年8月12日），第74页。

3. 诗浦郑氏祠堂

漳州芗城诗浦村郑氏大宗祠堂，为二进三开间。前厅拜神，祀国姓爷郑成功。由于国姓爷曾于顺治十年（公元1653年）驻兵漳州，诗浦为郑军军火库所在，郑成功本人曾亲往该祠堂拜谒。诗浦郑氏怀念其功德，因在祠堂内供奉。

诗浦村为赵、郑、陈三姓杂居。农历七月十四日，国姓爷生日，诗浦郑氏专门祭拜。正月初九拜天公，正月十四日、十月十四日拜三界公的时候，国姓爷也一起祭拜。三月初一到青礁保生大帝祖庙，回村时也顺便祭拜。

原来祠堂前厅是拜三界公（本村认为是观音、土地和灶君），但后来三界公塑像为文物被盗，成为专门祭拜国姓爷之处。

4. 台湾的开台圣王庙

清初，官方曾严格禁止百姓祭祀郑成功，以清除台湾的反清复明思想。可是，民间因感激郑成功的开拓恩情，以“开山王”或“开台圣王”的名义私下祭拜。民间认为开台圣王非常灵验，使郑成功庙遍布全台，据郑氏宗亲资料，台湾奉祀郑成功的宗祠与庙宇有130多座①。

（1）郑成功祖庙

最早为郑氏家庙，1663年郑经建于承天府宁南坊，祭拜郑成功及先祖，名为延平王庙。清统一后，宗庙历经沧桑，曾被他姓占有，后由郑氏族人赎回，称“昭格堂”。然而，大门被店面所挡，家庙进出从侧门巷道，至1984年道路拓宽，才拆除了大门前店面，恢复原貌。2002年“郑成功文化节”时改称“郑成功祖庙”②。

（2）开台王庙

康熙《台湾县志》载：“开山王庙伪时建。”③ 说明开山王庙同样建于明郑时期。开始时庙宇狭小，以后的一些资料都记载，东安坊的开台王庙建于明郑时，乾隆时何灿重建④。增建新的拜殿和东西两厢，建筑面积近400平方米。主祀延平郡王，配祀甘辉、张万礼两位将军。百姓以为，延平郡王在水旱灾害方面非常灵验，香火日盛。

---

① 郑万进、郑惠聪：《延平郡王郑成功》，大众文艺出版社，2008年版，第242页。
② 郑万进、郑惠聪：《延平郡王郑成功》，大众文艺出版社，2008年版，第252—253页。
③ 陈文达：《台湾县志》杂记志九寺庙，南投：台湾省文献委员会，1958年版，第207页。
④ 连横：《台湾通史》卷二十二《宗教志》，上海：商务出版社，1947年版，第517页。

第八章　闽南与台湾民间医药神庙源流

闽南与台湾地区春天阴雨绵绵，夏日常为副热带高压控制，或台风暴雨袭击，早期移民往往因无法适应瘴疠之气，水土不服，不时有瘟疫流行，为了免于病痛，先民早有供奉医药之神的习俗。

闽南与台湾的医药神部分从中原传入，如神农大帝、黄帝、伏羲、扁鹊、华佗、葛洪、孙思邈、吕祖等医神；也有土生土长的医药神，多由医生、巫觋演变而来，有些僧尼道士因精通巫术治病也被百姓奉为医神，如保生大帝吴夲，圆山仙祖康长史、华安南山宫的道士、平和的惭愧祖师潘氏兄弟等。闽南与台湾民间庙宇供奉的许多神明，大都具有治病救死扶伤的功能，又有驱除危害病人的“妖祟”，同时施之以医药的能力，相当多的庙宇都有药签，比方，艿城西街王爷、天宝玉尊宫（天公）、新桥正德宫（元天上帝）等等，本不是医神，也有据称很灵验的药签。

我国自有医药就有对医药之神的崇拜。朝廷的医药之神是三皇，从元代开始祭祀。《续文献通考·群庙》记：“（元）成宗贞元初，命郡国通祀三皇，如宣圣释奠礼。以医师主之。”明代“世宗嘉靖十五年，帝作圣济殿奉安先医之神，岁时致祭”。清“顺治元年定祭先医之神之礼”。三皇为伏羲、神农、黄帝。在三皇后，历朝历代又出了不少名医。这些名医多被后来的医家和百姓奉为医药之神，但通常情况下都被称为“药王”，因为医生主要是用药来治病的。

民间信奉的药王很多，主要有三个，其一为春秋时期的扁鹊。唐宋时，扁鹊被医家奉为老师。其二为唐代孙思邈，其三为唐代韦慈藏。普通的药王庙内塑的药王神像，其形象多为赤面慈颜，五绺长髯，方巾红袍，仪态厚朴。有的药王身边塑二童，一捧药钵，一托药包；有的身边还卧一只老虎。①是孙思邈的形象。三皇（伏羲、神农、黄帝）、扁鹊、华佗、邳彤、三韦氏

① 陈兰：《药王孙思邈》，《民俗研究》，1995年第2期，第86—87页。

(韦慈藏、韦善俊、韦古道)、李时珍等,有时也被称为药王。)“药王”之侧安排的是不同历史时期有代表性的十大名医:三皇时的岐伯、雷公,战国之扁鹊,汉之淳于意、张仲景,魏之华佗,晋之王叔和、皇甫谧、葛洪,唐之李景和。

此外,我国还有只奉祀医药之神的“神农庙”。而佛教徒奉祀的应为“南无药王佛菩萨,又南无北方九十九佛百千万同名大药王菩萨”或“南无药师琉璃光王佛”。

第一节 闽南与台湾民间医药神庙源流

由于台湾医药神明的流传轨迹较清楚,时间也较短(开始于明末的移民),本节着重分析闽南医神的情况,在这方面,高熔先生有较系统的分析。

一、封神年代

从医药之神们生存的年代看,东汉的董奉应是最早的。闽南一带传说董奉是今厦门杏林人,常到邻近的长泰县采药,所以长泰的名山有董奉山(事实上,董奉也到漳浦梁山采过药,《图经序》云:“梁山记董奉之游。①”)。

华佗是三国间人,闽南地区有数间华佗庙。

三平祖师生存年代为唐建中二年(公元781年)至唐咸通十三年(公元872年),唐代皇上赐号“广济禅师”。可见这一封号主要为“禅”而赐。三平祖师作为医神出现当在北宋期间。

南靖县船场的大众爷为唐高僧禅苑,原名王枚玉,唐顺宗元年(公元805年)自江西跋山涉水一路化缘至南靖石鹰山下,唐宣宗大中六年(公元852年)圆寂。

在漳州地区最早见的、只为了医药而赐号的庙是漳州圆山下奉祀康长史的庙。唐乾符中(公元874—879年)漳州刺史黄碣表上其事,敕封“西岳康皇王之庙”;宋熙宁七年(公元1074年)改封康长史“通应侯”;宣和四

① 乾隆《海澄县志》(庄夏,慈济宫碑)卷二十二。

年（公元 1122 年）赐“昭仁庙”；绍兴十二年（公元 1142 年）封“康济侯”；庆元六年（公元 1200 年）封“昭护侯”。

保生大帝吴夲生于白礁村（原辖于泉州，现属漳州）北宋太平兴国四年（公元 979 年），逝世于北宋景祐三年（公元 1036 年）（详情将述于后）。

医术高明的宋道士云游四方来到华安县良村一带时是南宋咸淳、德祐年间，为把其留下，德祐元年（公元 1275 年）良村的庄、柯、王三姓乡民捐资在南山半山腰建了一座简易道宫供其清修。

诏安县西北 13 公里处的斗山岩文佛寺建于明崇祯十一年（公元 1638 年），所祀圣僧泗洲佛也没有封号。

二、环境因素分析

（一）社会政治环境

佛教于东汉时期传入中国，其信仰影响到普通老百姓，一些菩萨逐渐被熟知。道教产生于本土，神明更是众多。唐宋时期，许多当代的著名人物成了当时的神，如炉火神尉迟恭、门神中的秦琼与尉迟恭、八仙、张巡、许远、南霁云、雷万春等，医药之神孙思邈、韦慈藏等既是唐人，也是在唐朝成神的。

神数量的不限定性使得造神有了可能。漳州“旧号佛国，男女聚僧庐为传经会”①，在神明崇拜方面有深厚的群众信仰基础。这些为唐宋及以后时期的造神运动起了促进作用。

在医神的创造过程中，统治阶级起了推动的作用。在闽南地区医药诸神中，三平祖师被封一次，称号为“广济禅师”；康长史被封 5 次，称号在唐时为王，在宋时为侯，这跟宋朝不封外姓王有关；吴夲被封 14 次，最高级别为“保生大帝”。统治阶级的倡导加快了医药之神信仰的播迁速度，保生大帝信仰在明代迅速传播，不能不说与明太祖、明成祖的两次封赐有关。同时，明清闽南对外贸易发达，向外移民的兴盛也与此有很大关系。

移居台湾的移民要承受渡海危险、拓荒环境异常恶劣、土著民突袭、不同地区移民争夺生存和发展空间的巨大压力。而移居台湾的大陆人多为福建

① 光绪《漳州府志·宦绩·朱熹》。

漳泉人，他们把对医神保生大帝的信仰带到台湾。台湾规模最大的奉祀吴真人的庙宇台北保安宫之重修碑文记载："台北初属淡水厅治，设置较后于南，其时草昧虽开而气候之不齐、水土之尚劣，……往往中人辄成，众患苦之。念非乞灵帝座，无以奠我邦族。渡海赴我同安之白礁，奉迎香火，立祠而虔祀焉。"

相对安定的政治局面使得百姓的信仰需求不一样了。战争时多战神，如"将军庙"、"将军亭"很多；随着和平时期的到来，将军的香火盛不过治病疗疾的医生，所以很多庙宇都设药签，主祀或配祀药神。

（二）自然环境

闽南和台湾的气候与地形，总的说是温热潮湿。在缺医少药的过去，常常疫病横行。台湾属于高温高湿地区。原住民与汉族早期的开发者，面临最大的问题是瘟疫肆虐。连横的《台湾通史》也说到当地"草茀瘴毒，居民辄病死①"的情况。

由于医疗条件的长期不发达，普通群众只能崇鬼信巫。闽南和台湾医药神因此香火极旺。如保生大帝、三平祖师、王爷等信仰非常盛行。

因此，闽南和台湾地区移民占大多数的人口构成，使当地人的医药信仰有别于北方人。移民定居的艰难，缺医少药地区科学文化水平的低下，使老百姓心中自然升腾起对医药之神的崇拜。明清时期缺医少药的农村对医药之神的强烈膜拜，更说明了这一点。

三、其他因素分析

考察闽南和台湾医药之神的职业构成可知，三平祖师、大众爷是禅师，康长史、泗州文佛是读书人，董奉、吴夲是医生，宋道士是道士（一说康长史也是道士），清水祖师则是僧人。读书人中，康长史曾当过官吏，后来则行医修道；泗州文佛在中原是僧人，在诏安原是读书人，后来也隐姓埋名建庵为僧。可见，闽南和台湾医药之神的职业构成主要是两种，一种是和尚、道士，另一种是医生。对人类安全构成最大威胁的是战争与疾病，人们需要借助于医药来对付战争与疾病的危害。那么，医生就成了崇高的职业。早期

① 连横：《台湾通史》，商务印书馆，1996年版，第10页。

的和尚、道士都会医，他们通过救死扶伤加深了信仰的魅力。早期的读书人也都会医，因为他们就算不能“学而优则仕”，也还能教教私塾或行医卖草药过日子。

僧人和道士的法力往往比较大，医生成为医药神也有一定的条件，大概是医术高明，医德高尚，时有免费治疗。不过，造神的时机也很重要。董奉生在东汉而吴夲生在北宋，他们的家乡相距不远，甚至在漳州建郡的一百多年前的南北朝的梁天监中（公元 503—519 年）还属于同一个郡——南安，但他们的封神却不一样。董奉所在的东汉时期，闽南人口很少，形不成后来造神的规模。大环境是封神的一个很重要的因素。

四、闽南与台湾部分医药神庙

闽南与台湾的医药神明以本地产生的为主，从中原和外地传来的如许逊、孙思邈、药师佛等，较少有专祀庙宇。闽南很多不是医神庙的宫庙都有药签，或配祀本地的医神诸如保生大帝、三平祖师等，说明了民间对医药神的虔诚。

台湾的医药神很多，通常称药王神的为中原传来的一批药神。如伏羲、神农、黄帝、扁鹊、孙思邈、药师佛、韦慈藏等等。本地除了保生大帝等专门的医神，还有很多神明被赋予医神的职能，如注生娘娘、七娘妈等等。保生大帝将在下节介绍，这里简单涉及个别庙宇。

（一）漳州湘桥仙祖庙

仙祖庙在漳州市龙文区蓝田镇湘桥村，地处漳州平原腹地，九龙江北岸边，庙前为九龙江的支流九十九湾。始建于明末清初。奉祀“华元仙祖”华佗。主神边上有二仙童，一持葫芦，另一持剑。据村民说，该庙原为王爷庙。某年大洪水，漂走王爷，漂来石榴木，村里在京城当官的黄翰林正回乡探亲，因本地低湿，常有疫病，提议用漂来的石榴木雕塑华佗神像供奉。

仙祖庙占地近一亩，坐东北朝西南，悬山顶。二进，一天井，面阔三间，进深三间。陪祀水仙尊王、关帝和蔡妈夫人、夫人妈。前殿供奉伽蓝爷和土地神。

华佗为东汉名医，又名旉，字符化。精通中医各科，尤擅长外科，可以对外科病创用麻沸散麻醉后实施手术；并创五禽戏，强调体育锻炼，以增强体质。后被曹操所杀。至迟至隋唐，华佗已被尊奉为医神。

正殿悬挂“声灵赫濯”、“仙方妙著”二匾。“仙方妙著”匾为台湾水师名将王得禄所赠。传说王得禄早年父母双亡，由兄嫂带大，视嫂如母。嘉庆年间，兄嫂得腹胀怪病，百般治疗均未见效。王得禄十分焦急，部下告知龙溪湘桥仙祖庙药签灵验，便派亲信到仙祖庙求神问药，果然药到病除。王得禄亲题“仙方妙著”，并亲自从厦门乘船到湘桥仙祖庙赠匾答谢。可见湘桥仙祖庙在当时影响很大。

湘桥仙祖庙本有药方、药签，在“文革”中丢失了。村子的地貌和产业也发生了变化。原来长年受水患，地低湿，现在建起防洪大堤，还有排涝站，没有了水患的威胁。由于地近国道和高速路口，交通发达，已成为工业区。没有药签，人们也不问病患了。前来祈求的多是与生意和实业有关，听说也很灵验。湘桥仙祖的职能产生了变化。

每年的祀典为正月十二的巡境，人们于此寄托添丁发财的愿望。农历十月十七为仙祖生日。原来在庙里热闹的时候，全村角头的头家要负责每户的捐款、摊派，现在已不用了，因地处工业区，企业和老板等各方捐献款已用不完。

（二）圆山仙祖祠

康仙祖所在圆山岱仙岩，俗称大仙岩，始建于唐乾符间（公元875—879年）。又名康长史祠、康仙祠、仙祖庙、昭仁庙。位于龙海市九湖镇田中央，主祀道士、医生康长史。

康长史祠背枕圆山，面向西溪，坐西朝东，二进，单檐歇山顶，面阔三间，中有天井，左右厢房。建筑面积700多平方米，保留唐以来的面柱础、庙基结构和历代石雕、木雕。前殿为康长史祠，正中神龛供奉康长史神像和神牌。神牌正面题刻“宣封护国圆山康济侯之神”，背面题刻“崇祯八年杨宗寿喜舍龙牌一座”。上悬“放大公明”匾；龛联：“唐代降芳踪，圆峤山前寻出相；盛朝宗礼宇，琵琶坂上荐馨香。”乾隆丙子蔡廷圭题祠联：“耽酒到人间，四时同此佳兴；悬壶来世上，千载留者真身。”后殿供奉三宝佛、南海观音、弥勒佛、地藏王和韦陀、护法、十八罗汉、伽蓝、注生娘娘等。

圆山仙祖为漳州本土医神，淳祐《漳州府志》记载，相传为东汉民间名医，神迹大显于唐代，遂为一方医神。唐乾符年间，京城疫病流行。闽县

（今福州）人、御史中丞黄碣在长安街头经常遇到一个卖药老人，童颜鹤发，神采焕发，举止不凡。黄碣叩问老人籍贯姓氏，老人自称康长史，家住漳州圆山琵琶坂，两人交谈甚愉。

后来，黄碣为东南运粮使，发舶安南，路过漳州，派人查询康长史，杳无踪迹。登临琵琶坂，惊奇地发现祠中供奉的神像就是在长安街头所见卖药老人。黄碣这才恍然大悟，原来是康仙到长安卖药救人。相传黄碣知漳州时，曾想把康仙祠迁到山顶，更新庙貌。是夜康仙托梦诗云："卖药因循未得还，却因耽酒到人间。有心只恋琵琶坂，无意更登山上山。"黄碣遂取消移址建祠计划，表上，敕封"西岳康阜王之庙"。宋熙宁七年（公元1074年），敕封康仙为"通应侯"；宣和四年（公元1122年），敕改祠为"昭仁庙"。绍兴十二年（公元1142年），增封"康济侯"，庆元六年（公元1200年），增封"昭仁侯"。

（三）台南药王庙

台南药王庙在西定坊，现称神农街（旧名北势街）。祀药王神农，或称祀韦慈藏、扁鹊。但是，民间认为是神农，并把街道改名"神农街"。

药王庙建于清代古运河南势港北岸，所在为台湾第一条贸易老街"北势街"。整条街道都是古色古香的老店屋，药王庙耸立于街首，被称为"全台开基药王庙"，清康熙二十四年（公元1685年）建，或称康熙五十七年（公元1718年）道标千总姚广建，为台南的七寺八庙之一，配祀仓公、华佗、抱朴子葛洪、孙思邈等。

药王庙主要祭祀药王神农氏，即为"炎帝"。民间尊称神农为"五谷王"。神农教导人民种五谷，而且亲自品尝百草，有所谓神农尝百草，日遇七十毒，历经艰险，医治疾病等等善举，深受民众爱戴。传说中的神农氏长相奇特，头角峥嵘，袒胸露背，腰围树叶，赤手跣足，手握稻穗（或以为是草药），表现出开天辟地时的情景。

据道光十八年（公元1838年）《重修药王庙碑记》载，自北势街初建以来，即奉祀药王大帝，初建时为简陋草寮，后因信众极多，于乾隆甲申年（公元1764年）重建新庙，庙深三进，规模宏大，壮丽精致。

1969年城市建设，导致中、后殿被拆，仅剩前殿。近年重修为三层楼建筑。庙内仍留有乾隆五十三年（公元1788年）"福寿我民"木匾、道光十一年（公元1831年）香炉及同治八年（公元1869年）签桶等古物。每届药王生日，全省各地信徒涌至，极为热闹。

由于神农为中华民族之祖，药王庙类似皇宫，以“门钉”作为门神，门上整齐地排列了91个门钉。虽然庙屡经修建，但基本面貌还是保留着。庙里的壁、梁或匾额，都已经有100多年的历史，庙里管理人员说：“药王庙里的东西每一样都是古迹，所以我们保管都要很小心，因为每一样都很值钱啊！①”

（四）桃园仁寿宫

仁寿宫主祀感天大帝，又称许真君、慈济真君。据传由大陆漳州恭迎来台已有100多年的历史，仁寿宫是大园乡的信仰中心。

光绪十一年（公元1885年）李登、许阿斗等人发动募捐建立庙宇，名为仁寿宫。据说，由于感天大帝精通医术，庙内备有药签，如有患病者前往求签，常有意想不到的疗效，这也导致本庙远近闻名。

许真人神像采坐姿，红脸长须，身着帝王冠服，双手于胸前持奏板。据《魏书》记载：“许逊为晋汝南人，家南昌，字敬之，弱冠从仙人吴猛学‘三清法要’，后举孝廉，官旌阳令，因感晋室纷乱，弃官归，周游江湖，以道术为民除害，太康初拔宅飞。”里头说的就是成语“一人得道，鸡犬升天”的故事。

有关许逊得道升天的时间地点，有三种说法：

第一种是东晋孝武帝宁康二年（公元374年）八月一日，许逊135岁于洪州西山，云仗由天降下，天使传令许真人被封为“九州岛都仙史”，并宣告升天日期，于当月十五日，许逊率家人、弟子以及附近长者一同升天，并劝化在场送行的乡民要积功行善，有朝一日也可同跻仙境。

第二种是东晋孝武帝宁康二年八月一日于洪州西山，许逊全家42口拔宅上升而去，唯有石臼、车与真君所用之锦帐，自云中掉落在故宅位置，乡人就在许逊的祖厝建“游帷观”奉祀。

第三种是西晋武帝太康二年（公元281年）八月一日于洪州西山，与家眷42口、鸡、鸭、犬羊等，同于白昼升天，享年仅42岁。

---

① “台南市药师公会”网站，http：//www. tainanpharma. com. tw/。

相传仁寿宫的“求药签”从漳州传到台湾，是仁寿宫100多年来的一大特色，至今逐渐式微，但其传奇性仍为人乐道，还是有人专程到庙宇内“求药签”。

2009年仁寿宫再次修建，庙前规划了300多平方米的大广场，两侧规划美食摊位。未来的仁寿宫将成为桃园县的宗教和观光胜地①。

第二节　闽南与台湾保生大帝神庙源流

现存最早记载吴夲生平事迹的是南宋嘉定十二年（公元1219年）前后漳州龙溪进士杨志撰《慈济宫碑》（以下称《杨碑》，碑立于青礁慈济宫）；泉州庄夏《慈济宫碑》（以下称《庄碑》，碑立于白礁慈济宫）。

说到保生大帝崇拜不能不涉及青、白礁慈济宫。青礁慈济宫俗称东宫，原属漳州府龙溪县，今属厦门市。白礁慈济宫俗称西宫，原属泉州府同安县，今属漳州龙海市。作为海内外信徒共奉的祖庙，青白礁具有崇高的地位和声望。上世纪末以来，青、白礁在重建和建立庙宇联络系统方面进行了大量的工作，为保生大帝信仰的传播做了不少有益的工作，但也有一些值得注意的问题。

一、出生地与祖宫之争

保生大帝的出生地与祖宫何在，由于时代久远，资料不详，一直有争论。范正义先生在《保生大帝信仰与闽台社会》② 一书中，对这两个问题有较全面的说明，此处略作叙述。

（一）出生地之争——青礁、白礁与石门

范正义通过对黄化机的《吴真人谱系纪略》、《白石丁氏古谱》等资料的分析，认为保生大帝的出生地应为白礁。

吴夲的出生地，自《杨碑》与《庄碑》开始就有争论。乾隆《海澄县志》说，海澄“唐以前则洪荒未辟之境也，在宋则芦荻中的一二聚落”。曾

---

① 部分引用台中大甲“国小”训导处资料。

② 范正义：《保生大帝信仰与闽台社会》，福建人民出版社，2006年版，第27—39页。

五岳说，青、白礁紧临，宋时是血缘相亲的小渔村，吴夲一直在此活动。由于《杨碑》与《庄碑》的资料主要来源于“故老之所闻”，很自然地，两村的父老都会给采访者提供吴夲为本村人的信息，这样就造成了《杨碑》与《庄碑》意见相左的情况。

黄化机的《吴真人谱系纪略》①肯定了吴夲先世曾定居于安溪石门，只是后来因“粮累”而迁居临漳，后其父又携妻辗转移居于同安白礁，说明保生大帝的出生地应为白礁。

发现于龙海角美镇丁厝村的《白石丁氏古谱》也为平息吴夲出生地的争议，提供了一份准确的佐证。丁族三世祖丁迁过世前留有遗嘱，到北宋仁宗间，族裔请吴夲录遗嘱及叙于祠堂②。吴夲自署的“濮阳”应为籍贯，“泉礁江”，则应指同安白礁，因旧时同安为泉州所辖。这份资料为吴夲出生于白礁的说法提供了有力的证据。

此外，厦门市湖里区禾山镇高林村西村社孙姓第十世祖孙瑀在北宋元祐二年（公元1087年）撰写的《西宫檀越记》，也认为吴夲为白礁人。《西宫檀越记》开篇就指出：“里之有吴西宫，犹白礁之有祖宫也。盖白礁为吴公出生之乡，而西宫为吴公得道之始基耳。”文中又一次地肯定吴夲为白礁人③。

综合范氏的分析，我们认为，吴夲出生地的“白礁说”是比较可靠的。

（二）祖宫之争——青礁、白礁

据目前材料，两宫几乎是同时建立。吴夲于景祐三年（公元1036年）去世后，当地民众将其遗像奉祀于龙湫庵。

《杨碑》记载，龙湫庵位于青礁。杨志在碑文中提到，吴夲去世之后，“乡之父老，私谥为医灵真人，偶其像于龙湫庵”。《杨碑》还叙述了把龙湫庵改建为东宫的全过程。青礁慈济宫脱胎于龙湫庵，据说是在吴夲的一次显灵后，由当时的户部尚书颜师鲁奏请立庙的，建庙时间是在绍兴辛未年（公元1151年）④。

---

① （清）黄化机：《吴真人谱系纪略》，《延陵吴氏通谱》卷一。
② 《白石丁氏古谱》（上册），漳州市方志办编，1986年6月，第45页。
③ 孙瑀：《西宫檀越记》，台湾“全国”保生大帝庙宇联谊会编，《真人》第9期，第40页。
④ 《海澄县志》卷二十二《艺文志·慈济宫碑》，《中国方志丛书》第92号，第256页。

认定龙湫庵为青礁慈济宫的前身，但并不是就此武断地判定白礁慈济宫的兴建晚于青礁慈济宫。《庄碑》对白礁何时开始祠祀吴夲，也提供了一些信息："景祐三年卒于家，闻者追悼感泣，争肖像而敬事之。"看来，白礁也是在吴夲去世后，乡人即自发立祠崇祀，其时间与青礁的龙湫庵应大致相当。修于明成化间（公元1465—1487年）的《八闽通志》，提到同安县的慈济宫"在县治西南，宋景祐间建"，[①] 说明白礁慈济宫的前身兴建于吴夲去世的景祐年间。这一点还可以从《西宫檀越记》中得到旁证。撰于宋元祐二年（公元1087年）的《西宫檀越记》指出："里之有吴西宫，犹白礁之有祖宫也。"孙瑀早在1087年就指出白礁存在祠祀吴夲的祖宫，说明白礁立祠奉祀吴夲的时间，应距吴夲去世的1036年不会太远。至于白礁慈济宫的兴建，《庄碑》已写明"岁在辛未，肇创祠宇"，就是与青礁一样，在绍兴辛未即建成祠宇。[②]

从上可知，白礁与青礁在吴夲去世后，都建立了奉祀的庙庵。在宋朝绍兴年间发生于漳泉交界的一场寇乱后，青礁与白礁两地双双于辛未年（公元1151年）兴建了慈济宫——东宫与西宫。

因此可知，白礁、青礁于同一年兴建了庙宇，至于哪宫的建立早几天晚几天，现已难于考察。白礁作为保生大帝的出生地，青礁作为保生大帝行医的主要所在，两庙都被认为是祖庙，是较有共识。两庙的祖宫地位极其巩固，都被众多分香子孙庙奉为祖庙，为海峡两岸众多信众的圣地。1996年两宫同时被国务院列为全国重点文物保护单位也说明了这个情况。

对于学术界的祖庙之争，应以平常心对待。有争论说明青礁、白礁受注目，越争论就越受注意，这是一件好事。但如果为此相互诋毁，势必自毁形象，两败俱伤，与祖宫的地位极不相称，也是海内外众多信众所不愿看到的局面。

二、大陆吴夲信仰的传播

吴夲一生"不茹荤，不受室，业医济人无贵贱，按病受药，如矢破的，

---

① （明）黄仲昭：《八闽通志》卷七十七《寺观》，福建人民出版社，1991年版，第828页。

② 《海澄县志》卷二十二《艺文志·慈济宫碑》，《中国方志丛书》第92号，第258页。

或吸气嘘水以饮，虽奇疾沉痾立愈”。景祐三年（公元1036年）五月初二，上山采药救人，不慎跌入险崖，不幸归仙，享年58岁。吴夲殁后，“乡人祠祀之”，“偶其像于龙湫庵”，吴夲成为闽南地区最有影响的医神。这实际上是北宋时期，吴夲从人到神转化的开始。

到了南宋时期，绍兴二十一年（公元1151年），同安积善里（今漳州市龙海市角美镇）和龙溪的青礁都兴建了奉祀吴真人的慈济宫。《庄碑》记载：“岁在辛未（公元1151年），肇创祠宇”，“时梁郑公（梁克家）当国，知其事，为详达部使者，以庙额为请，于是有‘慈济’之命”。嘉定十二年（公元1219年）前后，白礁慈济庙扩建，富丽堂皇，所谓“门敞皇皇，堂崇辚辚，修廊广庑，是赫是称”。

宋淳祐元年（公元1241年），诏改庙为宫。青礁称“东宫”，供漳州府七县百姓进香礼拜；白礁称“西宫”，供泉州府五县百姓进香礼拜。后又在后山尾建南宫，在温厝长园建北宫，形成慈济祖宫群。

奉祀吴夲的庙宇在许多地方被建造起来，不仅限于闽南。吴夲的影响迅速扩大，“不但是邦（漳州府）家有其像，而北逮莆阳、长乐、建、剑，南被汀、潮以至二广”①。据《杨碑》载：“数十年来，支分派别，不可殚记。其有积善里曰西庙，相距仅一二里，同安晋江对峙角立，闽莆岭海，随寓随创，而兹庙食（指青礁慈济宫）实为之始。自经始至于今，登载弗具，议者以为缺典。同安旧有记，故治中许衎作温陵之庙。”黄家鼎《马巷集》考证宋代慈济宫：“一时庙食遍于郡邑，泉郡善济铺之有花桥庙，漳郡上街之有渔头庙，同安白礁乡、龙溪新岱社、诏安北门外各有慈济宫，海澄青礁乡有吴真君祠，皆建于宋。长泰治东龙津桥畔之慈济宫，南安治南武荣铺之慈济真人祠，皆建于元。”

明清以来，吴真人信仰达到鼎盛，神格进一步提高。在闽南人心目中，吴真人与关帝、妈祖一样高尚。诸神出游时，多数神灵乘坐四抬轿子，而关帝、妈祖、吴真人等少数神灵则是八抬大轿。关帝、吴真人的信徒最多，“灯牌以数千计，钟鼓架、香架以数百计，火炬亦千百计”。随着闽南人迁台，保生大帝信仰传入台湾，逐渐成为台湾最有影响力的神灵。

---

① 《海澄县志》卷二十二，《中国方志丛书》第92号，第258页。

据范正义对明至民国关于保生大帝庙宇数量的统计，各府州县有明确记载创建时间的保生大帝宫庙，宋时最多，达到 11 座．其次是明朝，共有 8 座，清朝有 5 座，而元朝位居最末，仅有 2 座。

按说明清时期，保生大帝传说被信徒大批编造出来，并被加以广泛传播，此时创建的保生大帝宫庙，其数量应大大超过宋时创建的宫庙，为什么方志记载上没有体现这一特点？一般说来，各府县志记载的多是名气较大的庙宇，早期建立的宫庙影响都比较大，大批未载明创建时间的庙宇多在明清时期建成。

白礁、青礁的碑刻上有同祀宫庙名。据范正义统计，两宫石碑上属漳州的庙宇总计 984 座。然而，笔者近几年的调查，漳州主祀保生大帝的宫观不到 300 座。之所以有这样的差别，应是有的宫庙并不是主祀保生大帝，而将吴夲作为配祀神，但他们同样到两个祖宫进香，捐款。

三、保生大帝宫观在台湾的传播

台湾开拓初期，移民遭遇瘴疠为毒、缺医少药的险恶环境，较之漳泉故里有过之而无不及，移民迫切希望从精神上获得保生大帝的救助，这种状况对保生大帝信仰在台湾的传播，起到了促进作用。

奉祀保生大帝的新港大兴宫，据说是明末颜思齐开发台湾时分炉供奉的①。据台湾学者卢嘉兴的考证，见诸文献记载的台湾最早建立的保生大帝祠祀，应是兴建于荷兰据台时期的台南县广储东里的大道公庙②。据王必昌《重修台湾县志》载："荷兰据台，与漳泉人贸易时，已建庙广储东里矣！③"该庙现位于台南县新化镇丰荣里洋子 56 号，俗称"开台大道公"。郑成功复台后，保生大帝信仰在台湾有较大的发展。王必昌提到："嗣是郑氏及诸将士皆漳泉人，故庙祀真人甚盛。"表明台湾初期的保生大帝祠祀，主要是以

---

① 方文图：《东宫史料》，海沧华侨三都联络分局重修青礁慈济宫监事会、理事会编印，1998 年 2 月，第 21 页。

② 卢熹兴：《有关台湾最早兴建的庙宇》，台湾"全国"保生大帝庙宇联谊会编，《真人》第 8 期，第 33 页。

③ 王必昌：《重修台湾县志》卷六《祠宇志》，《台湾文献史料丛刊》第 2 辑，台湾大通书局，1984 年版，第 179 页。

祖籍神崇拜的面目出现的。

刘良璧《重修福建台湾府志》即指出：“台多泉、漳人，以其神医，建庙独盛[①]。”此后，保生大帝信仰在台湾迅速传播，特别是在入清后闽人移台的几个高潮中。据厦门大学陈在正从各方志中统计，台湾各地保生大帝的宫观数，从荷兰人时代至清末共130座。其中，荷兰人时期9座，郑成功时11座，康熙时14座，雍正时3座，乾隆时23座，嘉庆时16座，道光时11座，咸丰时16座，同治时8座，光绪时8座，不知年代11座。

传播至今，据台湾保生大帝联谊会数字，台湾主祀保生大帝的庙宇有500多座。

四、闽南与台湾部分保生大帝宫庙

（一）闽南部分保生大帝宫庙

1. 白礁慈济宫

白礁慈济宫为属保生大帝庙宇的祖宫，也是台湾保生大帝宫庙的开基祖宫，位于福建省龙海市角美镇白礁村，简称“白礁宫”，内祀“保生大帝”。1991年被列入福建省省级文物保护单位，1996年被国务院列入全国重点文物保护单位。白礁慈济宫原为宋景佑四年，（公元1037年）白礁村父老乡亲为纪念吴真人生前慈悲济世，自发筹款建的庵庙，庵内雕塑吴真人形象，尊奉为“医灵真人”。

南宋高宗绍兴二十一年（公元1151年），村民将乡村庵庙改建为一座宫殿式的庙宇，命名“慈济庙”（采用范正义说）。

南宋孝宗乾道元年（公元1165年），孝宗皇帝将慈济庙，追封谥号“慈济灵宫”，亦称慈济祖宫。

清嘉庆四年（公元1799年），提督福建全省水师军务、统辖台澎水陆官兵世袭王志等捐资重修祖宫正殿。

清光绪四年（公元1878年），道御王青云等向海内外、漳、泉乡亲筹金重修白礁慈济宫前殿。

---

① 刘良璧：《重修福建台湾府志》卷九《典札祠祀附》，《台湾文献史料丛刊》第2辑，第307页。

民国十二年（公元 1923 年），由白礁社王尼姑、王长根等人倡起，蒙新加坡中华总商会董事李光前、陈六使和槟城商总会庄来福、王自成等发动捐资襄助重修白礁慈济祖宫。

1984 年，由福建省文物处、漳州市台联会及晋邑各地分灵庙宇和善信人士筹资数万元重修慈济祖宫后殿。

1989 年，由台湾省保生大帝庙宇联谊会会长周大围等在台湾组织发动筹募人民币 120 万元，金箔 35 万张，重修白礁慈济祖宫。

白礁慈济祖宫建于白礁村内的小山麓，占地总面积 5000 多平方米，建筑面积 1915 平方米。整座建筑金碧辉煌，依山递高，层楼叠展，雄伟壮观。中轴线上自西南而东北依次为前殿、天井、月台（祭台）、正殿、后殿。

正中门两侧有紫铜色石狮一对。天井两侧为双层钟、鼓楼。钟、鼓楼均为重檐歇山顶楼阁式，楼顶木架藻井结构。

前殿为二层楼阁式，单檐歇山顶，上覆红色板瓦和琉璃瓦。五门式，一层面阔十一间，进深三间。二层面阔五间，进深三间。上层用木柱，下层用花岗岩石柱支承，梁架抬梁式，门廊竖有六根青褐色花岗岩雕蟠龙石柱。这两根方形石柱及六根蟠龙石柱，连同正殿四根规格相同的圆形石柱，是清嘉庆二十一年（公元 1816 年）白礁慈济宫大修时，台南县乡亲捐赠的。门廊两壁竖立历代重修碑记，其中有不少台湾乡亲捐资修建的记载。左右两侧方形石柱四根。上有竹叶形状构成的石刻对联，以“保生慈济”冠头竹叶联而特别令人称妙。左边刻题“慈心施妙法，济众益良方”，右边刻题“保我德无量，生民泽利畏”。

天井中有由上下双重须弥座构成的石砌月台，上刻“飞天乐伎”、“双狮戏球”等浮雕纹饰。台上雕制蹲踞状石狮一只，称“国母狮”（据传为皇太后赠），狮的右前肢举握一方印，印上有“亚”字纹饰符号。均为宋代雕刻。据著名文物专家单士元、郑孝燮、杨伯达先生鉴定，这些雕刻均出于南宋绍兴年间民间巧匠之手。月台前有一水井，称“龙泉井”。宫外左右两侧有宋代水井各一口。这些宋代文物，堪称白礁慈济宫的镇宫之宝。

正殿台基高于前殿台基两米，单层宫殿式，重檐歇山顶，面阔五间，进深三间。正中间殿顶木架结构为如意藻井，斗拱出五跳。次间用抬梁式梁架，斗拱均不出跳，有昂傲象鼻状。走廊竖四根青褐色花岗石雕蟠龙石柱。

正殿之中为吴真人神龛，供桌上摆着一个古老的炼丹炉，重13斤4两，据说是当年吴真人采药炼丹的铜炉，已有千余年历史。

神龛左右边各有配祀神。右边陪祀有：东圣侯、太上老君、张圣者。左边陪祀有：西圣侯、三将军、先生公。据说东圣侯、西圣侯是当年建筑慈济祖宫的监工钦差大臣。在正殿左右两侧还配祀三十六神将，其右侧十八神将为：康元帅、提大将、辛元帅、枷大将、马龙官、江仙官、刘圣者、马伽罗、张真人、王舍人、李仙姑、必大将、何仙姑、纪仙姑、二郎神、五骑官、文天师、直扶使者。左侧十八神将为：赵元帅、杨元帅、食鬼大将、殷元帅、倒海大将、闻元帅、缚大将、王元帅、锁大将、王灵官、黄仙姑、连圣者、虎枷罗、肖圣者、康舍人、龙大将、托塔天王、陶天君。

后殿更高于正殿，结构较简单，单檐歇山顶，面阔五间，进深三间，前有长方形天井。后殿正中神龛配祀吴真人父母神像。在圣父圣母神龛左边陪祀有观音、千手观音、善才龙女、韦陀护法、王公、大妈婆、大使哥。在右边陪祀有注生娘娘等各种神像。

整座白礁祖宫建筑结构，集宋以来历代闽南建筑艺术之大成，有“闽南故宫”之称。

白礁慈济宫现存石碑13通，简列如下：

(1) 乾隆岁次乙亥（公元1755年）腊月，白礁闽族家长公立。石碑高1.30米×宽0.62米。

(2) 嘉庆四年（公元1799年）四月重修，碑高2.35米×0.95米。董事人王政海、王行渊立石碑记。

(3) 嘉庆四年五月立。碑高0.55米×宽1.13米。

(4) 嘉庆乙亥年（公元1815年），石碑高1.96米×2.51米。

(5)《白礁祖宫重修捐题姓氏缘银碑记》，石碑高1.95米×2.52米。碑文书写捐资芳名。嘉庆二十二年岁次丙子孟夏谷旦立。

(6) 木匾牌，高0.52米×宽2.52米。《祖宫重修捐银牌》，碑文记捐资芳名。嘉庆丙子梅月吉置。

(7) 无碑题碑，碑高1.98米×宽0.75米。道光二十九年（公元1849年）闰四月初六日。

(8)《重修慈济祖宫捐缘姓氏碑志》共竖4通。

碑皆高 2.49 米×宽 2.05 米，光绪四年（公元 1878 年）岁次戊寅暮春月谷旦

(9)《重修慈济祖宫捐缘姓氏碑记》共竖 2 通。

民国二十二年（公元 1933 年）癸亥孟夏谷旦立①。

2. 青礁慈济宫

青礁慈济宫位于厦门海沧青礁村，背靠岐山东鸣岭，主祀北宋名医吴真人。北宋景祐三年（公元 1036 年），吴真人逝世后，群众在他炼丹成神之地青礁龙湫坑建造“龙湫庵”。

南宋绍兴辛未年（公元 1151 年），高宗赐建“五殿皇宫式”大庙，名为“青礁龙湫庙”。南宋乾道丙戌年（公元 1166 年），赐庙额“慈济”，由此称“青礁慈济庙”。南宋淳祐辛丑年（公元 1241 年）下诏“改庙为宫”，由此大道公庙称为青礁慈济宫，因地处白礁慈济宫的东面，称为东宫，白礁为西宫。白礁慈济庙主要供泉州府百姓谒祖进香，青礁慈济庙主要供漳州府百姓谒祖进香。

厦门的青礁宫面积 1600 多平方米，大门对着广场和大戏台，场面宽阔，可容纳近万人。祖宫分前中后三殿，前殿骑楼成一长廊，后殿升高，布局整齐。前殿两侧，延伸为文武朝房，突出主体成辅佐之势，整体结构宏伟壮观。大门两侧一对踞立的镇殿石狮，为宋朝文物。层楼前为长廊，后为宽敞厅堂，长廊门额悬“真人所居”巨匾；厅堂后为天井，两侧为钟鼓楼，光线充足，舒展大方。

该宫建筑庄严雄伟，飞檐交错，金碧辉煌。宫中有四绝：一是彩绘中有一幅凤头、龙尾、乌龟身、四脚的神物；二是宫中保存着康熙、嘉庆、咸丰、光绪等朝代的重修碑记；三是东宫两侧后山，有一块“心”字石，此石形似人心，“心”字中间一点却放在底下；四是宫殿椽子上的黑白画，据说来自唐伯虎的颜料配方和画法，不受虫蚀。

后有岐山，山坡处原有名为“丹灶、药臼、药泉”的三圣迹，说是吴夲当年使用过的原物。岐山左坡有龙湫，山明水秀，景色清幽，吴真人住过的草庐龙湫庵即在此。龙湫庵下的左边山谷，即龙湫坑，流水不息，边有一瀑

① 《漳州文史资料》第 27 辑，第 116—122 页。

布，激湍于岩壁石隙间，飞珠泻玉。石上镌“龙湫”二字。其上有平顶石，击之如擂鼓，称“仙鼓石”。还有“仙扁担”等石景。青礁慈济宫有四亭：一是心字亭，为双层六角亭。第二是丹井亭，建于“丹井药泉”之后山坡。为双檐攒尖顶，有石砌台阶可登临。第三是药臼亭，为四方形石亭，游人憩息，静坐亭中，正好览古遐思，倾听泉声，仿佛飘然世外。第四是丹灶亭，在龙湫庵右台阶上，为双檐圆亭。亭旁安置出土的丹灶石构件，上刻“丹灶”二字，四亭造型各异，各展风姿。

近年来青礁沿岐山山坡顶建了数百级石阶，山坡顶上新雕塑了巨大的保生大帝花岗岩像。山上群石簇拥，俯瞰田园湖泊，无限风光，赏心悦目。

3. 泉州花桥慈济宫

花桥慈济宫又名真人庙，俗称花桥坛、花桥宫。位于鲤城区中山南路涂山街头南口西侧。据清陈步蟾《重修花桥庙记》，此地古为花市，八卦沟上架有石桥，“桥上有坛，夏暑雨、冬祈寒，贸易者赖之”，故名。花桥宫始建于南宋绍兴年间（公元1131—1162年），祀北宋名医吴夲，即保生大帝，俗称“花桥公”。

宋明道二年（公元1033年），泉州瘟疫流行，吴夲至泉州行医救人，全活无数。花桥宫为泉州同安县人许衎所建，庙址即为吴夲当年行医寓所。吴夲出生地白礁乡、卒逝地青礁乡，均由颜师鲁奏请于绍兴二十一年（公元1151年）立庙，泉州花桥宫始建年代应与青礁慈济宫、白礁慈济宫相近。花桥宫坐西朝东，三进，由门厅、大殿和赠药义诊楼组成，建筑面积800多平方米。门厅为牌楼式，墙主体由花岗岩筑砌而成，上有浮雕，大门两侧各有六角形石窗一个。大门上嵌明代大书法家张瑞图题写“真人所居”石匾额。大殿面阔三间，进深五间，硬山顶，抬梁式木构架。殿前上方悬有元代大书法家赵孟頫所书“慈济宫”匾。殿内上方悬挂有“花桥宋庙”绣帐，正殿中祀保生大帝。殿内设有药签供信众卜求。第三进为赠药义诊楼，系1991年由台湾信徒捐资重建；一楼设赠药处，常年聘请名医坐堂义诊。花桥慈济宫处于闹市通衢，周边曾经两次大火，焚屋无数，惟张瑞图所书“真人所居”匾独存。相传张瑞图为水德星君降世，其字有“避火”功用。无奈第三次大火将匾烧为灰烬，后乃往西街妙因宫勾勒字迹镌于石上。

花桥慈济宫赠药义诊所始设于清光绪四年（公元1878年）。明代泉郡一带疾疫流行，本着保生大帝济世救人的宗旨，泉州乡绅商贾联合在宫中成立“泉郡施药局”，行制药、赠药善举，以救一方之难。清光绪六年（公元1880

年）改名“泉州府施药局”。光绪二十三年（公元1897），成立花桥善举公所，办理赠药、义诊、平粜、发放度岁钱粮、紧急救灾等事务。上世纪70年代，改名泉州花桥赠药处。1985年3月，花桥宫恢复义诊，遂名泉州花桥赠药义诊所。所需资金、药材均由南洋华侨及港澳台同胞捐赠。1988年2月，台湾屏东县谒祖进香团抵泉州花桥慈济宫，对花桥赠药义诊所发扬吴真人“业医济世”的美德深为叹服。1989年4月，台湾学甲慈济宫董事长周大围等至花桥宫，对赠药义诊所百余年来持之以恒的医风医德击节称赏。1990年5月，周大围先生又率领台湾保生大帝进香团一行437人至泉州花桥宫参谒，义诊所为进香团义诊69人次，当场有75位台胞为赠药处捐资。1991年11月，由周大围先生独资捐建的义诊楼竣工，翌年2月落成典礼。

泉州旧城三十六铺及附郭三铺，计有文锦、曾井、集贤、善济、慈济、清源、盛贤、华仕、聚津、新溪、棠阴等铺奉祀吴真人庙宇十余座，有的被奉为境主，其中以文锦铺甲第宫、盛贤铺北山宫、集贤铺桂坛宫、善济铺花桥宫最为著名。花桥宫肇建最早，香火最盛，至今保存最完好。泉州府城近郊奉祀保生大帝的庙宇不少，以丰泽区东海镇法石村文兴宫较为著名。肇建于宋末，坐北朝南，占地1200平方米，三进三开间，硬山顶，由戏台、山门、拜亭、正殿、后殿、二廊等组成。泉属各县，奉祀保生大帝的更是四乡遍布，不可胜数。现存较为著名的有安溪感德石门村玉湖殿、安溪官桥五里铺双鲤堂、安溪长溪乡衡阳村衡阳堂、安溪参内大厝村龟峰堂、晋江深沪宝泉庵、晋江东石鳌头慈济宫、石狮龙显宫、南安丰州武荣慈济宫、南安官桥深坑四方堂、南安美林镇美林慈济宫、德化龙浔镇丁墘村大卿宫，等等。

4. 和溪慈济行宫

和溪慈济行宫位于南靖县和溪镇北侧，往乐土雨林公路2公里的林中、林坂两村交界地鲤鱼山西麓。主供吴真人。神像雕于宋末元初，为大陆仅存最古老的吴真人雕像。庙宇建筑仿白礁慈济祖宫正殿。坐东南向西北，倚岗拱峦，带水抱村。

据传宋末元兵南下，闽南各地庙宇多数遭到破坏。景炎二年（公元1277年），宋丞相文天祥率领勤王义军由江西赣州移师漳州至龙岩湖村练兵①，部

① 《漳州府志·拾遗》。

分闽南籍士兵将白礁慈济祖宫保生大帝祖像抬到和溪驻营地，在今林中村许塘埔建筑“慈济行宫”供奉，作为部队保护神。

元代至元十七年（公元1280年），闽南农民军首领陈大举等起义抗元，对慈济行宫进行了修建。其后，又经多次扩建重修，闽西南各县边界居民进宫行香许愿络绎不绝。今宫中尚遗留镌有“慈济行宫”、“元至正九年”、“匠人许德兴”镂文的铸铁香炉和嘉庆九年的木牌一座。

相传明代初期，慈济祖宫曾派人要回吴真人神像，经过当地居民挽留，在神前掷“圣杯”决定，真人神像愿继续留驻和溪不回本宫。

明代中期，慈济行宫失火，吴真人神像由附近居民抢出，立庙供奉。正德年间一次大水，神像由乐土社漂至林中村崎圳溪中，被林姓居民捞起。嘉靖年间，林姓第九代“廷”字辈兄弟开始在林中村白楼仔街重建一殿一天井一拜亭的庙宇，改名“万灵宫”，将吴真人神像重新装饰，和铁香炉一起移置宫内，作为本姓社庵。

清代光绪癸卯年（公元1903年），林姓宗亲有不少移居台湾南投县草屯镇的后代汇款回乡，对万灵宫进行重修，并将吴真人诸神像重饰和开光。

文化大革命中，万灵宫被夷为平地，原有碑、匾、石柱镌联等多数无存。吴真人神像、铁香炉和木牌由林坂村民事先藏匿家中得以保存。

1985年在林坂后岭建一小庙，供信众参拜。由于原址已改建民房，乃重新择地于林中、林坂两村交界地鲤鱼山（俗称中林），筹资动工兴建，并恢复古“慈济行宫”名称。当地政府拨给山坡地30亩，经司法部门见证，作为行宫使用基地。

同年夏，台湾省保生大帝的神明，庙宇联谊会会长周大围先生数次前往实地勘察，对建宫地点深表满意，并亲自奠基和献资人民币2万元、金箔12万张（折合人民币12万元）助建。随后林姓移居台湾南投县草屯镇宗亲林黄河及其妹美玉亦汇款助建。主宫工程于1993年竣工，建筑面积220平方米，造价28万元。

慈济行宫在台湾多有分灵。清代康熙、乾隆年间，当地林姓先民前后100余人外迁台湾省，分别定居于南投、嘉义、彰化、宜兰等县垦殖。各自携带祖地万灵宫保生大帝的神明，分别在嘉义县大林镇建“万宁宫”（与祖地万灵宫同音字），在南投县草屯镇月眉厝里建龙德庙（与祖地林坂村土楼“龙德楼”

同字义)，均供保生大帝。迄今信徒遍布猫罗溪流域南投、嘉义、彰化等县。每年逢大帝诞辰，台湾的分灵庙也和祖地同样推选炉主，举行大规模香会，进行绕境游香，各户蒸制寿龟、寿糕祝寿，在神前换钱贯、银锁等给小孩佩戴，以及演戏、诵经和举行游艺活动，足见两地民俗与神缘密不可分。

行宫临国道与高速路，近年来，不少港、澳、台胞和华侨到大陆旅游观光或投资办厂，纷纷进宫行香许愿，香火日益旺盛①。

5. 坂仔心田宫

位于平和县县城西南方 10 公里的坂仔镇心田村。为坂仔、南胜两溪交汇处，又名双溪。主祀保生大帝，左侧附建碧湖室，供奉观世音菩萨。

心田宫总占地面积约 12 亩，大殿阔宽三间，进深三间。正殿主祀保生大帝。两旁有廊庑。左廊庑供土地与伽蓝公；右廊庑放一木制庙式小神龛，内供三官大帝的香炉。天井中竖着天公柱，柱上有搁板，上置天公炉。

宫前分上下埕，上埕宽约 10 米，长约 24 米，种着各种花草树木。下埕占地 3 亩，为心田宫分灵庙台湾台中市元保宫捐赠，埕角有两个八角型凉亭，供祖地赖氏族人二月初九日为保生大帝进香，以及中元醮会搭彩楼、谢神明等传统民俗活动之用。

相传，心田宫保生大帝开基祖神像于元末至正年间（公元 1341—1368 年）由赖氏心田始祖卜隆公，自诏安官陂霞葛田心奉请至今之心田村开基奉祀。明天启年间（约公元 1621 年），始择地建庙，取名为心田宫。清嘉庆元年（公元 1796 年）、道光二十一年（公元 1841 年）、民国三十四年（公元 1945 年）曾重修。1966 年“文化大革命”中受重大破坏。1984 年台胞回乡，始重修心田宫，2004 年在台湾元保宫的支持下扩建为今貌。

心田宫的大活动于正月十五上元节、二月初九、三月十五保生大帝寿诞和七月中元节等节日举行。

心田宫保生大帝签诗有两种：一种为平安签；一种为药签（药签来自青礁）。每年春节期间，到此朝圣参拜的善男信女都为求平安签，从签诗意思中预知新的一年吉凶祸福。平安签共 66 首，每首都有一个相传故事。

据称，心田保生大帝灵咒避灾镇邪很灵验，用 66 首平安签文的首字组

---

① 《漳州文史资料》第 27 辑，第 468—476 页。

成，现摘抄如下："真君真君，除邪斩瘟，行符咒水，普济万民，罡步正气，永断祸根，威光烜赫，显号增封，香火庙食，夙夜虔恭，万灵有祷，咸沐神功，诵吾神咒，荡涤群凶，急急如律令，保生大帝敕。"

如平安签第一首是："真金经火炼千回，此物原来七宝魁，唯有良工成大器，流传万古不沉灰。"最后一首为："敕赐严威威可畏，必使邪魔如粉碎，三清大道放光明，一点尘埃无挂碍。"

心田宫由本地十三甲（角头）六乡镇祭祀团组成董事会，并成立管理委员会，负责庙务管理，以及岁时行事祭典工作。所谓十三甲，即缎山甲、井美甲、西坑甲、杭埔甲、军营甲、仁山甲、豆坪甲、石路甲、东坑甲、吴坑甲、璋石甲、心田甲、新星甲，约有 5 万余人口，形成保生大帝在该地区的主要信众群①。

6. 晋江深沪宝泉庵

宝泉庵最负盛名的是东轩奉祀的大道公。深沪保生大帝不是从白礁祖宫分灵而来，而是从台南学甲慈济宫分灵的。

宝泉庵原名庵宫、大道公宫，地处晋江深沪之滨。庵宫旁一口井，因水甘且久旱不枯，名宝泉，遂以为庵名。宝泉庵始建于唐末或宋初，原有前殿、中殿、后殿，奉祀三宝如来和玄天上帝等神祇，山门建在大涵口。明季遭倭寇焚毁，崇祯年间再修。民国后，宝泉庵仅存后殿。1953 年初又遭飞机轰炸西轩，殃及中殿，只存残垣颓壁。1982 年，菲侨陈龙福等筹资重建，建筑面积 750 平方米。穴坐艮坤，方位如旧，所有柱子改木为石，正殿为硬山顶，中梁增高二尺八，东西轩房原半楼改为双层钟、鼓亭，左右对峙。

大殿现为五开间三进深，"宝泉古地"石门额上方再悬"宝泉庵"横匾。殿内有台湾学甲慈济宫所赠"德布闽台"，新加坡宝泉庵所献"闽台医圣"及菲律宾、香港和台湾有关团体及善信所赠匾额数十方。大殿正中供奉保生大帝软身塑像，旁有赵、康二元帅拱手恭立，神案上供黑虎大将（虎爷）。左侧奉祀大道公（保生大帝），旁边供奉观音。右侧奉祀境主公、广泽尊王等。庵内无蚊蝇，传为唐罗隐所谶，闻名遐迩。

宝泉庵《大道真人传记》碑载："台湾省在明代永历十五年郑成功逐荷

---

① 资料来自平和赖瀚钟手稿。

兰侵略者时，白礁旅台乡人在台南学甲建造慈济灵宫作为纪念胜迹文物，至今犹存。逊清朝代吾沪里人旅台日增，沾神恩德者众，因感神灵药方之验，即于咸丰十年，由后山堡信士行号吴协庆□□迎驾来沪，供奉于宝泉庵后殿东轩，一九四八年吾沪旅菲侨胞塑真人神像迎往岷尼拉创庙，至今香火旺盛……”说的是清咸丰十年（公元 1860 年）初秋，深沪吴协庆号商船在台南安平港，备办香褚之仪到学甲慈济宫“保生大帝”神前叩答神恩，并祈示返乡日期。可是，保生大帝警示当天不得西渡海峡回乡，协庆号遵从神意。果然当夜风浪大作，海上船只全部遇难，无一幸免。协庆号遵“大道公”神意三天后起航，平安返抵深沪。事后，协庆号船号倡议恭迎学甲“大道公”神像来深沪供奉，得到众人响应。计议后到学甲慈济宫叩求神恩允准。但庙祝不肯，好事多磨，几经周折，终于用调包计迎来慈济宫保生大帝第三尊副驾，由协庆号迎驾深沪，择吉迎请真人圣驾进住宝泉庵东轩。

当年，又从学甲慈济宫陆续求得内科、外科、小儿科、眼科等药签 324 方。清末民初，又有人献出跌打药方。患者祈求抽签时，先净手焚香，然后陈述病情，或把手臂放在八仙桌上，状让大帝把脉，稍候片刻从签筒中任抽一签，再掷筊求定，如确定此签，由将签向庙祝索药方到中药铺买药。宝泉庵药签处方以中药为主，也有食疗药方，还有青草药。据统计，这些药方共启用近 700 种中药，60 多种青草药。处方药味简单，药量较轻，药性平和，费用不大，且无副作用。由于处方独特，患者往往花小钱治大病，取得意想不到的效果，因此每日各路到宝泉庵求医问事者络绎不绝，每年取走药签处方数万张，正如大殿对联：“大显赫德善成正道，真神医良方救万人。”

深沪宝泉庵从台南学甲慈济宫分灵已 140 余年，深沪宝泉庵特发起纪念活动，于 1999 年 11 月 20 日举行盛大庆典，台湾保生大帝庙宇联谊会和学甲慈济宫组团百余人前来庆贺。

（二）台湾部分保生大帝宫庙

1. 台南学甲慈济宫

慈济宫位于学甲镇济生路 170 号，庙内保存有宋代雕制的古祖庙神像，是台湾保生大帝的开基祖庙，名列台湾三级古迹。

慈济宫的建立，源自明永历十五年（公元 1661 年），福建省同安县（现为漳州辖区）白礁乡的军民追随郑成功渡台垦居，为求渡海平安，便由家乡迎请慈济宫神明保生二大帝、谢府元帅、中坛元帅三座神像，一同渡海庇护众生。三月十一日在将军溪畔的头前寮平安上岸，并在学甲搭建草寮奉祀三尊家乡神，这便是慈济宫的前身。

康熙四十年（公元 1701 年），集资重建华南宫殿式庙宇，名为慈济宫。建筑包括前殿、后殿、钟鼓楼等，古色古香，巍峨华丽，300 余年来屡经整修扩建，形成今日规模。慈济宫占地千余平方米，庙体规模并不大，但庙前广场广达 650 平方米，两侧竖立着一对台湾著名的大旗竿，地下深 9 尺、地上高达 63 尺，为慈济宫救人济世精神的象征。

学甲慈济宫的文物很多，包括已失传的叶王交趾陶、何金龙剪粘艺术作品。清咸丰十年（公元 1860 年）重修时，延请嘉义交趾陶大师叶王装饰宫壁与庙顶，至今仍留下“八仙过海”、“狄青战天化”等多幅作品，极为珍贵。然而交趾陶为软陶低温烧制，如今色彩已剥落，不复昔日风华。后来请大陆剪粘名匠何金龙，以一块块瓷碗片，精工剪粘成巧妙的风景与人物像，庙中至今还保存“古城会”、“鸿门宴”等精心之作。庙旁的慈济文化大楼内，长期展出叶王交趾陶、县境内珍贵史料、寺庙文物及先民器物等，深具历史与文化价值。

慈济宫内的古碑古匾也很丰富，镶于三川步内右墙上的“慈济宫缘业碑志”为清乾隆九年（公元 1744 年）所题；置于内殿神龛前供桌上的红砻石香炉，为咸丰年间之古物。殿前的石狮、龙柱、石雕壁堵、木雕神龛等，亦出自昔日名匠之手。

学甲慈济宫最具特点的是每年农历三月十一日的上白礁谒祖活动，已历 300 余年从不间断。最初先民为赶上家乡福建三月十五日大帝生日祭拜，于三月十一日便提早返乡。日据以后，便改在当天登陆地头前寮，举行遥祭的“上白礁”仪式。每年此日，台湾各地神舆、艺阁、信徒会集学甲，举行三天绕境及“请水”仪式。这不只是热闹的宗教活动，更具有饮水思源的寻根意义。学甲慈济宫门前，有这样一副对联：“气壮平天，万众同参学甲地；血浓于水，千秋不忘白礁乡。”祭典队伍长达数公里。“蜈蚣阵”领头，百米“蜈蚣阵”共有 36 节，每一节坐着一位古装打扮的“扮仙”儿童。民众相信“扮仙”的儿童会变得聪明健康。沿途的善男信女匍匐跪地，让蜈蚣从头上越过。人们相信蜈蚣阵从头上过可以消灾避邪保平安。来自全省各地的信徒、寺庙神轿、艺阁阵头都会来到慈济宫前的广场，展开热闹的绕境游行，前往当年保生大帝来台登陆的将军溪畔，登陆地点建有“郑王军民登陆暨上白醮谒祖纪念碑”。游行队伍宛如民间艺阵的大集合，包括雄壮威武的宋江阵、八家将、高跷阵，逗趣的斗牛阵，男生装扮的“素兰出嫁”，有歌有舞的花鼓阵、牛犁阵、车鼓阵，震耳喧天的八音队、大鼓队、舞龙舞狮队及形形色色的艺阁等①。

2. 台北保安宫

台北大龙峒保安宫占地广，面积为 3000 平方米，是难得一见的大庙，也是台北市最大的民间信仰宫观。

大龙峒保安宫，俗称“浪泵宫”或“大道公庙”，为台湾二级古迹。位于台北市西北，临淡水河与基隆河的交汇处。主奉保生大帝老祖、二祖、三祖至六祖，以及平安祖、白礁祖，另奉祀中坛元帅、三十六天将、黑虎将军；后殿祀神农大帝、孔圣夫子、关圣帝君、玄天上帝；西厢供奉注生娘娘、池头夫人、太岁星君；此外还有供奉玉皇大帝以及孔子的邻圣苑。并设有凌霄宝殿、大雄宝殿，供奉道家三清与佛家三宝佛。

关于保安宫的创建大概有两种说法：

一是清乾隆七年（公元 1742 年）同安移民在大龙峒垦荒，由于气候不稳，水土不服，疫病流行。有人回祖籍白礁慈济宫（当时白礁属同安管辖，现在属漳州），分灵香火至大龙峒奉祀。开始为木构简易小庙，后来信众以为灵验，故于乾隆二十年（公元 1755 年）集资建正式宫庙。

二是《台湾文化志》、《台北文物》、《淡水厅志》等书记载：北台湾的同安移民是在清嘉庆十年（公元 1805 年）才集资修建保安宫，由于工程浩大，至道光十年（公元 1830 年）才完工。

当时来自大陆的福建建材没有全部用完，地方士绅乃买下剩余材料，在保安宫两侧建成两排各 22 间店铺，共 44 间，号称四十四坎（一间为一坎）。于是，大龙峒有自己的街肆。

保安宫为三殿三进建筑。石雕的墙面为 19 世纪初作品，中门的一对 1804 年所建的蟠龙八角檐柱，是保安宫现存最早的石雕作品。后殿主奉神农

---

① （台）“慈济宫——台南县学甲镇”网站，http：//www. tcgs. org. tw/index. asp。

氏，因此又称“神农殿”。

该庙的最大庆典在农历的三月二十三日，这天要举行盛大的游行表演和13个祭祀团体的“大道法会”，并演出极具特色的台湾“家姓戏”。每年农历三月十四日还例行绕境活动，同时有许多传统活动，上午民俗竞技，下午各寺庙轩社、力士会、艺阵等展开拜寿表演，最后的放火狮活动更将绕境推到高潮。

大龙峒环境清幽，人才辈出。附近有座龙峒山，大龙峒处于龙尾位置，地理优良。加上四十四坎街肆，人潮汇集，香火极旺。与艋舺龙山寺、清水岩祖师庙并称台北三大寺庙①。

3. 台中元保宫

台中元保宫在台湾省台中市北区赖厝里大雅路。据《台湾寺庙大观》记载：创建于清代乾隆五十六年（公元1791年），由包括赖厝在内的17庄的村民共同捐资建成。道光二十六年（公元1846年）、咸丰七年（公元1857年）、民国十三年（公元1924年）都有修缮，规模渐大，香火更加鼎盛。如今设有图书馆，更有中医诊所，为台中市规模较大的庙宇之一。

元保宫前左右各有古榕树一棵，翠荫门庭两侧。两树之间建有牌楼，门上书“元保宫”三字。楼边为广场，石铺地面，平坦宽广；前殿左右开门，正殿内供奉保生大帝，岳飞元帅、赵康元帅同祀左右。

后殿可入庭园，石山水池，令人耳目一新。后殿两层楼式建筑，二楼殿内供奉玉皇大帝、观音、孔子、关圣帝君等神像。宫内文物众多，以清代为主，被列为台湾三级古迹。

据族谱记载，漳州平和心田赖氏后裔自第十世祖起（明嘉靖万历年间）就开始有人到台湾谋生，至乾隆五十五年（公元1790年）到台谋生的心田后裔繁衍甚众，在台中市就有赖厝部、乾沟仔、田心、犁头店、土库、麻圜头、后垅仔、东大墩、邱厝仔、三十张犁、水枧头、埔仔、军功寮、旧社、二份铺、三份铺、水湳等17个村庄。17庄合力建立元保宫。取其追念元始，安居乐业，饮水思源之意。

200多年来，祖地漳州平和心田宫，一直被台中市元保宫尊称为母宫，台湾宗亲经常组团回母宫进香谒祖。台湾元保宫内现有石碑记载着有关史

---

① （台）廖武治监修：《大龙峒保安宫》，第4—5页。

实。元保宫的建立不仅使周围的17庄的村民有地方朝夕膜拜烧香供奉，而且17庄联合起来，以元保宫保生大帝崇拜为信仰中心，形成其宗族组织。按惯例，每年农历三月初一起，从乾沟仔开始，依次由各庄恭迎保生大帝绕境，以保庇合境平安，直至三月十五日回銮元保宫，举行保生大帝圣诞大礼拜庆典仪式①。

① （台）《台中元保宫》台中元保宫编。

第九章　闽南与台湾财神庙宇源流

第一节　闽南与台湾赵公元帅、文昌帝君庙宇源流

闽南与台湾地介三省之际，为沿海地区通往闽西、赣南和粤东三地的交通枢纽，是闽西南水陆商贸集散中心，居华东、华南沿海地区的重要连接点。台湾岛位于中国大陆海岸线的中央，处琉球岛弧与吕宋岛弧的交会点，也是东海与南海的分界，西侧是台湾海峡，东侧为太平洋。台湾海峡为南北往来海路的必经之处。海上贸易的丰厚利润，使很多人趋之若鹜。可是，商海和大海都令人难以捉摸。发财难，守财更不易。各行各业都有各自崇拜的行业神，然而，闽南与台湾的财神是两地各行各业共奉的神祇，民间广为崇拜，因此，财神的种类也特别多。

财神分为文财神和武财神。文财神，据说是商朝忠臣比干、文昌帝君等，都可保佑科举高中取仕，可有功禄，故为财神。武财神为道教的玄坛元帅赵公明、关帝等。民间供奉的财神赵公明神像顶盔披甲，着战袍，执鞭，黑面浓须，形象威猛。周围常配有聚宝盆、大元宝、宝珠、珊瑚之类，以加强财源聚集的效果。闽南民间也称赵元帅是五路财神之一，认为他是玉皇御封的财神，纳福降祥，神通广大。台湾有五路神是“东西南北中”之说，还有各类财神，如沈万山、土地爷。沈万山是元末明初的巨贾，被奉为财神似乎理所应当。土地爷可保平安和好收成，广开财源，也被列为财神。财神的形态，除赵公元帅发威怒目外，其他较为慈祥，或捧大元宝咧嘴而笑。

一、闽南与台湾赵公元帅、文昌帝君崇拜概况

赵公元帅开始并不算财神。晋干宝《搜神记》说其是上帝手下三将军之

一，到明代的《封神演义》有了财神的雏形，去世后封为龙虎玄坛真君之神，率四使者招宝天尊、纳珍天尊、招财使者、利市仙官。

《三教源流搜神大全》称赵公明是终南山人，精炼成道，为玉帝手下将军，护张天师，被授玄坛元帅，统领多位将领。自跨猛虎，执铁鞭，黑面长须。能驱瘟消灾，“买卖求财，公能使之宜利和合”①，完成了财神的形象，闽南与台湾的赵公元帅信者众多。

作为文财神的是比干和文昌帝君。其中比干是商纣王的叔父，被姜子牙封为“文曲星”。科举、功名都由文曲星管。文昌帝一说是天神，《史记·天官书》说，“斗魁戴匡六星曰文昌宫，一曰上将，二曰次将，三曰贵相，四曰司命，五曰司中，六曰司禄”②，所以文昌帝君当时是六星之一。闽台认为文昌帝君是人神。称为梓潼，原名张恶，或张恶子。所谓“文昌星暗，科场当有事”。所以，文昌帝君也管科举仕途，因而被列入财神。但是，文昌帝君是否财神有所争论，由于民间神明的分类并不严谨，而且介绍文昌帝君的著作不多，我们予以收录保存。

古代“学而优则仕”，升官自然有名、利、禄。即使是清官也一样发财。司马迁说：“廉吏久，久更富。”③ 意思是，清廉的官员任期长，不会因不法而丢官，任期长了，领的俸禄就更多。因此，比干与文昌帝君作为财神是符合传统的。

作为文人的神祇，民间流传“北有孔子，南有文昌”。有趣的是，世界知名的圣人孔子被皇帝追封为“大成至圣文宣王”，比起“文昌帝君”在级别上显然稍低。与其他神不同，对文财神的祀礼，闽南与台湾都差不多，有某种特定的食品甚至是蔬菜。祈福通常是以粽子（寓意“包中”）、竹笋（顺利）、菜头（好彩头）等为祭品。点盏光明灯，口中念相应的愿望，民间认为对考试成绩有帮助。

---

① 《三教源流搜神大全》卷三赵元帅条。

② 《史记》，上海古籍出版社，上海书店，1985年版，第166页。

③ 《史记》，上海古籍出版社，上海书店，1985年版，第356页。

二、闽南与台湾部分赵公元帅、文昌帝君庙宇

（一）闽南部分财神庙宇

1. 漳州比干庙

比干庙在漳州城区振成巷，为国家文物保护单位，原为三进，现仅存第二进四方殿，主祀文财神比干。

庙址在芗城区芗城实验小学内，南临洋老巷，北接振成巷，系漳州七县林姓氏族合建供奉林氏始祖比干的祭祖之所。宗祠前后进已废，现存中进四方正殿，面积430平方米，坐北向南，面阔三间，进深五间，重檐歇山顶，红色筒瓦，下檐不围合，并留有回廊的痕迹，可见原规模甚大。

据专家考证，漳州比干庙应始建于宋代晚期，是目前福建省为数不多的一座具有较高的历史、科学、艺术研究价值的古建文物。比干是我国有名的官府忠臣，深受国人敬仰。古代在漳州各朝文武官员，每逢清明时节都得亲临比干庙，感知其做人理念，追忆其丰功伟绩。漳州比干庙不仅长期供奉比干，还作为林氏族人赴考往来生员的接待处。文革前比干庙内仍高挂多块明清状元、探花的牌匾，林震、林钎、林士章等人的牌匾均高挂其上。正殿两边厢房各有十几间书屋，各区林氏考生均可来此住宿读书作文。资料可查，明、清时期漳州林氏族人进宫殿试揭榜甚众，且大多继承先祖比干之人格气质。自古以来，漳州林氏后裔文人辈出，漳州比干庙是古时漳州人民崇尚文化之风的一个窗口漳州比干庙不仅有丰厚的历史文化底蕴，其建筑本身即是一座难得的有较高考古研究价值的古建文物。其红瓦重檐歇山顶，粗大紧凑的梁架斗拱，上、下真昂宋、元时期的建筑特征，精致的镂雕木作，融早期南北派建筑风格于一体的古代建筑，在我国已为数不多。

2. 泉州龙济宫

龙济宫又名玄坛公宫，俗称引公宫，位于鲤城区浮桥街官路尾114号。建于明正德年间（公元1506—1521年），奉祀文财神上清正一玄坛飞虎金轮执法赵公明元帅，兼祀武财神关帝君。龙济宫是泉郡府城仅存的财神庙，专祀财神是龙济宫独具一格的特点。龙济宫经历明清和民国数次落架大修，殿宇基本保持原状。明隆庆（公元1567—1572年）进士、四川按察使张治具撰联“天君如虎奋雷霆，地宅号龙兴云雨”石柱，依然品相完好，是不可多

得的镇宫之宝。

迎财神是腊月、正月的重要活动。进入腊月，早早恭敬地把财神像挂于厅堂上，除夕子夜由长子放爆竹喜接财神，贺新年；正月初四、初五，商贾摊贩张灯结彩，广邀亲朋开筵敬财神，以求生意兴隆，财源广进。农历三月十六日和八月十六日玄坛公神诞，善男信女争相敬献鸡鸭鱼蔬、红酒水果，祈求发财如意。

3. 平和西林侯山宫

西林侯山宫位于平和县小溪镇西林村，始建于明正德三年（公元1508年），主祀玄坛元帅赵公明，民国初年增祀关圣帝君，左侧附建碧云室供奉观世音菩萨。侯山宫正殿前有天井门楼，对面戏台，建筑面积858平方米。

《西山李氏族谱》记载，明宣德七年（公元1432年）举子李峤、张（宽）林等入京赴考，夜宿贡院。一天半夜忽见一黑面长须长者高呼："灾难到了，快快起来，我来救你，你也要来救我……"李峤猛然惊醒，见楼下大火冲天，浓烟滚滚，原来贡院失火，急忙唤醒众人，寻路逃命，但梯道已被大火封死，再无出路，退至供奉各路神明的神房，忽见玄坛元帅金身，正是梦中所见之人，忙将金身拥入怀中，纵身从楼上跳下，安然无恙；张举人身抱二郎神金身随之跳下，结果也只是腿脚受伤。为感神明救命之恩，二人各奉金身回归故里，择地建庙奉祀。李峤在红厝仑（原名西山岭）建庙设坛供奉玄坛元帅，取名"敦和宫"，因其神威显赫，备受四方信士崇拜，遂成一方名庙。

明正德年间，贼寇四起，为图生存，"西山李"先贤李世浩、李延淳率领全族围筑西山城。正德三年（公元1508年），敦和宫迁建现址。正德九年（公元1514年），著名书法家范允临题西山城"侯山玉璧"；正德十二年（公元1517年），敦和宫改名"侯山宫"；正德十四年（公元1519年），御史张宽为侯山宫题"握符佑世"匾。

每年正月初十至十五日，是侯山宫重要活动日期，届期延请道士举行上元祈安清醮，还有游龙演戏等民俗文艺活动。惯例正月十五是元帅金身出巡日子，俗称"题九"。农历三月十六日主神玄坛元帅圣诞，由宫中道士诵经，举行祝寿清醮，各方信士敲锣打鼓，抬着猪公、"大寿龟（粿）"来宫朝拜祝寿。清乾隆二十八年（公元1763年），"西山李"渡台。李创父子专程回故里侯山宫，奉玄坛元帅金身到南投县草墩建庙供祀，仍名"敦和宫"。后分灵南投、台中、彰化、桃园等地，建玄坛元帅庙20余座。林姓乡民奉香火至台中乌日乡，建“朝仁宫”奉祀①。

4. 芗城霞东书院

霞东书院位于漳州芗城盐鱼市历史街区南侧、丹霞园文物商店北侧，东与弘一法师纪念馆毗邻。主祀文昌帝君，为漳州市区唯一幸存的古书院。

书院坐北朝南，为两进悬山顶燕尾脊式建筑。面阔三间，前殿带“一”字前廊，进深两间，主殿进深三间，中设天井；两侧有过水廊房相连；书院前有埕，占地面积414平方米。

霞东书院创建于清康熙四十五年（公元1706年），原为清平台将领蓝理的公馆。清雍正年间，理学家蔡世远（福建漳浦人）塑文昌帝君像祀，其时称文昌宫；乾隆年间，文华殿大学士、四库全书总裁蔡新（蔡世远之侄，福建漳浦人）归隐后至此讲学，后辟为漳州府郡东厢社学；清道光元年（公元1821年），乡绅黄步蟾“过其地顾见颓垣断瓦，不蔽雨阳”，遂倡议重修霞东书院，并于清道光二十二年（公元1842年），捐置祀田作为霞东书院之用。

文昌宫庙素有古乐传统。书院是读书人埋首求功名的场所，供奉孔子或文昌帝君以求取功名，这是古书院的通常做法。书院为古代的文化教育中心，祭祀与文化活动较多，音乐、戏曲表演成为这些活动的保留内容。演出可以娱神，也符合过去中国教育崇尚礼乐的传统。在文昌文化发祥地四川绵阳，也保留着洞经古乐。民国初年，秀才杨瑞庵（南词古乐漳州第四代传人）在书院成立霞东钧社南词馆，招收学员，传授南词古乐。1988年，霞东书院被列为漳州市第一批文物保护单位。1997年，恢复成立霞东钧社，并进驻书院保管文物同时演习古乐。

2003年，漳州某民间人士捐资，承担起霞东书院维修工程的全部费用，对书院进行修缮，保存了原有建筑的文物价值。2005年5月公布为第六批省级文物保护单位。

1996年，成立霞东书院文物保护小组，负责该文物点的管理保护工作。霞东书院现为漳州城区学子祈求学业有成的场所，两厢墙壁，挂满考中高校的学子的答谢锦旗。

---

① 连心豪、郑志明：《闽南民间信仰》，福建人民出版社，2008年版，第189—190页。

5. 平和县的文昌庙

据平和县道光十三年（公元1833年）县志载：“文昌庙，在学宫训导斋。每岁春秋二仲致祭。”这座文昌庙（又称文昌祠），与文庙、武庙和城隍庙都建在城内。平和县崎岭天湖堂右边，在明代也建了一座文昌祠，还有霞寨、大坪、小坪和岩岭思乡，历史上都建有文昌宫，并于1926年，在文昌宫前举行了一次十分隆重的结彩楼活动。以后平和县这种祭祀文昌神大型活动就基本停止了①。

多数人认为，目前漳州文昌庙仅存一座，即漳州文昌宫——霞东书院。其实据笔者调查，至少有三座。

（二）台湾部分赵公元帅、文昌帝君庙宇

1. 南投草屯敦和宫

南投县草屯镇敦和宫，被认为是赵公元帅的开台祖庙。奠基于永历十五年（公元1661年）春，主神赵天君财神爷，骑黑虎身背天师金印，手持金鞭，率领四部财神，合以称五路财神爷。2000年建成据称是世界最大的铜铸财神爷雕像。神像本身高162台尺，放置在7楼高的敦和宫顶楼，由38片铸铜组成，自重达60吨。

敦和宫的财神崇拜有非常鲜明的特点。比方求“发财金”，只要带上身份证，抛出“圣杯”，就可借600元（台币）“钱母”，一年后至少归还本金。据说可以祈财运，助事业发达。

每年春节期间，搭建的五路财神爷桥，吸引无数信众过桥祈求好财运，庙方出借的发财金，祈福求平安。每年正月初十至十五日，延请道士举行上元祈安清醮，和游龙演戏等民俗文艺活动。

农历三月十六日主神玄坛元帅圣诞，一早涌进大批信众，各阵头轮番在庙埕上演出，向财神爷祝寿，祈求财运亨通，街头艺阁祈福，连续数小时绕境，锣鼓喧天，热闹非凡。

以2009年农历三月十五为例，敦和宫送出5000个财神爷红包（据称每包台币10元），5天内借出台币1000万元发财金。来自各地的进香团，大清早就陆续涌来为财神爷祝寿，摸财神、金元宝，吃黄金发财粿，宫里宫外一

① 曾蔚：《曾蔚文集》，漳州市图书馆（内部资料），2004年版，第118—122页。

整天热闹非凡。还有南投县民俗活动，踢毽、跳绳、扯铃、弹腿、放风筝、舞狮、舞龙、独轮车、跳阵、鼓艺等表演。晚间还有高空烟火秀①。

2. 台中文昌庙

嘉庆年间（公元 1799—1801 年）创设的文蔚社与文炳社是台中文昌庙的前身。后来二社合并为一，于同治二年（公元 1863 年）在现址兴建本庙，俗称四张犁文昌庙，列为台湾三级古迹。文昌庙里供奉着“文昌帝君”、“文衡帝君”、“孚佑帝君”、“朱衣星君”与“魁星星君”共五位文昌。

闽南与台湾的文昌庙多为官厅或学子鸠资所建。据说在清道光年间，当地儒者曾玉音觉得地方学术文风式微，读书的风气不盛，所以结合许多志同道合的朋友，定期聚会研读诗书，推广读书活动。同时又有一批文人开设私塾，教授礼乐诗书。后来两社合资兴建文昌庙，以提升地方的文教气息，这就是台中文昌庙的由来。

台中文昌庙气氛庄严宁静，大门两旁桂花香扑鼻，宽广的前院，红砖、绿树，不同于其他寺庙的热闹喧嚣。虽然寺庙的规模不大，墙面斑白剥落，但简单的装饰图形，朴实且层次分明的建筑，凸显了古香古色的气氛。

每逢各校考试期间，文昌庙总是香火鼎盛。大考的前几天，人潮涌动，大家都准备好祭祀食品，把自己的准考证放置于此，祈求文昌帝君的庇佑。

庙方一年举办两次考生金榜题名祈福法会，元月以大学考试为主，五月则以高中考试为主。此外，五位文昌与孔子诞辰，初一和十五均有祭典②。

第二节　闽南与台湾土地爷庙宇源流

一、闽南与台湾土地公崇拜概况

（一）职能

福德正神，古称“社神”，俗称“土地”、“土神”、“土地神”、“土地

① 台湾南投“敦和宫”网站，http：//www. dht. org. tw/profile. html。

② 部分资料来自“搜狐社区”http：//club. business. sohu. com；“网络中国”网站，http：//www. httpcn. com。

公”、“土地爷”、“土财神”、“福德爷”等，而其配偶则称为“土地婆”、“土地嬷”。传说土地能保一方平安，使五谷丰登；平安又丰收，日子自然好过，所以民间把土地也列入财神，称“福德正神”。

一般认为土地爷的神格低、官小，事实不一定如此，据《礼记·祭法》载：“王为群姓立社曰大社，王自为立社曰王社，诸侯为百姓立社曰国社，诸侯自为立社曰侯社，大夫以下成群立社曰置社。”[①] 汉武帝时将“后土皇地祇”奉为总司土地的最高神，各地仍祀本处土地神。可见，随着统治秩序的建立，土地也有级别，帝王祭祀的社稷神，这“社”即为全国的土地，全国最大的土地神。各级的土地神地位各不同。可见土地有大小，有全国的、有区域的，或一州一县，或一小块地方的。

一方土地一方神，大区域有大土地神，小地块有小土地爷；富的地方有胖土地，穷的地方出瘦土地。所以，同为土地爷，待遇不一样。如《西游记》里火焰山的土地爷就很寒碜。

在村社小区边立庙的土地，传说其主要功能是保护辖区百姓衣食无缺，福泽无恙，贵人多遇，财源称心，“上天言好事，下地保平安”。民间总以为土地神官小，难怪《西游记》里的孙悟空就常常戏弄土地公，称其“土地老儿”。据称土地公对辖区百姓的奖罚只有汇报权，然而也忽视不得，闽南与台湾民间有“得罪土地公，不能养鸡鸭”的说法。

土地爷很受欢迎，台湾 1983 年的统计，土地爷的庙宇数排在前六名。统计庙宇，总是算大的庙，小的往往不算。实际上民间土地庙非常多，故俗话说“田头田尾土地公”，随便几块石头便成祭坛。有人说单台湾至少有3000处，无法精确计算。闽南民间土地庙非常多，仅云霄县就有 269 个[②]。可以说，土地公是闽南与台湾民间信仰中庙宇最多的神明。

（二）传说

东周以 25 家为一社，每社建立社坛一所，祀奉本方土地神，这应是最早期的土地神庙。最早的土地神民间传说是周朝的义仆张明德，另有一说是位爱民的税官，死后人民追思其德，遂设祠祭祀。后来更有传说是唐朝诗人

① 《十三经注疏·礼记正义》，中华书局，1979 年版，第 1589 页。

② 数字由云霄县政协提供。

杜甫，而把土地公塑成着员外郎官服的模样。多数土地公属于位阶较低的神祇，然而也有“神以人显”的例外。

传说道光年间，台湾彰化花坛乡白沙坑人曾维桢，进京应试，在殿试中，皇上见曾维桢的背后站着一位白发红脸的老翁，忽然不见了，就问他站立在他后面的老人是谁。曾称没有带人上朝，后来想到自己随身带有土地公的香火，就如实禀奏了。道光感到其土地甚有灵验，封曾维桢为翰林的同时，御赐白沙坑土地公一顶顶戴。从此，花坛乡白沙坑的文德宫的土地公神像，穿着翰林官袍，戴乌纱官帽，身上满挂金牌，其规格是其他地方的土地公神像所无法比拟的。

与土地有关的动人传说是：周朝时有位上大夫家仆，叫张明德。护送小姐进京见父，半路雨雪，将身上衣服让给小姐保暖，自己不幸冻死。瑶池金母娘娘封其为“福德正神”，民间称为“土地公”。

地方上常将有功之人作为土地，传说最早称为土地爷的是汉代蒋子文。据《搜神记》卷五曰：“蒋子文者，广陵人也……汉末为秣陵尉，逐贼到钟山下，贼击伤额，因解绶缚之，有顷刻死。及吴先主之初，其故吏见文于道，乘白马，执白羽，侍从如平生。见者惊走。文追之，曰：‘我当为此土地神，以福尔下民。尔可宣告百姓，为我立祠。不尔，将有大咎。’……为立庙堂转号钟山为蒋山。”

说的是汉末的蒋子文，捕贼而死，后来显灵被尊为土地神。所以，各地也把对当地有功者的先人推为土地神，清代有沈约和岳飞为土地神的说法。

（三）闽南土地公逸闻

民间认为土地是所在局部区域的守护神，主要是保护本区生灵的安全和财产。自古以来，不怕现官，只怕现管。所以，土地官虽小，却备受民间重视。到庙宇上香，经土地庙必奉上一炷香，清明扫墓，墓边也必有一个土地神，通常是立一块石碑，刻“后土”二字，给墓主上香前，也要先在后土前叩个头，上炷香。

古人营葬，也要向土地公买土地，在墓穴里发放一块“买地券”，以说明墓主死后在此长眠是合法的，户籍迁移文件完备，方可入葬。墓葬的后土的存在形式，也反映了古代社神的真相。古代对土地神只是封土而祭，即是在每一块地方堆起一个土堆，以示土神之所在，后来才逐渐人格化。

1993年漳浦县博物馆在灶山上抢救性地发掘出一座唐代的石室墓，出土了一件多嘴罐、12件小陶罐和45件红陶俑，陶俑包括侍俑、伏听俑、跪拜俑、十二生肖俑、魁头俑、人面鱼身俑等，又在墓坑中部的腰坑里，出土了一件砖质买地券。买地券色呈灰白，宽30厘米，长31厘米，厚2厘米，出土时断为11片，且有两片已残缺，券面上在未烧前用硬物刻画了128字。全文如下：

“□词世界南瞻部洲大唐国福建道管内漳浦县嘉岭乡□□里□□堡□□□□陈氏林□□□□□月□□□除向阳当归□里有冥钱万一千□之□为界亡人收领永为冢宅何人书星与月何人见竹与木星月归于天竹木归于土急急如律令。”

字体粗陋，行文草率，且多处有别字与简字，其中“国”字就作“囗”。

这件买地券的铭文，应该注意的是唐代的土地公所蕴含的文化信息：土地公管辖范围纯属虚拟范围，但已包括了当时人们认识的“世界”全部，相当于“普天之下”，而管理土地的“张坚固、李亭度”，就是当时人们所虚构的土地公了，这张李二公的姓名也见诸全国各地的大量的出土卖地券。其实就是杜撰的世俗称谓的土地公了。

岩石树木形态奇伟、突出，必有神异。这神异，人们最直接的联想就是土地。这是否为土地公的最早雏形？中国对巨石，特别是形态特殊、处于明显位置、与民居村庄的环境有关的巨石，常认定为风水石。此类巨石多半受到人们的敬畏，建个土地小庙于石前，偶有香火。村庄聚落附近有年头的古树，体量大，特别是树头粗壮，形态奇特的，常常在树前有土地庙，这类小庙一般认为适宜祈求家庭平安、六畜兴旺等小事。

漳浦杜浔镇土楼村，有一座建于榕树下的土地庙，深宽约在一米左右，年深月久，小庙逐渐被攀援的榕树根包围起来了，直至只留下碗口大的小洞，尚能窥见土地公的真容。越是如此，小庙的影响越大。

（四）祭祀仪式

土地公是助人为乐、心地善良的老者，形象多是一笑呵呵的老人。常见坐太师椅，右执如意，左持元宝，一副福态，也有骑虎背上的。前者人们认为寓财福，但也认为骑虎者，虎会衔元宝。很多人都会拜土地，但戏业及赌徒尤甚，建筑业也一定要拜土地爷的。每月初二和十六日祭土地，建筑行业破土也祭。土地公荫地下者，为“后土”，土地能保护风水。

由于土地公很多，诞辰日也多。有正月初十、十九日、二月初二、初十日、三月初十日、四月初十日、五月初十日等说法。所以记得住的人不多，平时烧香的人也不准时。民间传说二月初二是土地公的生日，也有的说是六月初六或腊月初八。人们在土地公生日这一天杀鸡宰羊，祈求土地公保佑人间五谷丰登，称“春祈秋报”。闽南地区在春秋两季都要祭拜土地公，并且还经常演戏酬谢土地公。后来，春秋祭社逐渐形成一种节日般的集会，叫“社会”。近代以来，每月初二、十六日要烧香祭祀土地公，俗称“做牙”或“牙祭”。“做牙”除二月初二的“头牙”和十二月十六日的“尾牙”比较隆重外，其他祭日的祭礼简单，祭品也不太讲究。

另有些地方的土地庙里配祀了土地婆。传说土地婆较为自私，土地公要人人富有，土地婆喜贫富分化，爱享受，人们多不敬她。有些土地庙还有文武判官与虎爷爷，文判官拿毛笔，站在土地公的左边，武判官拿令牌，站在土地婆的右边。负责调查辖区居民的善恶。虎爷被供奉在神案底下，受土地公的驱使。也有小土地庙，正面墙壁上画着土地公骑虎的壁画。民间相传虎爷能治小孩的腮腺炎，只要用金纸抚摸虎爷的下颚，之后贴在患部即可。

二、闽南与台湾的土地庙

土地庙向来很小。然而，在闽南与台湾却有一些很大的土地庙。

（一）晋江祥芝伍堡土地庙

祥芝伍堡土地庙依山临海，坐北朝南，位于长任山麓，现属石狮市鸿山镇伍堡村。相传始建于明初，供奉福德正神，俗称“土地”。清代多次重修，香火逐渐兴旺，被来往海商、船民视为伍堡澳航海保护神。现存建筑面积130平方米，单间重檐歇山顶，进深二间，另有护厝，附葬“世合春”戏神墓。伍堡土地庙所奉土地神被称为“闽南第一土地神”。与其他土地庙的简陋相比，伍堡土地庙建筑规模完备，结构精巧，配祀文、武判官，气势威严。

伍堡土地庙神作为航海保护神，是清代以来流传在祥芝伍堡澳的一种独特风俗。英国伦敦大英图书馆印度和东方写本部阅览室保存着一套清代闽南海澄、漳浦的民间道教科仪书，该馆于清同治三年（公元1864年）所编的中文藏书目录已有著录。其中编号 ORI1298/18 的《安船酌献科》，文末附有清代闽南民船往“西洋”、“东洋”、“下南”、“上北”航线针路，并记载沿途所经各海口、岛屿必须祭拜的宫庙及海神。其中从海澄北行至浙江、江苏、天津的“上北”航线，到晋江沿海必须祭拜“围头妈祖、永宁天妃、松系土地、大队（坠）妈祖”。“松系土地”就是“祥芝土地”，即“伍堡闽南第一土地神”，这是伍堡“土地神”被视为航海保护神的重要文献依据。

伍堡上接祥芝，下接东埔、东店，夙为晋南外港要口，海上交通活动兴于元代。元代五堡澳建有一座高达八米的石塔——“星塔”，又称“镇海塔”，作为海上船舶导航标志，伍堡海域因此称为“塔子湾”。始建于明初的伍堡“土地庙”即位于“塔子湾”畔，其东侧 300 米处建有“妈祖庙”，船舶进出港均派人来此朝拜。海外交通贸易的发展引发了伍堡“土地神”崇拜热。相传乾隆某年正月十六日伍堡“土地公生”（神诞），村民聘请“世合春”戏班到土地庙前演戏酬神娱众。前来“割香”的台湾客商香客见戏班技艺超群，遂请“世合春”顺途到台湾演出。戏班应约乘船出海，不料突遇风暴，舟覆人亡。噩耗传来，伍堡村民惋惜之余，纷纷到土地庙为戏班亡灵祈祷。事后，溺水者尸体竟漂回伍堡澳。村民按照渔村民俗将其殓葬在土地庙东侧，并在红砖刻上“世合春之墓”以祭奠。消息传到台湾，众人痛心不已，台湾香客捐资打造一艘“石船”，运到伍堡土地庙，供奉在“世合春墓”旁，让戏班乘坐“石船”到台湾演戏，就不再害怕狂风恶浪了。该“石船”系泉州帆船式样，至今保存完好。此后，凡有戏班到伍堡土地庙演戏，都要先到“世合春墓”前唱段折子戏。“世合春墓”因此被称为“戏神墓”，成为闽台文化交流的见证。伍堡土地神香火也因此开始传衍台湾，彰化、淡水、台中等地均有其分灵庙宇。

乾嘉年间，伍堡海商积极参与海外交通贸易活动。据伍堡《五福王氏族谱》载，该族于这段时间出国者有王昌两（公元 1721—1749 年）等 13 人，主要侨居印尼咬唠吧（今雅加达）。随着祥芝直航新加坡航线的开通，伍堡村旅居新加坡人数大幅度增加。道光之后往新加坡者有王叔钳（公元 1863—1896 年）等 83 人，占同时期出国华侨总数的 84.8%。伍堡“闽南第一土地神”香火也随着移民传入新加坡，成为旅居新加坡的伍堡籍侨民倍加崇敬的家乡保护神。

（二）龙海九龙岭土地庙

龙海九龙岭土地庙在龙海市九湖镇九龙岭西麓。《漳州府志》载“九龙岭在府南三十里，两山夹峙，中萦石磴凡十里许，路通潮广”，为古代闽粤间的交通要道，现通国道324线。九龙岭土地公庙始建于明代。

庙近年来又新修，前后二进，并设有厢房，庙前是占地一二亩的停车场，并建了规格甚高的围墙和山门。九龙岭土地神穿蟒袍，戴宰相冠。庙里碑文记载，传说乾隆下江南到漳州，与纪晓岚同时的文华殿大学士漳浦籍的蔡新陪驾，经九龙岭时遇雨，君臣到庙中避雨。蔡新认为土地官职太小，不可以见驾，乾隆听了，顺手把蔡新头上的顶戴扣到土地公头上，从此九龙岭的土地公就与众不同了。

另民间传说，蔡新年少未发达时，常到漳州新桥头赛诗，总是名列前茅。有一次要翻越九龙岭到漳州城，走到九龙岭脚，饥肠辘辘，抬眼一看，路边有一老汉在卖汤圆，老汉对他说：“年轻人，看你是个读书人，我出一上联，你如对得出下联，汤圆免费奉送，如何?”蔡新应诺后，老汉即口占上联“九龙岭下日日冬至”，这联含地点、方位、时间、节气，蔡新一时挠首苦思，却想不出一句合适的下联。只好红着脸请求容他以后再对。

时间一过数年，蔡新已中进士，为当朝宰相，有一次回乡探亲，顺便到漳浦六鳌半岛巡视，傍晚在海边散步，举头遥望，但见停泊海上的渔船都点亮灯火，映红了夜空，同都市里的元宵灯市一般景象。于是猛然想起从前在九龙岭未对出的那句上联，立即吟出“六鳌海上夜夜元宵”的下联。对得真是工整得体，天衣无缝。蔡新匆匆来到九龙岭，想用这妙对答复那卖汤圆的老汉。只见竹影松涛，老汉已不知去向。到附近的土地庙里一看，发现老汉的相貌很像这尊土地神。于是他就把那副对联题写在庙门口的柱子上。那天气候闷热，加上赶路，蔡新大汗淋漓，顺手摘下当朝一品的官帽，戴在土地公神像的头上。临走时，想取回帽子，却怎么也拿不下来。原来这小小的土地公戴上了宰相帽，欣喜万分，便施展法力，赖了这顶帽子。①

有人说，是土地爷化成老人启发少年的蔡新不能少年得志便忘乎所以，

---

① 王雄峥、刘汉宗：《中国民间故事集成·福建卷·漳州分卷（二）》，1992年版，第234—235页。

以激励其奋发图强的意志。无论如何九龙岭土地公最与众不同之处便是头戴宰相帽，土地因此人气更旺。很多考生因此到九龙岭上香，据说挺灵验的。

（三）诏安官陂土地庙

官陂土地庙略呈方形，三进三开间，建筑面积 63 平方米。庙前的埕子约 300 平方米。从夯土基础和柱础判断，应是清晚期的建筑。

神像只一尊，比真人略大。两旁柱联曰："神灵哉不威自畏，公老矣有德而尊。"许多大规格的土地庙是近代改建或改祀的，而这座则为原始模样。

官陂村王姓族人清初从相距三公里的雀埔村迁来，历来奉祀雀埔村温泉边的梁山明王庙（南宋始建，方志记载，文天祥曾夜宿于此，梦得神示）。每年正月十五，每户须派人参与庙会抽签，抽中者便是当年的庙会理事会成员。某年，官陂村的王武义中签，成为庙会理事，那几天他正与家人怄气，还与邻居吵架，一肚子委屈，于神前焚香时，见庙中诸神前香火均很旺盛，唯独土地神前没有一炷香，因把香插到土地神前，祷道："土地爷，我总是受到人们的冷落，今天看来，你的待遇也和我差不多，我们是同病相怜，不如把你请到官陂村，我一定专门为你建庙奉祀。"接着他以一双竹杯掷地，取得了吉祥的阴阳的"圣杯"。

王武义遂抱起土地像，从后门溜出，往官陂村逃去，雀埔村民发现土地神像不见了，群起追去。追到甘蔗园里，王武义只好把土地像扔进甘蔗园里，村民包围了这片已砍光了的甘蔗园，一垄垄地搜寻，居然找不到土地像的踪迹。无奈，回去后只好重雕了一尊替代。

几个月后，村民整理甘蔗园时，发现土地神像好端端地立在地里，很奇怪当初雀埔人为何找不到，认为这说明土地爷愿意到这里安家，遂焚香问卜，得到神肯定的答复。全村鸠资建起了这座庙。从此不再年年参加梁山明王庙的庙会活动。

官陂土地的特长主要表现在求财上，据说，凡是求财，都有求必应。仅此特长，就为其赢得周边大量的信众。

当地有一个最典型的例子，村里某人求财心切，于神前许愿称："如土地爷能保庇我路上捡到钱，我一定以全猪供奉，并在庙前唱一台戏。"他烧好香，收拾供品，才走离土地庙，已看到草丛中一卷钱，拾起，二元钱。

许了愿不能不兑现，如何还此大愿？此人经三天三夜的紧张思考，终于想出了满意的办法。用番薯（地瓜）削成大猪状，作为供品，供于土地爷前。焚香，祝罢，往自己脸上抹几团红彩，找一条扁担，于庙前起舞，做唱大戏状。

从此，说起官陂土地庙的灵验，总会想到“番薯猪，扁担戏”这句民谚。

（四）探花码土地庙

闽南与台湾地区的土地庙基本是不供奉土地婆的。传说土地婆很自私，整天都板着面孔。一次土地公和土地婆在探讨世间事物，土地公主张天下人人丰衣足食，土地婆却说：“如果天下人人丰衣足食，将来女儿要出嫁，谁来替她抬轿子？辖区里有人死了，哭哭啼啼，土地公动了恻隐之心，想办法令其复活，土地婆则劝阻说：人死不了，以后谁还愿意来奉祀你?”由此，很多人不愿意供奉土地婆了。

闽南与台湾绝大多数社区的土地公是没有配土地婆的，没有土地婆的土地公永远笑盈盈的，不在乎有没有老伴，小庙里进进出出的信士们也不会注意这个问题。

然而，探花码土地庙为供奉土地公婆的土地庙。该庙位于漳州市区浦头庙南侧约 50 米处，庙单进单开间，约 20 平方米，庙门正对着古河道，2000 年重修，施朱沐漆，金碧辉煌，庙门上悬有“探花码”、“土地公婆庙”两个横匾，书有“福地福施福邻居，德高德布德财临”，“随喜敬献修庙宇，尊老爱幼世代传”字样。庙中并列坐着土地公婆，男左女右。土地公白发苍苍，手握着黄金锭，土地婆则是雍容华贵的少妇，正襟危坐。两边放置着一副彩幡，绣有“土地公婆”字样，作为土地公婆在社区出巡，居民祈安时所用。

左庙墙外立一花岗石碑，铭文为：“浦头探花码，探花码土地公庙是明朝探花谢链建造，谢家庙墓在南坑雨亭边，前面有一条水沟经咩�社流过喜心港，经教子桥至简桥通浦头溪，后经地舆师指点，在浦头溪口建码头，使水产生漩涡，使财水不外流，建土地公镇守，并种下一株榕树在江边。宣德六年建。”碑是于近年刻立的，主要说明庙在风水上的作用。碑边庙墙上又嵌一青石碑，记述民间故事。碑文为里人颜知森根据民间传说撰，厦门大学原历史系教授叶国庆先生“鉴阅”。

庙的所在地浦头，原为漳州东郊芗江的重要米粮码头，附近有米市等。

庙为宣德二年（公元 1427 年）探花及第、翰林院编修、侍讲学士、南京户部右侍郎谢链于宣德六年（公元 1431 年）建造。

传说谢家祖上曾在路边卖粥为生，偶施粥救一地理师，地理师感动，为其选一灵地，声称后世必出状元，但谢链出生后家尚极贫困，其父认为是祖上风水不好，欲将祖上骨骸迁出。地理师知道此事，说该墓地理极佳，如必欲迁出，可准备糯米果备用。其父掘开墓穴后，果然见墓中出烟，地理师急将糯米果堵住墓穴，口中称“状元去探花来”，同时告谢父其子跌伤，速回家救治。谢父回家果然见谢链从高墙上跌晕。谢链长成后果然极为聪明，曾因科举落第，暂充私塾先生度日，以木鸡腿蘸酱油度日，被邻居误认为偷抓鸡，芗剧传统剧目《木鸡腿》说的就是此事。

谢链发迹后，想祖墓风水确实很好，但为何家贫如此，便四处请地舆师察看风水，有认为系祖墓所在地水流太直，基本没有回旋，不能聚财。谢链听信此说，因在水沟入河处建码头，以土地庙镇之。

故事很完整，但是也没有说清探花码土地庙为什么配土地婆。笔者的调查也没有结果。这座拥有土地公和土地婆的小庙，500 多年来一直寂寂地竖立在这河道边。①

（五）台南小南天福德祠

小南天草创于南明永历二十年（康熙五年，公元 1666 年），是台南府城最早的土地庙之一。据传在明郑时期“小南天”的匾额，为明宁靖王的手书（已佚）。

小南天经多次修建，又因曾元福总兵在境内的太平街兴建公馆，小南天的土地公因此升格，加冠晋爵。

1929 年街道拓宽，小南天从西定坊迁建至旧名“蕃薯寮街”的现址，因此也称为蕃薯崎小南天。改建后的小南天是由三川殿和正殿组合而成，中门绘以加官晋禄的图画，龙虎门则绘以金童玉女，手持芭蕉叶和元宝。侍神童子爷的塑像很可爱，笑靥常开，童稚纯真。

小南天主祀福德正神，同祀关圣帝君，并配祀有招财童子及进宝童郎，正殿神龛仍采用传统木雕制作，供奉“黑面”福德正神，因境内住有总兵级

① 该部分材料来自王文径《闲话土地公》，载《闽南》，2008 年第 4 期。

人物，故福德正神得以穿龙袍戴宰相帽，合目闭唇，一副闲定的模样。另有一尊出巡土地公神像是1956年所雕，为软身神像。此土地爷也是身穿龙袍，戴宰相帽，手扶袍腰束带，瘦削的脸颊，散发着一股孤傲的气质。

小南天福德祠创建距今已有300多年，古物不少。有制作于嘉庆年间（公元1819年）的“小南天”庙匾；1818年的“德厚聿隆”匾；还存有1820年的“签诗匾”，全签共有28首，具有历史价值。据称求签不用十秒钟，只要掷三筊杯马上就求得灵签。庙中有蒋元枢于乾隆四十年（公元1775年）所书的对联，还有道光甲辰年的对联“福曜常临名冠诸侯之宝，德星长聚爵同五岳之尊”，都是很有价值的文物。

（六）新竹开台福地

“东门堡福德祠”于康熙三十年（公元1691年）所盖，是新竹城最古老的寺庙之一。因为庙门上有“东瀛福地”的匾额，而东门堡福德祠又是新竹最古的土地庙，故以“开台福地”冠名。所以后来新竹市很多土地庙也都以“福地”自称，福地变成了新竹地区土地庙之代名词。

新竹原建的古祠庙被日本人拆毁，公元1909年由13位商绅筹资建庙，于现今庙址建立庙祠，并迎回福德正神供奉。

以后虽历经多次整修，但仍一直保存当初的形式，至今已有100年历史了，保存得相当完整。

东门堡福德祠屋顶只以剪粘和瓷砖做简单装饰，并无华丽的装饰。

拜殿仍保存初创时的木材建构，只是在后来整修时增建泥壁，形成梁柱嵌在水泥壁上的现象，通梁、通楄、坐斗、束楄等建构组件，或以彩绘，或以雕刻，且多以植物纹、云头纹和回纹为主，保存传统建筑的精髓。正殿上有嘉庆甲戌年（公元1814年）的匾额“立诚配天”，旁有一“圣旨章”，据传全台湾只有三块，非常珍贵。另有制于1917年的“东瀛福地”和“德遍群黎”匾额。正殿的建材以板壁为主，或雕刻或彩绘，并无时下寺庙装饰的华丽俗艳，很古朴的感觉；门楣和桁条间的斗拱，也施以彩绘雕刻，保存得非常好。

正殿神龛上供奉着福德正神和夫人，也配祀着文武判官。土地公和土地婆造型和服饰非常特殊，其肤色是金色的，其头冠和一般土地公所戴的帽冠不同，有些西域的味道。据说“开台福地”的土地公，其实就是最早建土地庙的王世杰，而土地婆则是其夫人，故才配有文武判官（为其部属），并且土地公矮于土地婆（据传王世杰身材不高，在“开台福地”中，土地公特别垫了底座，才显得和土地婆同高）。不管如何，此神像有300多年之久，可见其历史价值。供桌神案为1917年所制，雕工非常精细讲究，加上保养得当，90多年历史的供桌，仍显得非常整洁。

东门堡福德祠的管理，坚持保存旧建筑的原味，所以尽管台湾如今寺庙重建的风气，是拆除旧祠，改建大庙宇，但东门堡福德祠管理人员的理念，却是保护文物，虔诚敬神，其精神值得敬佩。

（七）九份福山宫土地公庙

九份福山宫土地公庙，被认为是全台湾数一数二的大土地公庙。它是全台唯一因金矿而建成的土地公庙，因曾受封为王爷级的土地公，为九份地区位置最高的庙宇，因九份地区的金矿事业发达而鼎盛。

九份隶属台北县瑞芳镇，相传在陆路尚未开通之时，一切物资供给都由海路进行，由于村落中只有九户人家，故出外采购都要求备齐“九份”，久而久之，人们便以此命名。九份福山宫的发展，可以说伴随着先民采金史的整个过程。约1890年左右，居民在福山宫土地祠距小金瓜不远处掘到金矿，这使得原本只有九户人家的贫穷村落，顿时聚集了数千户的淘金人口，九份开始繁华。

福山宫相传兴建于光绪年间，因本地农民偶在溪涧拾获矿石，拿以示人，闻风而至的三貂堡林英、林党两兄弟，假借神明之名，向九份一带居民谎称“台湾山脉为福州鼓山之龙脉渡海而来者，九份鸡笼山是台湾龙头，海中的基隆屿即龙珠，如有断龙脊者，天谴必至”，而兄弟二人却乘机开采，并连挖直井13处，得金2000余两，而大大致富，两人曾在矿脉中，找到一含金的巨石，为表示对神明的尊敬，在土地公坪也就是现在福山宫址，塑像立庙，是为本庙的起源。但两兄弟衣锦还乡后，不知惜福而挥金如土，不久便尽倾所有，嗣后家道便一落千丈，贫病交迫，不久财散人亡。因此居民笃信惟有虔诚信仰，才能得土地神庇佑而致富，所以众人香火长敬。

日据时代，九份地区矿业发达，福山宫逐渐形成全台最大的土地公庙。原本规模只是一座四平方米的小庙。金矿工人经常到庙中许愿，希望能顺利挖着金矿，而土地公也庇佑很多矿工达成心愿，甚至连挖金矿的台阳公司也一起筹资扩建，每年还会有“山祭”活动。所以福山宫也一再被捐修整建，由于原来小庙灵验，扩建时，人们不敢将其拆除，而采原址加盖的方式，因而形成了“庙中庙”的特殊景象。

福山宫庙内设有樱树小公园，可仰望金瓜石、茶壶山、九份鸡笼山，并可俯瞰水湳洞沿海风景。目前福山宫所留下的旧物，大都为日本殖民统治时期所建置的。正殿神龛为传统的木雕，有瓶花、人物、兵马、枝叶花鸟，非常精致，其中最特别的，就是在神龛上斗拱下的人物造型。正中间由两位仙女扛着“福山宫”的庙匾，而两侧则有四个长着翅膀的裸女婆娑起舞，婀娜多姿，在台湾其他庙中非常少见。

小庙内供奉的两对土地公和土地婆的石雕神像，年代已非常久远，据庙方表示皆有百年历史，尤其是后面（较大）的两尊土地公和土地婆，造型非常简朴，再加上风化的结果，刻痕已渐模糊，其中土地公五官，还用笔墨画上，而土地婆的身上，则仍留有漆痕。

日据时代，大量的黄金被输往日本，致使九份产金量达到巅峰。30 年代，随着金价上涨，缔造了“亚洲金都”繁华绚丽的辉煌盛况。台湾光复之后，金矿开采殆尽，产量大幅下滑，终因缺乏开采价值与经营不善而结束。时空交替，福山宫的盛况不再，却留给世人历史见证与回忆。同时，福山宫拥有首屈一指的山海风光，开阔碧蓝的港湾海滨，可以欣赏“春樱花、夏清风、秋芒花、冬云雾”美丽多变的四季风貌。特别是福山宫前埕，自从近代电影《悲情城市》以此为背景，获得威尼斯大奖之后，吸引许多慕名与怀旧的人，从“福山宫”等历史的痕迹中，缅怀文化的根源①。

第三节　闽南与台湾关帝庙宇源流

闽南与台湾民间一直把关帝作为武财神，特别是如今，很多家庭和商家都在厅堂或门面供奉关帝。部分学者认为关帝的职能超出了财神的层面，不应归在财神类。但是，在闽南与台湾民间，关帝作为财神的影响，远远胜于其他方面，因此还是归列在本部分。

---

① 以上文字参考“台湾土地公”网站，http：//content. edu. tw/local/taipei/。

关圣帝君又称关帝、帝君爷、关老爷、关公等，名关羽，字云长，生年不详。曾随刘备东征西讨，为蜀国立下赫赫战功。关帝作为道教俗神，主要职能有驱魔降妖，扶助忠义，保佑升官发财等等。

关羽死后，追谥“壮缪侯”，宋以后才大走鸿运，全国普建关羽庙，累受封号，北宋哲宗封他“显烈王”，宋徽宗封他“义勇武安王”，南宋高宗加封他“壮缪义勇武安王”，宋孝宗加封他“壮缪义勇武安英济王”，元文宗加封他“显灵义勇武安英济王”。《三国演义》将其描绘为勇武和忠义的化身，使之名声大震，成为“古今第一将”，在民间产生深远影响。明神宗又先后加封其为“协天护国忠义帝”、“三界伏魔大帝神威远镇天尊关圣帝君”。清顺治帝更加封作“忠义神武灵佑仁勇威显护国保民精诚绥靖翊赞宣德关圣大帝”，封号长达26字。由于封建帝王的大力推崇，关羽的地位无比显赫，成为国家祭祀的高级神祇。佛、道二教也争相把关羽拉进教门，以壮声势。于是，关羽成为儒、道、释三教共同尊崇的“超级”偶像，这在我国民间神祇中是独一无二的。民国三年（公元1914年），北洋政府通令全国将岳飞与关羽并祀，纳入国家祀典。

民间认为关帝是忠、勇、仁、义、礼、智、信的典范，“端人正士义其忠，武夫劲节壮其勇，田畯村妪慑其威”。所谓山东孔子作春秋，山西关羽读春秋。关帝有儒神的形象，被认为可保考生过关；商界认为关帝守信、有威，可助发达。

一、闽南的关帝崇拜概述

闽南境内贯穿着戴云山和博平岭两大山脉，面大洋控海岛，山海盘礴。闽南所在地理环境，导致本地有尚武之风，需要如关帝般既威且信的神明。

据郑镛、涂志伟先生研究，关帝信仰传入福建当在北宋。漳州县前街古武庙据传建于北宋，距今有千余年历史。万历《漳州府志》不载武庙；光绪《漳州府志》载，至光绪三十年（公元1904年），官修地区方志书只载录漳州地方武庙八座，但从私家谱牒和私人修纂的文献史籍看，武庙之数当不止于此。如本世纪初石码镇人连城珍所撰《石码镇志》所载“武庙”，单石码就有九座。康熙年间修的《漳浦县志》对民间建众多关帝庙的事实有所记载。该志曰：“汉寿亭侯庙，在射圃即观德亭改为之。侯庙浦地随处皆有，县治惟此为月朔行香之所。①”据漳浦沙西的《黄氏族谱》提供的线索，沙西的关帝庙也应始建于明中叶。

明代以来与关帝信仰相关的资料较为丰富。由于明初海疆不靖，这一地区相对安宁平静的社会生活秩序受到威胁和破坏，据文献资料和田野调查，就关帝庙（武庙）的情况而言，明清闽南地区的关帝崇拜大概可分为三个时期：明初至明中期为肇始阶段，明中叶至明末为发展阶段，明末到清中叶为鼎盛阶段。

闽南关帝崇拜肇始阶段与明初的卫所建置有密切关系。明制沿海一县设所，一府设卫。漳州为镇海卫。洪武二十年（公元1387年）始建，至二十二年全部完工的镇海卫城（在今龙海市港尾镇）、六鳌所城（在今漳浦县）、铜山所城（在今东山县城关）、悬钟所城（在今诏安县）都建有武庙。守城的官兵希冀中国最有名望的“战神”能保佑他们。《府志》云：“镇海、六鳌、铜山各有庙。旧志称，铜山庙于正统隆庆间助兵败贼，屡显灵异。”据此可知明初漳州的一卫三所均有关帝庙。

民众自发的抗倭斗争需要有精神支柱，他们选择的保护神必然是“关圣”。关公生前的神勇和殁后的神迹，使之成为民众崇拜的对象。同时，关帝的忠义也成为民众聚集的胶合剂，成为他们相互联系、互为救援的纽带。因此，上述许多武庙乃建于倭寇最盛的嘉靖年间，如较有名的石码上码、下码武庙等。又如铜山关帝庙的大规模鼎建也是在倭寇为患时期：正德三年（公元1508年）正月，“云霄吴公子避寇于铜，同铜善士黄公宗继等九人，募众资财崇建之”。

泉州自宋以来理学兴盛，科举发达。明嘉靖以后，科举之风更盛；从此又屡遭倭寇侵扰，其他战乱不断。于是，在封建帝王们的大力推崇下，泉州对“具有司命禄，佑科举，治病除灾，驱邪辟恶，诛罚叛逆，巡察冥司，乃至招财进宝，庇护商贾等‘全能’法力”的关羽之崇拜，就从明朝嘉靖年间开始盛行起来，至万历年间掀起了热潮，之后一直久盛不衰。

闽南从明末始，社会地位相近的民众讲求“亚血缘”关系，异姓结拜兄弟组织风气渐开，至乾隆年间已十分盛行。由于熟知“桃园三结义”故事，

① 康熙《漳浦县志》庙宇卷，漳浦政协文史委编，2004年版，第47页。

结异姓兄弟时交换的拜把帖上都要写上“桃园一契，成千古美谈”字句。同类相聚，少则几人，多到成百上千人结为一小团体，泛称“神明会”，大都以集忠义武勇为一身的关公为奉祀之神。顺治初年，异姓结拜兄弟组织的规模较小，最初还没有明显的政治内容；顺治末年，这种异姓结拜兄弟组织已逐渐带有反清政治色彩。乾隆中期以后，由结拜弟兄组织发展来的秘密会党的组织形式、结盟仪式及活动方法等方面，已逐渐成熟完备。这一时期诞生于漳州、影响遍及大江南北的天地会结盟仪式，不仅有一般结拜弟兄时的歃血与焚表盟誓，而且要举行“钻刀”仪式，即仪式主持人用两手执刀、剑，斜架作叉，令入会者从刀、剑下钻过，然后在关圣帝君神像前立誓：“有忠有义刀不过，不忠不义剑下亡。”天地会的盟誓单写道：“自古称忠义兼全，未有过于关圣帝君者也。溯其桃园结义以来，兄弟不啻同胞，患难相顾，疾病相扶，芳名耿耿，至今不弃。似等仰尊帝忠义，窃劳名聚会……”

关公的忠义为江湖义气的楷模，所以清代的秘密会党多奉祀关公，以“忠”资以鼓动反清复明，以“义”凝结团体，保守机密。姚大羔本天地会会簿中有《誓状诗》曰：“有忠有义公侯位，反心反意雷打亡。”事实说明，关帝崇拜盛行在一定程度上催化秘密会党的建立，漳州成为清代秘密会党的一大渊薮，除天地会外还有小刀会、八卦会、三点会、祖师教等。

笔者曾调查今漳州境内供奉关帝的宫庙 91 座。庙宇只能说明关帝信仰的大致情况，其实作为财神，闽南与台湾的商家多数供有关帝神龛，许多家族都供奉关帝神像或画像，关帝信仰在闽南与台湾有广泛的基础。

二、台湾的关帝崇拜概述

台湾早期民间信仰的传播，很少有资料可考，大部分据口头承传的耆老传说。如宜兰县头城镇大坑里的协天宫，据载是由漳浦县佛昙镇大坑村“武当什祠”分灵而来。而宜兰市西门里的西关庙，早期关帝像据其寺庙沿革所载，是清咸丰年间漂流而来。云林县斗六市南圣宫有两座，其中，新南圣宫于 1977 年建，其正殿“所供奉的关帝君木雕神像，有一丈二尺之高，具五百年的历史，传说该神像是由大陆漂海来台，为北部一民众收藏。后由北市信徒林辉英等人集资购得捐出”。台南县仁德乡忠义宫，史志有记载最早是台湾明郑时期所建。据《重修台湾县志》：“关帝庙……一在长兴里，伪时建，康熙五十九年重修。”据传“主祀的文衡圣帝是一库庄蔡氏来台祖，由泉州府同安县十九都积善里梁厝奉请神像，随郑成功渡海来台，最初安奉在一甲庄，不久之后建庙奉祀，成为一甲庄之保护神。康熙五十九年，境内信徒重修，当时在嘉庆以前的纪录与证物现都已遗失”。

彰化县鹿港镇南靖宫是漳州人所建的庙，《彰化县志》载：“关帝庙……一在鹿港王宫边（乾隆壬辰年南靖商民捐建）。”① 据1971年碑记：“本宫建于清高宗乾隆四十八年，岁次癸卯，至今198年。福建省漳州府南靖居民奉请关圣帝君神像来台，谨佑平安渡海，以求其商业兴隆。昔时，南靖商之人，称之厦郊商，而建本宫。”

台湾本岛关帝信仰，南部以高雄文衡殿，中部以台中圣寿宫，北部以宜兰礁溪协天庙，全岛以台南祀典武庙影响较大，全台上千座关帝宫庙斗座拱连，灿若繁星。

台南祀典武庙俗称“大关帝庙”、台南关帝庙，高雄文衡殿、宜兰礁溪协天庙、嘉义关帝庙等老关帝庙都分灵自东山。

1988年8月，高雄市文衡殿率先到铜陵关帝庙举行谒祖进香挂匾祭奠。1990年7月，台湾省宗教咨询委员会委员李炳南和台南学甲慈济宫董事长周大围亲临东山考察。当他们在铜陵关帝庙看到黄道周撰写的楹联真迹“数定三分扶炎汉，平吴削魏辛苦倍常，未了一生事业；志存一统佐熙明，降魔伏虏威灵丕振，只完当日精忠”，恍然大悟道：“台湾关帝信仰文化正源于此”，“东山铜陵关帝庙是台湾关帝信仰的发祥地”。因为“台湾诸多关帝庙都悬挂此楹联，但不知出于何人所撰，现在谜可解开了，找到了这个根。”

因此，福建铜陵东山关帝庙也成为台湾大部分关帝庙的祖庙。这样，“在福建寺庙向台湾的分灵过程中，逐渐形成了福建祖庙、台湾开基庙、台湾分灵庙的三层关系网络，它们之间有着类似于血统上的承袭关系②”。

---

① 《彰化县志》卷五，第153页。

② 连心豪：《闽南民间信仰》手稿。

三、闽南与台湾部分关帝庙

（一）漳州武庙

漳州武庙原称关圣庙、关帝庙、古武庙。地址在旧登仙桥右侧，即今华侨新村西南角新路顶漳州二中校门前方。于宋真宗大中祥符年间（公元1008—1017年）敕令修建，为漳州首座千年关帝庙。而后漳州市区浦头大庙（崇福宫），建于宋孝宗淳熙十四年（公元1187年）；东山关帝庙为明洪武二十年（公元1387年）建；还有扶摇关帝庙、赤岭关帝庙，均在明万历年间建。

古武庙，坐西南朝东北，面阔三间，二进，硬山顶。前殿天井带两廊。后进天井和后殿。正殿祀关圣帝君。

现存庙中文物有明崇祯间造的石鼎炉，镌有“明崇祯癸酉年仲冬谷旦造”，最为珍贵。正殿盘龙石柱一对，系道光庚寅年（1830）靖邑岁进士许青袍所奉。另一对石柱镌有道光庚寅年和民国二十五年两次重修的对联。东西面为：“乃至乃神巍形永峙荆襄地，允文允武浩气长留蜀汉天。”道光庚寅年玛江郑博经堂题。朝南面对联为民国二十五年邑人杨鹤琴等题，联曰：“圣德无疆启后六万年大同世界位证皇极，帝泽浩荡赫兹百千劫普度群生尊称玄灵。”又一对石柱亦是道光庚寅年南厢钱南美、钱丰远题，对联曰：“正统匡扶昭大义，巍科登擢焕斯文。”

明万历年间（公元1573—1620年），漳州总兵呼良朋将武庙移建于开元街总兵衙门西侧。今废。

武庙移建后，原建的武庙变为社庙，因此，民间留有“新武庙’与“古武庙”之称谓。过去，官府举行的祭祀庆典在新武庙，而漳属各地武庙和广大信众仍尊古武庙为圣地和祖庙，信其灵验威赫，因此都到古武庙进香朝拜，使古武庙数百年来的香火延续不断，始终铭刻在广大信众心中。漳属各地的武庙，都沿习俗古例，每年于农历五月十三日到古武庙进香朝拜，以示谒祖崇敬。

明崇祯癸酉年间（公元1633年），清雍正七年（公元1729年），清道光十年（公元1830年）和民国二十五年（公元1936年）都曾重修建。古武庙一直保持原来的庙貌，保持着清代的建筑艺术风格。

20世纪60至70年代的“极左思潮”中，古武庙遭受严重冲击，神像大部分被毁，文物亦多散失，香火因之中断，庙宇沦为民居和学生宿舍。2002年落实政策，归还文管会①，2003年依法登记为宗教活动场所。

（二）漳州浦头关帝庙

浦头关帝庙也称崇福宫浦头大庙，位于漳州市芗城区浦头。始建于宋淳熙十四年（公元1187年），现有庙基系清康熙三十四年（公元1695年）重修。

崇福宫系宫殿式建筑，坐北朝南，悬山琉璃顶，占地面积518平方米，建筑面积238平方米。庙分前廊、主殿和东西两厅，即东西偏殿和天井。前廊深2.5米，内有蟠龙石柱一对和廊壁横梁枷，门立石狮两只，石雕工艺古典淳朴。前廊正中楣悬挂“乃圣乃神”匾额。二进为主殿，面阔三间，进深二间，石雕龙柱分列左右，中立圆大柱门拱式，主祀关圣帝君木雕神塑，附祀大禹和送子娘娘。东西偏殿祀周仓、伽蓝爷及蓝理提督神像。庙内宽敞雄伟，是漳州市区规模最大、历史悠久的关帝庙。

崇福宫坐落在浦头内港水道边，历史上浦头港水道直通九龙江西溪。明成化、弘治年间（公元1465—1505年），漳州乃漳、龙、汀客货集散地，浦头也成为船舶码头口岸。当时民间客货外出台湾、香港、澳门及南洋各地均在此换大海船中转，故有“浦头日集千帆，随潮水涨落而行”之说。来往船主客商为祈求平安，多到宫中参香膜拜，或随带香火出行，祈祷关帝庇护。因此，崇福宫香火鼎盛，成为各地来往客商朝圣之地。

崇福宫历史上最兴旺时期，厦门关税行、龙溪县正堂等曾于该庙立碑明示课税规定。清康熙年间，漳州人蓝理、柯彩、陈龙、许凤、吴田等据传曾寄宿崇福宫，后来结伴投军，为清王朝平台立下了赫赫战功，蓝理官至提督。清康熙三十四年（公元1695年），蓝理将军衣锦还乡，到崇福宫参拜神明，募缘重建，亲题“江汉以濯”匾。另在宫庙前后和东侧添建庙埕、花园、居室，崇福宫焕然一新，占地面积扩大近10亩②。

---

① 《芗城文史资料》第13辑，第143—144页。

② 连心豪：《闽南民间信仰》，福建人民出版社，2008年版，第101－102页。

（三）东山关帝庙

东山旧称铜山，这座面积194平方公里的海岛，是中国第六大岛，福建第二大岛。它与台湾一水相隔，距澎湖仅98海里，距高雄143海里，是大陆靠澎湖最近的地方，两地历史渊源深远。历史上东山既是戍兵重镇，又是东南沿海对台对外通航通商的重要港口，也是最先移民进入台澎与海外的沿海岛县。

地理与历史原因，决定了东山在两岸民间神明交流中的地位。台湾最早建祀的关帝宫庙，即由东山关帝庙分灵渡海而兴，嗣后又不断分香续焰延播全台各地。台湾现有大小关帝宫庙1000余座，它们中绝大多数共认东山关帝庙为香缘祖庭。

1. 东山关帝庙的起源

东山关帝庙又称铜陵关帝庙、铜陵武庙，始建于明初。早在宋代时，岛上已有铺兵奉祀关公。明正德十一年（公元1516年）《鼎建铜城关王庙记》云：洪武二十年（公元1387年），“城铜山，以防倭寇，刻像祀之，以护官兵”。当时只是一座单开间的简陋小庙，后漳州开元寺南少林高僧圆球和尚（号月堂）游方至此，“仰观帝庙之福地，声灵必震于千年”，遂募善缘，策划重建。正德三年（公元1508年），云霄财主吴子约躲避寇贼，到东山和善士黄宗继等九人合力相助，于次年五月初七日，在原庙左边的空地上兴建，至正德七年二月初二日完工，形成“龙盘虎踞”，“纵袤百二十尺，横广五十一尺”之规模。嘉靖二十一年（公元1542年）重修。因清廷“迁界”，庙被毁，住持僧大陆和尚负圣像入云霄，开山下港尾武庙，其侧室为铜陵关帝驻跸之所，号为铜云室。康熙十九年“复界”，迎圣像回铜山，于旧殿基址盖茅为屋，以安圣像。后由总兵黄镐主持在原址按原样兴筑，翌年落成。

2. 东山关帝庙建筑风格与形制

东山关帝庙位于铜陵镇岵嵝山，倚山临海，坐西朝东，遥望台湾海峡万顷鲸波。建筑面积680平方米，有门楼、前殿（龙庭）、大院回廊、大殿及花园等。主座面阔三间，进深六间，悬山顶。

东山关帝庙总建筑面积2000多平方米，占地面积达20余亩。庙殿之前，计有历代雕制的六对形态各异的威猛石狮守卫。

端门为华表式楼亭，为清道光年间台湾嘉义人，历官广东南澳镇总兵、福建与浙江全省水师提督、太子太保王得禄所捐修，故俗称“太子亭”。门楼为华表楼亭式古艺术建筑，由六根圆形石柱并两根石梁承托数百香木斗拱构就。每拱一斗九升，叠彩垒金而上。楼亭顶端饰彩资剪贴“八仙过海”、“八兽图”及唐宋帝王将相造型塑像120尊。华表石柱刻“大明正德吴子约敬送”。横梁正面刻“嘉靖壬寅五月吉日前都劝缘子孙重修”；飞檐下前额竖一方镂花鎏金匾，上镌“武圣殿”；后额也竖一方镂花鎏金匾，上镌明万历年间铜山进士文三俊题的《关圣帝君赞》。“太子亭”建筑艺术高超，巍峨壮观，精美绝伦，历数百年台风、地震而安然无恙。

前殿龙庭（拜庭）登石级而上，门额嵌“山西神圣”石匾；有石刻门联：“山岛雾收舒正气，海门日出照精忠。”中门两旁立有雕花石鼓，安放雕龙镂凤的鎏金档。龙庭正上方悬挂清乾隆五十三年（公元1788年）陕甘总督、嘉勇侯福康安因“奉命提兵平台，屯师铜山”，仰“关帝圣明”示吉佑兵，终于得胜班师，回京途中特到铜山叩谢关帝的颂文匾。两侧嵌墙柱联为：“入圣门总要请祈休咎，登帝殿便知明断是非。”

祀案上置放一只清光绪年间，由台湾宜兰礁溪信众敬送祖庭的双耳兽头鸡血石雕大香炉。

大院回廊左右分别附祀马良、廖化二公并护马二将。左墙《公立关永茂碑记》记载东山百姓“共尊关圣帝君为祖”，立“关永茂”为总户主姓名，终于康熙五十二年（公元1713年）正式入登清朝户籍事。右墙同治九年（公元1870年）《重修武庙碑记》，记载海内外（含台湾安平、鹿港、澎湖等地）士庶商绅各界信众捐资重修关帝圣庙芳名。

大殿正中供奉关圣帝君神像，两边奉立周仓、关平、赵累、王甫四将雕像。上悬清咸丰帝御笔“万世人极”鎏金匾。左右悬挂黄道周所书楹联：“数定三分扶炎汉，平吴削魏辛苦倍常，未了一生事业；志存一统佐熙明，降魔伏虏威灵丕振，只完当日精忠。”

大殿右侧神龛奉祀忠勇侯周仓。相传南宋亡于粤海崖山，丞相陆秀夫魂游东山，见岛上建关帝庙，便投灵于关帝神像。宋帝昺亦魂游至此，意欲投灵，无奈陆秀夫已先入为主，帝昺只得屈尊为臣，附灵周仓神像。东山百姓故另造一龛奉祀周仓，免其持刀侍立，并配宝马代步，为庙祀中臣主君次平起平坐、君臣易位共享民间香火的特例。

大殿内挂有历年东山籍台胞返乡朝圣奉送的“忠义千秋”、“圣德流芳”等多方匾额。

3. 东山关帝庙的影响

东山关帝庙圣灵显赫的民间故事多有流传。

清康熙二十二年（公元 1683 年），福建水师提督施琅奉命征台屯兵东山，其军士夜宿关庙，梦见关帝显灵，于空中疾呼“选大纛五十杆，助施将军破贼”。施琅晋谒圣庙祈求灵签赐佑，果然出师告捷，顺利攻克澎湖，使台湾归于统一。

乾隆五十二年（公元 1787 年），钦差福康安进兵台湾平定林爽文起义，屯兵东山，亦到关帝庙祈求灵签，得圣示平台告捷，班师时再到东山叩谢圣恩，并奉题颂文匾额。

东山百姓自古奉铜陵关帝庙为圣庙祖庙，称关帝为“帝祖”，自认为关帝裔孙，对关帝至崇至敬无以复加，世所罕见。这主要缘于《公立关永茂碑记》所载之事。

明末清初，东山一直是郑成功南明辖地，清廷敌视东山岛民为“奸逆”。康熙三年，清兵攻入东山，杀万余人，逼逐三万余人“迁界”入内地，直至康熙十九年“复界”，百姓归来者十仅二三。康熙二十二年，退据台湾的明郑政权归顺清廷后，清廷仍长期不予东山百姓入归户籍正册。传说关帝闻讯，策马前往漳浦，与县令陈汝咸辩诉，县令答应启奏康熙帝。关帝并托梦岛上各大姓族长到庙会商，恩允全岛百姓为其后嗣裔孙，“分为七房”，“叔伯甥舅彼此手足”，共立“关永茂”为户主姓名，重新呈请入籍。仰关帝殊恩，东山百姓终于康熙五十二年（公元 1713 年）被批准登入正册，成为“有籍之人”，减轻税赋徭役。

因此，从入籍之日起，东山百姓家家户户悬挂关帝神像，敬奉“帝祖”，世设家祭，每日晨昏焚香礼拜，并于每年五月十三日、六月廿四日晋庙谒祖，举行隆重祀典，献演连棚大戏祝嘏，此礼俗至今不改①。

明清时期，铜陵关帝庙的香火便衍播澎湖、台湾，成为台澎众多关帝庙

① 陈汉波：《东山与台湾关帝信仰文化缘系小考》，《东山文史资料》第 10 辑，1992 年 11 月。

的香缘祖庙。①

（四）泉州通淮关岳庙

通淮关岳庙坐落在泉州市鲤城区涂门街（古称“通淮街”）东段北沿，邻近古城的通淮门（亦称“涂门”）。原先主祀三国蜀将关羽，曾称“关王庙”、“关帝庙”，民国三年（公元1914年）增祀南宋抗金元帅岳飞后称为“关岳庙”，但民间一直俗称“涂门关帝庙”。该庙一直是泉州地区规格最高、规模最大、建筑最为堂皇壮观的关帝庙，也是泉州地区香火最旺盛、在海内外影响最大的寺庙。

通淮关岳庙始建无考，相传为全国最早兴建的三座关帝庙之一，有说始建于五代南唐，也有说始建于宋代。从目前所掌握的文献资料看，真正有史可考，始于明嘉靖年间（公元1522—1566年）。清乾隆《泉州府志》载：“明嘉靖间，长史李一德重修。”可见，早在明嘉靖以前，这座关帝庙就已出现在泉州的通淮街（涂门街）上了。

根据记载，通淮关岳庙自明朝嘉靖年间长史李一德重修后至民国期间又重修、重建或扩建七次。现存的建筑为清同治六年重建和民国十六年重修，1986—1990年又加以全面整修后的模样。

通淮关岳庙坐北朝南，由关岳庙、崇先殿、三义庙三座殿堂组成。其前原建有礼乐亭，“文革”中已毁。三座殿堂原错落不齐，上世纪八十年代进行全面整修，并以中座关岳庙为准，将右座的三义庙退后，左座的崇先殿移前，使之整齐排列，连成一体。其规模之大在泉州地区的关帝庙中是无可比拟的，甚至在全省的关帝庙中也是居于前茅。

现通淮关岳庙，三座殿堂并排一体，均为三进、三开间、硬山顶、燕尾脊，穿斗式木构架，其山墙略外移，作马鞍式；后进为三层楼，东西两侧又各建一座角亭。整座建筑还装饰有精美的木雕、石雕、泥塑，而且屋脊上剪黏有双龙戏火珠或双龙对葫芦的瓷塑。在悬挂的十多方大木匾中，有两方特别引人注目：一是南宋大理学家朱熹题写的“正气”匾，一是明代大书法家张瑞图题写的“充塞天地”匾。前者是清末该庙董事杨家栋仿后城关帝庙所悬之匾，且现存的是近年一位香港同胞捐资重新复制的，弥足珍贵。

① 刘小龙：《海峡圣灵》，海风出版社，2003年版，第14—21页。

通淮关岳庙的主庙关岳庙，其大殿称武成殿，主祀关帝、岳飞，下殿配祀马军爷。左侧崇先殿，崇祀关帝曾祖光昭公、祖裕昌公、父成忠公，原设木牌神主，1990年改为泥塑神像。右侧三义庙，崇祀昭烈帝刘备、汉寿亭侯关羽、西乡侯张飞，左配祀武乡侯诸葛亮，右配祀顺平侯赵子龙。从泉州地区的关帝庙来看，该庙所崇祀之神系列是最完整、最纯净的。

通淮关岳庙在明嘉靖前仅是座一般的民间信仰庙宇，但自嘉靖年间重修后开始衍化为儒教庙宇（仍属于民间信仰的范畴）。据明万历间解元李光缙《关帝庙记》，通淮关岳庙（时称“关帝庙”）位于“儒林里”，即“孔氏宫之左”（府文庙东南）。它对泉州士子（缙绅学士和地方文武官员）最有吸引力，由一般性民间信仰庙宇衍化为儒教庙宇，成为泉州规格最高的关帝庙。

李光缙《关帝庙记》载：“今天下祠汉寿亭侯者，遍郡国而是，其在吾泉建宫，毋虑百数，独我儒林里中庙貌为胜。……上自监司守令居是邦者，迨郡缙绅学士、红女婴孺，无不人人奔走，祷靡不应，应靡不神。”明代泉州无武庙，嘉靖后官府按国家祀典在通淮关帝庙举行春秋之祭。清同治六年（公元1868年）《重修泉郡通淮庙捐启》：“帝像之始，稽之志乘，当在嘉靖至天启百年间迄于今日。其间握军符、膺疆寄及监司守令，春秋祭祀，练时日，恭整肃穆，趋跄奔走。”

清代泉州虽建有武庙，但按朝廷规定的“秩祀之典”也基本上是在通淮关帝庙举行。清乾隆《晋江县志》记载：“关帝之祭，庙在府治惠义铺（即通淮街）……清顺治九年（公元1652年），敕封忠义神武关圣大帝，岁春秋仲月颁行吉日及五月十三日致祭。”清道光《晋江县志》又记载说：“（武庙）在萼辉铺提督署之左，前系提督东教场。康熙二十七年（公元1688年）提帅张云翼建，称武庙。朔望行香，春秋致祭，而秩祀之典尚在涂门街庙。至嘉庆间，提帅颜（鸣汉）、城守英（林）始移秩祀之祭于此庙（即武庙）。”但不久又移回通淮关帝庙。

民国三年（公元1914年），通淮关帝庙遵照北洋政府之命增祀岳飞，改名“关岳庙”，遂正式成为纳入国家祀典的武庙，每年春秋“分节气后第一戊日”由地方行政长官亲诣敬祭，“祭之日陈设祭品，行礼仪节，均与京师遣祭礼同”。

据统计，现在中国台湾、新加坡、菲律宾等地关帝庙中，属于泉州通淮庙分灵的达 70 余座。

台湾部分从泉州通淮关岳庙的分灵或再分灵的关帝庙，有的所供奉的神像甚至是直接从泉州通淮庙恭请去的。据《台湾风物志》记载："台南另一大关帝庙也在中区，据传是台湾最古老的关帝庙，建于明永历二十三年（即清康熙八年，公元 1669 年），故称为'开基武庙'，资格比祀典武庙老，其神像是由福建泉州土门街关帝爷中恭请来奉祀的。"台湾云林县保长湖保安宫《简介》说，该宫由泉州府移民建造于清康熙三十六年（公元 1697 年），"所奉祀之山西夫子关圣帝君正驾，乃当时由唐山福建泉州涂门街关圣帝庙所雕刻分灵，迎请来台之神尊也，距今已近三百多年之历史矣"。1990 年 4 月，该宫曾组团来泉州通淮祖庙进香朝圣，其管理委员会主任委员李金秋先生还敬献"气壮嵩高"匾。

台湾保生大帝庙宇联谊会会长周大围先生和台湾宜兰草湖玉尊宫主任委员会李炳南先生敬献"普天怀德"匾，台湾台中县丰源市苏东宝、苏林淑先生敬献"乾坤正气"匾，台湾北港蔡许凤、李时先生敬献"三义宏图谋一统，千秋浩气感万民"柱联，台湾吴妈福、吴莱甲先生敬献"桃园结誓同祸福，蜀汉兴邦共死生"柱联。

泉州通淮关岳庙三义殿东墙砌有一方黑页岩"降神碑"，记载嘉庆二十一年（公元 1816 年），台南府关帝宫后街鼎行演唱梨园戏，装扮关圣夫子手执木剑杀妆鲁肃者。彰化生员林光夏亲见此状，认为有侮圣人而不妥当，但又无力制止。嘉庆二十四年（公元 1819 年），来泉州通淮关帝庙（祖庙），借关圣夫子附乩说法，要求关帝信徒切勿以敬关圣夫子为名而戏侮关圣夫子。故刻石砌于"衡殿通晓"。本碑文反映泉州通淮关帝庙与台南关帝信仰民俗的源流关系。1991 年 4 月，台郡开基武庙组团来泉州谒祖庙，并赠送谒祖旗一面。

台湾云林县保长湖保安宫主祀关圣夫子，据载系康熙三十六年（公元 1697 年）由泉州移民带去的。据传一船得以战胜风浪平安到达，因此返回"唐山福建省泉州涂门关圣帝君庙，恭雕神像再度来台"。因此，时至今日，云林县保长湖保安宫还组团到泉州通淮关岳庙进香、认祖庙。

台湾省彰化县生员林光夏，对台南关帝庙宫后街鼎行梨园戏上演关帝戏剧表示反感，到泉州通淮关帝庙借关帝附乩而发禁令。这是有历史原因的。

徐珂《清稗类钞》记："优人演剧，每多亵渎圣贤，圣祖颁诏：禁止妆孔子及诸贤。至雍正丁未（雍正五年，公元 1727 年），世宗则并禁演关羽"。甚至以后的慈禧太后当权，也下诏禁演关帝戏。圣像不可侮，以致皇帝下诏制止。

（五）晋江金井崇义庙

崇义庙位于晋江市金井镇岩峰村西资岩麓，是一座由台湾分香回泉州的寺庙。清末，台湾凤山关帝信仰由晋江沙堤（今罗山镇沙塘）王姓带回泉州。光绪二十四年（公元 1898 年），由沙堤王姓西山房弟子"王亦祁、亦业偕侄若勇敬捐，自备文武圣庙"，位于必仙桥畔，并立碑以记。光绪二十七年（公元 1901 年），凤山关帝香火由沙塘再传于西资岩（晋江金井），善信捐资建立崇义庙。

崇义庙内的清光绪二十七年（公元 1901 年）《新建崇义庙碑》石碑，记载崇义庙香火自台湾飞凤山承传及建庙的经过："原夫兴基建庙，藉人力以奏功；维岳降神，关人心之诚敬。钜任之举，非苟焉已，有其诚必有其神矣。溯自飞凤山之钟灵，在台众生受其拯救之恩，实繁有□。王衍香火而来唐，其时英灵已溥，由沙堤近熏于西资。当此南都沐佑，遐迩均沾，即金厦两岛及漳石二镇亦携男带女接踵来岩。或求治病，或求解困，符水丹砂遂服立效，足征圣恩之浩大诚无远而弗届耳。兹建圣庙于西资，甚得地势之吉，穴称金狮，庙号崇义，坐岩山而前映，拱围水以来朝。今庙爰兹告竣，唯善信之至诚，斯神灵之感应欤！末非敢擅笔，承诸董敬勒碑，志委原幕叙而书之。"

崇义庙，依山傍海，有山门、大埕、两廊、大殿，庙宇宏敞。据庙前光绪三年（公元 1886 年）的新建崇义庙碑记载，该庙源于台湾凤山县，后传晋江县沙堤，于光绪三年由沙堤再分炉西资岩，而凤山县关帝庙是雍正五年，由知县萧震创建，成为泉州移民的活动中心之一。这是首次发现关帝信仰由台湾回传大陆的现象。泉州关帝信仰文化回传现象，说明了海峡两岸中国人对中国传统文化和民族心理的一种特殊的认同性和归一性，其核心是文化认同。凤山关帝信仰回传泉州发生在甲午战争爆发之后，更说明两岸间的文化认同和归一力量是巨大的，即使是在非常时期也以其独特的韧性，顽强地延续着。

由于泉台两地的骨肉同胞有着共同的信仰心态，泉州崇拜的各种神祇源源传入台湾，并由此产生信仰文化的回传现象。当然，这种回传现象和泉台间日益密切的经济文化交流步伐是一致的。

（六）台南祀典武庙

祀典武庙位于台南市永福路2段229号，赤嵌楼之前，又称大关帝庙。雍正年间被列入祀典，故名祀典武庙，首座唯一列入官方春秋大典祭祀的武庙，为台湾省最大的武庙，地位居全台武庙之首。

台南祀典武庙是南明政权在台湾建祀的“皇家武庙”。明永历十六年（清康熙元年，公元1662年），郑成功收复台湾后，在台湾建立“东都明京”。宁靖王朱术桂入台前于东山分灵奉请关帝，迎入台南王府中供祀。不久，郑经从铜山前往台湾，于台湾热兰遮城（即安平）王府南面建关帝庙，奉祀宁靖王从铜山分灵过海的关帝，为明郑在台湾祀典武庙。台湾入清后，康熙二十九年（公元1690年），台厦道王效宗重修此庙；雍正三年（公元1725年），清廷敕封关帝三代公爵，赐每年春秋及五月三次大祭，这就是“祀典武庙”的由来。

武庙历史悠久，兴建於明永历十九年（公元1665年），后经历几次修建，遂有今日之格局。现存建筑系清康熙间重修。主要建筑有前殿、初拜殿、再拜殿、正殿、后殿等，气氛幽深庄严。在创建初期清廷极力排斥抗金名将岳飞与关公并祀，因而提升关公的地位，后来祀典武庙主祀关公，且晋升为官方祀典庙宇。

武庙建筑分为三进；第一进奉祀关公，第二进为武圣三代祖先，第三进是观音菩萨与十八罗汉。后进有西社和小花园，为古代吟风弄月及南管音乐的演练之所，环境古典优雅。

庙宇的正殿及后殿，乃是利用明宁靖王府关帝厅改建而成，后殿尚存一株宁靖王亲手种植的梅树。庙门内并无门神，而以等级较高的“门钉”取代；墙壁上也没有一般庙宇常见的武场人物彩绘，据说是因为不能在“关公面前耍大刀”的缘故。祀典武庙保留铜山祖庭式样，至今犹存当年从铜山请灵进祀的关老祖爷神像。

武庙的东侧，横过永福路，即可看到小门面的马使爷厅，供奉关公的坐骑赤兔马及照顾坐骑的马使爷。

武庙的古匾有“文经武纬”、“至大至刚”、“至圣至神”等，古联有：“桃园继首阳或异姓或同胞千古难为兄弟，将军与丞相一托孤一寄命万世知有君臣”。宁靖王亲书“古今一人”匾额和仿自铜山祖庭的庙门“武庙”圣旨牌、黄道周的关帝颂联，以及入清后续仿的咸丰皇帝御匾等宝贵文物。

武庙在全盛时期与附近六条街的境庙组成“六和境”。日据后，武庙不再列入官方祀典，也丧失了原有的优势地位，但在人民心中仍保持其崇高地位。1983 年列为台湾一级古迹，并重新整修①。

（七）高雄文衡殿

高雄文衡殿，是台湾南部最早的关帝庙，俗称“赤山庙”。主祀神明为文衡帝君，也就是关公，又称关圣帝君。

明永历年间，东山与台湾航道畅通，商贸往来频繁，泉州商船陈姓船主在东山铜山港停泊时，到东山关帝庙进香，分灵到船中奉祀，从此这艘商船生意日上。此后，陈氏后人到台湾凤山，于赤山里赤山乡建庙，取名“文衡殿”，奉祀从铜山分灵的关帝，高雄文衡殿便成为台湾南部最早的关帝庙之一。文衡殿奉祀的铜山关帝威灵赫濯，广庇四方。附近许多市乡遂纷纷从文衡殿分香建庙立坛，共拥文衡殿为香火主庙。

现在台湾北部关帝庙宇以宜兰礁溪的协天庙，南部以高雄市文衡殿影响较大。所以有“北协南文”之说。现在澎湖、台北、高雄、基隆等地，都有从东山关帝分香的关帝庙，其中有几座还是专聘东山工匠，按照东山关帝庙建筑样式兴建的。

根据《凤山县志》记载，赤山文衡殿建于乾隆六十年（公元 1795 年），至今已超过 200 年，列为凤山历史最久远的三大庙宇之一。

赤山文衡殿坐落在风景优美的澄清湖和小贝湖之间。且这两湖原为文衡殿的庙产。除此之外，文衡殿还拥有大片山林，在高雄名气极大，素有“金关帝、银圣王”之称（圣王指凤山开漳圣王庙）。

由于庙产富足，文衡殿从早期泥墙、竹梁、草顶的简陋庙宇，经历代多次改建，于 1995 年成为巍峨雄伟、金碧辉煌的殿宇，为南台湾信奉关圣帝

① 《人民日报（海外版）》，2005 年 02 月 16 日 第八版；世界关公文化网，www. guangong. hk。

君的重心。

然而，在长期的发展中，文衡殿历经坎坷。日本殖民统治时，庙产被强制征收，澄清湖和小贝湖的产权则移转日人手中，作为大型农场水源用地。

台湾光复后，庙产归还不多。但是，与很多庙宇发展空间受制不同，文衡关帝君富甲一方，在赤山北门外有大片原始山林，可以不断地扩建，成为凤山地区数一数二的大庙。庙的历史久，腹地大，香火鼎盛，赤山文衡殿名声显赫。

每年农历正月十三日关公的圣诞日，文衡殿举办盛大的庙会，举目所见都是乞龟、供花、献牲，各地信徒朝拜不绝，锣鼓喧天，热闹非凡，一片喜气洋洋，交通阻塞，宛如过春节。

（八）宜兰礁溪协天庙

在台湾关帝的民间祠祀中，以宜兰县礁溪乡协天庙与漳州的关帝庙关联最密切。并且礁溪乡协天庙在台湾关帝庙的庙际网络中占有十分重要的地位。台湾北部与东部各地的关帝庙，几乎都是协天庙的分灵庙。

清嘉庆年间，漳州平和县人林枫因为要进京诉讼，搭船经过铜山，听说关帝神威灵验，就进庙祈求关帝庇佑，结果进京后果然获得胜诉。林枫归来的途中，从东山关帝庙分香回乡并雕塑关帝神像。后来，林枫的后裔林应狮等人又亲自赴铜陵关帝庙分灵，渡海到台湾噶玛兰（也就是现在的宜兰）建庙，名为协天庙，成为台湾北部最早庙宇，并传播台湾各地建关帝庙。

这座协天庙从名字上看，就显然是由漳州人兴建。因为宜兰和基隆一带的漳州人称关帝为“协天大帝”。嘉庆九年（公元 1804 年）在礁溪建庙奉祀，从此当地不再流行瘟疫。民众皆以为得自关公的保佑，因此香火更加兴盛。协天大帝据说还护佑过官兵：同治六年，清朝钦差镇台使刘明灯巡视宜兰时，曾驻扎在此，由于随行的士兵不知当地人奉枫树为龙麟，误砍了庙后的枫树作柴薪，冒渎了神灵，于是吃过饭后，士兵们个个都病倒了。直到刘明灯跪在关帝君神像面前求救，士兵们才不药而愈。经过这件事后，刘明灯回朝奏请皇帝敕赐改建协天庙，颁诏“敕建协天庙”匾额。

“协天庙”1804 年初建只有三间茅屋，经 1857、1867、1914、1967 年的修建，已很具规模。皇帝的赐匾给予协天庙正统的地位，更加促进其在台湾的分灵传播。礁溪协天庙关圣的影响，波及新竹、桃园、台北、士林、基隆、瑞芳、罗东、花莲，各地遂纷纷立宫设堂，从礁溪分香奉祀。协天庙几经扩建重修，规模扩大，更加富丽堂皇，香火鼎盛。至今，庙中神龛内亦存有当年从东山祖庭分灵入台的神像“老二帝”①。

① 游谦、施芳珑：《宜兰县民间信仰》，宜兰县史编撰委员会 2003 年版，第 250—252 页。

第十章　闽南与台湾的水神庙宇源流

闽南与台湾水神崇拜非常普遍，这与所在的地理条件有很大关系。闽南与台湾滨海，同位于北回归线周边。境内多山，闽南山地、丘陵占70%多。台湾更是多山之岛。3000米以上山峰有60多座，为中国东南最高地带。

闽南与台湾所处纬度较低，属亚热带气候，具有高温、多雨、强风之特点。年平均雨量约2000毫米左右，为世界平均值的2—3倍，属于降雨量丰富地区之一。但降雨量在时间和空间分布极不平均，多集中在春夏。如热带风暴袭击年均4次左右，多集中在7—9月，风暴带来破坏，也带来充沛雨量。有时2—3天内可降数百至1000毫米，相当于内陆很多地方一年的雨量。台风暴雨时，山区山洪暴发，平原则一片汪洋；加上山高谷深，坡陡流急，雨水、河水较难聚集有效利用，往往直接入海。夏天副热带高压控制时，则干旱少雨，加上人口稠密，因此，台湾每人每年可分配的水量，在世界平均量之下，用水较为紧张。

闽南与台湾海上贸易的繁荣，使很多人趋之若鹜。然而，大海的不可预测性，又使人们心怀恐惧。旱涝交替的陆地环境，变幻莫测的航海条件，使民众急需风调雨顺，航行平安，这都是闽南与台湾水神崇拜的客观原因。

闽南与台湾有众多的水神。闽南与台湾的水仙尊王是一群水神的总称，除此之外，妈祖、玄天上帝、临水夫人、海龙王等等都是强有力的江海神明。

第一节　闽南与台湾的玄天上帝及庙宇源流

一、闽南与台湾玄天上帝及庙宇起源

“玄天上帝”全称为“佑圣真武玄天上帝终劫济苦天尊”，又有玄武帝、北极大帝、玄天大帝、真武大将军、元天上帝、真武帝、开天真帝、水长上

帝、真如大帝、元武神、北极佑圣真君、元帝、北极圣神君、小上帝等诸尊号，清代文献志书对其尊称繁多，简称上帝公、上帝爷、帝爷公。玄天上帝象征北极星，为统理北方之道教大神，也统领所有水族（故兼水神），因北方在五色中属于黑色，又称黑帝等。

玄天上帝威风凛凛，八面生风，其形象披发黑衣、手持宝剑、足踏龟蛇，卫将执黑旗，两旁为金童玉女，水火二将。但玄天上帝的原型却是两只爬虫——龟与蛇的合体，龟蛇合体之形，则起源于远古的星宿崇拜。

玄天上帝原型为二十八宿中的北方七宿。青龙、白虎、朱雀、玄武被奉为东、西、南、北四方神，玄武为北方神。《礼记·曲礼》说："行，前朱鸟而后玄武。"孔颖达疏："玄武，龟也[①]。"《后汉书·王梁传》："玄武，水神之名。"李贤注："玄武，北方之神，龟蛇合体[②]。"一般认为，天上玄武的形象为龟蛇合体动物。根据五行五色相配，位在北方，故称玄，北方七宿象龟蛇有鳞甲，故称武，合称玄武。中国传统相信天人感应，认为星宿的运转和人类的命运相关。众星运转中，唯有北极星永恒不动，在古人看来，北辰不仅是天文上辨别方位的指标，而且把北极星神格化为德行、正义、光明的象征。因此敬奉为"北斗星君"，是星辰神里为最尊贵的神祇。所以，玄天上帝信仰是古代星辰与动物崇拜的人格化。

唐以后，历朝相继敕封佑圣玄武灵应真君、镇天佑圣真君、佑圣助顺真武灵应真人、仁威玄天上帝、北极镇天真武玄天上帝等称号。宋代，玄天上帝最终完成人格化的进程。明代，玄天上帝信仰达到鼎盛。燕王朱棣发动"靖难之役"，附会玄天上帝显灵相助。即位为永乐皇帝后，加封玄天上帝为"北极镇天真武玄天上帝"，大力推崇玄天上帝，并在武当山大兴土木，建造规模宏大殿宇群。玄天上帝的信仰遂广为传播。随着玄天上帝神格的提高，其原形龟蛇也成为部将。玄天上帝画像或塑像都是玄天上帝脚踩龟蛇。这些做法多少与道教有相互影响，道教中"玄天上帝"乃北极玄武星君的化身，统管三十六元帅，神威赫赫，是世俗信仰信众最广的神明之一。

泉州一带还有玄天上帝是张姓屠户，有孝道，后感悟不杀生而成神等传

---

① 《十三经注疏·礼记正义》，中华书局，1979年版，第1250页。

② 《后汉书》，上海古籍出版社、上海书店，1985年版，第875页。

说。闽南与台湾玄天上帝信仰非常普遍，玄天上帝被视为海神、水神、地方守护神，传说它能治病、救灭火灾、旱能降雨、保佑舟楫平安等。

为祈求船舶顺风平安，人们既到九日山通远王庙祈求顺风，又到法石真武庙望祭海神。法石真武庙“为郡守望祭海神之所”，把玄天上帝作为海神膜拜。闽南城镇码头多建有玄天上帝庙，把玄天上帝作为水神供奉。天旱不雨时，地方官要请玄天上帝出郊祈雨。

玄天上帝为水神，能灭火。有治病之功能。安海民间传说，五代闽王王审知为子治病，画祀帝君像，果见效，即令所属立庙祀之，即霁云殿也。

万历二十一年（公元 1593 年）重修金鸡桥，“桥南北各有庵，塑观音、玄武像于中，答神赐也。”把玄天上帝作桥梁守护神。许多地方把玄天上帝作为地方守护神的境主礼奉。

二、闽南与台湾的玄天上帝神庙的传播

闽南地区航海发达，闽南沿海普遍崇祀玄天上帝。宋代泉州海外交通贸易发达，玄天上帝被作为海神膜拜，法石真武庙“为郡守望祭海神之所”。随着闽南人移居海外，玄天上帝信仰也传播到台湾和南洋等地。

笔者调查了漳州地区供奉玄天上帝的宫观 212 间，沿海地区五县市中有 172 间，占总数的 81%。其中已知年代的 134 间，建于明清时期的达 113 间(明 52 间、清 61 间)①。沿海玄天上帝庙宇较多，这一特点是漳州地理位置与历史发展影响的反映。漳州靠沿海一带，“顾海滨一带，田尽斥卤，耕者无所望岁，只有视渊若陵，久成习惯。富家征货，固得稛载归来；贫者为佣，亦博升米自给”②，所以历来航海业发达，到海外谋生、移民者亦多。特别是明末清初，漳州海澄月港鼎盛，成为中国最繁荣的商港，因此，那些具有海上守护职能的神灵受到了欢迎和崇拜。

泉州滨江带海，奉祀水神真武大帝的庙宇香火鼎盛。泉州旧城内管理海外交通贸易的机构——泉州市舶提举司的附近在宋至明时期就建有真武行

① 张晓松、段凌平：《漳州地区道教宫观的调查与分析》，载《漳州师范学院学报》2004 年第四期，第 75 页。

② 张燮：《东西洋考》卷七。

宫，其地后名上帝宫巷。后城有境庙上帝宫，为民众解决纠纷、处理问题所在，习称“约所上帝宫”，其地故名上帝村。其他如新门街上帝宫、西街裴巷上帝宫等。泉属各地较著名的真武大帝宫庙有南安市区荣溪宫、溪美镇莲塘村顺济宫、石狮永宁虎岫寺、永宁镇沙美村金沙古地、石狮市宝盖镇朝天寺、石狮永宁镇紫树林、安溪长坑乡衡阳庵、蓬莱镇上智村九峰岩、永春桃源殿、晋江深沪崇真殿、晋江安海霁云殿、德化浔中隆泰村龙图宫等等。

随着人们对台湾的开发，玄天上帝也在此生根播衍。台湾关于玄天上帝的传说多与闽南一带相同。据载，郑成功复台，供奉玄天上帝于船上，奉为保护神。入台后，郑成功“多建真武庙，以为此邦之镇庙”，即在台南东安坊建北极殿，大力推行玄天上帝信仰。诸如彰化县田中顺天宫、云林县虎尾永兴宫、嘉义县北社尾玄隍庙、嘉义湖内里保元殿和玄天上帝庙、台南灵佑宫、高雄市阿莲乡北极殿、屏东九如乡北极玄天上帝庙，及澎湖马公上帝庙和北极殿，都建于此时。郑成功目的在于延续明脉，以增强抗清复明信念及内聚力。

台湾真武大帝香火，多从闽南分香而去。清乾隆元年（公元 1736 年）石狮塘后黄氏族人在台南墘坑港建集福宫，祀玄天上帝。泉州沿海三邑人从晋江、南安分炉奉祀玄天上帝的集福宫、崇福宫等庙宇在台湾就有 266 座之多。受天宫位于南投县名间乡，是台湾最有名气的玄天上帝庙，系明末清初从闽南分香而来。每年农历三月初三日，除准天宫外，台湾各真武大帝庙宇都要到宫谒拜，盛况不逊于北港朝天宫圣诞。

台湾地区的玄天上帝信仰由闽南移民传入，其中又分为两种类型：一种是大规模的集体移民，如明末清初郑成功父子及部属这一移民群；另一种是民间自发的个人行为。这两种移民群是台湾玄天上帝信仰的主要传播载体。据传，郑成功收复台湾时，玄天上帝被供奉在船上，被奉为航海保护神；收复台湾后，又大力推崇玄天上帝，修建了许多庙宇。郑成功之所以在台湾大力扶持玄天上帝信仰，目的是为了增加部将反清复明的信心，因为永乐皇帝的推崇，玄天上帝信仰在明朝达到了鼎盛，被朝廷奉为护国之神。对于自发性移民，在当时航海技术不发达的情况下，渡过波涛汹涌的台湾海峡时，为驱除恐惧心理，家乡的神明成了他们最好的寄托。在漆黑夜里行驶的船只，唯有依靠天上的北极星来辨别方向。所以北极星君，被奉为水神、航海保护之神的玄天上帝地位就非常重要。通常是随身带到船上，到达台湾后，先是供奉在家中。当移民开发活动进入一定阶段，聚居规模达到一定程度，经济相对稳定的时候，便会修建庙宇，玄天上帝成为聚居地民众共同信奉的神灵。

玄天上帝信仰在台湾长盛不衰。据乾隆初年的统计，全台玄天上帝庙 14 座，到了 1918 年增至 172 座，1930 年 197 座，1960 年 267 座，1975 年 375 座，1981 年 397 座。玄天上帝庙宇的数量在全台一直居第五位左右。台湾的玄天上帝崇拜的流行、分布，郑成功曾大力推崇，民间也欢迎，使得玄天上帝信仰普遍存在于台湾各角落。且民间认为玄天上帝法力高强，擅长除妖、去邪、治病，为乩童的保护神，故玄天上帝广为寺庙神坛所供奉。

玄天上帝的宫庙多有庙会，既是物资交流会，又是民间游艺会。农历正月里，村民成群结队参加游春庙会，向玄天上帝献金叩拜，祈求新春如意。有鼓乐队、舞狮队、彩球队、高跷队，竞技献演；弦管、什音、龙虎调，百乐争鸣。

闽南与台湾的很多玄天上帝庙会有“踏火”活动。民间信众认为踏火是“清净”的意思，也即是在火堆之中，把一切的东西，包括人和神像全部净化了，也表示了信众对玄天上帝的尊敬。

三、闽南部分玄天上帝庙宇

闽南的玄天上帝崇拜在沿海最为盛行。比如，漳浦的玄天上帝信仰分布，大概在沿海的古雷和六鳌两个半岛间。北宋太平兴国年间出现了甘霖上帝庙，经过 1000 多年来的发展，约在清代早中期，基本形成旧镇甘霖庙、杜浔的正阳宫和长桥泗洲岩的“溪仔帝爷”三个崇拜区①。

（一）泉州法石真武庙

泉州海上交通夙称发达，宋元时期的“刺桐港”是与埃及亚历山大港齐名的“东方第一大港”。法石真武庙位于东海法石社区石头街北，地处于晋江入海交汇处，与泉州海事活动密切相关的真武庙，俗称上帝宫。

真武庙“在泉州府城东南的石头山上，宋时建，为郡守望祭海神之所”。

① 漳浦王文径先生具有田野调查成果，以下漳浦部分多予引用。

现存真武庙为明清建筑，由山门、扶阶、龟蛇石、凉亭、大殿等组成，占地8000余平方米。牌坊式山门，重檐歇山顶，高十余米，三开间，上悬“武当山”与“北极玄天上帝”匾。大门两旁墙上有清道光进士、翰林编修、邑人庄俊元所题对联：“仰之弥高大观在上，过此以往联步而升。”山门高耸，拾级而上，行至山巅台地，有石蛰伏，状如龟蛇，石“蛇”逶迤盘亘在山崖边，形成天然屏障；右侧石“龟”背驮明嘉靖晋江县令韩岳所立楷书阴刻“吞海”石碑。碑西侧建有重檐四角凉亭一座，外环四柱，内环四柱，上檐八角攒尖，下檐四坡水，亭之构筑以四角形平面求八角形变化，殊为可观。相传四角凉亭是真武大帝的“印玺”，八角形重檐及顶部葫芦为印钮。亭西侧石庭边榕树下有一柄近两米高的石剑，剑印合璧象征真武大帝的威权。

凉亭后即为真武庙，两进，占地400平方米。第一进为三开间硬山顶带双护厝。大门石刻对联：“罗紫双峰齐拱峙，溜浯一派尽朝宗。”台北弟子重刻庄俊元名联：“脱紫帽于殿前，不整冠而正南面；抛罗裳于海角，亦跣足以莅北朝。”大门两侧墙上有彩色陶瓷拼贴“云龙吐珠”、“猛虎下冈”和花岗岩石雕麒麟。大门后为卷棚式拜亭，连接正殿。正殿五开间、四进、歇山顶，两边回廊与双边护厝后的廊屋通过天井相通，拜亭两边亦有天井二，形成堪舆家所说的“四水归堂”格局。龟蛇奇石的自然景观，四水归堂的人为构筑，把北方水神真武降伏龟蛇的人文、自然景观结合得巧夺天工。

大殿正中奉祀真武大帝，两旁分立赵、康、高、马四大将，右龛奉祀境主章平侯。两侧廊中奉祀南斗星君、观音、北斗星君、护国苏夫人妈等。真武大帝披发长须紫金冠，身披紫金甲，左手按于大腿，右手仗剑于身前，双足跣，左踏龟蛇，右屈膝凭座。神龛上悬清乾隆年间福建陆路提督马负书所题“掌握玄机”匾，壁上还有郑经所题“神光普照”匾。主体建筑保持清道光年间重修式样。清咸丰年间（公元1851—1861年），台湾淡水商号集资重修真武庙四角凉亭。

真武庙建成后，据传屡著灵异。南宋的泉州知州、名儒真德秀，曾亲至真武庙祈福及祈祷避免水边疫疾。《祝文》云：“江湖之间，沴气易作，尚惟慈悯，弭于未然”，祈求真武垂怜，“霈甘霖于久旷之余，全嘉谷于将枯之际”。可见与水有关的江、湖、海、农作、疫病均属真武管辖范围。

泉州法石真武殿被许多台湾玄天上帝信众奉为祖庭。中国道教界向有

“南武当”的说法，即是闽南道教圣地法石真武庙。《台湾新闻报》载称：“法石庙是祖庭”。1995年，台湾宜兰外澳接天宫至泉州真武庙进香，赠锦旗留念。上款书“小武当法石真武殿惠存”，中书“拜谒祖庭”，下款为“武当/祖庙/台湾第一行宫外澳接天宫”。台湾玄天上帝弘道协会理事长至庙拜谒，并赠锦旗。1996—1998年，彰化县埠头乡达平宫连续三年至庙进香。2000年台湾彰化新天极宫来真武庙进香结缘。“小武当”名号早已在台湾真武信众中根深蒂固。在真武庙两厢房墙上满挂着十来方台湾各真武上帝宫谒香赠送的锦旗、木匾，显示了法石真武庙的凝聚力及台湾信众的认同感。2004年10月29日，法石真武庙又迎来了台湾基隆天慈宫进香团。2002年秋冬之际，湖北省武当山道教协会紫霄宫、泉州法石真武庙管委会和台湾省中华道教玄天上帝弘道协会共同在庙东侧石庭立玄天上帝圣纪碑为志，碑阴镌刻台湾信徒黄道源、陈吕阿月、张地、郭清洁等330人捐款芳名。应台湾省玄天上帝弘道协会邀请，法石真武庙玄天上帝金身于1997年9月至台湾巡行驻跸，共莅驻台湾真武宫观20余座：台北县八里乡旧城村真庆宫、桃源县新屋乡深圳村玄天宫、宜兰县头城镇外澳里接天宫、宜兰县罗东镇奠安宫、宜兰县冬山乡鹿埔村调训宫、宜兰县冬山乡得安村三清宫、花莲市广东街代天北极殿、台中县太平乡北天宫、南投县中寮乡玄义堂，等等。

（二）晋江深沪崇真殿

崇真殿又称圣殿，位于晋江深沪镇阜村石璧山山麓。崇真殿供奉北极玄天上帝。深沪地处沿海，历来以耕海牧鱼、航运商贾为业，对真武大帝特别尊崇。深沪敬奉真武神始于唐末，有藏宫龙隐为证。兴盛于宋，原址在今大埕位置，1985年依原址按原风格重建。崇真殿坐东朝西，正处狮山头部，面临深沪湾，隔海北望永宁、祥芝，南北走向且都南高北低的将军山、宝盖山、双髻山、香山、白石山，象五只猛虎，昂首雄踞，向着深沪湾半岛这头“雄狮”朝拜，故历来有“五虎朝金狮”之称。

步入崇真殿山门，放生池正中上方屹立真武大帝铜塑像。崇真殿呈“帝”字形，重檐歇山顶，红瓦绿筒，鱼尾形正脊，戗脊用剪瓷粘贴青龙以及各种花卉飞鸟。檐下梁枋雕梁画栋，木斗拱，吊筒，雀替也均精雕八仙、龙凤飞鸟。各种花纹的隔扇门窗正中雕刻一个“狮鼻”朱漆鎏金，十分精美。沿“之”字形阶梯而上大殿，下层居中“塌寿”内安祀披甲执鞭的灵官大帝，是为护法神。上层前殿安放一座造型生动别致的龟蛇拥抱、象征天地精灵的“玄武”图腾。左右配殿中塑有神态各异的彩绘三十六天将。正殿面宽五间，上方悬挂“玉虚师相”鎏金大匾。大殿八卦形藻井下，泥塑采绘的真武大帝像，身着朱红锦袍，双眼直视前方，神态威严，端坐于八角金井下面。相传那大井直通大海。两旁彩塑金童玉女，俗谓周公、桃花女。再旁是龟蛇二将，一黑脸一红脸，戴盔贯甲，威武庄严，一执七星剑，一执黑色“玄天上帝”大旗。侧殿则供奉观音大士、太乙救苦天尊、四大天君等配神，与武当山有相似之处，还奉祀开山祖师胡进士。

在真武大帝塑像后龛，有一尊高 2.66 米的真武石雕像。“文革”期间，真武大帝塑像被推倒时，突然发现其中包裹着一尊石雕像，即将它埋在八角井内，直至修复崇真殿时发现。经考古专家鉴定，为宋代文物。神像坐于石几，顶梳双髻，圆领袍服，玉带围腰，右手置扶手上，左手前盘，长袖拂地，双足精赤，神态庄严，古朴自然。深沪崇真殿真武大帝灵应传说很多，影响最广的要算“成鱼石”民间传说，反映了人们对玄天上帝的敬仰及扬善惩恶的美好愿望。

深沪崇真殿在台湾玄天上帝庙宇中也很有影响。1992 年农历九月初，台北北秀峰公记慈善会翁读潜一行前来崇真殿参香，并在玄天上帝神前征求俯允，答应分灵往台北秀峰公记会所供奉。1998 年 12 月 30 日崇真殿重修开光大典，台湾组团前来祝贺的有台湾道教总会三清宫、台湾省玄天上帝弘道协会和台湾秀峰公记慈善会等代表。台湾中华道教玄天上帝弘道协会、彰化县道教会和屏东玄天上帝北极坛等先后到崇真殿参香交流。崇真殿董事会也组团赴台参观交流。

（三）甘霖玄天上帝庙

甘霖玄天上帝庙在漳浦县旧镇甘林村东端，《漳浦县志》载：“柑林玄天庙，宋太祖时建，岁久几废，道士李盛等修葺，有匠人侵鱼庙资自悬梁丧，明岁己巳，邑令杨遇祷雨立应，刻文记其事。”① 杨遇为清康熙二十三年知漳浦县事，己巳为康熙二十八年（公元 1689 年），根据庙中碑记及有关材料，甘霖庙始于宋太平兴国二年（公元 977 年）李道士缘资鼎建。两宋信奉道

---

① 《漳浦县志》方域下。

教，该庙也是漳浦最早的玄天上帝庙宇，因此香火旺盛，为闽南的主要道观，入元以后，成为赵姓聚居地。甘霖庙自始建以后，代有重修，至清雍正、乾隆五十八年等都曾重修。门悬“武当行宫”匾，三进，丁字形结构：首进五开间。次进、后进两侧壁内缩，次进为三开间，后进为假五开间。庙内共有石柱 36 支，整座宫庙结构奇特，规制宏伟，整体布局保持宋式，梁楹彩画保存完好，是漳浦县最大最古老的宫庙。庙内原有明漳浦知县杨遇“祷雨立应”石刻，今已不存。现存清乾隆五十八年（公元 1793 年）石碑一通，记述修庙及捐资事宜。甘霖庙于 1992 年列为第五批县级文物保护单位。

甘霖庙共祀帝爷公五尊，分别称大帝、二帝、三帝、四帝、五帝，神像大小依次递减。次进祀广惠尊王谢安及其侄谢玄元帅等；前门内祀三官大帝，俗称三界公。

庙中尚保存有清雍正十一年（公元 1733 年）的双耳青石炉，清咸丰四年（公元 1854 年）桂月郭其英刊刻的《甘霖宫上帝签》木刻版 50 篇。

甘霖庙为漳浦乃至闽南地区玄天上帝庙的祖庙之一，漳浦很多上帝庙均自甘霖庙分香火，并多处采用甘霖庙的签诗。

每年正月十四日做醮。正月初五日，帝爷公下殿，巡行各社，至十三日回庙上殿。十四日，道士四五人诵经做醮。据说做醮祈禳是为帝爷公“补运”。社众安排牲醴供物，从早到晚。三月初三日“帝爷公生”，甘林村各社举行迎奉活动，外地信徒也纷纷前来朝拜。

甘霖庙传香附近玉厝清德宫。清同治四年（公元 1865 年），以“挑尪公”为生的玉厝村民王大松带着从清德宫分香的玄天上帝神像到台湾，在嘉义番仔沟地方建庙，即今嘉义市龙安宫。

（四）漳州芗城凤霞宫

凤霞宫位于芗城区文化街，始建于宋景祐二年（公元 1035 年），从武当山紫霄宫分灵祀立诸神，故冠以武当分镇凤霞宫之称。清乾隆五十八年（公元 1793 年）因水患宫圮，此后多次重修。

凤霞宫坐北朝南，占地面积 1590 平方米。前为单檐歇山顶拜亭，内有石雕龙柱和凤柱各一对，青石浮雕麒麟二方，四方石柱四支。龙柱雕有盘龙卷云游动，凤柱雕有凤凰展翅欲飞；浮雕石麒麟对称而立；四方石柱上阴刻“凤篍呈祥司坎位，霞光散彩镇玄天”、“旗北真修敷世界，武当立法护苍生”

等四对楹联，楷、草、篆、隶皆有。整座宫亭建筑、石雕工艺属宋代风格，精美，古朴，亭前与两侧原有跨河石板桥、幡杆台、雨亭、影壁等。

正殿三进，面阔三间，硬山顶。前殿亦称护神殿，祀哪吒、张公圣者（法主公）。二进为主殿，祀玄天上帝，塑像坐在神台上，脚下伏有龟、蛇各一。相传玉皇大帝令玄天上帝下凡人间收服妖魔，将坎、离化成龟、蛇伏蹑脚下。后殿为“三清殿”。

据传凤霞宫原有多位帝王、历史名人、学士题写的匾额、楹联。如清乾隆皇帝御笔“仁慈正烈”，弘一法师手书“崇经楼”等。宫殿西侧竖立10方清代以来重修石碑。宫后有花园和两座二层楼房：“尊元楼”为藏经之处，内祀三官大帝；1938年，弘一法师曾住锡于“崇经楼”，开讲《阿弥陀佛经》，为几十位居士授证皈依，并手书《苦乐对览表》以开示善众。广东、台湾等地许多宫庙认漳州凤霞宫为祖宫①。

（五）塔后笃厚武当宫

武当分镇笃厚祖宫位于芗城区塔后社区，坐落于漳州东城门外，漳州向东的官路由此地接万松关通往省城和京城。村子临近漳州东城外接送官员的“接官亭”，武当宫边还存有当时架于塔后港官路上的宋代石桥。村落的两股内河一通市尾，一股主流经浦头港通九龙江，交通发达，地理位置重要。

庙宇坐东朝西，面临塔后港，视野开阔，地理环境优美。据传宫庙始建于北宋淳化五年（公元994年），历代有重修，现建筑保持清代风格。宫庙主体建筑为二进硬山顶燕尾脊式，带南北两厢房，前有庙埕，后另建文物陈列展览馆、管理房、梅园、山门等，占地规模较大。武当宫建筑面积43平方米，后殿95平方米。南北两厢房84平方米，文物陈列展览馆44平方米，管理房44平方米。宫庙主体建筑为单体建筑，面阔一间，屋面与主殿山墙相连，前廊呈“八”字形，山门位于北侧入门处。

据传唐初陈元光时的副将陈章，与旗牌官洪乾、洪坤、林忠良与吴敏等人负责从湖南、湖北调运军粮。途经武当山时，祈请一尊玄天上帝金身随行供奉，保佑平安到达漳州。塔后所在地当时称“鸟食洋”，为港叉环绕的旷地，故成为粮食暂存地。平定闽南后，陈元光后裔等人定居于此，并在村落

---

① 部分来自：《漳州文史资料》第27辑，第23—25页。

中供奉来自武当山的玄天上帝金身。村落所在漳州平原的腹地，水网密集，为镇水患，于村中建座七层宝塔，由于村子居塔之后，故名“塔后村”。

北宋淳化五年（公元 994 年），塔后村民前往湖北进香，武当山赠与“武当宫”匾额，回漳后建成“笃厚武当宫”，后又多处分香信众又称为“笃厚祖宫”。

笃厚武当宫前殿主祀金面玄天上帝，两边配祀太子爷、国舅爷、护法神、龙公爷、马公爷；赵子龙、伽蓝爷、土地公、土地婆、虎将公。

后殿正中神龛供奉明代玄天上帝铜铸神像，左边为龙公爷，右边为马公爷。神龛前神桌孔子公、文昌帝君、魁星爷。

南厢房供奉观音佛祖、祖师公、地藏王。北厢房供奉山西夫子、关圣帝君。

笃厚武当宫保有较多的文物，包括古代以来武当山馈赠笃厚宫的珍贵实物。其价值内涵简介如下：

1. 笃厚祖宫保存有较多的附属文物，为研究漳州历史及玄天上帝崇拜文化提供了可调查了解的依据。如：从武当山带来的金身，宋代玄天上帝神像，刻有“宋至和二年”、“武当分镇塔后上帝”的宋铭文瓷香炉，明永乐四年（公元 1406 年）七星降魔宝剑铭文，宣德年七宝铜香炉，宣德年间铜铸神像，光绪铜香炉，武当龟蛇印。还有 2006 年重修抬升时在石雕拜石下发现的北宋淳化、唐开元、三国两汉年间铜钱，此铜钱为石雕拜石下的充垫物。

2. 笃厚祖宫是漳州宫观建筑之瑰宝。笃厚祖宫的建筑规模与群落完整，保留有大量的木雕、石雕、剪粘瓷雕、壁画等作品，是研究漳州历史建筑技艺及人文的重要地点。

3. 笃厚祖宫的突出价值体现在它的木、石刻纪年，明确的纪年和有文字可考，为研究我闽南明清建筑技术发展提供了珍贵的实物资料。如：宋代古石桥，乾隆和同治年间重修石碑各一通，清乾隆年间石窗，乾隆年间銮架十八支，道光乙未年木匾额等。

4. 笃厚祖宫是福建省重要的涉台文物点，具有深厚的涉台渊源关系，与台湾云林天枢院、彰化受天宫建立联谊宫庙，近年来交流频繁，笃厚祖宫已被列为对台交流重点宫庙。

武当分镇笃厚祖宫在历史、科学、艺术等方面的文物价值特征突出，文化内涵丰富，涉台渊源关系密切。

（六）漳浦杜浔正阳宫

正阳宫位于漳浦县杜浔镇近城村（原名城外，后改称近城），云旧线公路北侧，原名“上真堂”，始建于宋徽宗宣和元年（公元1119年），历代均有修建。庙神龛右石柱刻有“大明洪武二年重修（公元1369年）”字样；宫正面有五道门，大门外左右分别铭刻“清雍正二年重建（公元1724年）”和“清道光甲申年重修”。因清康熙间迁界时毁，故雍正时重建。清代本地有正阳保，故名正阳宫，主祀玄天上帝。

宫中正殿上悬“皇矣上帝”及民国四年（公元1915年）纪年匾，奉玄天上帝座像，高约2米，红面，右手执剑，左手食指下垂，前面两侧分列赵元帅，作黑面，执锏；岳元帅，作红面，手执大刀；赵公明为附近的过田村的神明，正阳宫中如有重要活动，常前来相助，左次间奉仙姑，一说为真武的妹妹，左右两侧次间壁上分别画有18尊神像，称三十六天将像，并分别悬“至高无上”，“鉴观不爽”的木匾。两边庑廊分别奉伽蓝王和土地（一说为姜子牙）。

宫西侧建厢房，厢房东向五间，明间奉祀许茶祖，亦即正阳宫初创时的道士；南向一间，奉祀观音。正阳宫中保存着清嘉庆二十五年（公元1820年）、道光元年（公元1821年）青石双耳香炉各一座。

正殿西侧墙中嵌有清道光四年（公元1824年）立重修正阳宫题捐碑，碑作青石质，高120厘米，宽65厘米。真武像两边刻有早期对联两对：“皇矣上帝龟蛇俯足奇胜昭北阙，伟哉圣灵赵岳侍卫威武镇南天”、“东阳普庇千年祀典在三春，北阙归真百炼金丹成九日”。道光年间重修的青石柱上刻有：“金阙归真司北极，太和普济镇东阳，信士洪蕴若薰沐敬题”、“神灵昭坎北，福曜庇浔南”。

正阳保是杜浔洪姓发祥地，始祖君志，子元性，于明代自海澄县河福村来正阳开基。河福洪姓源自长泰县史山（产山），是宋长泰知县洪麟（字仁燧）的后裔。清代正阳洪姓及附近各姓迁居台湾，正阳洪姓开基祖君志之弟尾发开基车田（今漳浦石榴镇）盘龙下营，后裔于清雍正、乾隆年间陆续迁居台湾南投草鞋墩（今草屯镇），后建立20来个村庄。因此，正阳宫不但是台湾信士膜拜“刈香”的祖庙，而且是洪姓乡亲谒祖会亲的联络点。近城村和正阳宫边都有洪姓祖祠。

与正阳宫并列的为杜浔洪氏的大宗祠堂，洪姓为杜浔地区的大姓，与邱、卢两姓并列，且分衍更广，其祖原居长泰的史山，又传至龙海的河福，再迁至杜浔。在杜浔、古雷一带原有60多个村庄信奉此宫，漳州各县、泉州、广东、港澳台、新加坡计有200多座分灵庙。

祖籍杜浔正阳的台湾法学界耆宿洪寿南，曾任“司法院副院长”，1992年在闽南旅台同乡会庆祝成立45周年特刊《思源》上发表《我流的是漳浦血脉》，表达对祖地的怀念。1993年4月，祖籍盘龙下营的南投草屯人、乡土历史专家洪敏麟教授率草屯镇洪姓宗亲一行15人到漳浦认祖，祭拜盘龙祖墓前，先到杜浔正阳宫，他受洪寿南先生委托，代为祭拜正阳祖宗，并拜正阳宫玄天上帝，在祖祠及正阳宫前面摄影留念。他感慨地说：“台湾南投草屯镇洪姓祖祠也是这样与玄天上帝庙并列，两岸风俗何其相似，真是祖同宗，语同音，风同俗啊!”1993年12月，台湾南投洪氏家庙董事长洪丰田又率领回乡谒祖团一行23人，到近城村谒祖，参拜正阳宫玄天上帝，到盘龙下营拜祭祖墓。2000年7月12日，台北市中和县“协生道教进香团”一行39人，由团长许两木、道长吴旺枝率领，来正阳宫朝拜玄天上帝，团员都是清代移居台湾的杜浔一带各姓后裔，祖上移居台湾时，都携带正阳宫“香火”（香灰）到台湾①。

（七）晋江安海霁云殿

安海霁云殿古称佑圣宫，因祀奉玄武上帝，又称玄武殿、真武殿。位于安海镇东北侧圣殿境，是古泉郡八都安海镇都主。相传霁云殿建于五代。闽王王审知为子治病，画祀帝君像，果见效，即令立庙祀之。霁云殿为安海镇都主。

《安海志》载：“明永乐（公元1403—1424年）初，海上浮一木，随潮而入，潮退不去，里人取以塑帝像，而金其身，灵星煊赫，遐迩瞻依。漳人盗取以去，乃以香木代之。”明嘉靖三十八年（公元1559年）遭倭乱，殿毁。隆庆间，柯实卿作募疏，化蔡经地为檀越，砌三层台，构真武殿，匾曰

① 部分资料来自王文径《漳浦的玄天上帝崇拜》手稿。

“武当行宫殿”。《安海志》载：“明隆庆间（公元1567—1572年），士大夫耆老，纠众醵金，在蔡经之地为檀樾，建三层台，结真武殿，匾曰‘武当行宫’”。

霁云殿有明代进士柯实卿撰写的碑记。清顺治十八年（公元1661年）迁界，庙毁。康熙二十三年（公元1684年）复界，二十六年（公元1687年）仍旧地重建。

霁云殿殿宇高耸，建有18级石阶，拾级而上，顶级之高度与镇南白塔顶尖齐，为安海镇区内最突屹高耸之殿宇。有清翰林庄俊元书写的柱联：“元武不足当也，众星共环拱之。”

殿内有两头形态怪异的石狮，人立站在基座上。这两头石狮与平常所见石狮的模样、神态有很大差别，颇似金门“风狮爷”。寻常所见的四肢蹲踞，而此作人立状；神情微妙，若笑若思，虽静立，却又给人跳脱活跃感。霁云殿这两头石狮应与金门的“风狮爷”颇有渊源。

泉州湾滨水乡镇大多与安海霁云殿结神缘，安海霁云殿分香泉州义全宫、深沪崇真殿、南安水头上帝宫、晋江罗山梧桉节上帝宫。还分香金门、台湾、澳门、南洋。

（八）*石狮塘后集福堂*

塘后以位于古代著名水利工程龟湖塘之后而得名，紫云黄氏约在南宋迁居塘后。塘后《黄氏家谱》记载，集福堂始建于元代，原名水尾庵，奉祀玄天上帝。当年有位堪舆师受塘后黄氏热情款待，建议黄家选择集福堂后空地营造住宅。明万历二十年（公元1592年），塘后黄氏重建宗祠，重修集福堂。清乾隆十四年（公元1749年），塘后黄氏修谱。因旧谱在明代倭寇侵扰塘后时被毁，造成世系断代脱节。后在祖厝发现一尊女性先人神主，可惜只辨认出名讳，不知姓氏。于是依照惯例到集福堂上香，求得该女性先人系黄孔智之妻。主事者尚不敢轻易采信，再次到集福堂玄天上帝前求签，解出黄孔智之妻姓王，终于了结此疑难问题。据称，现在台湾信众仍然保存这种习俗。

台南市也有一座从塘后分灵去的集福堂。早在清康熙年间，塘后黄钟在即移居台湾。在台湾经商定居的还有黄廷佛、黄廷文等支派，主要聚居在台南、彰化、淡水、新竹等地。乾隆年间正式开放蚶江与鹿港对渡后，迁居台湾的人更多，他们不仅保留祖籍地使用的辈分排行，还把老家敬奉的集福堂玄天上帝信仰带到台湾，集资在台南建造庙宇，并直接使用老家“集福堂”的名称。2001年12月，台南信众曾组团来塘后谒祖，敬献“治世福神”匾额，悬挂于塘后集福堂①。

（九）东山铜陵北极殿

北极殿又称玄天上帝庙，位于东山县铜陵镇下田街，俗称大庙头。由总兵黄廷标倡建于明成化四年（公元1468年），主祀玄天上帝。附祀伽蓝公和注生娘娘、注寿娘娘。建筑面积432.56平方米，坐西北向东南，有前殿、拜庭、大殿、左右厢房、走廊等。主座三开间，进深三间，抬梁式木构架，悬山顶，前殿为亭楼式。

北极殿地处城区中心，香火鼎盛。北极殿于明清时期为铜山所城士庶举办善事和祭祀活动的场所，历朝皇帝驾崩，士庶忧国殇，都于此设置灵堂举行祭奠，所以清代曾设万寿宫。清代，北极殿亦为天地会反清复明秘密活动地点。康熙三年（公元1664年）三月清兵攻入铜山，杀人山积，逼逐全岛“迁界”，北极殿住持老和尚宁死不屈，惨遭分尸。至康熙十九年（公元1680年）“复界”，头颅犹在庙中，百姓将其殓入“金斗瓮”，在前殿侧室设坛供祭，尊称为“孤魂主”。1931年后，北极殿增祀大峰祖师、三坪祖师和华佗爷，并设置明末殉国的东山名宦黄道周、陈士奇、陈瑸、林日瑞神主牌位。地处海边的东山真君宫后遭台风大潮侵袭，所祀保生大帝神像也曾一度移驻北极殿。

东山铜陵北极殿是澎湖和台湾部分北极殿（真武庙、上帝公庙）的香缘祖庙。自明代起，东山商渔船穿走于台湾海峡，陆续有人入台垦农或经商；嘉靖至万历年间，铜山水寨官兵游戍澎湖、凤山和淡水，不断有人祈请北极殿玄天上帝香火到台澎各地分灵建庙。郑成功部将林升士镇守澎湖时，常到铜山等处侦察，经部属铜人黄某介绍上帝公灵验，遂从迁海后已荒芜的铜陵上帝庙中，将上帝神像接奉到台南镇北坊建庙崇祀，即今台南市民族路208巷31号开基灵祐宫（小上帝庙）②。随着清代东山与台湾两地往来频繁及班

① 李国宏、杨行山：《石狮塘后集福堂分灵台湾记》，《石狮日报》2005年8月30日。

② 王忠孝：《王忠孝公集·东宁上帝序》，江苏古籍出版社，2000年版，第82—83页。

兵入戍台澎，北极殿分香入台尤盛。现澎湖及台湾彰化、嘉义、台南、高雄、屏东等地北极殿及奉祀玄天上帝的宫庙，其中部分香缘承袭东山。清乾隆五十六年（公元 1791 年），澎湖水师协标右营游击、东山人黄象新等曾劝捐重修。台湾日据末期，澎湖东甲北极殿被盟军飞机炸毁。1947 年，由东山人驾船奉铜陵北极殿玄天上帝金身神像入澎再布香火，又从东山购运杉材入澎修复东甲北极殿。此后，澎湖上帝公神威显赫，香火日盛①。

（十）厦门武西殿

武西殿在虎头山南麓，鱼仔路头旁，俗称“水涨上帝宫”。《重修武西殿碑记》载：“鹭之东南由虎头山而下数武，旧有庙，崇奉玄天上帝圣像，颜其匾曰武西殿。左建一刹，奉灵官，耆老相传，是神当水涨时祷则倍灵，因之以名水涨上帝，并以名其地焉……②”

四、台湾部分玄天上帝庙宇

（一）南投松柏岭受天宫

受天宫建在南投县名间乡松山村名松路 219 号，位于八卦山脉南端、海拔 400 米的丘陵高台上。缘于明末清初随郑成功来台开垦种植的先民们，中有福建李、谢、刘姓诸人，携真武香火来台，以佑旅途平安，定居松柏坑大坑底（今受天宫右边坑底）。据称因真武灵验，于清道光二十六年（公元 1846 年）创一小祠奉祀真武，名称“受天宫”。后屡经扩建。特别是光绪二十年（公元 1894 年），蒋求仁奉献所有田地，贡献最大。

受天宫坐北朝南，庙基占地 400 平方米，主体建筑三层：一楼奉祀真武大帝及其部将红、黑面将军，二楼奉祀蒋求仁先生禄位，三楼奉祀玉皇大帝，此外还奉祀中坛元帅、将军爷、福德正神、蛇圣公、龟圣公等。左殿前一排设有五门，正门额上书“受天宫”三字。

松柏岭又名松岭，因松柏众多而得名，远眺西部平原和台湾海峡，内地高山尽收眼底，更是观赏夜景最好地点，松柏岭常年山雾笼罩，盛产铁观音、乌龙茶。受天宫位于松柏岭上，地理极佳，为南投八景之一。

---

① 部分来自：《漳州文史资料》第 27 辑，第 396—400 页。

② 何丙仲编纂：《厦门碑志汇编》，中国广播电视出版社，2004 年版，第 347 页。

受天宫在1999年的大地震后修建中遭火灾，许多百年神像及其他珍贵文物付之一炬，所幸主神像及时抢救得以保存。重建后的受天宫包括山川殿、留天井、正殿、拜殿，均仿古建筑。一楼挑高的设计风格，寺庙屋瓦为黑灰色。室内有石雕、彩绘，雕刻精细的龙柱是山西黑石雕成，地板采用一寸半厚黑胆石；此外，五对大门均以台湾桧木打造，门神分别请来名师彩绘，古色古香，珍贵且具有文化价值。

受天宫的元宵庆典米糕桃祈福活动已开展10多年，为台湾知名的民俗活动之一。同时举办“挑米糕”，米糕桃的重量可达1万台斤，供信众吃平安。据称寺内的签很灵，还提供护身符，供善男信女保平安用[①]。

（二）南投准天宫

南投准天宫，最初为福建省漳州府海澄县移民来台，随身携带玄天上帝牌位，建于清乾隆初年。据传海澄林氏于明朝中期由河南西河郡迁出，途经湖北至武当山恭迎玄天上帝，南迁至福建省漳州府海澄县。因而准天宫的香火来自武当山。

准天宫玄天上帝原于南投牛运堀（良德公墓左侧）民居中，后于现址盖三合院，取宫名“受和宫”。日本殖民统治时，多数神像被毁。受和宫玄天上帝金尊藏于后山弟子吴伴家中，避过皇民化一劫。

受和宫玄天上帝原供奉于林氏厅堂，1977年决定建成宫庙，并将受和宫更名为准天宫。重建后的准天宫为三厅建筑，分别供奉玄天上帝、观音佛祖、保生大帝、三差官（值岁星君）及土地公，建筑分成三川殿及正殿。

与其他宫庙不同的是，准天宫山门两旁不是狮子，而是如佛寺的原色双象，仪表纯真，象鼻朝上，意向各信众打招呼，双象于是成为准天宫的象征。

台湾一般的玄天上帝宫庙均往松柏岭受天宫进香，然而，由于准天宫香火来自武当山，在未开放前往大陆探亲时，均就地叠架三层桌，遥向大陆武当山进香；在开放大陆探亲后，于1992年始，常往武当山谒祖进香。

准天宫的中元普度，订于农历七月十三日，一般于七月十二日晚上十一时开始举行仪式。普度仪式庆典，现每年有100多桌的规模，形成准天宫每

① “南投松柏岭受天宫”网页，http：//www. ttvs. cy. edu. tw。

年一项重要庆典活动①。

（三）嘉义受镇宫

受镇宫址在台湾省嘉义县阿里山乡香林村68号。宫址海拔2200米，位于阿里山森林游乐区内，是全台海拔最高的庙宇。

民国初年，真武大帝原在民家奉祀。据《台湾寺观大观》记载：于民国35年（公元1946年）建庙，命名受森宫；1955年改名受镇宫，1959、1985、1993等年份屡有修缮增建。前殿为三檐五门歇山式建筑，雄浑壮丽。正面三龛，分别祀真武大帝、注生娘娘、福德正神，三龛壁雕镂图案，气宇轩昂脱俗；后壁镌刻“双龙抢珠”、“麒麟献瑞”及“飞鹤呈祥”，明晰光润，独树一格，坐落在闻名遐迩的阿里山上。

受镇宫是园区内规模最大的寺庙，亦是当地人的信仰中心。该宫的建立，源于日本殖民统治者为了掠夺阿里山的资源而修铁路。恶劣的环境使修路工生死由天。有人随身带有大陆祖地玄天上帝护身符，工人们把神符奉于工寮，竟得平安且化险为夷。1936年当地村民参与塑了神像，之后宫庙在此基础建成。

受镇宫于北回归线侧数十公里的山区内，终年云雾笼罩，此处有光武桧、千岁桧古树，树龄2000多年，为阿里山神木之接班者。二树枝叶扶疏，高大雄伟。所在地区生产的茶叶丰润浑厚，茶韵甘美，香气十足。受镇宫四季风景秀美，八节风光迷人，全年香客游人纷至沓来，香火旺盛②。

（四）台南真武殿

真武殿在台湾省台南县新营市延平路112号，位于新营市延平路与台糖五分车铁轨交叉路口，清朝时代是太子宫堡新营庄，后称新营庄。光复后，改称南兴里。据《台湾寺庙大观》记载，创建于清代咸丰五年（公元1855年），1908、1934、1968年都曾重修重建。

真武殿占地面积600多平方米，采大陆南方传统宫殿建筑；大殿左右各有三层六角型宝塔式钟鼓楼一座，庙庭左侧建玄光亭一座；步入山川门，大殿供奉玄天上帝，并奉祀南斗星君、北斗星君、福德正神、注生娘娘与康赵

---

① “南投市准天宫”网站，http：//www. tw—woodworking. com. tw/tct。

② 嘉义受镇宫编：《嘉义受镇宫简介》。

二元帅。殿内高挂“天柱飞光”古匾一面，系留闽千总李志镛所书赠。

真武殿为新营地区居民信仰中心，起源于100多年前。据称那时在庙址前有一水潭，周围满是碧草。有个牧童塑了玄天上帝的泥像膜拜，而后泥像却也具有广大法力，因而受到民众敬奉。

咸丰五年（公元1855年），地方望族捐资建庙，祀奉北极玄天上帝，并请名匠塑神像供民众祈福祷祥。尔后又多次维修，香火盛极一时。

日据时期官方严禁，信众将神像移放民宅祀奉。光复后香火更盛，蒸蒸日上。

真武殿又称当地为上帝爷庙，是市民的精神寄托和信仰中心。农历三月三日为玄天上帝圣诞，庆典十分热闹①。

第二节　闽南与台湾的龙王、水仙尊王和二郎神庙宇源流

一、闽南与台湾的海龙王神庙概述

（一）龙的起源

龙的传说出现，在中华民族是很早的事情了。考古人员在河南濮阳发现最早的龙造型至今有6000多年，而且这造型引起人们注意的是，这个以密集的蚌壳精心摆成的1.78米长的腾龙造型，中间还有“勺”形的北斗星摆设，另对应有一只奔虎造型，长1.39米。清楚地表现了这整体是以青龙、白虎和北斗三宫二神为布局。在这之后约5千至4千年前，中华大地各种龙的形象多有发现。说明我国远古时的中原，已有较成熟的天文知识，这时的龙已具有天神的性质②。

由于佛教的影响，人们容易误以为龙的神通广大是佛教传入后的事情，其实，中国的龙文化，除了以上提到的六千年前时的三宫二神布局，古代的

① 资料参照：台南县本土教学资源网，http：//www. tnc. edu. tw。

② 张岂之：《中国传统文化》，高等教育出版社，1994年版，第40页。

经书，先秦的《易》经已有“飞龙在天”、“龙潜于渊”等说法；《山海经》中，应龙和烛龙具有降雨的神性；汉代的许慎在《说文解字》里已提到，龙“能幽能明，能细能巨，能短能长，春分而登天，秋分而潜渊”。可见至少在春秋战国时期，龙作为中国神话传说中的水神，已经够神通广大了。当然，佛教的传入，丰富了龙的形象，增加了故事和传闻。但是，在这以前，中国关于龙的崇拜已由来已久，龙文化已形成了相应的系统。

考古的一系列发现还证明，龙的形象是农业民族的发明，反映了中华民族祖先对生物、天文以及气象等自然现象及其对社会影响的认识。由在5千至4千年前的内蒙古、辽宁、山东等地的发现，可知当时的龙形象都体现了猪的特征：大头宽耳，身躯肥硕。头部吻长，面颜有多道皱纹，颈有长鬃，有的还有外露的獠牙①。《史记·五帝本纪》引《集解》说：炎帝“神龙牛首”，古代的许多资料有龙是牛头，也有是鹿头和熊头的。身段有认为来自蛇，也有认为是蚯蚓的。闽南人的记载，也支持了牛头的说法。道光丙申年，厦门人于五通渡口旁创建龙神庙。据传庙宇落成之日，忽然下大雷雨，天昏地黑，听到如牛喘气的声音，腥秽气味非常浓。人们看见一大牛头塞满门，两目炯炯，过了好一会儿，霹雳一震，牛头不见了。但见云气如黑烟滚滚，自渡口到庙前雾气翻腾。大伙认为这是龙显出真像，这按所见形象雕塑，自此后祷雨很灵验②。

龙的种类有应龙（有翅膀）、蛟龙（有鱼鳞）、虬龙（有角）、螭龙（无角）等区分，反映了不同地区的差别和历史演变。随着各部族的融合，龙最终定格为“角似鹿，头似鹰，掌似虎，耳似牛，身似蛇”的形象。

中国龙的崇拜历来很有传统。有说原来龙是形象是“马首蛇身”，也有称“河出图，洛出书”是由龙马从河里驮出的。大禹的父亲鲧死后三年化为黄龙，夏启是乘两龙的神奇人物。

《史记·秦始皇本纪》讲到秦始皇自称“祖龙”，《史记·高祖本纪》中刘邦被认为与龙有关。他的母亲刘媪“梦与神通。是时雷电晦冥，太公往

① 张岂之：《中国传统文化》，高等教育出版社，1994年版，第39页。

② 施鸿保：《闽杂记》卷十二，龙示真像。来新夏校点：《闽小纪·闽杂记》，福建人民出版社，1985年版，第180页。

视，则见蛟龙于其上，已而有身，遂产高祖”[①]。

朝廷对龙的祭祀，最早见于唐玄宗开元二年（公元714年）的“诏祠龙池”。唐皇朝流行五龙之祭。宋代延续了唐代的做法。徽宗还给五龙封了王爵，从此龙有了“龙王”的称号。元朝也封龙为公侯。

明代同样对龙王加官晋爵。万历时还特派张天师赴黑龙潭祈雨，封金山黑龙潭龙神为“护国济民神应龙王”。清代黑龙潭龙神地位更为尊贵，庙宇赐御制碑文，整座建筑呈帝王家高贵气质。玉泉“实为天下第一”，所以玉泉山龙神很受荣宠。运河蛟龙山龙神封为“涵元昭泰镇海龙王之神”[②]。

中国以农业为本，对水旱天灾很敏感，作为水神，龙王信仰得到迅速传播。由于王朝的重视，全国各地纷纷兴建龙王庙。

（二）闽南与台湾的龙崇拜

闽南和台湾河海交接，水网密布，龙王崇拜有众多的信众。《闽书抄》记载，在唐代的乾符年间，泉州城东的东湖有白龙出没湖中，就建成了福远庙拜龙神。道光《晋江县志》记录了晋江市东南部狭长的龙湖，轮廓似龙，于元代至顺二年（公元1331年）建成了龙王庙和龙湖亭，祈求旱涝平安[③]。

晋江围头龙宫位于围头村东南海滨，始建于明初，崇祀龙王，尊为围头村挡境。每年开春出海之前，必先聚集龙宫，设宴祭祀，祈求风调雨顺，海运亨通[④]。

晋江市龙湖镇玉湖村龙宫，有立于同治元年（公元1862年）的《重修龙王庙记》碑，记载重修龙王庙捐资的台湾鹿港、笨港行郊11家，深沪、龙湖、东石商号、船号百余家。其中有晋江杭柄乡鳌泉号和台郡鳌泉号，这就是晋台两地对口商号。

南普陀寺的清乾隆二十九年（公元1764年）《南普陀西偏建龙王神庙碑记》记载，因连年旱灾，官吏于海边祭龙神，灵验异常。因此在南普陀西侧，建龙王神庙内外三座。福建及台湾含凤山县、诸罗县、彰化县和台湾、

---

① 司马迁：《史记》卷八《高祖本纪第八》。

② 《皇朝文献通考》卷一百五，《影印文渊阁四库全书》第634册，台北商务印书馆股份有限公司，1986年版，第351—351页。

③ 道光《晋江县志》卷六十九，寺观志。

④ 参见吴秋滨主编：《围头村志》，围头村志编纂委员会2005年印行，第78页。

厦门的商民捐了银款。

厦门市五通村浦口社瑞云宫、厦门港避风坞龙王宫和海沧柯井社龙王庙，都是主祀龙王的庙宇。

台湾的地理风水学，继承了大陆的传统，以阴阳五行说为基本，在地址的选定上以虎穴、狮穴、象穴、卧牛穴、龙穴等类似动物形象的地点为佳，其中龙穴为最佳选择。在建筑和各种兴作中，禁止伤及龙穴或龙脉。所以，风水上的龙脉是非常被尊崇的。不仅如此，龙神也直接作为主神祭祀，有专祀龙神的庙。大年初六是东海龙王的祭期，东海龙王是台湾航海者主要的守护神之一，淡水、大甲、彰化、台南、凤山、恒春、澎湖等地过去都有四海龙王的寺庙。

（三）闽南与台湾部分龙王庙

1. 晋江龙湖龙王庙

龙湖位于晋江市东南部龙湖镇境内。龙湖湖面狭长，南端湖面露出两座圆形礁石，形似龙目，中部湖面稍弯，如龙身屈曲，北部湖面港汊纵横似龙尾，状若游龙而名龙湖。龙湖水面面积 1.62 平方公里，集雨面积约 6 平方公里，蓄水量 405 万立方米，湖底高程一般为 13 米，岸高 16 米至 16.5 米。湖畔有建于元至顺二年（公元 1331 年）的龙王庙、龙湖亭。

“桐城之南六十里，有泽曰‘龙湖’，古致雨处是也。旁建庙祀神，遇旱潦，里中人祷此辄应。”[①] 康熙四十五年（公元 1706 年）《重修龙王庙记》碑在晋江市龙湖镇玉湖村龙宫前，嵌于右壁。

同治元年（公元 1862 年）立的碑文，记载重修龙王庙捐资的台湾商号、船号百余家。这就是晋台两地对口商号。

2. 泉州龙宫庙

位于泉州城内三教铺，今九一路东段南侧龙宫巷，始建年代无考。原供奉龙王，于清末改祀城隍。由于“求雨屡验，为民御灾疗病，普沾其泽，功德在民”，于清光绪十八年（公元 1892 年）敕加“昭威”封号。20 世纪 60 年代扩建九一路，被拆毁殆尽，1992 年在原址一角落搭盖一小间延续香火。

① 施世騄：《龙湖祷雨颂德碑记》，（清）道光《晋江县志》卷八。

3. 台南龙神庙

台南的龙神庙在宁南坊。康熙五十五年巡道梁文科建。乾隆三十年（公元1765年）知府蒋允君修，有碑记。这座庙是台湾最古老的龙神庙。庙中康熙五十五年（公元1716年）的《始建龙神庙记》记载：梁科文因“雨泽偶愆”，将东安坊的一处旧建筑改建为龙王庙。大殿深三丈八尺，广三丈二尺，主祀龙王，配祀风伯雨师。殿外还建了一丈八尺宽的亭子。庙建成后，风调雨顺。

4. 台南安济宫

台南的员林郡员林街员林二四七有安济宫。主神是青龙爷，配祀青龙爷夫人、城隍爷、伽蓝爷、水仙王、文武判官等。面积42坪，建坪15坪，建于嘉庆六年（公元1801年）。

庙中记载建庙原因是员林一带大旱，居民全体沐浴三日迎接龙神，天降大雨。因而建庙。神像由闽南漳州人迎接来，建庙费用也是漳州人献出。建庙后，人们觉得粮食增收了，于是信众增多。

二、闽南与台湾水仙崇拜

（一）闽南与台湾水仙尊王神庙概述

闽南与台湾水神众多，除了妈祖、玄天上帝、二郎神、注生娘娘之外，水仙尊王也有广泛的信众。水仙尊王又称“水仙王”。不是专指某一神明，而是一群水神的总称。被认为水仙神的很多，不过闽南与台湾较多的是信仰大禹、伍员（伍子胥）、屈原、王勃、李白这五位；或认为主祀夏禹，配祀伍子胥、屈原、王勃、李白等四位。或以为还有鲁班和项羽等，均为航海者或水旱的守护神，素为沿海民众，尤其是渔民、贸易商人所崇信。水仙尊王还有保护水旱的职能，闽南与台湾信众虔诚信奉。

这些神明或者是治水有功，或者是最终归宿与水有关联，既忠心又有才能者。比如：

大禹治水。上古洪水泛滥，大禹“三过家门而不入”，疏通旧河道，开凿新河道，把洪水引入大海。

伍子胥，春秋时的楚国人。父兄被楚平王所害，他逃往吴国，帮助吴国树立了霸主的地位，终因直谏被太宰伯嚭奏害，由吴王赐剑自戕，死后遗体被抛于江中，他的勇敢和忠贞被人们怀念。

屈原心忧楚国，因“举世皆浊而我独清，众人皆醉而我独醒”而受排挤，最后在农历五月五日，怀石投江而死。其忧国忧民的情怀为世所钦佩。

王勃愤贵族斗鸡为乐，写《檄周王鸡》批判，因此罹祸，作为主张改革的“初唐四杰”之一，在前往看望父亲途中溺水，怀着一腔愁愤离开人世。人们惜才，王勃成仙。

李白被唐代著名道士司马承祯称“有仙风道骨，可与神游八极之表”的才气。然因放荡不羁而得罪权贵，被逐出长安。传说酒醉驾舟到采石矶，想捉水中月而溺死。成为民间水仙的素材。

端午节时，人们都会拜水仙尊王。一般以为水仙尊王是屈原，实际上并不一定。然而民间不在乎村子里的水仙是否屈原，村民照样包粽子，照样划龙舟。民众认为，端午划龙舟，水仙尊王会镇邪，保佑旱涝保收。

航海业的水仙崇拜很有市场。船舶在航行中一有不测，通常是求水仙或妈祖保佑。祈求水仙的俗称“划水仙”。船舶在航行中遇到风险，船员和乘客都要众口一齐作锣鼓之声，各人手里拿着一支筷子，好像比赛龙舟般，虚作划船的样子，就得脱险平安靠岸。所谓“划水仙”，就是求救于水仙王。

笔者曾作了田野调查，在漳州发现有 20 多座水仙尊王庙。可是这些庙宇全部集中在沿海和平原，山区一座也没有。这应当是与漳州山区水旱影响不大有关，因漳州山区的年降雨都在 1600 毫米以上，并不缺水。而且原来漳州的植被很好，村子都选择在地理不错、地势较高的地方，洪水侵害较平原小，客观上水仙尊王保旱涝的功能，在山区用场不大。

过去的船员或郊商（进出口商）都很信奉水仙王，并在港口建立庙宇，奉祀水仙王。泉州市有平水庙、水门巷水仙宫。厦门原有鹭江道水仙宫，已不存，水仙码头即因水仙宫而得名。台湾约有 20 来座水仙尊王庙，基本分布在台南、屏东、台中、嘉义、澎湖一带。台北本有水仙王庙，在日本殖民统治时被拆掉了。从分布看，台湾的水仙王庙都是在靠近台湾海峡的、台湾最早的开发地区。早期的开发，环境恶劣，水仙尊王的崇拜就非常必须。每年农历十月十日水仙王诞辰，都要举行盛大祭典，五月初五都要划龙舟，祈求平安。

（二）闽南与台湾部分水仙尊王庙宇

1. 漳州芗城顶田霞禹王庙

闽南专祀大禹的庙宇现已不多见。漳州芗城顶田霞禹王庙坐东朝西，硬山顶，分前后殿，前殿 30 平方米，后殿 19 平方米，殿前有拜亭，殿后有小院。庙宇前面筑有宽长的屋檐，出檐配有 4.5 米宽的石水槽，呈现明末清初建筑风格。庙前石柱上镌楹联：“广土奏平成功同覆载，霞山神保佑泽遍苍黎。”

禹王庙前殿供奉大禹。禹王庙前拜亭是古时通广桥遗址。通广桥由五条长石板并排构成，桥下河道向东与浦头港相通，向北与教子桥相通，向南与大路顶相通，最后都与九龙江西溪相连，通广桥因此而得名。星移斗转，沧桑巨变，城内水道多已淤塞。禹王庙始建无考，嵌在后殿南墙内的清嘉庆二十三年（公元 1818 年）“重修禹王庙碑”记碑，说明禹王庙古已有之。据并排镶嵌的清乾隆十七年（公元 1752 年）“重修田霞通广巷桥路碑”和庙前的明嘉靖三十年（公元 1551 年）“重修桥路碑”推测，始建年代当在明代之前。

通广桥的桥亭成为禹王庙的拜亭，通广桥的五条大石板被埋在拜亭之下。

当时，顶田霞、通广桥、州主庙（在新华东路西段）一带有许多药材行，据禹王庙南侧百米处的顶田霞正顺庙的碑记，当时捐资修庙的药材行有 40 多家。

大禹的诞辰是农历十月十日，届时信众都要进行纪念活动①。

2. 马洲水仙尊王庙

马洲水仙尊王庙位于漳州龙海颜厝马洲村的九龙江滨，始建于明代。该庙于 1960 年修建九龙江防洪大堤时拆毁，1989 年重建，主殿面积 71 平方米。主祀水仙尊王与龙树王。

该庙本主祀民间佛教神明龙树王，水仙尊王金身原于村民各家轮流供奉，端午节划龙舟时才供在江边的龙树王庙中，划完龙舟依旧供于民宅。由于马洲村地处九龙江的南岸，漳州九龙江中下游平原的腹地，河堤修建前水

① 连心豪，郑志明：《闽南民间信仰》，福建人民出版社 2008 年版，第 140 页。

网密布，村落为河港环绕，出门以舟楫为主要交通工具，饱受水患侵扰。外部环境使水仙尊王崇拜在村民中有深厚的基础，1989年重建龙树王庙时，人们就把水仙尊王金身常年供奉庙里，将此庙视为水仙尊王庙。

马洲村的水仙尊王在九龙江下游一带有广泛的影响。民间传说当地的明朝尚书潘荣，儿时溺水江中，被水仙尊王救出，皇帝因此赐予该村黑地白月旗。九龙江为福建第二大江，两岸常苦于洪水侵袭，平原一带更是潮湿，疫病流行，人们认为是阴气所致，常以马洲村的黑地白月旗镇邪。因此每年下游划龙舟时，马洲村的黑地白月旗必先巡游江面，驱逐邪气，然后龙舟竞赛才能开始。马洲村的龙舟队也常被各村请去，增加端午节人气。

端午节是马洲村祭拜水仙尊王的日子，周边的几个乡镇许多村民都前来上香，并且参加龙舟竞赛。如：颜厝镇、步文镇、蓝田镇、角美镇、榜山镇、紫泥镇等数十个村庄的龙舟队。马洲村地近九龙江出海口，浩瀚的江面，龙舟竞渡，旌旗飞舞。锣鼓声、鞭炮声、划舟声汇成沸腾的海洋。当地带有一定习俗传承的水仙尊王崇拜，已成日常文化生活的一部分。随着人们生活水平的提高，这充满乡土气息的盛会越来越引人注目。

3. 台南水仙宫

台南水仙宫创建于康熙四十二年（公元1703年），连横《台湾通史》载："水仙宫，在西定坊，面海。康熙五十四年漳泉商郊合建，祀五神，莫详姓氏。或以为大禹、伍员、屈平，而二人为项籍、鲁班，或易以王勃、李白……为郊商集议之所，历年积款甚多，置产生息，故其壮丽冠于他庙①。"由于庙址位于当时府治的西定坊港口，为南势港口尾端，是府城水陆交通必经之地。康熙五十七年（公元1718年）、乾隆二十七年（公元1762年），北郊绅商集资重修，并在此设郊商办事处，水仙宫成为当时府城的商业中心，香火非常旺盛。

民国三十年（公元1941年），日本侵略者将庙宇中、后二殿拆除。光复后，信众重建成如今规模。目前，水仙宫是一座单殿单进形式的建筑，坐东朝西，开三门。由于大禹为开国君王，所以大门上不绘门神而改用门钉，桥下还留存着早年建筑的石料，古意悠然。

① 连横《台湾通史》，商务印书馆，1996年版，第414页。

庙内壁间的石碑有三块：乾隆三十年（公元1765年）台湾府知府蒋允焄立石的水仙宫清界石，嘉庆元年四月发水仙宫张挂晓谕的碑，民国六年庙董立石的重修水仙宫碑，门前一对抱鼓石，基座及石础的工艺出众，木刻神像雕工精美，列为台湾三级古迹①。

三、闽南与台湾二郎神崇拜

（一）闽南与台湾二郎神崇拜概说

二郎神，也称清源真君，漳州亦称大使公。其来历有几种说法，以宋徽宗时宠宦杨二郎（杨戬）之说为多。民间传说中，二郎神是降妖捉怪的神将，也是水神，其形象身披金甲，手执利刃，白面三目，英武威严。或以战国秦蜀守李冰父子为二郎神。李冰和他的儿子二郎沿岷江岸进行实地考察，制定了治理岷江的规划方案，建成了都江堰，使成都平原为旱涝保收的“天府之国”。所有饱受旱涝之苦的民众，渴望有李冰这样的神人，应劭《风俗通》、李昉《太平广记》将李冰传为神人。民间信仰中的李氏二郎神，将李冰及其次子李二郎奉为水神，是驾鹰带犬的二郎神。

“大使公”传至各地名称不一，如台湾称“王孙大使”；主神的原型也不尽相同，台湾各县大约是斗“螺精”的传说，漳州称“清源真君”，则多以李冰父子为主神。但各自的职能还是水神。五月初四日为二郎神寿诞，三月初七日为庙际活动。今台北县三重市、彰化县二林镇、嘉义县大林镇、台中县东势镇和云林县奉祀“王孙大使”的分香庙宇多达160多座。东南亚一些国家和地区，如缅甸仰光、马来西亚槟城、印尼三宝垅、泰国曼谷等地，都有庙分炉。

（二）闽南与台湾部分二郎神宫庙

1. 长泰溪东龙锦宫

溪东龙锦宫位于县城武安镇溪东村龙津江畔，与县城武德园隔溪相望，故名溪东龙锦宫。龙锦宫建于明万历年间，坐东朝西，硬山顶，二进三开。建筑面积190.5平方米，占地面积1980平方米，为砖瓦木结构，分前后厅堂，中一天井，左右两侧设有侧廊。前后堂共由12根石柱、木梁、斗拱、

① 台湾寺庙志编撰委员会：《台湾寺庙志》，清流出版社，1986年版，第313—315页。

瓜柱、檩支撑着屋顶。左右侧廊底层为砖柱钢筋混凝土梁架、檩木楼板组成，二层系用木柱檩架、瓦构成的一个小阁楼，阁楼四周配以镂花窗。据说是古时看守宫宇的禅房寝室，平时可观赏文昌阁及龙津溪西岸夜色风光。祭典时，是司鼓弹奏的场所。该阁楼，在闽南古寺庙建筑中，实为罕见。龙锦宫双重翘脊燕尾，主祀清元真君二郎神，俗称“大使公”。配祀伽蓝公、泗洲佛祖。

长泰武安溪东社位于龙津溪东岸，常受水患之苦。明代，有乡人外出，得知同安灌口深青有一尊能治水患的“二郎神”（即大使公），十分灵验。于是将其神明及香炉分灵乡里供奉，并在溪东社头立庙，奉祀清源真君（也称清元真君），作为本社乡土保护神。明清时期，有长泰溪东人渡台谋生，把大使公清元真君分炉到台南供奉①。

2. 嘉义鹿草圆山宫

清康熙四十七年（公元1708年），以闽南陈氏为主的移民到鹿仔草庄开垦，随身带着王孙大使金身，于清乾隆二十年（公元1755年），建庙，命名为“圆山宫”。主祀王孙大使公、二使公、三使公，庙宇占地700多平方米。

相传王孙大使公是宋朝人氏，姓谢，13岁时携带着一只心爱的猎犬云游四海，有一天来到安仁里坑内堡坑内社，在一位姓陈的员外厝内投宿。安仁里的凤山，山脚下有一个小湖，湖中一田螺精成妖作怪，闹得地方不安。谢圣贤手持宝剑和猎犬，奋勇入水将田螺精刺杀，自己也投体升天。安仁里坑内堡居民为感念其舍身成仁，在凤山之下兴建一座庙宇，命名凤山宫，尊其为谢府元帅。北宋末年谢府元帅助战退敌，被宋高宗封为王孙大使。

鹿仔草庄位于嘉南平原的北边，距八掌溪西北方三公里，明朝永历年间，郑成功的部将左武骧将军安营镇守在这个所在，当时这个地区到处都有鹿，草、树、树叶是鹿仔所爱吃的树木，所以将地名定为鹿仔草。鹿仔草庄是诸罗山县九庄之一，已经有300多年悠久的历史，后更名为鹿草乡。

圆山宫王孙大使公，为鹿草三村百姓的信仰中心，也是台湾王孙大使的开基祖庙，并分灵在全省各地方。大使公的圣诞农历五月四日，来自全省各地进香的信众络绎不绝。

---

① 郑镛、涂志伟《漳州民间信仰》，海风出版社，2005年版，第102—103页。

圆山宫的特色民俗活动是已传承百年的以鞭炮疯射炮台的元宵夜民俗活动。元宵节为王孙大使公的得道日，庙方准备20个炮台，铁杆吊起纸糊八角形、有洞口炮台，内装成串爆竹。参与信众点燃大炮、水鸳鸯，往炮台射，射进炮台，点燃爆竹抱回奖品，整个过程硝烟弥漫，刺激紧张①。

① 部分来自："嘉义县户外教学学习网"，http：//outdoor. cyc. edu. tw/outdoor/lutsau/b3. htm。

第十一章　闽南与台湾的鬼魂及辟邪神庙源流

第一节　闽南与台湾鬼魂庙宇源流概述

闽南与台湾民间信仰的特点非常鲜明，崇拜对象庞杂，最能反映闽南与台湾民间信仰特色的应该是“鬼魂”的崇拜了。曾有国外学者认为，中国民间“鬼的祭祀是在庙外或后门之外举行的。他们被视为危险甚至有害的东西”，“人们公然把他们比作土匪、乞丐和强盗。很显然鬼是人们不喜欢的危险的陌生人的超自然的代表①”。可是，这结论显然与闽南和台湾情况不同。闽南与台湾两地均崇拜野鬼，且不是把他们放在庙外祭祀，而是建立了影响很大的庙宇，祭拜的香火非常旺盛。

闽南与台湾的鬼魂崇拜不但香火旺，而且种类繁多，如：“王爷”、“大众爷”、“金斗公”、“有应（英）公”、“大墓公”、“水流公”、“万善爷”、“好兄弟”、“囝仔公”、“阴公”、“义民爷”等等。那些早夭无嗣者的无名女鬼，则称“有应妈”、“大众妈”、“圣公妈”、“万善妈”、“百姓婆”等，单一有名的女鬼，则供奉于姑娘庙；也有合称“有应公妈”、“大众爷妈”的，都属鬼魂崇拜类型，无法枚举。

台湾对鬼魂的称呼较之闽南更为庞杂。单就有应公来说，黄文博在《有求必应——台湾民间有应公信仰》（1992 年）一文中将有应公类神祇，分为野墓有应公、水流有应公、战亡有应公、成仁有应公、殉职有应公、车祸有应公、田头有应公、囡仔有应公、女娘有应公、外人有应公、发财有应公、牲畜有应公、缥缈有应公等十三类。特殊的如台湾宜兰的“玛璘公”，为当地平埔族的骨骸。

---

① 韦伯：《儒学与道教》，江苏人民出版社，1995 年版，第 1—18 页。

对闽南与台湾信鬼风气之盛，历代很多人表示不解，进行了各种评判。漳州宋代的大儒陈淳说到这种情况时说：

“某窃以南人好尚淫祀，而此邦（指漳州）之俗为尤甚。自城邑至村庐，淫鬼之名号者至不一，而所以为庙宇者，亦何啻数百所。逐庙各有迎神之礼，随月迭为迎神之会。自入春首，便措置排办迎神财物事例。或装土偶，名曰舍人，群呵队从，撞入人家，迫胁题疏，多者索至十千，少者亦不下一千；或装土偶，名曰急脚，立于通衢，拦街觅钱。担夫贩妇，拖拽攘夺，真如昼劫；或印百钱小榜，随门抑取，严于官租。阴阳人鬼不同途，鬼有何说，欲人之必迎？人有何见，知鬼之必欲迎？”“愚民无知，畏祸惧谴，皆黾勉倾囊舍施，或解质举贷以从之。今月甲庙未尝，后月乙庙又至，又后月丙庙、丁庙复，张颐接踵，废塞向瑾户之用，以为装严祠宇之需，辍仰事俯育之恩，为养哺土偶之给，钱既裒集富衍，遂恣为无忌惮。既塑其正鬼之夫妇，被以衣裳冠帔。又塑鬼之父母，曰圣考圣妣，又塑鬼之子孙，曰皇子皇孙。一庙之迎，动以十数像群舆于街中，且黄其伞，龙其辇，黼其座，又装御直班以导于前，僭拟逾越，恬不为怪。四境闻风鼓动，复为俳优戏队，相胜以应之。人各全身新制罗帛、金翠，或阴策其马而纵之，谓之神走马，或阴驱其轿而奔之，谓之神走轿。男女聚观，淫奔酣斗，夫不暇耕，妇不暇织，而一惟淫鬼之玩。子不暇孝，弟不暇恭，而一惟淫鬼之敬①。”

陈淳说到宋代时漳州人对鬼的崇拜，还塑造了鬼的父母与子孙，一起敬奉。娱鬼、祭鬼花费再多也不可惜，对自己父母与兄长的态度都赶不上对鬼的崇敬。

时至如今民间的鬼魂崇拜，台湾行政方面审批的庙宇数量，刘枝万 1960 年调查统计，王爷庙居第一位，为 730 座，以后的相关调查，王爷庙的数量还是最多的②。笔者曾调查过，在闽南漳州，客死他乡的孤魂，庙宇面积 10

① 《宓庵手抄漳州府志》卷三十八，第 921—922 页。

② 谢宗荣：《台湾的庙会文化与信仰的变迁》，博扬事业文化有限公司，2005 年版，第 24 页。

平方米以上的有数十座，进入神庙数前10名。除了王爷外，较常见的还有有应公与大众爷。有应公与大众爷的神庙在闽南随处可见。笔者曾留意漳州的田垄间，田头田尾许多地方建有祭祀有应公的小庙。即使在房屋密布的漳州城区，如元光南路的街道两旁的社区，也有坂仔顶、田中央、草寮尾、新浦路等四座有应公庙宇。与土地庙一样，这类神庙比较小，有些在田野里，甚至只用三块砖头垒起来，官方一般以面积10平方米以上列入统计，所以有应公的很多小庙没列入数据。事实上，无论在台湾或闽南，专家公认土地庙为所有神明中庙宇数最多的。据笔者的了解，有应公的庙宇到处密布，数量可比土地庙。大众爷的庙宇也不少，而且影响很大。漳州有数座大众爷庙始建于唐代，历史悠久。台湾的一些学者认为有应公与大众爷是大陆没有，而在台湾产生的神明，其实这是个误解，此部分将于下文论及。

闽南的有应公与大众爷，至少形成于明朝之前。而台湾却是在清代才出现，然而，台湾为什么会误以为是他们本地产生的神呢？这种种现象都吸引我们努力探寻其中的原因。

闽南与台湾鬼魂崇拜的兴盛，和闽南与台湾独特的地理人文有关，为中原移民闽南和闽粤东渡台湾的辛酸艰难的写照，反映了闽台开拓发展的一个重要部分。

一、闽南与台湾鬼魂神庙兴盛的背景

闽南与台湾民间的传统，接受“人”分为“躯体”和“魂魄”两部分的观念。认为一个人如果受重大惊吓、打击，有时魂魄会离开身体。过去民间用“收惊”等方式，把“魂”再收回来。但人去世以后，从广义上说，死后成鬼，俗称为魂。有被人供奉的，去世后按闽南与台湾民俗在“对年”（周年）之后，将姓名列入公妈牌，称为“公妈”，成为祖先的一部分，不称为鬼。没有被人供奉的，或者非正常死亡、冤死者，亡魂会在去世的现场，由家属招魂；如果没有这样做，鬼即成孤魂、野鬼，到处飘荡、作祟，甚至“找替身”，拉人替死。这是狭义的鬼，为真正的鬼。

闽南与台湾的移民生活的艰难动荡，提供了孤魂野鬼产生的条件。所以有“田头田尾有应公”的俗语。闽南与台湾的野鬼或是异地从军，客死他乡；或是青面獠牙、大块吃肉；或是当神的兵马：差不多都是男性的造型。

闽南与台湾所祀的鬼，多数为非正常死亡，或没有后代，灵魂飘荡，无依无靠，无人超度，饱受地狱之苦，积怨而作祟于人间。

人们祭鬼除了有同情的因素，也有惧怕它们为害作祟的原因。过去因传染病等原因的暴死，给人们留下很深的印象。有时此夭折者在睡梦中出现，人们以为这是鬼在作祟、托梦和显形，让人心存敬畏，所以当地居民建庙供奉野鬼，以求平安。所以，闽南与台湾对客死他乡的遗骸都要收葬、祭祀，还举行“普度”这种大仪式来超度和祭祀，以避免野鬼危害。

鬼魂信仰在闽南与台湾两地兴盛，除了上述的一些诱发因素外，还有许多具体的原由。历史上，闽南与台湾两地的历史、地理环境、移民社会的特性导致大量无主骸骨产生，这是支持此类信仰的必要条件①。

（一）闽南鬼魂崇拜的背景

闽南本是个森林密布的地区，瘴气极重，北方移民水土不服，就是当地土著也容易患病致死。以明清闽南几次较大的争斗为例：

首先是长期影响明朝的倭患，使沿海居民数遭劫掠。明末，闽南在明郑与清军之间反复易主，清顺治九年（公元 1652 年）正月，由于漳州沿海潮水突涨五尺，郑成功军队得以攻入海澄。同年漳州城被郑军团团包围，粮尽弹绝，以致“人相食，斗米值五两”。至清军解围之时，在城内收得骸骨数十万②。

清末，太平军入闽南也给当地带来了很大的灾难。据光绪新增本《龙溪县志·纪兵》记载：“同治三年（公元 1864 年）九月，粤逆伪侍王李世贤由汀州永定一路窜入漳境，十四日陷郡城，大肆焚杀，城乡男女老幼不屈死者数十万人。”除了官方加以掩埋之外，郊野也出现多由士绅、乡绅捐建的的埋骨义冢，仅民国翁国梁《漳州史迹》所提者就达六处之多③。

除了兵灾，频繁的自然灾害、疾病、匪盗、械斗也使得闽南所属各邑产生了大量的无主骸骨，为鬼魂崇拜的兴盛提供了必要的客观条件。

（二）台湾鬼魂崇拜的背景

---

① 部分资料引自林美容：《鬼的民俗学》，《台湾文艺》卷 3 期 143，1994 年版，59—64 页。

② 《福建通志》卷二七二《国朝祥异》，同治七年正谊书院刊本。

③ 汤毓贤：《云霄“万善同归”义冢由来》，载《福建史志》2005 年第六期，第 63—64 页。

移民渡海来台，首先要面对的是波涛险恶的台湾海峡，移民称澎湖一带的水域为“黑水沟”。强大的洋流经过使移民渡海不易。《台湾通史》称：“巨浸隔之，黑流所经，风涛喷薄，瞬息万状，实为无底之谷①。”

早期移民渡海来台大多设备简陋，加上明清的长期海禁，移民选择在月黑风高之际偷渡，驾一舢板出海，随时都有葬身鱼腹的危险。渡海途中还要时刻防备海盗劫财害命，能到达台湾可谓是历经劫难。许多移民葬身鱼腹，一些尸身浮于海面成为“水流尸”，漂至海边或渔民将之打捞上岸加以掩埋，并建庙祭祀而成为“水流公”。也有渔民捞获骷髅而建庙拜祭的。

早期移民历尽艰辛到达台湾后，面对的是一个陌生、恶劣的环境。明代阮旻锡《海上见闻录》云：“水土不服，疫疠大作，病者十之八九，死者甚多。”

清朝初期，不许移民携眷，接眷；加之渡海艰难，九死一生，移民大多是年轻单身汉，以至于“乡间之人至四、五十岁而未有室者，比比皆是②”。造成台湾男多女少，性别比例相差极为悬殊，甚至有村庄数百丁而无一眷口的情况。大批的移民壮丁无法娶妻生子，不能成家落籍，又回不了原乡，于是台湾社会中出现了这一特殊阶层，他们无固定职业，亦无恒产，俗称“罗汉脚”。

据估计，从18世纪中到19世纪间，单身游民占台湾总人口比例高达20%—30%。他们孤苦伶仃，死后无人收殓，只能草草埋葬，风吹雨打，则尸骨暴露。或有仁人善士加以收埋，并祠祀之，以平幽怨。台湾有民谚：“少年若无一次憨，路边哪有有应公。”意思是，如果当年没有那些“憨少年”离开大陆，漂泊台湾，以致身死异乡，路边哪有那么多的有应公庙。

台湾素称难治，有“三年一小反，五年一大乱”之称。众多的游民，成为了社会不安定的根源，加之“台湾之民不以族分，而以府为气类；漳人党漳，泉人党泉，粤人党粤，潮虽粤而亦党漳，众则不下数十万计”。③ 常有因小事而引发的族群集体械斗。由于游民无家无室，行动并无顾忌，且多为年

① 连横：《台湾通史·开辟纪》，广西人民出版社，2005年版，第2页。

② 本节数据引自简荣聪：《台湾近代史》（宗教篇·社会篇），台湾省文献委员会编印1995年版，第15—26页。

③ 姚莹：《东溟文集》卷四。

轻力壮之男子，聚众滋事，遂成常规，且规模较大。

自康熙六十年（公元 1721 年）朱一贵事件，至同治元年（公元 1862 年）戴春潮事件止的 140 年间，台湾多有械斗和动乱。包括闽粤械斗、漳泉械斗，也有同属泉州府的三邑人（晋江、南安、惠安）与同安人之间的械斗。械斗、民变，产生了众多的无主骸骨，包括了平民、滋事者、镇压的官军及其“义民”，许多有应公庙宇多是为这些死难者所建，如台北县中和的大众庙，板桥的大众庙，林口的永善寺。

此外，原住民与移民之间为争夺生存空间而发生的争斗也产生了许多无主骸骨。早期移民，出垦时携带家乡神明香火，就是为了在原住民“出草”时，能够得到神明的庇佑而躲过屠戮。由于汉民不断的垦殖侵犯了原住民的狩猎空间，汉族移民与原住民之间的争斗时有发生。其间的死亡者往往被安葬并受祭祀。移民对在其迁入地上发掘出的原住民骸骨亦建庙祭祀，如宜兰县的“玛璘公”信仰。

台湾从先民开辟以来就饱受外来侵略，先后有西班牙、荷兰、法国、日本等国入侵台湾。在反抗外来侵略者的斗争中，英勇牺牲的保卫者与毙命的侵略者，都可能成为庙宇祭祀的对象。如宜兰的万善祠就葬有日本人的遗骸。

林富士先生将台湾有应公类庙宇的来源概括为：族群战争下的牺牲者，兵戈扰攘下的亡魂，大自然天灾的死者以及被遗弃与被遗忘的死者①，大致反映了鬼魂崇拜庙宇无主骸骨的来源。

二、闽南与台湾鬼魂崇拜的分类

因此，闽南与台湾的鬼魂崇拜非常纷杂。在归类上，即使是研究较多的台湾学者也多有争论。亡魂遗骸常见的称呼有：王爷，传说中几乎都是知识分子，在非正常死亡神祇中神格最高；大众爷大概是群体埋葬的无主魂魄，部分身份高于有应公等孤魂；金斗公是盛于瓮中的遗骸；有英公实是“有应公”的谐音，认为可以有求必应；“水流公”为水上漂来的浮尸；“万善公”大概指死亡是所有人的归宿，所谓“万善同归”；“团仔公”是早夭的婴幼

① 林富士：《孤魂与鬼雄的世界——北台湾的厉鬼信仰》，台北县立文化中心出版，1995 年版。

童；“义民爷”被认为因某种义举而亡者，或在官府“剿匪”过程中阵亡。凡为无主鬼魂的庙祀，通常以为是“阴庙”，人们多少有敬畏之心，尽量认真对待，以求有所佑护，或者至少不受伤害。

笔者根据所作的调查，分为王爷、大众爷、有应公三类叙述。很多学者不认为王爷属鬼魂崇拜，笔者以为，王爷也是鬼魂崇拜的一种，大概是非正常死亡的鬼魂中神格最高者；大众爷多是群体埋葬的，有些还有神像；有应公多为田头小庙，最多有个牌位，在过去的日子里极少见有神像（近几年有些庙也开始雕塑神像），或为各处死亡的遗骸，收集而群葬。

（一）王爷

王爷一般认为是瘟神，流传过程中成为治“瘟”镇邪之神。闽南与台湾的王爷，传说中几乎都是文人或中举者，因种种原因非正常死亡，称为“王爷”或“王公”。王爷信仰是闽南与台湾最流行的民间信仰之一。过去的流行病一发生，民间就要“送王船”。把载着王爷的“王船”放入大海，让王爷押走瘟神。

闽南与台湾常发生瘟疫，因此瘟神也多，关于王爷的来历说法很多。有说是西周忠臣义士的英灵所化，或说是秦始皇焚书坑儒被活埋的360名博士，也说是唐代360名冤死的进士，或者说是明末不愿受清朝统治自杀的360名进士等等。传说虽不同，但都是死于非命，曲折地反映了古人对瘟疫的恐惧心理。闽台“王爷”通称“代天巡狩”。相传元顺帝命36名文武进士戏谑张天师，进士遭雷击而亡。张天师悯其无辜屈死，请帝追封为“代天巡狩王爷”，后人塑像庙祀。以前总认为王爷神是瘟神，其实是驱瘟之神。

（二）大众爷

在闽南，大众爷的神格通常高于有应公，记录和年代也比较清楚。如南靖的石门岩主祀大众爷，开始于唐长庆二年（公元822年）奉祀的万善神；平和慈惠宫于嘉靖四十三年（公元1564年），祭祀与倭寇作战牺牲的官兵。都是有一定身份的游魂，受祀而为神。

林富士先生综合了各种意见分析，台湾的大众爷有三种形态：“一是和一般的有应公没什么差别，只是众多孤魂野鬼的总称；二是和佛教信仰结合，成为冥府之神；三是成为有名有姓的大将爷，而和一般的王爷几乎没有什么差别[①]。”其实，即使在台湾，大众爷因为收纳的尸骨或祠祀对象数量比一般万善堂、有应公为多，且据传有显灵事迹，广受地方信众的祭祀，故能成为鬼中之长，升格为神明，并掌管地方有关阴间的大小事情。小自孩儿受惊、大到万善堂的搬迁整建，都必须由大众爷出面做主与阴魂沟通之后才能平安顺利。这点是一般万善堂、有应公所无法比拟的。

（三）有应公

有应公庙宇常分布于偏荒野地，规模不大，有的“高不过寻，宽不及弓”[②]。闽南与台湾民俗习惯，对被收葬的遗骸不认为是“厉鬼”，为之建一个三面墙壁的小祠（有的仅几块砖或三块石头叠成），成为有人供奉的“公妈”。由于四时祭祀、许愿，一般认为很灵验，称“有求必应”。由于这田头田尾的“公妈”很多连牌位都没有，更没有神像，庙前大多悬挂“有求必应”的红布条，故称之为有应公妈。这名称当然也希望这遍布田野的“公妈”能“有求必应”，庇佑百姓。

有应公名目繁多，如“金斗公”、“有英公”、“大墓公”、“水流公”、“万善爷”、“好兄弟”、“团仔公”、“阴公”、“义民爷”等。特殊的如台湾宜兰的“玛璘公”，为当地平埔族的骨骸，但其整体性质基本与有应公一致，属于原为无主身份较低的遗骸，后被收葬，由野鬼转为有人供奉的“公妈”，应归到有应公的范围内。

由于有应公与大众爷性质上相近，让人不易分辨，再加上民间信仰本身的随意性，有应公与大众爷总是有些交叉，有些混淆。总体说，大众爷庙是可以祭拜求平安，一般看来，大众爷在位阶上比有应公及万善爷高。陈小冲认为，台湾的有应公是孤魂野鬼，大众爷是鬼界中的管理者；有应公的庙较小而简陋，大众爷庙较大而有塑像[③]。这与漳州的民间的做法大致相同。

所以，闽南与台湾鬼魂崇拜的神格，大概是王爷最高，大众爷其次，有应公最低。祭祀的规模也是由高到低。王爷的作醮和送王船，是本类神明中影响最大的，规格也最高。就整体说，祀鬼的祭典规模大，祭品丰盛，比祀

---

① 林富士：《孤魂与鬼雄的世界——北台湾的厉鬼信仰》，台北县立文化中心出版，1995 年版，第 65 页。

② 《左传·昭公七年》。

③ 陈小冲：《台湾民间信仰》，鹭江出版社，1993 年版，第 171 页。

神有过之而无不及。因此祀鬼必须合众人力量为之。如漳州的普度，在整个农历七月里，城区的所有街道里巷分片、分时段祭祀，但闽南与台湾大约是“敬鬼而远之”，比如，神明可以公众祭祀，也可能由私人在自己家中祭祀，然而私人却没有在宅中祭祀有应公、大众爷之类，而是另外设庙供奉，这是因为祭祀孤魂野鬼的场所是“阴庙”的缘故。

三、闽南与台湾鬼魂崇拜的传统与现状

闽南与台湾的鬼魂崇拜来源于传统的灵魂观念。古人认为世间有阴阳之分，生处于阳间，死则处于阴间。人的灵魂是不灭的，当人死后，灵魂便脱离肉体，而归于阴间。阴间拥有与人世间类似的生活、文化等状态，灵魂在那里依旧存在着，也有种种需求。人们为了适应这样需求而产生了各种祭祀和崇拜方式。当死者由于凶杀、冤屈、疾病等非正常原因而死亡，缺乏妥善的埋葬与祭拜，就成了无祀孤魂野鬼或厉鬼而游荡人间，成为社会不安定的因素。这是汉族的鬼魂观，此传统由来已久，只是闽南与台湾更为典型。

（一）汉人祭厉的传统

国人的祭厉思想由来已久，至少可见于春秋时。《左传·昭公七年》记载，郑国人因伯有鬼魂为祟之事而惊吓不已，伯有托梦表示将杀驷带；子产让公孙泄与良止祭祀伯有亡魂，使其不再为祟。子产曰：“鬼有所归，乃不为厉，吾为之归也[①]。”

汉代自创立初就为人鬼建祠。《史记·封禅书》载，高祖六年，诏令于秦中祠二世皇帝。张晏注曰：“子产云：匹夫匹妇强死者，魂魄能依人为厉鬼也[②]。”故祠祭之。

唐宋时，“修七祀于太庙西门内之道南：司命、户以春，灶以夏；门、厉以秋[③]”……《宋史》载：“立秋，祭门及厉于庙门外之西。[④]”

元亦行七祀。建坛祭无祀鬼神成为定制，出现于明朝。《明史》载：“洪

---

① 《黄侃手批白文十三经·左传·昭公七年》，上海古籍出版社，1983 年版，第 341 页。

② 《史记》卷二十八·封禅书第六，中华书局，1959 年版。

③ 《新唐书》卷二十五·志第五·礼仪五，中华书局，1975 年版。

④ 《宋史》卷一百三·志第五十六礼六 ，卷一百七十八，志第一百三十一食货上六，中华书局 1977 年版。

武三年定制，京都祭泰厉……祭日，设京城城隍神位于坛上，无祀鬼神等位于坛下东西，羊三，豕三，饭米三石。王国祭国厉，府州祭郡厉，县祭邑厉，皆设坛于城北，一年三祭如京师[①]。”大致阐述了祭厉的来历及祭厉的规制。清袭明制，亦建坛祭厉。

以上说明，祭祀无主的厉鬼，在我国早有传统。

（二）义冢的设置

义冢的设立也有较长的历史，既由官方建收葬无主尸骨，又有漏泽园、丛冢庵等义冢，历朝都有由兵灾、疾病等原因产生的大量骸骨，地方官吏常收殓以葬，可以视之为义冢制度的开端。

《后汉书》曾记载：陈宠为广汉太守，“每阴雨，常有哭声闻于府中……宠闻而疑其故，使吏亲行。还曰：‘世衰乱时，此下多死之者，而骸骨不得葬，傥在于是?’宠怆然矜之，即敕县尽收敛葬之，自是哭声遂绝[②]。”《太平寰宇纪・卷三》载缑氏县有百生墓[③]。当有异相或灾祸时，人们通过收埋骸骨以平息无祀孤魂之怒气。

唐初，高祖、太宗朝皆曾下诏令有司收敛骸骨暴露者，太宗《收埋骸骨诏》曰：“诸有骸骨暴露者，宜令所在官司，收敛埋瘗，称朕意焉。”就连突厥暴骸亦下令收埋：“突厥种落，往逢灾厉，病疫饥馑，殒丧者多。暴骸中野，前后相属……宜令所司，于大业长城以南北分道收埋[④]。”官方的收埋行为，后来成为恤政制度的重要内容之一。宋元明时，福建的方志可见各郡县多有设置义冢。

① 《明史》卷五十志第二十六礼四，中华书局，1974年版。

② 《后汉书・陈宠列传》卷四六，中华书局，1965年版。

③ 段亚涛初校，郭声波初审：《太平寰宇纪》，卷三・河南道五・西京三，光绪八年金陵书局底本。

④ 《全唐文》太宗朝，人民出版社，1983年版。

（三）闽南鬼魂崇拜的传统

福建历称“好巫尚鬼”，闽南更为注重，“尚滥祀，超越佛道二教[1]”。以宋以后资料为例。

宋代，闽南的崇鬼达到了泛滥的地步，“（陈）淳窃以为南人好尚淫祀，而此邦尤甚。自城邑至村庐，庐淫鬼之有名号者至不一，而所以为庙宇者，亦何啻数百所[2]。”

明清时期，“俗尚淫祀，多以他邦非鬼立庙，互作淫戏。”“所祀它乡之鬼，更多是为它乡非鬼立庙，会首林立，盛于南宋[3]。”

闽南官方一样有厉坛、义冢、漏泽园制度。这与后来的“万善同归”、“大众爷”等有应公形态祠庙有相似之处。闽南与台湾两地民众“好巫尚鬼”的传统亦为鬼魂崇拜的兴盛，提供了土壤。

官方的做法，促进了闽南民间祭祀无祀孤魂、收埋骸骨习俗的形成。民间遇有枯骨尸骸，亦会主动收埋，如祈求事件有灵，则建祠祭祀。东山甚至收集海上漂流的死者，包括动物尸骨，集中埋葬，称之为海兄弟。

此外，建庙常年祭祀孤魂野鬼亡灵。在漳州平和县山格镇的慈惠宫、山城镇区的碧阳宫、船场镇梧宅的石门岩寺，均供奉着大众爷公、众公妈。在东山县则祭祀万福公、孤魂公、众公妈、魏先生等无名孤魂，进行四时祭祀。

闽南的农历七月，有做普度、过中元、开巷口、关巷口、放水灯等习俗，以广祀孤魂野鬼，各家另有私祭，搭台演戏，大宴宾客，竞相炫耀。每日各乡社、街巷轮流宴请。

农历七月十五日，俗称“七月半”，民间以中元节为“鬼节”，此为地官诞辰之日。闽南更是将其延伸扩展为“鬼月”，在七月初一至三十日之间有“普度”之风俗。民众都要备办牲酒肴馔，祭祀祖先。各乡社街巷按各自传统日作“盂兰盆会”，延僧念经，谓之“普度”。以热闹的法事和仪式救赎亡灵。各村境以丰盛的祭品轮流祭祀那些流离失所的孤魂野鬼，欲使之饱食而

① 《芗城区志》卷三十八·民俗，方志出版社，1999年版。

② 光绪《漳州府志》卷三十八。

③ 《芗城区志》卷三十八·民俗．福州：方志出版社，1999年版。

不危害人间。施孤主要是施济阴间野鬼，让其早日超度转胎投生。

在宋代，闽南的普度祭祀按朝廷“法斋行事，毋得出谒，宴饮、贾贩及诸烦扰”的规定进行，至清代，奢靡渐成风俗，结怨械斗酗酒闹事，聚众赌博等陋习出现，尤其是清道光之后，已成社会陋俗。闽南民间的“鬼节”实际上是佛教的盂兰盆会，道教的中元节及民间信仰的普度，超度野鬼孤魂的习惯都集中在农历七月。

（四）台湾的鬼魂崇拜

在台湾，祭祀孤魂野鬼一般是祭祀大众爷公或有应公的形式，而王爷的开基庙多是大陆漂来的王船或从大陆分灵而来的香火。对于无后代的先人崇拜，另一种方式是民间施孤，以体现人类的一种怜悯爱心。所以，闽南民间崇鬼的习俗，实际上是先民从大陆渡海来台湾，披荆斩棘，历尽艰辛历程的反映，因而家乡的本土鬼神观念、信仰便很容易在台湾得以承续。

台湾明郑时的厉坛、义冢之设不详。清统一后，沿袭明制，台地各属府、厅、县大多设有厉坛，据《台湾通史》记载，台湾府、台南府、台北府、澎湖厅、嘉义县、凤山县、恒春县、彰化县、云林县，新竹县俱设有厉坛。官方依礼制定期祭祀境内无主、乏祀的孤魂、厉鬼。澎湖为先民渡海来台的中转地，较早就建有无祀祠①。

清人胡建伟《澎湖纪略》载有澎湖的两处无祀祠。其云：“无祀祠者……其礼始自明洪武三年颁其祭于天下，凡郡县立坛于北郊……今澎湖易坛以庙，虽非古制，而祭孤之礼，意则一也。”澎湖的易坛为庙，与漳州的做法是一样的，厉坛与庙祠有时是合一的。

清代台湾，渡海来台的流亡孤客、迁民、游宦、商贾，客死者甚多，其葬身、停棺之所，运柩回籍皆成问题。人们往往想把棺木或骨灰运回原籍地安葬，但又由于种种原因，大多无法立刻上船，因而大多先停寓在官设的厉坛里。故清代的台湾厉坛，除了祭祀无祀鬼神的功能之外，又兼具寄棺之用。随着时间的累积，厉坛里便堆累了由于各种原因而无人认领的棺骸及骨灰罐，于是官府一起收集，在厉坛附近埋葬，遇有无主枯骨及贫困无葬之地者，也会加以收埋。

---

① 连横：《台湾通史》卷十、卷一，广西人民出版社，2005年版，第131—140页。

清朝早期，台湾即有官设或官民合设之义冢。旧志可考者，约有100多处。《台湾近代史》将同善堂、积善堂、厉坛、大众庙、万善同归、有应公等皆列入义冢之属，说明了有应公一类庙宇在与厉坛、义冢制度之间的密切关系①。

“普度”之俗由闽南人传布到台湾，在台湾大行其道。“抢孤”、“放水灯”等习俗亦传到台湾，在台地与各种民俗活动相结合，形成了与闽南和漳州基本相同的“鬼月”祭祀文化。移民崇信鬼魂的传统，官方的厉坛、义冢制度，再加上历史上由于各种原因产生的众多无主骸骨，造成鬼魂崇拜在台地的兴盛。

四、台湾的有应公与大众爷源于漳州

王爷的来源较为清楚，多是闽南漂来的王船或从闽南分灵而来的香火。由于两岸隔离了一段时间，台湾学者对大陆的了解不可能十分周全，因而误认为有应公和大众爷是台湾创造出的新神明。如，戴文锋先生指出“清代之无祀祠并未出现有应公，其词之产生在日治时代以后②”。影响到大陆一些非闽南籍学者也引用了类似的观点。闽台两地区均有学者将有应公与开台圣王等神祇归为台湾的本土信仰。李志鸿在《移民、寺庙和民间信仰——以寺庙为中心看闽人移民的传统民间信仰》一文中，也称“闽人移民在迁入地也开始创造本土神明，比如，台湾汉民对开台圣王郑成功及有应公的崇拜③”。林国平亦称：“在台湾影响最大的20种主神，除了三山国王从广东传入，开台圣王、有应公、义民爷为台湾土生土长的神灵外，其余的均是随移民从福建传入台湾④。”

其实，只要在闽南田野走一趟，就可发现到处都是有应公和大众爷的小祠，部分年代很早。笔者曾在漳州芗城的元光路附近和龙海的石码周边，调

---

① 简荣聪：《台湾近代史》（宗教篇），台湾省文献委员会编印，1995年版。

② 戴文锋：《台湾民间有应公信仰考实》，载《台湾风物》46：4（1996），第65页。陈小冲：《台湾民间信仰》，鹭江出版社，1993年版，第162—170页。

③ 李志鸿：《移民、寺庙和民间信仰——以寺庙为中心看闽人移民的传统民间信仰》，载《现代企业教育》2007年第四期，第176页。

④ 林国平：《闽台民间信仰与两岸关系互动》，载《江西师范大学院报》2004年第七期，第8页。

查了10间有应公庙宇，其面积多在10～30平方米之间，最大的一间有120平方米（龙海榜山城内有应公庙），年代最早在明末清初的南明定武十七年（公元1662年）。漳州几家大众爷庙年代都很早，南靖的石门岩主祀大众爷，开始于唐长庆二年（公元822年）奉祀的万善神；平和慈惠宫建于嘉靖四十三年（公元1564年），祭祀与倭寇作战牺牲的官兵。

所以，戴文锋先生认为“有应公”名称的产生在日本占领台湾以后，是对闽南一带早已存在有应公与大众爷崇拜不了解，因为其神格本较低，官方一般视为“淫祀”，极少记载。然而，闽南肯定是有应公和大众爷的发源地，特别是漳州，有应公和大众爷和大众爷的庙宇发源很早，到处可见。

闽南与台湾有应公庙宇多为荒野小庙，涉及的类型都包括了有应公、大众爷、水流公几类。有的主神为一石碑，有的则有神像。乡民祭祀时都用银色纸，并以“五味碗”供奉。闽南的有应公庙大多与埋葬枯骨的坟墓相连或接近，或者于改建时移走。台湾也是一样的情况，在有应公类庙宇内或后方，大多有收埋骸骨的坟墓、金斗。在神的演化上，台湾出现了一些变化，创造出几个具有本土特色的名称，如玛璘公、校地爷、红旗公、白旗公等。但有应公是否可以称之为“土俗神”呢?

我们可以从有应公在台湾传播的三种情况进行分析：

其一是只有碑刻而无主神的。庙宇中只祀有“有应公妈”、“万善同归”的石刻，此类形态与闽南地区的有应公妈庙宇是一致的，如建于清道光二十六年（公元1846年）埋葬众公妈的漳州东山镇南万福公（现为铜陵翠云宫），就有“大伙灵魂万善存正义，众生拱拜诚敬感神威”的石匾，与台湾的“万善同归”含义一致。其年代早于戴文锋先生认为的日本占领台湾的1895年。所以，闽南和台湾虽然所埋葬的骸骨有别，但是祭拜的抽象化神格形态却是无异的；另外塑有神像（多为男女老者形象，具体略有差异），但仍称之为“有应公”、“万善公”等的，也应视为闽南与台湾同一的神祇，而不能称之为台湾的土俗神。

其二是大众爷一类神祇。闽南地区的大众爷信仰已有相当长的时间，南靖县梧宅石门岩的大众爷已有上千年历史，而大众爷信仰传到台湾则是在明清时期，宜兰县五结乡大众爷庙的大众爷就有从唐山渡海而来的传说。此外，平和县山格镇慈惠宫大众爷传为抗倭名将戚继光及将士，民众称之为

"大将爷"或"大众爷"；而台湾许多大众爷庙中的大众爷也都是有名有姓的将军，以其威镇孤魂而为大众爷，如台南四草大众庙由跳海自杀的武将陈友坐镇，居民称之为"镇海大元帅"，或"大众爷"，"大将爷"。故此种以有关历史人物尊为大众爷情况并非只在台湾发生，早在漳州便已有这种事例，并不是台湾的特有现象。因此，大众爷不能称之为台湾的"土俗神"。

其三是"玛璘公"、"红旗公"、"白旗公"等，这些神祇则是在台湾开发过程中，本土居民所创造的名称，然而性质是一样的，是收葬无主遗骸的传统，只是名称不同，属于有应公一类的崇拜。所以台湾学者把"玛璘公"等归在有应公崇拜①。

有应公、大众爷这类神明，明朝之前就在漳州广泛存在。在本土其神格已非常定型，虽然没有形成统一的信仰标志或象征（譬如还没有统一的神像），这与有应公的庞杂有关。随着移民潮的向外传播，在原籍地与迁入地继续其神格化过程，故产生了信仰上的一些地方特色。但其在闽南与台湾两地之间的有应公与大众爷的同一性却是显著的，此类信仰依旧留有深刻的原乡烙印。

有应公信仰与大众爷崇拜，是闽南与台湾民间信仰中一种独特的对无祀孤魂野鬼的崇拜。并且有关这方面神明庙宇的创建，年代最早的都见于闽南。

五、闽南与台湾鬼魂崇拜的评价与走向

（一）闽南与台湾鬼魂崇拜的评价

林富士曾提到，台湾的一些学者，如日据时的曾景来认为，有应公崇拜是一种迷信行为，是台湾文化发展的一大障碍。这种信仰是毫无用处的"迷信"，更是必须予以铲除的"邪信"。部分学者也有类似的说法。以为鬼魂崇拜是"陋习"、"迷信"、"邪信"、"自私自利"、"媚鬼求福"的行为和心态②。

当然，鬼魂崇拜有畏惧厉鬼作祟降祸于人而祭祀的心理，而为求不义之

① 游谦、施芳珑：《宜兰县民间信仰》，宜兰县史编撰委员会，2003年版，第222页。

② 林富士：《孤魂与鬼雄的世界——北台湾的厉鬼信仰》，台北县立文化中心出版，1995年版，第23—24页。

财，或乞求天降横财的赌徒心态，以及求之以损人利己之事等也应受到谴责。但这并不是有应公信仰和鬼魂崇拜的独有特质，民间信仰的其他一些方面，民众的祭拜也是极富有功利性的，其主要目的都是为了祈福禳灾。通过对鬼神的祭拜祈祷，以求在虚幻的宗教世界里得到某种精神上的补偿。其实，功利性是民间信仰的重要特点之一，只要不以损坏他人的利益为条件也是正常的。

埋葬、奉祀无主的骸骨，除了惧怕以外，更多的是对那些无所归依的孤魂野鬼的怜悯与同情，是出于一种“道义”，体现的是人文的关怀，是千百年来儒家“仁”的教化的一种体现，反映了中华文化重伦理的特质。

闽南与台湾的鬼魂崇拜在社会影响方面，有许多可取之处。其一，在公益性方面，许多庙宇都设有公益性的赈灾、医疗、文化机构，为社会慈善出力，借神之力以感化人群，救助老弱。其二，王爷、有应公信仰还具有融合族群的功能。不同族群的人因为先人归于一穴，必须共同祭祀同一批鬼魂，无论原本是如何疏远，在迎神赛会的场合，也不得不有所遭逢，有所往来，久而久之，慢慢形成一个命运共同体，从而也消融了族群之间的矛盾，达到和谐共生。其三，王爷、有应公信仰的普遍，民间信仰的兴盛，使得许多传统文化、民间艺术得以延续。某种意义说，闽南与台湾鬼魂崇拜为保存民族文化、传统文化提供了土壤。

（二）闽南与台湾鬼魂崇拜的未来走向

闽南与台湾的鬼魂崇拜，在未来很长一段时间内将继续流传于闽南与台湾民众间，但随着城市化、民众知识水平的提高，此类信仰也将慢慢淡化。

余光弘在《三十年来台湾地区宗教变迁趋势》里提到：“王爷庙呈现大致先盛后衰的趋势。在日据时代及光复初期，王爷庙有很大的发展，近二十余年来，虽然在数量上仍在增长，但在寺庙数的比例却有下降的情形①。”据笔者调查，闽南王爷庙的数量，近年来增加不大，但原有的王爷庙却人潮沸腾，如泉州的富美宫、漳州西街王爷庙、官园习益宫等。

田头田尾的小型有应公和大众爷庙，随着城市建设和相关变迁大量地减

---

① 瞿海源、章英华主编：《台湾社会与文化变迁》，中央研究院民族学研究所，1986年版，659页。

少。比方，原在漳州芗城西街的数平方公里的地面，原来至少有10多个2—4平方米的有应公或大众爷的小庙，也有几个为石头、砖块垒起。然而，近年来随着闽南各地城区的扩大，现在这些小庙已被新的建筑群所湮没。

然而，一些较大规模的有应公与大众爷庙，特别是大众爷庙，却发展迅猛，香火旺盛。如漳州新浦路的有应公庙，江滨路边上的坂仔顶有应公妈庙，处于闹市区，香火旺盛，甚至居民多不知受祭者为何神明，其厉鬼神格已渐渐淡化。平和县山格镇的慈惠宫、船场镇梧宅的石门岩寺，均供奉着大众爷公。平和的慈惠宫影响着周边，其分灵庙每年都前来上香，成为区域信仰中心。

所以，有应公类神祇仍属于“变动”、“发展”中的神祇，有一部分会将逐渐转变其“厉鬼”、“孤魂野鬼”的角色，成为具有更高神格的地方神。此外，在有应公神像旁配祀范、谢二将军也说明了其神格的提高。在台湾，由于官方的封敕，而使有应公神格提高的情况，时有发生。如宜兰县南方澳的城隍庙就是由大众爷庙升格而成的。20世纪90年代，大众爷庙由于年久失修，漏水严重，地方有心人士便重新修建。1994年新庙落成，宜兰县当局将大众爷庙宇正式称为城隍庙①。有应公庙宇由于搬迁等其他原因也将使墓祠脱离，有的庙宇在规模上或由于信徒祈求灵验将有扩大的趋势，而有的有应公庙宇则成为了地方的信仰中心②。

据1935年增田福太郎对全台湾寺庙主神的统计，有应公庙宇共有88处，在全台神明排名中居第10位。大众爷庙宇也有47处，排名17位，水流公较少。若以一类计，则可排到第七位，况且有应公类庙宇大多为偏野小祠，难免有所疏漏。台湾有学者认为，有应公庙宇在数量上仅次于土地公庙宇，说明了有应公信仰在台湾的兴盛。

据此推测，在可以预见的时期内，闽南与台湾鬼魂崇拜状况，神格较高的，庙宇较大的，将会进一步发展。而那些神格低的、田头田尾的小庙，随

① 廖大庆：《南方澳的宗教概况》，载《宜兰县文献杂志》第65期，宜兰县政府文化局2003年，第85页。

② 本节部分参考：林富士《孤魂与鬼雄的世界——北台湾的厉鬼信仰》，台北县立文化中心1995年版；吴晓民：《漳台有应公信仰初探》手稿；林美容《鬼的民俗学》，台湾文艺新生版1994年版。

着建设和产业的变化而大量消失。

第二节　闽南与台湾部分有应公、大众爷、义民神庙源流

一、闽南与台湾的有应公妈庙宇

（一）东山铜陵演武亭万福公

演武厅坐落于东山县铜陵镇演武亭边，今绳缆一厂内。围墙隔界的二中操场为清代铜山（东山）武营演兵操练之地，故名演武亭。演武亭万福公相传为明初江夏侯周德兴在铜山建城时所倡建的四大“万福公”之一，又称“镇西万福公”、“乡厉坛”、“无祀坛”。最初，主要收葬无嗣或无主尸骸，筑祠坛供祭亡灵，并立有“万福公”碑铭。

清末民初，演武亭万福公墓葬方圆 18 亩，几乎覆盖演武亭四面的上坑整片山野。现仅存 500 平方米左右，除集葬“金井”收埋难以计数的骨骸外，尚有 130 余通墓碑刻有姓名，其中 2 通镌刻“八名同归”、“十九人遗失姓名”。演武亭万福公内现有“万福公”、“贵人公”二祠。

“万福公”祠分设“万福公”和“孤魂公”灵坛。“万福公”主要奉祀清代戍台班兵亡灵及历代无主亡灵。“孤魂公”则专祀无嗣无后的野鬼孤魂，尤其是无名号可认、无塔园归葬的出家人。清初“迁界”，北极殿（大庙头）住持老和尚宁死不屈，惨遭屠戮，身首分离；至康熙十九年（公元 1680 年）“复界”，其头颅犹在庙中，百姓将其入殓“金斗”置于该庙前殿侧室，设坛崇祀，称“孤魂主”。“文革”时，“金斗”移葬“孤魂公”灵坛，并附设灵位供祭。“贵人公”祠奉祀郑成功收复台湾时运送军粮驰援而不幸殉难的东山一海商船主及船上众弟兄亡灵。南明永历十五年（公元 1661 年）郑成功率师东征，因荷军船坚炮利，久攻不下，铜山运送军粮补给驰援。郑军将士视粮船如救星，激动地称“贵人来了”。台湾收复后，这条粮船没有回到东山，人们发现他们漂尸海上，便将尸骨运返东山，于万福公内建祠奉祀，称

“贵人公”①。

（二）东山铜陵翠云宫

翠云宫位于铜陵镇南门湾西侧原沙坎顶。原为镇南万福公，清道光二十六年（公元1846年），铜陵关帝庙住持僧广益（净波）和尚募捐在南门下寮沙滩大众祠址扩建翠云宫。宫庙原为三进，坐北朝南，面向台湾海峡；有门楼、大院及厢廊、大殿、后殿等。大殿嵌青石“义勇祠”匾额。祠中置有巨大祀案，供奉众多清代戍台东山班兵亡灵神主。东山民众另于南门湾海边翠云宫内修置“义勇祠”祭奠亡魂。翠云宫内并置“孤魂公”、“众公妈”和“魏先生”等灵坛；左廊置“四命妈”祠。另辟后殿奉祀地藏王菩萨，超度亡灵。

1940年，东山县政府“破除迷信”，寺庙皆废，翠云宫神像灵牌悉毁。1963年修建南门海堤，宫祠几乎全部拆除，仅余后殿一截。现修葺成一小祠，正墙嵌“义勇祠”旧石匾，复供“三宝佛”、“众公妈”和“魏先生”，置有小尊塑像。1995年，翠云宫重兴，迁建现址。由福陵庵、地藏王殿、万福公、万灵祠，集“众公妈”、“四命妈”和“魏先生”为一处，还有粤女祠等组合而成，各祠殿均为小开间，总占地面积约800平方米，建筑面积300平方米左右，坐北朝南，各祠殿之前统为长廊式拜庭，庭前拓有大埕。

万福公，处于地藏王殿之左。此处原为露天大墓，民国年间由东安善堂堂长、乡绅何照吾主持重修，筑三圹“金井”，殓葬历代无主、无嗣尸骨。现成一殿，祠内嵌黑石匾额“万福公”；黑石匾联：“万德显灵诚意拜，福应感化求必从。”祠中右侧另置一龛，祀“孤魂公”。东山民众将那些出家或夭死的无嗣无后骨骸收埋设祭，称“孤魂公”。拜庭中一对梭形石柱联：“大伙灵魂万善存正义，众生拱拜诚敬感神威。”

万灵祠处于地藏王殿之右，祠中置三龛，中龛为“众公妈”，供两尊男女老者彩塑。旧时东山人或因征戍离乡，或因谋生外徙，或因天灾人祸，致家中无人供祭的祖宗神主灵牌寄于此，接受百姓香火供祭，成为“众公妈”。左龛为“魏先生”，供一古代书生坐像。相传清代翠云宫前海边漂来一方无名无籍、只写姓魏的无主灵牌，任风吹潮打、日久月深总不离开。一次台风

① 周跃红：《漳州与台湾同根神祇》，广角镜出版有限公司，2004年版，304—306页。

过境后犹在原处，民众甚感奇异，遂焚香叩问，始知其意欲投灵于此，便将其请入翠云宫奉祀。因其阴灵显验，有求必应，民众崇敬，尊称“魏先生”。右龛“四命妈”，塑一妇女怀抱两儿一女坐像。清雍正四年（公元1726年），东山班兵李斌出戍台湾，托好友陈永春照顾家事。陈永春每于月中送米炭济助，邻人造谣诽谤此中必有奸情，李妻吴氏碧娘为洗清不白，遂谢绝济助，生计陷入困境，被迫将亲生二男一女先行投入自家井中，继焚衣从容自坠。此案震撼府县，惊动朝廷。翌年九月颁诏，“每年每季加赠俸银”以供戍台班兵家属。东山兵民仰念吴氏贞烈，于道光二十六年（公元1847年）在翠云宫左廊建祠奉祀，称“四命妈”①。

（三）芗城坂仔顶有应公妈庙

坂仔顶有应公妈庙地处芗城诗浦，紧靠于九龙江南岸，过去诗浦叫“浮州”。坂仔顶有应公妈庙建于浮州的九龙江岸边的大堤上，原来庙很小，只有约四平方米。庙虽小，但浮州大堤扼守着周边18个半村子的通道，所以，这18个半的村民均要祭拜坂仔顶有应公妈。

诗浦位于九龙江中下游交结处，地极低湿，作为中下游的交通枢纽，南来北往的过客偶有意外身故者，诗浦村总为安葬。1984年坂仔顶有应公妈庙迁址，庙址之下的大堤中，上上下下至少挖出六层的棺木，庙里还有一些“金斗”，可见坂仔顶有应公妈庙收拾了众多的遗骸。庙宇的历史悠久，但建庙的年代不详。据村里的一位90岁老人说，其祖父讲述，在随太平军到漳州时，这个庙已存在。

庙坐东北望西南，建于河堤的路口上。面对大江，江风萧瑟，据称人们路过该庙，总觉得有人在里头嘻闹，还有鸡犬之声。村民以为有应公妈极灵验，路过者如不表示尊敬，在路上或回家总会不舒服。所以，过路人必礼敬此庙。当地人认为有应公妈住的是“阴庙”，不能随便得罪。种种情况都说明了村民对鬼魂崇拜的畏惧心理。而且，坂仔顶有应公妈历来有求必应，无论是人或牲畜，均可平安无事，添丁发财。因此，坂仔顶有应公妈庙无论平时或节庆，均香火兴旺。

1984年迁址后，有应公妈庙扩大为近30平方米，庙公请示神明，为雕

① 周跃红：《漳州与台湾同根神祇》，广角镜出版有限公司，2004年版，307—309页。

塑像，并建了个戏台，占地数百平方米。

（四）厦门曾厝垵圣妈宫

圣妈宫位于曾厝垵环岛路南海边，与公路北边的福海宫斜对过。有朝南面海墓碑上镌“漂客合茔”，并设东向小阴庙供奉“圣妈”，始建年代不详。香火称盛，香客多为厦门港及九龙江口一带渔民船户。民间或误同讹称“天上圣（siǎ^{5}）母”妈祖，近来新立“天上圣（siǎ^{5}）妈”牌坊。

（五）台北许英妈庙

许英妈庙位于台北士林区社子岛，延平北路 94 弄口，是溪洲底的有应公庙之一。主祀许英妈，配祀妈祖、关公、观世音佛像等。

传说过去时常有人半夜在这个地方听到女人的哭声，其声音哀怨凄冷，当地居民心中非常惧怕，于是有人提议建庙祭拜，避免受到侵扰，之后由地方人士出面集资，在原地建庙祭祀，从此就不再听到哭声了。

因为是女性的哭声，祭祝时便尊称此有应妈为“苦音妈”。为了发音更雅，改成“许英妈”，取的是闽南话的谐音。这是把孤魂野鬼的崇拜，提升为有名有姓的人格神崇拜，还雕塑神像于庙内供人膜拜。

许英妈庙前后盖了四次，庙成为如今规模是在 1981 年农历四月十六日。起先只是在现在许英妈庙边立个石碑，庙很小，连进去插置香火都得低头；第二次修建，进庙时还要低头。人们都认为许英妈庙相当灵验，有求必应，信众、参拜者也渐渐多了起来。并且自从建造了“许英妈庙”，此地也就不再有水患，当地居民的安全和环境少一份威胁，人们认为这是许英妈显灵。居民为了感念许英妈的保佑，商定了每年农历四月一日为许英妈举办庆典活动，全庄人都会来祭拜，除了准备牲礼供品，诚心膜拜，还会连续演 14 天的酬神戏，娱神叩恩①。

二、闽南与台湾的大众爷宫庙

（一）平和山格慈惠宫

慈惠宫原名马溪岩，位于平和县山格镇山格村米市街东端，占地面积

---

① 资料来源：东吴大学社会研究所石计生：《社子岛宗教信仰的历史空间发展》，2006 年 2 月 11 日。

3800余平方米，建筑面积近400平方米。相传慈惠宫始建于南宋，清光绪年间改称慈惠宫。正中神龛供奉南海观世音、弥勒佛及十八罗汉，两侧供奉大众爷神像。当地有一套“扛猪公”、“掷孤米”、“开龛口”等特殊的民俗文化。

当地风俗，每年农历七月十六始，南靖船场、山城、汤坑一带民众均赴平和山格慈惠宫祭祀。流经山格的九龙江西溪支流马溪，便有船户驾船逆水驶来停靠，多达两三千人，供奉整只猪或猪头，来庙里进香，戒斋四天，七月十九日开斋。此俗沿袭至今。山格、小溪一带的百姓组织“猪公会”，各会公养一头大公猪。农历七月十八、十九两天分两队宰猪羊，每队各有大猪七八头，并用米糕或香片塑捏模拟的龟尾在方桌上，随同猪羊，杂以清唱，抬迎至庙朝拜。

山格的这种做法，与漳州民间做“普度”，开巷口、关巷口、放水灯等，以广祀孤魂野鬼的习俗相一致。“里社公祭，各家另有私祭”。农历七月十五日，古称“中元”，俗称“七月半”，是个传统的节日。民众都要牲酒肴撰，祭祀祖先。或设食施舍无祀之鬼. 谓之“普度”。搭台演戏，大宴宾客。

山格大众爷雕像乌面长须，着官服，戴有双翎的冠帽，应是武大众爷。由于侧祀阵亡将士神龛及牌位，大众爷神龛之下的空间，是一些肢体残缺的雕像，作为客死他乡、残肢无主野鬼的形象，当地百姓予以供奉。

近年来，有关山格慈惠宫供奉的大众爷主神是戚继光的说法，所据材料：《平和县志·威功》记载“甲子年（明嘉靖四十三年，公元1564年）二月，倭寇入侵汤坑等处，总兵戚继光攻之，斩首百级，官兵死者八十余人”。

就此记载，山格大众爷可能与戚继光阵亡部下有关。现在或说祭拜的是戚继光本人，可是，戚继光并没在此次战役中阵亡，这种说法有些牵强。但民间一般喜欢把神明的等级拔高，因此，把山格的大众爷说成是戚继光，应是这种现象的体现。

（二）同安西柯朝天宫

俗谚云：“行船讨海三分命。”闽南沿海沿江渔村船民在长期水上生产作业中，逐渐形成遇见海上水面漂尸或捞到的骨骸必须带上岸收埋的淳朴习俗。石狮祥芝渔村海边的“万阴宫”（又称“万阴祠”），集中存放捞到的海难者骨骸，并立“东海厉坛”神位祭祀供奉，择日安葬，称好兄弟。① 泉州浔埔宁海庙大普公乃三具海上无名漂尸。金门烈屿乡（小金门）青岐村仙姑庙，奉祀水流漂尸王玉兰，有求必应。②

同安西柯镇浦头村朝天宫奉祀朱、叶二王爷。宫前有水殇男女十八人公墓，俗称“十八墓公”。墓碑铭文：“康熙戊寅年（公元 1698 年）四月廿八夜，水灾暴作，人民被溺，死者无数。闻之伤心，因募舟工，捞尸埋葬。幸地主施地一穴，内葬男八人居左，女十人居右。”当地村民通称水殇“十八墓公”为王爷。

（三）晋江围头二十九阴公

清光绪年间，围头吉良船主的 29 名船员驾驶对拖船出海捕捞，在海上发现一艘已被洗劫一空的商船。渔民不明真相，上船观看，并将一些粗重的工具搬上渔船。恰巧厦门海关巡船经过，不问青红皂白，将渔民当做海盗抓走。结果这 29 名无辜渔民成了厦门道台衙门的冤鬼。渔民含冤申诉无门，于是在围头村东南临海的龙亭东坪修建三小间宫祠（阴庙），纪念这 29 个屈死的冤魂，名“二十九阴公”③。

（四）台北八里大众爷庙

据《台湾道庙志》记载，大众爷庙创建于嘉庆六年（公元 1796 年）四月六日，这时的八里坌正好是港口因淤积而功能逐渐丧失，是繁华转为衰败的开始，人们感到世事的艰难，建立了大众爷庙。同一年的夏天，八里坌发生罕见的大水灾，冲毁城墙，有不少罹难的人，因无人收埋而成为孤魂，大众庙也收容了这些野鬼。

据载，八里坌较明确的闽南垦殖移民年代在清初至清中期，因为八里坌正式开港与大陆通商的关系，到北部台湾开垦的大量移民，几乎都是从八里渡船头上岸。八里的先民们都会请妈祖或王爷等神像随行，并建庙奉祀，但八里坌最主要的信仰中心，是以鬼神信仰为主的“大众爷庙”。

由于八里渡船头自古是大陆移民来北台湾的落脚地之一，由于环境的适

① 参见李国宏等著：《远古的家园》，海潮摄影艺术出版社，2005 年版，第 71、77 页。

② 参见林丽宽、杨天厚：《金门的民间庆典》，台原出版社，1993 年版，第 40—41 页；杨天厚、林丽宽：《金门寺庙巡礼》，稻田出版有限公司，1998 年版，第 259—261 页。

③ 参见吴秋滨主编：《围头村志》，围头村志编纂委员会 2005 年印行，第 77 页。

应等问题，不少移民客死异乡，人们将这些“孤魂遗骸”收殓同穴，或予祭祀，感觉灵验，渐渐成为渡船头地方信仰中心。小至孩童受惊的小事，大至事业与社区烦事等等疑难杂症，都能通过大众爷解决，所以信众多于其他神明。

一般以为“武大众爷”是因械斗流血死亡的无主孤魂。根据史料记载，八里坌也有多次族群械斗，所以这里的大众爷应属于“武大众爷”①。

八里大众爷庙的主要祭祀活动：

1. 五月初一的诞辰日。民间认为，死后的人灵魂合在一起才产生大众爷，于是就定统一的日子为大众爷的诞辰，八里也遵循这传统。祭祀活动是由顶角、中角及下角三个角头轮流主办。大众爷圣诞的夜间（子时），乡民会打扮成三十六官将，由七爷八爷带领出巡，到全乡“暗访”，将魔鬼驱逐出境，确保地方平安。第二天还会有各角头及其他阵头，做传统艺术表演，如舞龙舞狮及八家将等等。

2. 农历七月普度时，大众爷庙会在七月初一开地狱鬼门，在渡船头放水灯，邀请孤魂野鬼至庙内赴宴。

“大众爷庙”自清嘉庆年间建庙以来，历经几次修建，庙貌并没有多大的改变。大殿内保留有道光丁酉年（公元 1837 年）和光绪丙戌年（公元 1886 年）树立的石柱；拜殿前石柱是光绪丙戌年大龙峒献立；门楼的门柱亦是同一年建立。可见这些年大众爷庙都有大的增建。因建筑物和部分植物遭受白蚁严重侵毁，于是庙方管理委员会于 2006 年 6 月重建庙宇②。

三、闽南与台湾的五显大帝崇拜

五通神又称五显大帝、“五圣”，民间传说为古时妖邪为祟之神。本是兄弟五人，唐末已有香火，庙号“五通”，又称“五显公”、“五福大帝”，也称“五方瘟神”，是民间的逐疫之神。相传张元伯、钟士秀、刘元达、史文业和赵公明等五人夜游，见瘟鬼于井中施放疫毒，乃以身投井留书示警而死，后

① 部分资料来自“台北旅游网”，http：//www．5657．com．tw。

② 苏秋金：《沿古重建八里大众爷庙》，参见“（台湾）乡土教育教学资料网”，http：//www．town－all．org．tw/old。

人感念其舍身救人而建庙崇祀，玉帝封张为显灵公，钟为应灵公，刘为宣灵公（也称刘主公），史为扬灵公，赵为振灵公，合称“五灵公”，专为阳界驱瘟除疫，保境安民，最早为福州一带乡土保护神。是为“五瘟”由来，后来逐渐影响到闽南，脱胎为“池王爷”典故。瘟神“五福大帝”遂与闽南王爷“五府千岁”混同。

（一）闽南的五通宫

闽南民间五通、五显混称。泉州西街有五显灵官专庙。同安县五显镇有同镇庙，始建于唐朝，原名“旨封亭”，朱熹任主簿时改名“同镇庙”，供奉“五显大帝”五尊神像，称一、二、三、四、五大帝。同安县城东门（朝天门）有同山五显庙，厦门岛东北部有五通社。

1. 诏安霞葛五通宫

五通宫在诏安县霞葛镇五通村，始建于明永乐元年（公元1403年），依山面水，坐北朝南，位于诏安县霞葛镇五通村鸡笼山麓的东溪河畔。据称祖籍五通村的“泉州参军”黄文通提议建庙宇供奉“保护神”，霞葛黄氏宗亲热烈响应，建成五通宫。

建筑三进五开间，面阔16.8米，进深17.5米，面积305.2平方米。由门楼、门厅、庭院连两庑、拜殿、大殿以及东西厢房配室组成，为单檐歇山式构筑。由门厅至大殿并列着十对一斗三升式的棱形石柱，柱础呈鼓镜形。正拱、辅拱、檐庑等俱雕镂精致。万历二十八年（公元1600年），当地乡绅黄华宇斥资拓建成极具规模的三进式宫观，宫阙建筑进一步完备，包括后花园与宫坪，总面积近4000平方米。

正殿神龛奉祀五尊五显大帝神像，陪祀“宣封定远大将军刘相公神位”和“大明总督调阳黄公之神位”。檐廊悬挂明万历庚申年（公元1620年）黄道周手书“正位居体”匾。拜殿檐廊间有乾隆七年（公元1742年）南澳总兵黄世桓立“有诚有神”匾。

明永历七年（公元1654年），天地会首领万礼奉郑成功之命，到诏安平和山区筹粮，因南陂堡拒交，即在宫内设立指挥部，挥军二万余攻之。彼时，洪门首领黄调阳大力接济粮草，并在附近丰田洋村挖一口独特的“三角井”，供部队饮用。如今，“三角井”保存完好，成了“天地会”的佐证。乾隆年间，闽粤南澳总兵黄世桓挥毫题写了“有诚有神”的横匾，悬挂在中堂栋梁下。还有许多文人墨客陆续在宫内墙上绘制五彩壁画。

五通宫是霞葛五通村和旅台黄氏族人共同奉祀五显大帝的宫观。明末清初，霞葛五通村黄氏渡海赴台，从祖居地五通宫分香。每年农历九月二十八日均举行规模盛大的五通大祭，近年返乡接续香缘。

诏安西北部的客家乡镇，几乎每姓都有供奉五显大帝的庙宇。秀篆各姓庙宇中，保存较好的有焕塘黄姓“开元院”，陈龙王姓“泰山寺”，青龙山李姓“青龙庵”及埔平游姓“文兴堂”，都是各姓氏的五显爷行宫。黄姓开元院的五显爷神像最古老，形象奇特，赤面，三目，披甲执鞭半披帝袍，左手扣腰带，右手持金砖，双脚踏双狮而坐，霸气十足，两边站立千里眼和顺风耳。

2. 云霄西林五通庙

西林五通庙位于火田镇西林村，相传创建于唐以前。清《云霄厅志》载：“建庙必在开屯之先，云霄宫庙唯此最古。”唐初陈政入闽，在此祀西汉名将周亚夫。元至元年间修筑西林城堡时，于庙内增祀五方之神。1984 年重修，面积 700 多平方米，前后两殿，前殿面阔五间，进深三间，菱形石柱，单檐歇山顶，悬匾“五通庙”。

（二）台湾的五通宫

台湾有五通宫、五显宫，或称五龙宫、五行宫、五圣宫，实皆同。台湾各地已有 50 多座五通宫或五显宫，其中影响较大的是彰化县埤脚庄五通宫。

明末清初，霞葛的黄氏乡亲为了谋生，便陆续漂洋过海到台湾。离乡前，他们到五通宫奉请五显大帝的金像和香火，随身携带到彰化县埤脚庄设坛奉祀。

据称最初供奉五显大帝的茅屋每晚常有毫光发出，附近居民时感惊异，认为是五显大帝显圣所致，便商议建立祠堂供奉祀，膜拜者络绎不绝。民国庚午年（公元 1920 年）地方士绅黄添池、黄荣章等认为供奉五显大帝的小庙宇破旧不堪，随即发起“重建宫阙”之举，费时四年，建成台湾第一个“五通宫”。

由于五显大帝神威显赫，埤脚五通宫分灵至彰化、屏东、台北、宜兰、台东、云林、台中等 18 个县市，建了 52 座“五通宫”，或“五显宫”，或“天显宫”，或“五贤宫”。尽管名字各异，但都供奉同一尊神祇“五显大帝”，并同时于每年农历九月二十八日，举行盛大的五显大帝“诞辰大典”。

1978年后，台湾的黄氏宗亲或结伴，或以五通宫理事会组团，返回祖地诏安五通宫朝拜，接续香火。捐资赞助公益事业，是黄氏宗亲对故土祖地情深意长的另一种表达形式，据统计，近十多年来，台湾先后有20余座供奉五显大帝的宫庙组团回到五通宫寻根谒祖，并捐赠人民币近五万元和台币20多万元，协助当地教育事业和文物古迹维修保护工作。当选全国人大常委兼中国农业科学院顾问的黄顺兴先生从台湾回到北京定居后，还拿出自己的稿费，为五通、溪东两村学子设立“奖学金”，深受黄氏宗亲好评①。

四、台湾部分义民庙

义民是不分籍贯的，义民爷本是对于参加保护家乡，以及响应、支持官府相关做法而殉难者的崇拜，后来演变成台湾客家人的专属信仰。连横在《台湾通史》记载了台南、彰化、云林等县的五座义民庙。连横的记载，多以城区为主，并且也不全面。实际上台湾至少12县市分布有义民庙，计30多间。目前位于屏东县竹田乡的忠义祠，以及位于新竹县新埔镇的褒忠义民庙，一南一北，分别为南部六堆客家及北部客家的信仰中心②。

在康熙末年的朱一贵事件，乾隆五十一年（公元1786年）的林爽文事件中，苗栗和新竹客家居民组成义勇军，配合官兵，终于平定朱林事件。事后，台湾知府杨廷理奏请：“凡为义民，古来殉难者，宜建旌义祠以祀之。”伊能嘉矩在《台湾文化志》中，对“义民”有以下定义：“古来在台湾有招募称为义民之特殊乡勇之惯例，一旦有事变之际，挺身从军致力疆场，当地靖难之效赖此者实多。先发生于团练之制，而且在团练之外见其获得相同之效果，乃治匪之政策上成为必备之一机关，夙示鼓励，良有以也③。”

《礼记·祭法》曰：“夫圣王之制祭祀也，法施于民则祀之，以死勤事则祀之，以劳定国则祀之，能御大灾则祀之，能捍大患则祀之。”也就是凡“有功烈于民者”即可列入祀典，千百年来朝廷制定祭祀制度时，完全依据

① 《闽南日报》2008年11月5日C4版，第16版。
② 陈小冲：《台湾民间信仰》，鹭江出版社1993年版，第175页。
③ 伊能嘉矩：《台湾文化志》，台湾省文献会编印，第499页。

这一原则而实施。

所以，义民爷本为类似有应公的性质，义民庙也有因民间械斗而立，可是，在平定朱一贵、林爽文事件的过程中，义民纯由客家人组成，结构明确。台湾义民以死护卫疆土，清朝官方视为忠魂忠烈，乾隆皇帝特颁“褒忠”以显“义民”的功烈。经皇帝敕封、赐额，也就有正祀、正神，得享千秋血食之祭，为“功烈神祇”的较高神格。这过程使因朱林事件而立的客家义民庙，成为这类庙宇的主流。这也是义民爷有别于其他较低神格的鬼魂崇拜的特殊所在。

因此，义民爷有集体合葬，不能辨其属于哪家哪姓，只有神位而无雕像的有应公性质；又因以客家民系的集体行为为主导，义民宫庙的祭祀，已形成客家祭祖、弘扬客家精神的一部分。这是大陆鬼魂崇拜传播至台湾的一种流变。如新竹枋寮义民庙的中元祭，已是桃竹苗地区十五大庄轮流主办，为台湾客家凝聚力的体现；屏东县竹田乡六堆忠义祠的“挑担奉饭敬忠勇”活动，台湾“行政院客家委员会”亦参与。

（一）新竹枋寮义民庙

枋寮义民庙的建立，缘于乾隆五十一年的林爽文事件，客家先民协助官兵作战，官府为殉难的义民而建，于乾隆五十五年（公元 1790 年）完工，乾隆皇帝颁“褒忠”御笔敕旨，故义民庙又名褒忠亭，枋寮义民庙现列为三级古迹。义民庙香火鼎盛，已成为客家台湾精神的组成部分，初期为私人祭祀活动，经道光十五年（公元 1835 年）演变至今，已成为 15 大庄轮值方式，代表 15 个区参与义民爷的中元祭祀。现今褒忠义民庙已逐渐成为台湾北部，甚至是全台客家人的信仰中心，分香遍布世界各地。

农历七月二十日是桃竹苗地区十五大庄轮流主办义民庙中元祭的大日子，这天为客家“义民节”。义民节祭典时间长达三天，从七月十八日深夜开始，由高僧率信徒在庙前向上天奏表，昭告祭典时间、目的及内容，并为大士爷开光点睛。七月十九日上午竖灯篙，下午放水灯。七月二十日上午轮值祭典区开始宰杀“大神猪”，定为某些等级的神猪须运至义民庙前献供，大批信徒和观光客也在此时涌入庙前，家家户户在区祭坛前参加“普度”仪式，摆开筵席招待亲友。祭典活动一直持续至午夜焚烧大士爷像才结束。

（二）屏东竹田忠义祠

忠义祠始建于清康熙六十年（公元1721年），山门面阔三间，单檐硬山式建筑，房顶覆以黄色琉璃瓦，上饰龙飞凤舞花脊。门洞三开，正门横额“忠义祠”，两旁对联“忠昭日月，义壮山河”。大殿古色古香，设有“中华民族列祖列宗神位”，主祀康熙末年殉难的“六堆”义民。

康熙六十年，朱一贵举兵，客民住地大乱。当时高雄、屏东地区有13姓、64庄的客家人，为保卫家乡，相聚于内埔天后宫，自发组织“六队”人马，协助清军作战，不少人阵亡。乾隆帝特颁亲笔“褒忠”敕旨，为永久祭祀殉难义民，在“六队”中的“中队”所在地竹田乡兴建“忠义亭”奉祀。民间为了纪念“六队”义民，为他们建起“六堆”义冢。从此，“六队”也就变为“六堆”。“六堆”中的前堆在麟洛乡、长治乡，后堆在内埔乡，左堆在佳冬乡、新埤乡，右堆在高树乡和高雄县的美浓镇，中心堆在竹田乡，先锋堆在万峦乡。“六队”义军捍卫乡土的斗争，前后共170多年，直到和日军在佳冬乡岁月楼、长治乡火烧庄作最后生死决战为止。在火烧庄战役中，“六队”义民奋起反抗不敌，全部慷慨就义。

日本投降后，台湾客家人重修忠义祠于1958年完工。忠义祠是六堆人的精神象征，客家士绅定每年春秋两季定期举行祭典，让六堆子弟更认识客家精神，弘扬保家卫国的无畏气概。

每年秋祭的“挑担奉饭敬忠勇”活动很有特点，意在为六堆祈福，感谢忠勇公保佑，为向历代六堆先贤烈士祭拜的祭典。“2008六堆嘉年华”系列活动，台湾“行政院客家委员会”参与。来自竹田乡各小区的民众，带着自己准备的祭品，一大早就集合在竹田“国小”的操场，参加千人挑担奉饭活动。六堆忠义祠每年固定的秋祭大典，是六堆子弟向历代六堆先贤烈士，表达追思崇敬之情的活动，乡民以挑担奉饭的方式敬忠勇公，表达身为客家人的一份情感①。

（三）苗栗市义民庙

乾隆五十三年（公元1788年），林爽文事件平定后，义民军回师，雇用牛车沿途遍拾忠骸（都戴有黑布圈为记），原拟合葬于新竹县新埔乡枋寮，

① 部分引自《人民日报（海外版）》，2005年2月26日第7版。

但苗栗义民遗骸经焚香祷告，圣杯决定，移灵合冢葬于现址（苗栗市北苗里义民街一巷三十九号）。不久当地善士倡议建庙，乾隆六十年（公元1795年），士绅捐出建庙基址，并募款建祠，安奉义民神位，建成了义民庙。

嘉庆十九年（公元1814年），在义民祠旁建“褒忠亭”凉亭，时人卢春魁撰“褒忠亭碑文”，文云：

> 所谓“以死勤事，以劳定国”，圣王之制祭祀者此也，龙中择胜地以建亭阁，广大辉煌，幽魂既得宅身之所，捐余资以立埔园，利息昌盛，冥灵亦有供奉之需，岂若吊祭不至，精灵何依耶。故魂则藉亭以栖，灵则因人以祀，人有敬祀之心，彼降康宁之福，唯愿同德同心，顷筐倒箧，以赞襄其事，奉牲奉盛，荐俎豆以各尽其诚，庶几死者无馁而之叹，亭不至有虚立之讥也。斯享传万古，祀典立千秋，夫何不可以拟诸古人之有德善者，功烈勋劳，庆赏声名列于天下欤。是为序①。

此碑文说明了建亭阁的意义：是因“以死勤事，以劳定国”的标准，让“幽魂既得宅身之所”，使幽魂有所栖息，便能够“降康宁之福”。

同治二年（公元1863年）改建，增建左右横屋，并改称为“义民祀”。民国二十四年（公元1935年），中北部地震，庙宇损坏惨重，二十六年（公元1937年）日据时期重建成日式庙宇。1969年为弘扬中华文化，改建重修。1972年举行庆成集福大典，并将“义民祀”正式改名“义民庙”②。

第三节　闽南与台湾王爷神庙源流

一、闽南与台湾王爷信仰概说

王爷本来被认为是瘟神，是闽南与台湾最流行的民间信仰之一。过去，流行病一发生，民间就要“送王船”。把载着王爷的“王船”放入大海，让

① 卢春魁：《褒忠亭碑文》，嘉庆甲戌十九年桂月，苗栗义民庙内碑文。

② 资料部分来自黄尚煃、张民光：《苗栗县境内义民庙设置源起的研究》。

王爷押走瘟神。因此王爷亦被认为有驱瘟之功能。

闽南与台湾的宫庙平常年份也会建王醮、送王船。一般是海边的宫庙以木制船，内地宫庙造纸船。重头戏在首日的“迎王”、第七天的“宴王”和第八天的“送王”，而以“送王”最具特色。“送王”即王船祭，俗称放王船，有两种形式，一是将与真船无异的木制王船放流于海，称“游地河”；二是将竹骨纸船于陆上临水处焚化，称“游天河”。施鸿保《闽杂记》卷七“出海”条记载福州、漳州、厦门等地送王船习俗。民国《同安县志》亦有“近海者造龙舟，名曰王船”的记载。

英国图书馆所藏乾隆己丑年抄录的漳州海澄《送彩科仪》（亦作《送船科仪》），其中所收《送彩（船）歌》，充分反映了漳南沿海民众对瘟神恐惧、无奈、乃至敬而远之的矛盾心理。然而，如今闽南与台湾王爷信仰早已超越消灾禳疫的范畴，还有多重的祈福功能。说明王爷的功能在发展，信仰的保护范围在扩大。

台湾有近千座王爷庙，其实王爷信仰源于闽南，每逢瘟疫流行，为了消灾，就要建王醮，送王船。有些王船漂流到台湾。台岛民众见到大陆漂来的王船，便于当地建庙祭祀膜拜，台湾王爷庙多是这样产生的。

古人认为，瘟疫流行，是瘟神、疫鬼作祟的结果。古代闽南与台湾，瘴气疠疫流行，可是，医疗水平低下，一旦发生瘟疫，人们谈瘟色变，常常舍医药而就鬼神，纷纷到瘟神庙祈禳，或延请巫师到家中跳神驱邪，希望借助超自然的力量来消弭瘟疫，逢凶化吉。

二、闽南与台湾部分王爷神庙

（一）泉州富美宫

泉州地区的王爷信仰极其盛行，王爷宫几乎遍布各村各里。其中被誉为泉州地区王爷宫的“总部”或“行宫”的，则是位于泉州城南万寿路水巷末端的“泉郡富美宫”。

富美宫始建于明正德年间（公元1506—1521年）。该宫原来的地点是在泉州城南的富美渡头，到清光绪七年才移建今址，因还位于富美渡附近，故其地名称为“后富美”，俗称“后僯尾”。初仅祀萧太傅，称“萧王府行宫”，规模较小。清嘉庆年间（公元1796—1820年），因加祀关帝爷，增建了武圣殿。光绪七年（公元1881年）移建今址后，至道光元年（公元1821年）大修，民国二十三年（公元1934年）里人李德矮敬献房地重建，规模扩大，可武圣殿已不复存在。重建后的富美宫总面积达百余平方米，坐北向南，主体部分为二进三开间硬山顶，即山门和大殿，中有两廊、天井，并建一拜亭，山门前建有照墙和戏台（已拆除）。富美宫右侧有夫人妈宫。

富美宫主祀萧太傅王爷，俗称“阿爷公”，即西汉名臣萧望之。萧望之，字长倩，东海兰陵（今山东省苍山县兰陵镇）人。汉宣帝时，历官平原太守、左冯翊、太鸿胪、太子太傅，受遗诏辅政、领尚书事，拜前将军。萧望之为官刚直清正，不畏权势，忠心辅国为民，因而遭汉元帝宠信宦官弘恭、石显等人攻击诬陷，被迫饮鸩自杀。泉州地区众多王爷神中，有的历史人物虽然名气比他大，但品位都没有他高，故泉郡富美宫自然奉他为主神。

富美宫是泉州地区王爷庙“总部”，除主祀萧太傅王爷外，还配祀文武尊王（唐代的张巡、许远）和二十四司（商代的金素、吉立、姚宾，春秋战国的扁鹊、伍员、白起、田单、侯嬴，汉代的纪信，东晋的温峤，隋代的李大亮、吴孝宽、范承业、池梦彪、邢明德、朱叔裕，唐代的薛仁贵、雷万春，五代的康保裔，宋代的包拯、叶适、岳飞，明代的徐达、罗伦）。从泉州地区所崇祀的王爷神来看，其主要者大多入祀于富美宫；每次举行“放王船”仪式，根据萧太傅的神乩指派三至五位王爷随船送行，其中有入祀富美宫的，也有无入祀富美宫的。《礼记·祭法》载曰：“夫圣王之制，祭祀也，法施于民则祀之，以死勤事则祀之，以劳定国则祀之，能御大灾则祀之，能捍大患则祀之。”富美宫所崇祀的王爷神都是历史上曾为国家、民族作出过重大贡献，深受人们敬仰的忠臣清官或英烈义士。

富美宫祭祀仪式相当隆重。过去富美宫每年按例要举办多次祭祀活动，灾患之年还要不定期举办水醮、放水灯、送王船以及群众性的水普等。远在晋江、南安、惠安、安溪、同安以至厦门、漳州、龙岩等地的善男信女都闻讯前来参加，地方绅士、县官也来参加祭典，泉州各戏班争先献演。

在富美宫举办的祭祀仪式中，最具特色、最有影响力者要数“放王船”。泉州王爷崇拜盛行“放王船”，一般使用竹篾和色纸糊成的纸船，祭祀之后焚化；少数使用木制小船，祭祀之后放进江河，流入大海，但体型小，一遇风浪就沉没水中。富美宫位于江海交汇之处的晋江下游富美渡，所放王船是大型木船，能承载二三百担，类似官船。据《泉郡富美宫志》记载：船上中部设有萧太傅指派的神明神位（三、五或七位，甚至十余位配神，还有班头爷等），有的是木雕金身，有的用标上某王爷尊号的令箭；神座前陈列香案桌，排有香炉、烛台和供品，神座左右排列纸扎的人役和乐队；船两旁插有仪仗木牌、凉伞、彩旗和刀、枪、剑、戟等兵器；后舱装有信徒奉献的柴、米、油、盐、米饭、药材、布料等各种生活用品以及炊事用具；还在船上放置一只带有金或银耳环的白色公鸡（报更鸡）和活公羊。王船由萧太傅择日下水，信徒们纷纷前往赞筵、犒赏，道士送船祭礼，热闹非同一般。王船下水，要选择几位识水性者佩带符箓登上王船，在鼓乐、鞭炮声中起航顺晋江下游驶出海口，然后在海滩停泊，择定方向，举行交班仪式。王船上的人将佩带的符箓焚烧祷告，意将王船交给神明；船上人上岸，王船张帆起锚随风逐浪而去。

每年农历五月十七日萧太傅神诞，富美宫举行祭祀盛典时还敬献活公羊在宫里饲养，即放生公羊。对此仪式有两种传说：一说萧太傅生前孝敬母亲，造小车让母乘坐，由公羊拖拉，自己推送；一说羊跪乳。于是萧太傅成神后，人们敬献活公羊以表对他孝行的钦敬。另一种是借钱，即每年萧太傅神诞期间，善男信女在神像前先祷告，祈求保佑合家平安、五谷丰登、六畜兴旺、财源广进，然后向之借钱，数额多少投签而定（一般数额都很少，仅是象征性，能借到认为是种吉利），来年神诞期间则按自己的心愿到宫还钱。

明清以来，王爷信仰在泉州地区特别盛行，随着移民的不断向外传播，在海内外出现了很多分灵。作为“王爷庙总部”的泉郡富美宫主祀的萧太傅王爷及其配祀神分灵最多，遍及闽南、台港澳、菲律宾、新加坡、印尼、马来亚等地，台湾多达2000多座。

（二）晋江祥芝斗美宫

祥芝斗美宫相传始建于清乾隆二年（公元1737年），以其独特的地理位置和人文优势在王爷信仰文化圈中占据一席之地。斗美宫所处的祥芝港是一座天然良港，清代中后期，祥芝人纷纷前往南洋各地谋生，祥芝斗美宫三王府成为出洋民众最重要的精神寄托，随着侨民的足迹而远播到南洋群岛，最著名如马来西亚晋江会馆“斗美宫三王府”。

祥芝港与台湾省台中港仅距100海里，两地交往由来已久。祥芝是古代泉州主要的造船基地，许多漂放到台湾的王船出自祥芝工匠之手。“晋江辖地虽滨海，不立蕃市，盖夷舶不到之区也。内惟蚶江、永宁、祥芝、深沪数处，或造小船，不过商渔贸易而已。其船上可通苏浙，下可抵粤东。即台湾运载，亦用此船。”① 祥芝斗美宫以其独特的地理人文优势而成为泉州“送王船”的最佳出发点。不仅斗美宫自己放王船，连著名的“王爷行宫”泉郡富美宫的王船也择定在祥芝斗美宫放行。据日人片冈岩《台湾风俗志》记载，清光绪二十九年（公元1903年）六月十三日，富美宫七王府彩船择定祥芝澳扬帆驾放出洋，后被台湾苗栗乡民所拾取。

相传王船停泊斗美澳，放行前，须由三王府降灵，择定某位王爷押船出海，并举行换服仪式和祭海祈天仪式，并须祥芝海关批文方可出港。王船出港时，三王府均择定祥芝某艘渔船护送到外海。在择定海面做好各种交接手续，确定罗盘航向，使王船自然漂流。

祥芝斗美宫三王府成为泉州地区王船放洋的行宫，因此斗美宫中附祀温、康、许、吴、范、薛等姓王爷及天上圣母。泉州地区没有发现比斗美宫历史更早的池、朱、李三姓王爷庙。而且，祥芝斗美澳是泉州“放王船”最佳的出发点。因此，祥芝斗美宫三王府在海内外池、朱、李三王爷信仰传播中占有重要的地位。近年来，台湾有十多座宫庙来祥芝斗美宫寻根认祖，接上神缘。台湾梧栖斗美宫、台北三重市斗美宫曾拾获祖庙送出的王船（或船中遗物），直接取名“斗美宫”，以示木本水源。梧栖斗美宫至今尚保存清咸丰年间从祖庙分炉的石香炉。苗栗竹南镇德胜宫也存有当年王船上标志“斗美宫”字样遗物。苗栗后龙港乾富宫、乾灵坛、高雄公馆湖内乡福安宫、桃园慈隆宫、艋舺集义宫、嘉义东石慈安宫、北隆宫、板桥梧灵宫等王爷庙都与祥芝斗美宫有亲密关系。近年来，台北新庄擎天府、桃园龟山天玉宫也来祥芝参访，与斗美宫结为兄弟宫。

（三）漳州西街王爷公庙

漳州教苑代天府巡狩王爷公庙，位于芗城区瑞京村西街教苑，始建于明洪武十年（公元1377年）。芗城区宗教事务局2001年7月13日批准为民间信仰活动场所。

---

①（清）道光《晋江县志》卷27《蕃市志》。

明洪武丁巳年（公元 1377 年），漳州城西隅教苑乡民于洪水中获得一面“代天巡狩朱王府”神牌，当地百姓为求神灵保佑，乃集资建庙。明末海寇攻陷漳州，教苑王爷公庙亦遭破坏而坍塌。清代初，政局稍为稳定，当地人对该庙重新修建。同治三年（公元 1864 年），太平天国军攻入漳州，庙再遭损毁。后虽经乡人发起重修，但由于人力财力不足，只能简陋修整而已，直到 1980 年和 1994 年两次修葺，才恢复原貌，并翻录重刻“神牌玉印”以及旧石柱对联。其中有副石柱对联曰：“教经始自汉道藏宝篆垂传百世，苑府建于明布泽施恩庇荫万民。”

西街王爷公庙建筑风格独特，与其他庙宇、民房不同。屋梁与庙中轴线成平行直线，在面西山墙开正门，庙坐东朝西，硬山顶，单进，面阔一间，庙前棚式搭盖，深四间，前有亭，占地面积 2572.4 平方米，其中建筑面积 1 295.4 平方米。主祀朱府王爷，配祀池、李、温、康四府王爷，附祀桨宫爷、福德正神。庙中现存文物有清康熙三十六年（公元 1697 年）贡生陈远所谢“声灵赫濯”木匾一面，还有道光十二年（公元 1832 年）习古恭弟子谢文旭、道光二十八年（公元 1848 年）郑在福、同治七年（公元 1868 年）教苑社内阁中书举人蔡天保等奉送的三个石香炉。

西街王爷庙的重大祭祀活动有：

每三年一次于农历十二月隆重举行“送王船”活动，来年四月又请回来。原来“请王”是在七月，因和普度同月，1966—1976 年期间政府反对，地方上也觉得七月太热，所以改为四月。

每年的农历六月十九日为王爷诞辰，四月二十八是建庙的纪念日，都非常热闹。

南明末清初，闽南许多人士渡海入台谋生，或参加郑成功军队进军台湾，随身携带王爷公香火入台奉祀，传承至今。台湾各地奉祀王爷神明的礼俗与大陆相同，说明海峡两岸奉祀代天巡狩王爷的神源。教苑代天府王爷庙建庙 600 多年来，影响至闽南和台、港、澳以及东南亚一些地方，庙里香火鼎盛，迄今不衰。

西街王爷庙有药签，年代比较久，庙公说很早就有，不知什么时候传下来的。人们都认为非常管用。据传，1935 年印尼旧港曾一度发生瘟疫，侨胞有奉祀朱府王爷神祇的，祈求赐药，多获灵验，被誉称“朱神医”，因此，海外亦多有信奉朱王爷。如今日本、法国、印尼、菲律宾、新加坡及港、澳、台均有组团或个人前来进香。1989年初台湾高雄青龙宫堂主蔡赐木率团来漳进谒祖庙，虔诚膜拜，奉请香火回台；至1997年该宫先后七次组团来漳进香参拜，并于1994年在该庙建一座“青龙亭”，1997年再来捐资置钟鼓于拜亭两侧。自1989年以来，台湾各地又有许多地方前来王爷公祖庙进香，其中有台湾凤山市湄圣宫、桃园县五福宫、台北县社正宫、屏东县车城乡代天宫、佳冬乡五龙宫、台中县龙井乡永顺宫、台南县同济宫、朱奉宫、苗栗县上帝宫、彰化县南天府、新竹县新丰乡忠进宫等进香团到漳州西街进谒祖庙并赠谢匾额、神幡，表示对神明的崇敬①。

（四）九龙江面的进发宫

在芗城延安南路正对的九龙江江面上，有艘挂着“代天巡狩”横联的渔船，船上有座袖珍庙宇，流传至今约500多年。这木制的庙宽90厘米，长85厘米，高88厘米，供奉着船民世代信仰的王爷，王爷为朱、池、邢、李四姓。同时配祀有九天玄女、次帝君、玄天上帝和太子爷、玄坛、虎将公。

此王爷原有发药签为人治病的职能。进发宫原来有药签，“文革”中烧了。据说，如今渔民认为犯了邪气，身体不舒服，到这里祭拜一番，就会有效果。另外，渔民还认为，王爷可让“进展、发达”。

进发宫王爷香火很旺，信众遍布九龙江周边的芗城区、龙海市及南靖等县的水域，以及部分陆上居民。

“文革”中庙宇受到冲击，郑十字、郑爱吃等十多人将神明保存下来。使这数百年文物得以传承。

原来九龙江流域水面上约数十处渔船供奉神明，现在可知只进发宫保留下来。渔民对此庙神非常信仰，每年九月初八到十五为送王船时间，九月十二为最热闹（初十请王，十一踩火，十二拜尪，十三送王［烧王船］）。“文革”前还踩火，“文革”后没了。约二百多户（其中几十船户）参与祭祀，同时还进行哪吒鼓的表演，渔民认为哪吒鼓可通天庭，入地狱，贯水府。这与其他的哪吒鼓不一样，有自己的特点。

目前这艘船归“芗城区船民进发宫理事会”负责管理，已成芗城九龙江

① 《芗城文史资料》（第十三辑），第131—133页。

面的一处景观。

（五）东山铜陵泗美宫

泗美宫位于东山县铜陵镇南门湾澳角尾海边，俗称王爷公庙，坐北朝南，面对台湾海峡。泗美宫主祀周幽王驾前谏议大夫唐宏（大王爷）、葛雍（二王爷）、周武（三王爷）。传说三人因竭力谏阻周幽王纳褒姒为妃，被贬镇渤海。周幽王宠迷褒姒，以烽火戏诸侯，失信于天下。三人闻烽火驱舟赶赴救国，途遇飓风溺海而亡。不久，北方犬戎入犯，周幽王被掳。幸三人英魂显化驰兵陷阵，终于击败强虏保住西周天下。三人尽忠救国，魂归大海，遂被敕封为“代天巡狩”，镇海保国三将军，立庙塑像奉祀，俗称“三王爷”。

泗美宫始建于南明永历年间，郑成功据铜山为反清复明重地，为树立“尽忠保国”英勇典范，鼓舞水师将士抗清斗志，倡建泗美宫于铜陵南门湾，塑三王爷神像供军民朝拜。泗美宫庙成之日，有乩童托引铜山军民前往渤海分香，恭请王爷神灵入祀宫庙。40多年前泗美宫存有庙籍一册，诸事皆有志载；庙墙嵌有青石碑记，刻镌郑军部将彭、胡等姓多人捐建泗美宫芳名。

郑成功复台，从铜山启征将士将泗美宫王爷、清元宫哪吒三太子、净山院妈祖等神灵分请上船，香火传入澎湖、台南、台北等地。王爷公被认为威灵显赫，佑助郑成功水师征台告捷，尔后又多次匡助铜山军民杀退来犯的江湖盗贼，故铜山王爷公威灵远震，其香火于清代衍播于闽南、闽中及粤东沿海一带。

泗美宫原有门楼、大院、拜庭、大殿及左右厢房，庙前临海有大埕；总面积约1000平方米，建筑面积约300平方米。民国二十八年（公元1939年），据台日军派飞机轰炸东山，炸塌泗美宫。现泗美宫庙前筑一小埕，临路石砌栏杆围护。拜庭两边嵌墙有石碑，一通为民国丙辰年（公元1916年）重修王爷庙碑，碑载铜陵南门澳、东门澳及西门澳众大艌户、中艌户、洗艌户、竹蒲户与大小艌船户及厦门船户人等捐银重修该庙芳名及款额，由“董事众大艌户、住持僧承理仝敬立”。

大殿前为六开雕花屏风门。前额悬挂鎏金大匾“泗海南天”，后额亦悬挂一匾“复国通洲”。大殿正中供奉三王爷金身雕像；上方悬挂“代天巡狩”鎏金匾。祀案上置一鸡血石香炉，上刻“代天巡狩”，边有小字：“光绪二十九年桂月吉旦，南门澳大船户众弟子敬叩。”祀案右边另置一艘二桅大帆船模型，为王爷巡海殉国所乘之船。大殿左右两边各有配祀神，左为伏羲大帝，旁侍彩风（手持净瓶）、彩云（手持葫芦）二童子，足前各有万寿龟一只；同祀南海观音菩萨，旁侍善财、龙女；龛匾有字云：“圣帝真佛。”右为与三王爷一道殉难的舵公爷、水手公。泗美宫左侧厢房另辟一殿，奉祀玄坛爷赵公明（原祀），增祀孔子公①。

（六）台南南鲲鯓代天府

位于台南县西北面的北门乡，又称“五府王爷庙”，祀奉李、池、吴、朱、范五姓王爷。庙宇由代天府、中军府和城隍衙三部分组成。全部采用大陆石材所建，富丽堂皇，被定为台湾二级古迹。

台南县北门乡鲲江村海边的三角洲，形如大鱼，被称为南鲲鯓。南鲲鯓代天府为全台近千座主祀王爷庙最有影响者。

据称明朝末年的一个晚上，台南麻豆杨世乡等渔民正在南鲲鯓沙汕上捕鱼，忽然从海上飘来一艘三桅的大帆船，缓缓驶进南鲲鯓湾。隔天，这些渔民一起到港口看个究竟，结果只看到一艘破旧的船停在岸边，里面载着六尊神像，分别写着：“大王李府千岁、二王池府千岁、三王吴府千岁、四王朱府千岁、五王范府千岁、中军府”，以及一支神木和“代天巡狩”的旌旗。

渔民将这些神像供奉在草寮内，据说从那时起，渔民只要出海捕鱼，一定满载而归，于是信徒就越来越多。后来因为财力不足以建庙，只好恭送五王王船出港，另外找寻吉地。想不到出港不久，王船竟然又逆流返航，而且停靠在原来的地方。渔民认为五王要长驻乡里，于是再次安奉在草庙中祭拜。

王船逆流返航的神迹远近轰动，居民的生活也因为捕鱼丰产而日渐改善。人们再度发起为五王建庙，于是由闽南名雕刻师将原王船内的神木雕刻成五王金身和中军府，成就了“开基正身”神像。据说，为神像开光时，神像铿然有声，振动不已，其中三王振动足有半个时辰。

康熙元年（公元 1662 年）庙宇落成，名为“南鲲鯓庙”，因为是王爷开台首庙，所以又称“开山庙”，五府千岁被尊为“南鲲鯓王”。

---

① 连心豪、郑志明《闽南民间信仰》，福建人民出版社 2008 年版，第 62—63 页。

当地民俗认为五王建庙所在急水溪边的南鲲鯓沙汕，地理属于“浮水金狮活穴”。这里有三处奇特：

1. 白榛榔树：白榛榔树生于庙后，民间传说是浮水金狮的尾巴，急水溪靠狮尾的指示，九九八十一转后才到达海面，使鲲鯓山免受山洪侵袭。

2. 白马鞍藤头：南鲲鯓沙汕近海，淡水较缺。白马鞍藤头生在海底，根藤密布，具有保持水土和海水淡化的功用。

3. 乌金石：位于“石井仑”井边，是渔民打水时的踏板，相传可以避水气并防止海水倒灌。

后来，荷兰人盗走乌金石，掘取白马鞍藤头，又因人为的缘故破坏了白榛榔树，于是南鲲鯓的地理遭破坏，南鲲鯓沙汕慢慢被海水吞没了。

“南鲲鯓庙”开始重寻吉地，有一天，三王吴府起驾，在榛榔山，寻得一块直径二尺的圆形地，四季不沾露水，大雨不湿其地的“虎穴”吉地。

建庙工程浩大，自嘉庆二十二（公元1817年）动工，至道光二年（公元1822年）六月六日完工，取名为“南鲲鯓代天府”。榛榔山原有“团仔公”，“南鲲鯓庙”为团仔公建小庙。人们到大庙进香，必敬小庙。小庙称“万善堂”，主神称“万善爷”。

后来又在同治十一年（公元1872年），增建后殿“青山寺”，民国七年（公元1918年）、民国九年（公元1920年），都有兴作。整体扩建的工程直到民国二十六年（公元1937年）才全部完工。除了正殿的修缮，还增建中军府、城隍爷、天公坛、娘妈殿，形成如今的规模①。

第四节　闽南与台湾石狮爷崇拜源流

民间镇妖去邪的事物不少，其中最普遍、最常见的为石敢当；可是，最有特点的当数风狮爷。

石敢当是古时设于路冲处镇煞避邪之物，有的雕刻成兽形，命名“泰山石敢当”，因为东岳泰山的山神是最了不起的，妖魔鬼怪看到泰山的山神，

---

① （台）南鲲鯓代天府全球网站，http：//www. nkstemple. org. tw。

都动弹不得。而有一些比较小的地方不写“泰山石敢当”，只写“石敢当”，这是因为石敢当越大则法力越大，而师傅做泰山石敢当，越大型的，越容易受伤，因为法力大的关系，所以不可以随便做。据称，石敢当最早见于唐代。宋朝王象之《舆地纪胜》记载：“（宋）庆历中，张纬宰莆田，再新县治，得一石铭。其文曰：石敢当，镇百鬼，压灾殃；官吏福，百姓康；风教盛，礼乐张。唐大历五年（公元770年），县令郑押字记。”可见至迟在盛唐时，中原石敢当镇邪的习俗已流传到闽南。金井镇围头街有一方道光二十五年（公元1845年）公立的“围江石敢当”，并有碑记：“本乡之中有大路，其直如矢，由来久矣。是年也，叨蒙主帅爷降乩，命立石碑，则人众和睦，闾里有磐石之固焉。[①]”金门的振威第屋后墙角立有三座“石敢当”石碑，其中两座仅于花岗岩上书刻“石敢当”三字并嵌入墙面，另一座则以石座立于屋角，造型尤其罕见。

闽南与台湾有些地方在村落的村口（公设）和屋顶（私设）竖立泥塑的公鸡，身漆白色，村民们叫它“白鸡”或“风鸡”。因为白色属阳，是白昼、阳光与热力的象征。据说，它们能镇风煞、克蚊害，保护住宅平安。这应该是汉代以来杀鸡或在门上贴鸡画及养白鸡可以辟邪的遗俗。近年，在烈屿九宫码头旁，建造一座以“恋”为主题的大型雕塑，顶部矗立“风鸡”作为图腾构想，成为烈屿独特的人文地标景观。

闽南与台湾许多地方有风狮，如石狮市莲厝村的“风狮爷”[②]，宝盖镇玉浦村彩色的“风狮爷”[③]，在九日山延福寺遗址出土一尊大型花岗岩风狮爷和两枚灰陶质风狮爷瓦当[④]。澎湖的风狮爷也是在屋脊墙头的“瓦将军”。民间尊称风神为“风伯”、“风师”、“风狮”、“风王公”。宋元祐二年（公元1087年）设福建路市舶司于泉州，古代帆船航海全靠季风（又称“信风”），市舶司与地方长官每年夏冬两季都要到九日山延福寺举行祈风仪式，祈求出航一帆风顺。泉州威远楼前的单只石狮就是挡风、镇风的风狮。金门原属泉州，

---

① 参见郑振满、丁荷生编纂：《福建宗教碑铭汇编》泉州府分册，福建人民出版社，2003年版，第370页。

② 参见《石狮日报》2004年8月17日。

③ 参见《泉州晚报》2004年11月16日。

④ 参见《海峡导报》2004年10月27日。

先民们也把这种祈风文化和风狮爷信仰带到了金门。

风狮的数量以金门和厦门为多，金门风狮爷别具特色。风狮的主要功能是镇风邪的。由于福建的降雨量沿海最少，加上金门和厦门在郑成功占领时期把大树砍去造船，在清康熙时的迁界，又放火烧林，让更靠近台湾海峡的金门倍受风沙的侵扰；福建地处丘陵地带，尤以闽南盛产花岗岩、辉绿岩，为灵石信仰崇拜提供了方便条件。狮子是辟邪招福的瑞兽，故多以狮型，称石狮公、石狮王。清道光《厦门志·风俗记》特地提到“石狮无言而称爷”[①]。金门不但风狮多且更有特色，各村落计有石狮 80 只，另有数量不详的在墙上和屋顶上的风狮爷[②]。

一、厦门石狮王

厦门石狮王为一只石狮，高约二尺，位于住宅之墙下。双莲池也有二只，在屋墙下。这三只石狮，都有人把它油上彩色。听说是谢石狮神恩的人替它漆的。旁边金纸香烛很多，可见拜奉者的热烈。[③] 据梅江田正孝调查，抗战前厦门市内（鼓浪屿除外）共有 65 座石敢当（含石狮王），在南大沟墘巷还发现了一块与石敢当同样意义的“石制冲”[④]。石顶巷丁字路口有“石狮王”，典宝路头街 25 号丁字路口有“石狮公”。

二、金门风狮爷

金门风狮爷成为“镇风止煞，祈祥求福”的村落守护神，已成为金门的象征，也是金门特有的人文景观。目前，金门“风狮爷”共有 80 尊，分布在 56 个村落里。风狮爷在金门分为两种。一种是安置于村落外缘地面，称为“村落风狮爷”，其防护范围以整个村落为主，属于公设性质。另一种在屋顶上或墙壁上面，称为“瓦将军”。“风狮爷”民间也称“石狮公”或“石

---

① （清）道光《厦门志》卷十五，风俗记。

② 见《金门寻狮记网站》。

③ 叶国庆：《漳厦人对于物的崇拜》，见中山大学语言历史学研究所主办：《民俗》第 41、42 期合刊（1929 年 1 月）。

④ 田正孝：《厦门的石头与驱邪》，见林川夫主编：《民族台湾》第 4 辑，武陵出版有限公司 1990 年版，第 186—188 页。

将军”。金门的金宁乡湖下村和金城镇东门里等地有风制石，俗称“皇帝石”①，应当是闽南语“风制”与“皇帝”谐音，企图附会皇帝的权威来镇煞风灾。金宁乡安岐村路口至今遗留金门唯一一座镇煞风灾的“风鸡咬令箭”石碑。② 金门烈屿乡（小金门）有“北风爷”③。

风狮爷最重要的功能是除妖镇邪，通常是在村外东北或北方的风口上，阻挡长年的东北风。但风狮爷的功能有扩大的趋势。比如，金门风狮爷的形态和功能主要有三种：

1. 文风狮爷，手执朱笔、帅印，狮唇微启，喻文人能言善辩。

2. 武风狮爷，手执刀剑，张牙怒目，或抿嘴不苟言笑。

3. 财狮爷，手拎铜钱，意味着福星高照，招财进宝。

4. 雄风狮爷，雄性特征为葫芦状，带有助人子丁兴旺的功能④。

金门金城镇官路边村村后草地的榕树下，有座一米高的风狮爷，雕工精美。面部表情似舞狮状，右手持令牌，左手握文笔，胸前浮雕铃铛。下身的雄性特征雕成鲜明的葫芦形，很引人注目。

---

① 参见杨天厚、林丽宽：《金门寺庙巡礼》，稻田出版有限公司 1998 年版，第 126 页。

② 参见杨天厚、林丽宽：《金门寺庙巡礼》，稻田出版有限公司 1998 年版，第 136 页。

③ 参见金门县政府《走访金门古厝》，2002 年，第 95 页。

④ 参见金门县政府《风狮爷千秋》，2008 年，第 68 页。

第十二章　闽南与台湾客家畲族和行业神庙源流

第一节　闽南与台湾客家神庙源流

据台湾田金昌先生研究，台湾客家除了信奉三山国王、定光古佛等被认为客家民间的主要的神祇，还供奉三官、五谷神（神农）等多数人都信仰的神明。

一般以为，逢山必有客，逢客必住山。客家民系是在中国长期历史中形成的汉民族的一个支系。客家人原在中原，中原天灾战祸等原因，引起中原汉人南迁。客家人约在隋唐前后至清的漫长年代，进入赣南、闽西、粤东北山区，与当地居民，以及古越族后裔畲、瑶等土著居民杂处，互相交流，取长补短，创造出一支与中原文化相通、又具南方特色的文化，称为“客家文化”。这些南迁汉人，操一种带中原口音还夹杂江淮官话的语言，称为“客家话”。

漳州与闽西接壤的不少县份，如平和、南靖、诏安，也有很多客家人的村落。漳州的客家由于与闽南河洛人相邻，也形成了自己一定的风格。明末清初开始，客家也移民台湾，由于各种因素，入台的客家人在民俗信仰方面，形成了自己的特点，不少做法与闽南的河洛移民有差别。田金昌先生认为，台湾移民的过程中，在土地等方面资源的争夺中，客家人数较少，相对处于弱势；所以，在神明崇拜方面有一定的选择，以神农、三官等族群色彩不浓，又对农业开垦有较大辅助的神祇为主祀，而以三山国王、开漳圣王等区域神明为配祀。因为较高神格的神明，各个方面都能接受，具有调和与和谐功能[①]。说明客家不但能信奉三山国王、定光古佛，也能信奉闽台多数人都接受的神祇，表达了客家希望社会和谐的强烈愿望。另外，如惭愧祖师这

① 田金昌：《台湾三官大帝信仰》，（台）“中央大学”硕士论文 2005 年，第 157 页。

客家地区的医神，在闽南人中也有相当的信众。

对三官大帝、土地神等神明的祭祀，客家人本来是不雕塑神像的，只设以“神座”或“香座”的石碑或木牌供奉，而河洛人的习惯是建祠或宫来替福德正神安身。在屏东及高雄很多客家庄，可见这种设神位而没雕像形式的土地公坛，特别是在高雄美浓镇南部开发较早的客家地区更为常见，但这在河洛人的村庄中较少见到。

汪毅夫先生认为，在天公灯或天公炉的设置上双方有一定区别，客家一般没有天公灯，多以撮土焚香，或对天公炉祭拜①。还有，从天公炉的摆设位置可以得知闽客之间的差异。客家人不同于闽南人将天公炉设于正厅的灯梁上，客家的天公炉必须见天，因此一定设在户外，只是有的设在正厅门外，有的在围墙上，有的在禾埕中央另立香炉，没有一定之规。

总之，客家与闽南人在民间信仰方面有诸多的差异，但也多有融合。比方，三山国王崇拜产生于潮州地区，人们一般认为是客家的神衹，然而传播开后就不一定为客属。以台湾的情况来说，三山国王并不只是客家供奉，全台供奉三山国王 135 间，最多的地区在漳州河洛人集中的宜兰，共有 37 间，这与漳州的情况一样。笔者曾在漳州作过调查，发现有近 20 间三山国王庙宇，集中在诏安、东山、云霄、漳浦等沿海的河洛人居住地，诏安的客家人与南靖、平和等客家分布地区则一间也没发现。

传统都以三山国王和定光古佛为客家神明，本章按此惯例，另外再介绍一些客家山区的神庙。

一、闽南与台湾的三山国王崇拜

（一）闽南与台湾的三山国王崇拜概述

三山国王属于山岳神自然崇拜，后被人格化，是广东潮州府揭阳县霖田都河婆墟（今揭阳市揭西县河婆镇）西面的三座高山，即明山、巾山和独山的镇山神。据嘉庆二十三年（公元 1818 年）《广东通志》所记载，在广东潮州三山国王传说的发生地只有两座供三山国王的庙宇，其他如嘉应州、惠州府等地都不见三山国王庙的存在。然而，笔者在漳州发现了近 20 座，台湾

① 汪毅夫：《客家民间信仰》，福建教育出版社，1995 年版，第 36 页。

却有100多座。因此，三山国王崇拜应是在往东传入漳州和台湾以后发展起来的。

据传，宋太祖开宝四年（公元971年）平定南汉刘，和宋太宗太平兴国四年（公元979年）亲征太原灭北汉刘继元时，三山两次“显灵”助宋。宋太宗时追封：明山为“清化盛德报国王”，巾山为“助政明肃宁国王”，独山为“惠威宏应丰国王”。并敕广建庙宇，岁时合祭，赐额“明贶”。大王巾山国王（清化盛德报国王），姓连名杰字清化，神诞于南朝刘宋元嘉十八年（公元441年）；二王明山国王（助政明肃宁国王），姓赵名轩字助政，神诞于元嘉二十年（公元443年）六月二十五日；三王独山国王（惠威宏应丰国王），姓乔名俊字惠威，神诞于元嘉二十一年（公元444年）九月二十五日。元史官刘希孟《明贶庙记》载三山神“肇于隋，显灵于唐，封于宋。”宋太宗敕赐三山国王庙名“明贶庙”，总称“三山护国王”，民间称“三山国王”。

闽南三山国王信仰主要流行于漳州的诏安、云霄、漳浦、东山等闽粤交界的福佬人居住地区，唐初已出现三山国王庙祀。漳浦霞美镇山前村和石榴镇梅北村白石头社有三山国王庙。东山西埔镇顶西石庙寺前殿供奉三山国王。三山国王庙在泉州府属较为少见，但厦门岛内的梧村雷仙宫后殿也奉祀三山国王①。

（二）闽南与台湾部分三山国王庙宇

1. 诏安梅岭龙湫庙

龙湫庙位于诏安县梅岭镇田厝村西侧，坐北朝南，东邻公路，西接腊洲山，面向诏安湾。明末清初，移居诏安田厝村的田氏始祖见此地龙行水聚，是块风水宝地，遂择地建庙。当时庙址已有始建于明初的“傍江书院”，书院前有两个活泉大水塘，俗称“龙喉出水”。建庙时，“傍江书院”仍按旧址原貌拓建为右厢房，与新建主殿合为一整体，取名“龙湫庙”。此庙具明朝建筑特色，重檐悬山顶，占地面积3290平方米，建筑面积276平方米。

据《田氏族谱》记载，“龙湫庙为三山国王庙”，五进三开间，主祀王公、王妈与三山国王，上悬“唐宋奇勋”匾。两旁有石柱支撑木梁斗拱，内

① 《梧村社雷仙宫》，厦门市湖里区政协《湖里区文史资料》第5辑（2000年10月），第191页。

嵌二对雕有翅膀的木飞鱼，逼真传神，保存完好。当地流传着木飞鱼的传说：清代，有一养鱼者在庙前西侧内屿养鱼，所养之鱼经常在夜间被庙中木飞鱼精吃掉。养鱼者为此特向庙中王公、王妈祈梦，并许愿如木飞鱼不再到屿中偷吃鱼，愿捐置一金香炉，王公、王妈于是显灵，木飞鱼从此被镇住在殿内。养鱼人事后爽愿，只打造了一只高约 0.8 米，长约 1 米，重数百斤的石香炉，至今仍完好置于庙前古榕树下①。

2. 云霄的三山国王庙

云霄有三座三山国王庙香火流传到台湾，分别是水尾庵、三山国王庙和三山王爷庙。

马铺乡枧河村水尾庵规模不大，但却十分古老，颇具特色。庵中三尊石雕神像，巾山国王居中，骑虎，执印符、宝剑；明山国王居左，骑豹，执方天画戟；独山国王居右，骑彪，执九节双鞭。三尊石雕神像每尊通高约 60 厘米，年代久远，雄壮神奇，不威而生令人畏。而陈岱镇礁美村三山国王庙规模较大，主祀巾山国王暨夫人木雕像，偏殿配祀三神，民间称为李明佑、畬人公、南爷公。莆美镇莆东村三山王爷庙仅祀巾山国王暨夫人木雕像两尊。

上述三庙所在村社，明清以来多有族人迁居台湾，带去家乡神灵香火。宜兰、彰化、基隆、嘉义、台北、台南等县市是云霄人移居最多的地方，先辈渡台时，凡祖居马铺、陈岱、莆美者，必不忘奉去三山国王香火。彰化县溪湖、员林、埔心、永靖、田尾等乡镇也多有漳、潮籍移民，三山国王庙分布较为普遍。今台湾基隆、宜兰、新竹、彰化、嘉义、台南、台北等地有三山国王庙宇 140 余座。其中彰化县员林镇“广安宫”最为古老②。

3. 彰化县溪湖镇霖肇宫

溪湖镇霖肇宫为台湾三山国王庙影响较大的庙宇。溪湖位处彰化县的中心点，在浊水溪旧河道及附近沙丘环绕带形成的聚区，清朝时叫做溪湖厝。彰化，居于台湾西部的中心，也是先民渡海来台登陆的重要地点，也是开发较早的地方。早期有许多广东潮州人即居住在彰化平原，现称之为福佬客，

① 《漳州文史资料》第 27 辑，2002 年，第 332—334 页。

② 吴跃红主编：《漳州与台湾同根神祇》，广角镜出版有限公司，2004 年版，第 218 页。

而霖肇宫即是400年前由客家人所建。溪湖及周围的乡镇多产农作物，为台湾知名的果菜市场。

霖肇宫管理委员会编写的《荷婆仑霖肇宫三山国王沿革志》（公元1996年），记载了400多年前三山国王最初传入台湾的情形。明万历十四年（公元1586年），广东揭阳马义雄、周榆森二人带着霖田祖庙三山国王香火跨海到台湾，登陆后东行抵达现庙址的小仑（山丘）附近。当时因思念故乡“河婆”，加上附近有湖泊产莲“荷”，于是命名当地为“荷婆仑”，并将三山国王的平安符香包安放在沼泽的大树下。第二天一大早，有人目击三匹白马徘徊，被当地人认为是三山国王神威显灵，人们即将香火袋供奉起来。

从此，荷婆仑附近人口平安，风调雨顺，田阜年丰。第二年（公元1587年）以竹架、茅草搭建小庙奉祀膜拜，并将该庙命名为霖肇宫，即霖田祖庙三山国王在台肇基建宫的意思。

当时粤籍移民来溪湖地区的三山国王信徒越来越多，12年后信众集资首次大翻修霖肇宫，相传当时信众特地从揭阳县河婆镇聘请木雕师傅，雕塑巾山、明山、独山三座神像，还从河婆镇霖田宫请来一把“驱邪押煞七星宝剑”送给霖肇宫当镇宫宝物。

溪湖霖肇宫随着移民垦地的扩散，分灵兴建三山国王庙的数目也越来越多，遍布在彰化县包括埔心、田尾、永靖等乡72个庄落，全县18座三山国王庙多数是霖肇宫的分支。

霖肇宫正殿神龛上悬道光二十八年（公元1848年）“鼎峙英灵”匾额，宫后凉亭内还有道光十五年（公元1835年）知县杨桂森所题“霞杯胜地谶文”篆文石碑，都见证了霖肇宫当年胜景。

为纪念三山国王莅台开基，台湾信众们在1986年举行了三山国王入台开基400年的庆典活动①。

4. 屏东县九如乡九块厝三山国王庙

三山国王庙位于九如乡九明村，建于明永历五年（公元1651年），又称“明觋庙”，至今300多年历史，是台湾历史最悠久的三山国王庙之一，也是保存最完整的客家庙宇，目前已经核定为台湾三级古迹。

① 资料部分来自江健男：《在地新闻》（tw. myblog. yahoo. com/）。

庙宇的建筑为三殿二厢房，正殿奉祀三山国王，后殿中间祭祀观音菩萨，左右各为王爷奶奶及注生娘娘。坐北向南的三山国王庙，为两殿两廊式庙宇，富含建筑艺术之美，庙宇建筑以交趾陶、石墙、石柱、木梁、木柱等构件装饰，雕工细腻，颇具特色。两殿之间以厢廊连接，并设有前埕及中埕，三川殿上的屋脊形式为三川脊，并具有双重的脊堵，称为西施脊，远望呈现反曲线的构成，像燕尾一般飞翘向天；以福禄寿三仙作为屋脊中央的装饰。庙内所藏的神龛、桌案、香炉、签筒等，年代久远，实属珍贵。后殿墙壁的龙堵是交趾烧的艺术品，庙内的彩绘门神、乾隆年间“威震海东”的古匾，以及后殿上方嘉庆年间“慧光南海”的匾额等文物皆相当珍贵，曾获选文建会历史建筑百景征选第 31 名。

“三山国王庙王爷奶奶回娘家”是屏东县麟洛乡和九如乡的年度地方盛事，屏东县政府亦为此举办过文化祭活动。活动开场由麟洛乡的信众，前往九如乡三山国王庙，迎接王爷奶奶回“娘家”，至福圣宫、开明堂安座；数日后，再由九如乡三山国王庙信众，前往麟洛乡恭请王爷奶奶回驾。整个活动重头戏是出男丁活动，所有神轿、阵头伴随王爷奶奶金銮，绕境祈求地方平安①。

二、闽南与台湾定光古佛崇拜

定光佛，或称定光古佛、定光老佛、岩前菩萨，是闽西及其周围地区客家民众的保护神。定光古佛在历史上实有其人，俗姓郑，名自严，祖籍为厦门同安，年十七在本郡出家为僧，在闽南、赣中吉安精研佛法，成为禅宗云门宗第四代嫡传弟子；青年起在江西、粤东、闽西一带弘扬佛法，力经种种艰辛，50 年如一日，为百姓教诲蛇虎，求雨导航，广造福田，被百姓尊为“和尚翁”，又被天下僧人奉为“佛祖”，受到宋真宗的召宴，在两宋有着广泛影响。圆寂后，朝廷四次为其赐封，最终正式赐封他为“定光佛”的转世应身。定光佛在闽粤赣三省交界处，拥有大量信众。

定光佛信仰属于民俗佛教，与唐宋时福建的三坪祖师、清水祖师等佛教俗神一样，都杂有大量巫术和道法的内容。明清时期，闽西客家人移民台

---

① 部分资料来自“百度百科”（http：//baike. baidu. com/view/）。

湾，又把定光佛崇拜带到台湾，因而定光佛至今在台湾客家居民（主要是汀州客）中有相当的影响。

（一）漳浦石榴青龙庵

青龙庵位于山城村，以四山环抱如城得名，过去为区别于南靖县的山城镇，别称小山城，今为山城行政村。该村是台湾“开兰始祖”吴沙的故里。

青龙庵祀定光古佛，也祀如来佛。青龙庵周围风光秀丽。所处花岭，山脉逶迤如龙。周边有八景：卓锡泉，泉水清冽；莳茶圃，寺前种有“白牡丹”茶树，白牡丹茶色平淡，而香气袭人，十分名贵，除到寺中品茗，他处无从购得；断雀庭，在寺前，为麻雀所不敢到之处；印月池，在寺前，月照时间长；放光石，为印月池边的一块天然石，夜间能出幽光；龙湫贯，指山涧一条激流，有一段是从石洞间通过；参差峰，又称三叉峰，指正面远山顶峰有三块突兀奇石并列，参差有致；飞来佛，指寺后山上奇石如一尊佛像屹立，好似凌空飞来的一样。这八景互相辉映，蔚为奇观，前人汇总为一首诗：

佛号飞来古寺幽，参差罗列碧峰头；
龙湫贯里激湍出，断雀庭中胜迹留；
圃种奇茶香又淡，泉名卓锡注还悠；
月池三印波心静，石上放光夜际浮。

清代移居台湾的龙岭、山城村人不少，在台湾传下众多后裔，常有人来谒祖会亲。于1990年8月台湾宜兰农工专科学校文史教师吴秀玉与夫高双印受吴沙第八代孙吴旺橘委托，到漳浦县山城村寻根认祖，看到青龙庵庵门口壁上嵌一块清乾隆五十七年所立的无碑额碑记，记载该庵购置田产的地址、土地面积、年租额、献款购置者的姓名及金额，碑记有“山城吴化捐款一元”的记载，兴奋不已，认为是闽台关系史上的一个证物。因为据《宜兰文献》，吴化是吴沙的侄儿，能力很强，嘉庆三年吴沙病逝后，吴化与吴沙的长子光裔继续吴沙的事业，将垦区从原来的头围、二围、三围扩展到四围、五围（今宜兰市），并曾组织噶玛兰族与他领导下的垦民合力击退海盗进犯。吴秀玉在丈夫协助下访问山城村，获得吴沙故里资料，回台湾后著

《开兰始祖吴沙之研究》一书，由台北师大书苑有限公司出版。

漳浦石榴的山城并不是客家地区，但也供奉定光古佛，可见定光古佛的传播中，也不是仅客家专供①。

（二）台北淡水鄞山寺

鄞山寺又称“定光佛庙”，主祀定光古佛，1985 年被列为台湾二级古迹，也是台北淡水文化的瑰宝。本庙建于道光三年（公元 1823 年），是台湾清代定光佛寺中唯一保存完整的寺庙，规模不大但建筑形态完整，建筑以大屯山为背，面对淡水河。当时选地理据称是“蛤蟆穴”。建筑依蛤蟆形设计，两殿两廊两护龙，尽显古朴传统风貌。

鄞山寺的特点是同乡会类型的寺庙，寺庙两厢护室设有接待同乡后进抵台住宿用的“汀州会馆”。地处淡水河口，客家乡亲跑船贸易，作为提供联络、互助的中心。

三川殿面宽三间，深三间，架内二通三瓜，是对称的栋架。正殿宽同三川，深五间，步口廊置卷棚，架内三通五瓜。鄞山寺的神像是从福建的祖庙迎回，以木材做成关节骨架，所以神像是可以活动的，为软身神像。

鄞山寺虽小，可是艺术精湛，虽曾翻修，仍保持 170 多年前的原貌。燕尾屋脊向上扬起，屋脊上泥塑人物及剪黏花草非常精美；梁柱、墙壁、门柱间，处处充满的木雕或是石雕还有彩绘，进门的三川殿就非常丰富，色彩鲜艳；主殿的色彩虽已被烟熏黑，还可见雕工非常细腻、华丽。

鄞山寺的定光古佛极受尊敬，每年农历正月初五、初六，定光古佛诞辰，台北市民接踵进香，热闹异常②。

三、闽南与台湾惭愧祖师崇拜

（一）闽南与台湾惭愧祖师崇拜概况

据《南投县志》记载，惭愧祖师为生于平和县的潘氏达礼、达德、达明三兄弟，又称惭愧公、阴林山祖师。另《嘉应州志》的记载俗名叫做潘了拳，别号惭愧，福建沙县人氏，在唐宪宗元和十二年（公元 817 年）三月廿

---

① 吴跃红主编：《漳州与台湾同根神祇》，广角镜出版有限公司，2004 年版，第 180—182 页。

② 杨彦杰：《移民与台湾客家社会的变迁——以淡水鄞山寺为例 》论文。

五日诞生。闽南与台湾的传说与《南投县志》记载相同。

《南投县志》的说法是：惭愧祖师为潘达礼、潘达德、潘达明三兄弟。祖籍福建省平和县阴林山，父亲名叫潘达，母亲葛氏。三兄弟自幼习文练武，尤其三弟达明，对医术非常有研究，有一次宫中皇后病入膏肓，众御医束手无策，宫中贴出告示，宣召高明医师进宫医治皇后，潘家三兄弟就与众高明医师进宫，在三兄弟的同心协力之下，果然不久皇后就完全康复。然而后来论功行赏，不知何原因独独漏了潘家三兄弟的名字，他们三兄弟竟然也没怨叹，认为救人治病是本份，索取赏赐是惭愧的。阴林山众村民闻知此事，对他们三兄弟很是钦服和敬仰。从此潘家三兄弟常年奔走于平和山区，行医采药，济世救人，不取任何钱银，闻名远近乡里。当患者和亲属向他们表示谢意时，他们总是连连摆手，谦虚地说："见笑，见笑（惭愧之意）！"平和芦溪乡曾流行瘟疫，潘家兄弟采药配方，救活病人无数，控制了瘟疫的蔓延。乡人联名赠送"华佗再世"匾额。三兄弟说："为乡亲效力，本是天职，我们奉献甚少，获取太多，深感惭愧。"

三兄弟一生仗义疏财，淡薄功名，后来在阴林山炼丹得道。民间在潘氏三兄弟生前就对其以"惭愧公"尊称，殁后为之立庙塑像，香火奉祀。因三兄弟得道于阴林山，故又称"阴林山惭愧祖师"。

《嘉应州志》的记载是：惭愧祖师，生于沙县。出生时，左手屈曲握拳，因此取名"拳"，满月时，有游僧见了祖师紧握的拳，就在祖师的左手写上"了"字，祖师的左手指才张开，潘父就为他改名为"了拳"。17 岁到广东梅县阴那山修道，品德高尚，道行极高。此处紧挨着平和芦溪，他的主要活动事迹又是在芦溪。他体恤民众，庇佑众生，民众敬仰他，视为神佛再世。祖师仙逝前，自惭未能弘法济世，于是告诉门徒在他的骨塔上写"惭愧"两字，此后信徒们就称他为"惭愧祖师"。

其实惭愧祖师的祖庙在广东梅州的阴那山灵光寺，此处与平和芦溪的传说是"潘了拳"，但台湾许多地方却说是潘氏三兄弟；又因平和人将惭愧祖师带到台湾，台湾多以为是"平和阴林山"，双方的传说有一定差异。台湾学者余光弘曾探讨其中原因，余氏认为，由于平和人将惭愧祖师崇拜带到台湾，认为惭愧祖师的祖庙在平和是推测的，将阴那山认为是"阴林山"，主要是闽南话"那"与"林"读音上有相似之处，台湾早期的民间信仰多是口口相传，到后来记录，就把“那”字写成“林”字了。余氏的解释是有道理的。

漳州境内今存的惭愧祖师庙宇主要在平和、南靖等地，知名的有平和芦溪祖师庙、南靖南坑溯源官、汇流宫等。台湾的惭愧祖师庙有 16 座，主要分布于南投县，占 14 座。相传郑成功收复台湾时，惭愧祖师神像就随军入台，后来在南投建长安庙供奉。

（二）闽南与台湾惭愧祖师寺庙

1. 平和秀芦步云堂

芦溪镇秀芦村的步云堂主祀惭愧祖师，庙宇面积约 60 平方米。

相传平和芦溪曾流行瘟疫，潘了拳为了解救民众，长远跋涉来到芦溪采药配方，救活病人无数，控制了瘟疫蔓延。乡人感念他的功德，在多地建庙祭拜他。庙宇于农历八月二十日建成，民众前往广东梅县阴那山迎立惭愧祖师。从此，每年八月二十日到阴那山进香成为习俗。

到阴那山灵光寺进香的活动，前后历经好几天。阴那山灵光寺到芦溪约 100 多公里。首先，灵光寺和尚对福建芦溪的信众特别重视，以开中门礼仪迎入（其他省份都开旁门）。信众朝拜祖师后，阴那山灵光寺和尚诵经洗礼，诵毕用朱笔在从芦溪带来的三尊祖师神像上点睛，再将神像在香炉上转三圈后捧回，还给每位香客一张护身符。

回到这两个村庄后，在庙门口举行过火仪式。大家把几百筐的木炭倒在广场上，用火点着。“乩童”做法施术后，从容地从熊熊燃烧的木炭火上走过，其他信众跟着过火。

接着，众信士抬着惭愧祖师神像到村庄的各个角落巡游，到东南西北四个角落封口。巡游后，村庄各角落信士把祖师神像抬回庙里安座。

接着连续三天演社戏，还将祖师神像从庙里请到戏台前看戏。

第一天白昼，所有信众摆上祭品，戏班里的小生小旦陪头家、炉主及信众祭拜祖师；第二天由信士分别祭拜，答谢祖师；第三天再由当年的头家、炉主在祖师神像面前用筊杯确定次年的头家和炉主。

平和许多寺庙也在每年惭愧祖师修道升天日前往广东梅县进香①。

---

① 资料提供：平和芦溪汪南贤。

2. 南投凤凰山寺

惭愧祖师公又称“荫林山祖师公”、“阴林祖师”、“祖师公”等（前文已叙，应为“阴那山”，此为两岸隔绝的误会）。惭愧祖师的造型，为粉面或为黑面无须，头戴冠帽或是黑底红字的五佛冠，身着文武装，赤脚跣足，右手持宝剑，左手掐道指，端坐高处。

庙宇在南投县鹿谷乡，位于凤凰村顶城庄内，庙址居高临下，视野广阔，景色优美。建于清嘉庆年间，原名“顶城祖师公庙”。历经多次修建，现貌为1991年所修建，庙右门首题有“万年亨衢”，左门首题有“山通大海”，相传清嘉庆皇帝曾下旨敕封。台湾光复后，顶城改为凤凰村，凤凰山寺因而得名。

南投县位于台湾的地理中心，是全台唯一不临海的县份，境内80%以上为山地，南投的开发史，莫不与山林有关。由于地处山区，环境险恶，惭愧祖师在开荒垦拓方面据说屡显神通，凡居民入山操作者，常祈祖师香火，以保平安。凡可能与原住民发生冲突，惭愧祖师必先示兆；每当水旱疾疫也有所保佑，居民感恩崇信，于是改建木平房以为庙宇，因地址在顶城，民间称顶城祖师公，由是香火日旺。

清钦差大臣沈葆桢鉴于台湾的形势，拟开凿横贯台湾之山路，以便东西呼应，于是以福建总兵吴光亮为统领，亲自督兵修筑越过凤凰山直抵花莲（今玉里）全程265公里的古道。开路期间，常有原住民骚扰侵袭。吴光亮祈求祖师公庇佑，许愿若开山顺利，必重修庙宇答谢神恩。据说果真神威显赫，吴光亮于光绪元年（公元1875年）赠“佑我开山”匾额，现仍悬于庙中，为八通关古道开拓之重要史迹。

凤凰山寺地理极为优越：处高耸的凤凰山山麓，邻近有凤凰瀑布，其右有线浸高地及白石牙山；左有横屏头、冻顶山、麒麟山、麒麟潭等，两侧如羽翼环护凤凰山寺。周边是台湾最大规模的“国立凤凰谷鸟园”，园内饲养来自世界各地之珍奇鸟类，形成名副其实的百鸟朝凤格局。

鹿谷乡盛产冻顶乌龙茶、孟宗冬笋、笋干等等特产，百姓生活安康富足，凤凰山寺也因此而香火鼎盛，成为鹿谷乡境的知名古刹。

农历三月十六日为惭愧祖师祭日，闽南与台湾两地信士举行祭仪，热闹非凡。凤凰山寺每24年举办祈安三献清醮活动，期间来自全台各地之信徒人山人海①。

第二节　闽南与台湾畲族神庙源流

一、闽南是畲族的聚居地

（一）闽南畲族概述

畲族是一个古老的民族，它的先民比汉族更早居住在闽南地区。据汉文史书记载，至迟在公元7世纪初，畲族就已经居住在今闽粤、赣三省交界地区，唐代畲族被称为“蛮僚”，之后才出现“畲民”名称。

唐总章二年（公元669年），高宗派陈政“靖边方”，带领大批唐军“前往七闽百粤交界的绥安县”，“出镇绥安”，绥安即早期漳浦的名称。唐军进入时，遭到当地少数民族的反抗，“泉潮间蛮僚啸乱”。后来唐王朝增派五十八姓来援，并用陈政母亲魏氏“领其众入闽，兵屯梁山之云霄镇”。②

唐王朝是采用军事镇压的手段取得对闽南地区的统治的。仪凤二年（公元677年）陈政死，子陈元光“袭父职，代领其众”，镇压了苗自成、雷万兴为首的畲民起义。垂拱二年（公元686年）陈元光上疏朝廷，在闽增建一州于“泉潮间，以控岭南”，设置漳州郡目的就是要统治这地区的少数民族，郡治最早设在漳浦。景龙二年（公元708年）又爆发雷万兴、苗自成的儿子和蓝奉高为首的畲族起事，陈元光被蓝奉高刃伤而卒，蓝奉高后来又被陈元光的儿子陈珦所杀。开元二十一年（公元734年）唐王朝又从各地迁入汉人在汀州设郡。

《临江汇考》亦载：“唐时初置汀州，徙内地民居之，而本土之苗乃杂处其间，今汀人呼曰畲客。”③ 到了宋代，刘克庄《后村先生大全集·漳州谕畲》一文云，在南蛮之中有许多民族，其中“在漳曰畲”。在漳州地区还包括了“西畲隶龙溪，犹是龙溪人也。南畲隶漳浦——西通潮、梅，北通汀

① （台）宗教资讯站（http：//www. ihere. org. tw/Info/）。
② 嘉庆《云霄厅志》卷十“宦制”。
③ （清）杨澜：《临汀汇考·风俗考》。

赣”。唐代的“蛮僚”即宋代的畲民，分布在今龙溪、龙岩地区和粤东、赣南等地。陈元光在《请建州县表》提到：“况兹镇地极七闽，境连百粤，左衽居椎髻之半可耕乃火田之余。”他们的服饰与闽的汉人不同，生产技术落后，取名“畲民”，即由于当时畲民使用刀耕火种，是以这一民族经济生活的特点而命名的。

由此可见，闽西、南和粤东，历史上是畲族聚居区，闽南的大量汉人是从唐初迁入的。由于汉人的迁入逐渐产生了同化，这是个历史过程。畲族主要姓氏见于史书有盘、蓝、雷、钟四个姓，保存在畲族族谱及祖图歌谣中的也相同。

（二）畲族的渊源

据蓝氏族谱及历史资料，其族源有帝喾高辛之后的说法，即有关神犬盘瓠的传说。据《蓝氏宗谱·蓝氏源流序》记载：“帝喾高辛即位之年元年甲辰四十有一载五月初五日，高辛正宫皇后刘君秀夜梦，有娄宿降凡除妖，娘娘惊醒，忽然耳痛。当令大诏召医调治，耳中取出一物，其形如蚕，美秀非常，金盘贮之，养之数日变为成形，毫光显电，金鳞珠点，遍身锦绣。时即能言。献上高辛，帝见之大喜，取名龙期，号为盘瓠。”①

数年后西番吴将军来侵，高辛征战不克，遂募天下能者，许以重赏，将三公主配为妻。神犬盘瓠揭榜破敌，被颂封为“忠勇王”，妻以三公主。“生长子，请帝赐姓，帝曰以盘为姓，名自能，次子以蓝盛之，至金殿请帝赐姓，帝曰以蓝为姓。名光辉，三子抱至金銮殿上请帝赐姓，帝曰将启齿如惊雷鸣，即赐以雷为姓，名巨祐。”

此说神话色彩较浓，但《后汉书·南蛮传》、晋干宝的《搜神记》也有类似的记载，可见还有一定影响，此表明畲族为高辛帝支系。

相传帝喾生于穷桑（西海之滨），他的元妃姜原生了弃（即后稷）。弃是周的始祖。以此认为，帝喾出自西部；秦也为西方的戎狄。当然，炎帝为东夷族，但漳浦畲族蓝氏自认“蓝田”，是否也为西方部落。学术界有关于畲族为武陵蛮之后，河南夷的一支：越、蛮、闽族之后裔等的争论。由于还没形成确切的共识，只能期待研究的深入。

---

① 《蓝氏宗谱·蓝氏源流序》民国三十一年版。

二、闽南畲族的民间神明与习俗

由于畲族奉行同姓不婚的习俗，长期与周边汉族通婚，汉化程度较深。但是，闽南畲族还是保留了许多独特的习俗，他们自己称为“山客”、“山哈”，保持蓝、雷、钟的称呼，在漫长的年代里，形成了自己独特的文化和心理状态。

作为少数民族，闽南畲族神明崇拜的主体带有原始宗教性质，比如，以“神犬盘瓠”为中心的祖宗崇拜，以师公做法为主的巫术活动，以亡魂厉鬼为主的鬼魂崇拜。由于受汉族的影响，一些佛道神明在闽南畲族中也很有影响。

(一) 祖宗崇拜

所有的宗教信仰都是从原始宗教发展过来的，多少带有原始宗教的印迹，而闽南畲族在这方面有更多的遗留。前面已提及，畲族以类似图腾崇拜的“神犬盘瓠”为祖宗，其信仰的主体带有原始宗教倾向。

闽南畲族也崇拜一些历史上的传说人物，比如惠安钟厝，敬奉社公“钟景祺”，为传说中的状元。八仙的钟离权也是闽南畲族敬奉的先贤，这多少有些牵强，可能同为钟姓，作为一种信仰寄托。

漳浦蓝氏畲族的祖宗崇拜大致有以下做法：

1. 祭祖时要挂祖图，即神犬祖宗图；要进行拜祖图等仪式。图中的盘瓠犬首人身在轿子上。又有蓝、雷、盘三姓的人像，最下面为盘氏，摇着小船外出。据漳浦顶坛村蓝万成说：“过去新城的祖宗坐像，右手持‘龙头杖’，今畲族称为‘祖杖’。”

祖图是反映各族祖先的画卷。畲族是崇拜犬图腾的，从上述内容可知与其他地方畲族图腾类似。

2. 暮春不做清明而是做三月三。在三月三和九月重阳祭祖宗做白粿，要用手指在粿上压一印以示“犬脚迹”。

3. 祭祖时不烧纸钱。据说是怕烧掉祖宗身上的毛。所以周边汉人说，蓝氏“你公作忌没点火”，明显区别于汉族祭祖的烧纸船。

4. 结婚时除了和汉族一样拜天地，还要到祠堂拜祖宗，才算完成结婚仪式，拜祖宗后就要请客。如果没有拜祖就不算成人（还是小孩），年纪再大也不能为子女完婚和主持父母的葬仪。过去有人因经济困难，没拜祖宗、请客，到年老了还要补拜，称为做“老新娘”。

5. 漳浦赤岭蓝氏还有更特别的习俗，结婚时新郎、新娘要穿贴身白衣裤。传说是陈元光当年杀了很多畲族部下，还把畲族妇女讨为妻子，约定同意他们内穿孝衣“戴孝成亲”以纪念死去的父兄，这套白衣裤要留到死时穿上埋葬。此外还有结婚时祭祖等等。

（二）巫术活动

笔者曾到华安新圩官畲村调查，该村村民皆为畲族。他们认为，畲族是做阳间的事，而汉人喜欢做阴间的事，即“山哈做生，福老（闽南汉族人）做死”。比如，闽南汉族喜欢请和尚，是做阴间的事，而畲族更多的是请法师（师公）做去邪，为阳间做事。

由于闽南畲族多住在山区偏僻处，林木茂盛，认为所在地多煞气，认为有“天煞”、“地煞”、“年煞”、“月煞”、“日煞”、“阳煞”、“阴煞”等等凶神恶煞，这说明了闽南畲族认为煞气无所不在。

官畲村的师公说，人出门犯了煞气，浑身很多地方都不对劲。因此，闽南畲族认真地对付煞气和邪气。

首先，在节日或神明庆典时，游神作醮镇符，保佑一年平安。

在重大节日时进行游神活动，通常师公要在前面引路，在村落的一些重要所在，或者认为容易出事的地方，如弯道、渡口等地，用竹签插符，以蛇鞭、盐米驱邪、去秽物。这过程称“镇符”，畲族觉得可以起到保一方平安的作用。

闽南畲族认为，每隔五年，或在寅卯、戌亥年头较容易遇灾祸。通常选日做醮，祈请众神佛下降，师公要到各角落，村子的东西南北四个方位念经，保佑年初平安顺利，年底好收成。

另外，更多是平时的“去煞”。

平时被煞气、邪气“问”（被煞气冲到）了，要摔盐米或用扫帚把家里四处扫干净；或送葬时，身上带芙蓉、麻草，或身上带盐米，或桃枝、茅草的花蕾，回来抛到水里去。认为这样可免事，可免被“问”。

出门犯了煞气，因而中邪，小孩受惊等，就要请师公收煞收惊。过程大致是：先给相关人换下衣服，用温水弹溅、或符水扑面，然后再击掌、念咒，施敕命符，以促回魂。

（三）孤魂野鬼崇拜

畲族传说有五通鬼、天吊鬼、伤亡鬼等，相传五通鬼原是天上神仙，为五个兄弟。后来因犯了天条，下凡为鬼。畲族人认为，五通鬼最凶，因此许多畲村都有五通庙。据嘉庆《云肖厅志》（民国版）记载，相传该地有个最古的庙——五通庙和古塔“西林塔都是在未开郡之先，蛮人所建”。五通庙“石柱镌有盘、蓝、雷氏字样，盘、蓝、雷氏系陈玉钤（陈元光）所征蛮僚”。

（四）世俗化的佛道神明

闽南畲族的汉化程度较深，所拜的都是各地都崇拜的全国性的佛教和道教的神明。然而，在很长的时期中，闽南畲族并没有建成佛教和道教的寺庙，所供奉的神明没有雕像，仅以神明的名字的字条作为标志。另外，他们对影响范围较小的区域神明较为排斥。如漳浦县赤岭畲族乡山坪村雨霁脚自然村后小丘上，有一处独特的祭神坛，所祭之神称三官大帝，俗称三界公，这个祭坛就称为雨霁顶三界公坛。三界公坛的特点是没有庙，没有神像，仅在露天筑一座祭坛，定时拜祭。这是一种原始朴素的祭祀类型，如我国远古在野地里郊祭的模式。雨霁顶三界公坛约建于清代中期（或说建于明代）。

三、闽南畲族的神明崇拜与习俗的分析

宗教以及宗教问题尽管复杂，但成熟的宗教通常有宗教意识、宗教组织、宗教礼仪、和宗教器物四个构成要素。民间信仰不像宗教信仰有明确的传人、严格的教义、严密的组织等，也不像正规宗教更多地强调自我修行。但是，民间信仰还是表现了一定的宗教意识、组织、礼仪和器物等构成要素，所以学者们一般以“普化宗教”（diffused religion）①、或者“准宗教”等说法界定民间信仰。② 这些定义实际上都说明了相当部分学者都将民间信仰纳入广义宗教的范围。

我们拟从宗教意识、宗教组织、宗教礼仪和宗教器物四个构成要素，分

① 部分资料来自《关于漳浦县赤岭、湖西等地蓝姓要求恢复畲族民族成分的调查报告》。

② 李亦园《文化的图像》下卷，台北允晨文化实业股份有限公司，1992年版，第180页。

析闽南畲族的神明崇拜发展阶段。①

（一）闽南畲族神明崇拜的意识

宗教意识、观念形态有感性和理性两个层面。一般说来，发展程度较高的宗教，其理性因素便较多；发展程度较低的宗教，其感性因素较多，理性因素较少。宗教信仰的轨迹，一般都从泛灵、多神，向以某一中心神明的信仰体系发展。如基督教的耶稣、佛教的释迦牟尼。闽南畲族神明崇拜的思想基础主要是万物有灵论，故信奉的对象较为庞杂，比如一些谷神、谷仙；还有自然界的“异象”，也作为神明供奉，如树神、石头神等。从这方面可以知道，闽南畲族信仰的发展阶段相对较低，其以盘瓠为中心的信仰体系，虽然带有图腾崇拜的遗留，但表现为高于原始宗教的泛灵倾向。

（二）闽南畲族神明崇拜的礼仪

在原始宗教阶段，人们还不具有高度的抽象思维能力，所以宗教礼仪完全依靠直观感受来确定。这就使得原始宗教的礼仪常常带有不文明的野蛮的人祭和血祭。

闽南畲族的神明崇拜往往是以实物祭拜，其形式高于原始宗教野蛮的人祭和血祭，但又带有血祭的痕迹，如杀鸡宰鸭烹羊等，或供米糕、米粿、菜丸、红粿。

宗教感情在宗教意识形态中具有十分重要的地位，其对于维护宗教信仰的凝聚力具有不可缺少的引力作用。民间信仰的感情，总是与特有的民族文化、民族习俗、民族生活、民族感情结合在一起，具有极大的稳定性。闽南畲族的盘瓠崇拜，在其居住环境和特定群体感染力的推动下，产生了一种特有而稳定的民族与宗教感情。因此，闽南畲族尽管汉化程度较高，由于这种感情的存在，维系与巩固了其民族向心力。

（三）闽南畲族神明崇拜的组织

宗教组织是构成宗教的基本要素，对宗教组织的界定要区别于其他社会组织。它是一种与统一的宗教信仰目标与行为体系相联系的、共同遵照一定的制度规范的宗教信奉者所结成的社会群体。

闽南畲族的神明崇拜管理机构，通常由本族一些德高望重的老人、或一

---

① 王晓朝、李磊《宗教学导论》，首都经济贸易大学出版社，2006年版，第11—26页。

些见过世面的中年人组成，容易被认为宗教性不足。但是，宗教群体都具有宗教性与社会性这两重性。任何宗教都有某种组织形式，只有通过宗教组织才能形成一个宗教的社会实体，宗教组织作为一种客观存在的社会实体又是社会组织系统中的一个支系统。宗教信徒不是游离于社会实际生活之外抽象的人，也不可能不食人间烟火，而是活动于社会之中。这点上，民间信仰多数以村落和社区组成的管理机构是可以理解的。

闽南畲族的神明崇拜，显示了特定的区域性，带有浓厚的宗族色彩。一般说来，宗教的组织结构与机制往往与社会的组织或者说宗族的职能交叉，甚至重合，在特定的历史条件下，宗教同宗族社会组织融为一体，或全部或部分重合的情况也是常见的。基督教与伊斯兰教的区域性也很强。从明清开始，中国的伊斯兰教就与中国封建制度相结合，建立了教区等级森严的宗法管理制，这形式一直到解放以后才产生改变。所以，区域性与宗族性并不影响民间信仰组织因宗教因素而建立起来的特点。

畲族神明崇拜的组织与信众，由于其有某些共同的信仰和期望、感情、行为规范，有着同样信仰生活与满足崇拜心理的需要，形成信仰群体，并为了崇拜共同的对象，开展相关的活动，他们利用原有的宗族组织，因此民俗与区域性更深厚些。但是，不影响该组织围绕崇拜某个神灵而开展活动，具有民间信仰组织的特点。

（四）闽南畲族神明崇拜的器物

宗教器物是宗教实体的物化标记，是基本的宗教要素之一。宗教器物广义上包括宗教场所（庙宇、寺院）在内，狭义上仅指神像、圣物、法器等宗教特有的器物。

宗教团体需要有一个举行宗教活动的空间场所。庙宇、圣地这些宗教器物的最大特点就是为宗教团体提供一个宗教活动的空间，在一个特定的充满宗教气氛的空间中举行各种礼仪活动。这个空间首先是一个具有艺术性的宗教建筑。宗教建筑的宏伟和精巧，为信徒提供了一个参与宗教礼仪的空间，可以引发宗教意识，使人有一种置身于神圣殿堂的内心感受。

在这方面，闽南畲族的神明崇拜活动空间较为欠缺，除了宗族的祠堂外，几乎没有其他庙宇。据有关资料，漳浦有 19 个乡镇，约拥有 640 座民间信仰庙宇，每个乡镇平均有 30 多座庙宇。而赤岭畲族乡只有两座庙宇，都是改革开放以后建成的，说明赤岭本来是没有庙宇的。湖西畲族乡虽有6座，但至少一半是汉族人建的。这种情况同样可见于其他畲族地区。

闽南畲族不但庙宇少，而且自己创造的神明也不多。除了盘瓠以外，畲族的神明几乎都是从汉族神明“借用”过来的。闽南畲族信奉的都是信众较多的神明，比如，观音、释迦牟尼、三官大帝、玄天上帝、保生大帝等神明。然而，他们除了节庆时祭祀外，并没有另外建宫庙，这是闽南畲族神明崇拜的重要特点，也是一个很有趣的现象，值得深入研究。

（五）结语

根据以上资料，笔者认为，闽南畲族虽然汉化程度较深，但是，其神明崇拜是以盘瓠为中心的祖宗崇拜，他们信仰汉族神明，然而并不建宫庙供奉；闽南畲族重视巫术“做生”，这些都是闽南畲族独特的民族文化，表现为稳定和普遍的信仰和心理，值得学界进一步探讨。①

第三节　闽南与台湾行业神庙源流

闽南与台湾有不少的职业神明，由于时代的发展，专职职业神明呈衰弱与下降趋势，兼职神明则有上升倾向。由于行业神明没有引起足够的注意，特立一节。

一、闽南与台湾的戏曲神明崇拜

（一）闽南与台湾的歌舞“娱神”传统

千百年来，闽南歌舞继承传统，异彩纷呈：南音、锦歌历史悠久，“龙船歌”、“洗佛歌”、“畲歌”，东山“歌册调”和南靖、平和、诏安“客家山歌”，风情别具，在民间广泛流传。舞蹈方面，“拍胸舞”、“大鼓凉伞舞”、“大车鼓舞”、“海底反”、“公背婆”、“扛龙艺”、“扇舞”、“穿灯舞”、“踏旗花”、“英歌舞”等等，更是各领风骚。

闽南民间古老的歌舞艺术对台湾的影响广泛深刻。近几年，闽南与台湾文化的研究成果一再证明，台湾流行的说唱曲艺、歌曲民谣、民间舞蹈等乡

① 部分资料来自《关于漳浦县赤岭、湖西等地蓝姓要求恢复畲族民族成分的调查报告》。

土艺术，许多直接根源于闽南。比如，以漳州锦歌曲调为基础，诞生了台湾的地方剧种歌仔戏。人们称锦歌是“闽南与台湾的情结”。

闽台地区自古以来就有“歌舞媚神”和“演戏酬神”的传统，为平淡的乡村生活注入了活力。事实上，无论是“媚神”还是“酬神”，客观效果是达到“娱人”的目的，因此往往是村社喧哗，“举国若狂”。歌舞曲艺的繁荣，必带来戏曲神明及戏班子保护神的出现。

（二）闽南与台湾的戏神

田都元帅，俗称“相公爷”，泉人普遍信奉，各庙大多奉有此神。在泉州则成为专职戏神，凡傀儡（提线木偶）、梨园诸戏班必供奉之。每次逢酬神演戏，必先以傀儡开场，方可做法事。开场必先以田都元帅上场“踏棚”，以便镇邪。因此，田都元帅也称傀儡王。戏神相公爷在泉州地方戏曲中地位最高，傀儡戏也是最高级的敬神剧种，故闽南话称作“嘉礼戏”。

享有“国乐”、“御前清曲”之誉的南曲，也是在漳州颇为流行的一个古老曲种。其始祖五代十国时期的后蜀皇帝孟昶被尊为“郎君大仙”，故又称“郎君”，南曲社又名“郎君社”。清代漳州的“郎君社”，带上漳州的印记向台湾移植。

漳、泉两地的戏神孟昶（郎君大仙）和田都元帅（雷海青）信仰传至台湾，宜兰县有“台湾戏曲博物馆”，内设三个分馆，第一个分馆就是“戏神馆”。据统计，台湾现供奉田都元帅的宫庙达200余座。其中年代最早的是台南市西势村蕃薯厝的元帅庙，建于清雍正十三年（公元1735年）；其次是彰化鹿港大有里车围巷的玉渠宫，建于清乾隆三十年（公元1765年）；第三是台北万华紫来宫，建于清嘉庆四年（公元1799年）；第四是高雄市广昌里右昌巷元帅庙，建于清同治元年（公元1862年）。

台湾戏曲界分为西皮（主要代表南管）、福禄（北管）两派。各自信奉田都元帅和西秦王爷。西秦王爷一般认为是唐玄宗李隆基，他精通乐律，作曲多种，流传甚广，所以被奉为戏神。

雷海青，历史上确有其人，生前为唐玄宗宫廷乐师。安禄山攻入长安，掠文武朝臣及宫嫔、乐师，送至洛阳，在凝碧池作宴，并露刃威迫众乐工奏乐。雷海青将乐器掷地痛哭，以示抗拒，被安禄山肢解示众。

传说安史之乱时，雷海青曾显灵助朔方节度使郭子仪率唐军攻取长安，因战场上有人望见天空中出现“田”字旗号，其实是“雷”字上半部被云雾遮住，只见“田”字，雷海青于是被称为“田相公”。唐玄宗曾追封雷海青为忠烈乐官、天下梨园都总管，唐肃宗加封他为太常寺卿，宋高宗又封他为大元帅。闽南与台湾称“田都元帅”、“相公爷”。雷海青身世民间传说有二：一说为浙江杭州铁板桥头人，系未婚的苏小姐吞咽稻谷乳浆怀孕而生；一说是福建南安丽苏下村苏小姐所生，怀孕的原因相同，遗弃后被坑口村雷姓老艺人收养为子，故姓雷。

雷海青生前乃唐代宫廷乐师，造诣很深，颇受“皇家梨园子弟”主持者唐玄宗的器重，因忠烈而死，深受人们敬仰怀念，于是首先博得家乡戏曲艺人的崇祀，成为闽台戏曲行业的祖师兼保护神。

雷海青作为戏神，主要因为受到许多福建地方剧种的崇祀，如梨园戏（大梨园、小梨园）、傀儡戏（提线木偶）、布袋戏（掌中木偶）、高甲戏、打城戏、莆仙戏、歌仔戏（芗剧）、闽剧、竹马戏、大腔戏、小腔戏、四平戏和闽西汉剧等。广东潮剧、江西弋阳腔，乃至台湾“国剧”（京剧）都崇祀戏神雷海青。这些地方剧种都崇奉雷海青为行业祖师兼保护神，以期保佑戏曲艺人们技艺入流，演出成功。

雷海青不仅是戏神，而且成为许多地方的保护神——铺境或村社的当境境主，更有雷姓畲民奉为祖神。闽台很多地方都建有供奉田都元帅的宫庙。

没有田都元帅就不成戏班，开场做戏必须由田元帅净台。戏班主说戏圣田元帅可压四方邪煞，可止一切鬼魅。田元帅成为戏神、戏圣，与傀儡艺术有着不可分割的关系①。田都元帅俗称“相公爷”，每次酬神演戏，必先以傀儡开场，方可作法事。开场必先由田元帅“净场”（俗称“踏棚”），以镇邪。

孟昶（公元919—965年），唐末五代十国后蜀主，精声曲，其妃花蕊夫人尤擅宫诗，俩人夫唱妇随，志同道合，将中原宫廷音乐与秦川民间曲调融为一体，共创管弦新腔。宋乾德三年（公元965年）春，太祖赵匡胤平蜀，孟昶携花蕊夫人投宋，七日后病卒，谥封楚王。孟昶逝后，花蕊夫人勉承宋太祖召纳，与西川139位乐工将孟蜀管弦传入宋都教坊，成为宋宫廷音乐，即为梨园曲，世称南曲、南音。花蕊夫人时常抚弄管弦追忆孟昶，且绘其像

① 参见林嘉书：《南靖与台湾》，华星出版社，1993年版，第341页。

祀之，恰遇太祖见闻，便谎称："此神张仙，奉者多子。"太祖信之，即焚香祷祝，后果得子，乃敕封为"郎君大仙"，特赐春秋二祭。南音做为国乐于宋末随皇室南迁而入闽南，再衍播台、港及海外。故海内外南音界皆奉孟昶为南音鼻祖，尊称为郎君爷，俗称老爷祖，并建庙奉祀。

（三）闽南与台湾部分戏神庙宇

1. 南安罗东坑口宫

南安罗东振兴村坑口有一座相公墓和一座奉祀戏神坑口宫。相公墓位于南安梅（山）九（都）公路坑口自然村路段西侧，传说是唐代宫廷乐师雷海青之墓，也可能是后人崇祀戏神雷海青的衣冠冢。何时营造无考，现存是明万历二十八年（公元1600年）修造，1988年重修。相公墓由墓区和墓埕组成，占地面积约50平方米。坐南朝北偏东，平面呈"风"字形，三合土构筑，坟丘作龟形，面积约30平方米。墓前竖立长方形辉绿岩墓碑，正中阴刻竖排楷书"相公墓"三个大字，外加阴刻单线长方形圆首框，左旁落款阴刻竖排楷书"万历庚子立"五个小字。墓碑前设一花岗岩石案（墓桌），上置一花岗岩石香炉，阴刻横排楷书"田元帅"三字。墓前有一高、宽各一米许的花岗岩石砌小宫，墓碑、石案均在其内。小宫屋顶用单块花岗岩石雕成，略似单檐歇山顶。1996年在墓埕上增筑一座六角形重檐攒尖墓亭。

坑口宫位于相公墓东侧，中间隔着公路和小溪，主祀戏神田都元帅雷海青，配祀从神大舍（金鸡）和二舍（玉犬）。传说坑口宫始建于唐（或说北宋），但文献、谱牒不见记载，也没有碑记留传。坑口宫由大殿和拜亭组成，面积约300平方米，坐向与相公墓相同。大殿仅一进，原为三开间硬山式建筑，重修改为单檐歇山顶，青蓝色琉璃瓦，燕尾屋脊，并装饰剪瓷双龙和小塔，前廊竖立一对辉绿岩透雕蟠龙石柱。大殿前新建方形单檐歇山顶拜亭，也是青蓝色琉璃瓦，燕尾屋脊，装饰剪瓷双龙和火珠。大殿西侧小溪上建有一座花岗岩单拱"海青桥"，近年台北艋舺行德宫在桥上捐建三开间廊屋，故又称"大行德桥"。清光绪举人、内阁中书戴凤仪曾为坑口宫题写对联："坑水环流，胜地好栖元帅庙；口碑载道，孩童亦识相公名。"坑口宫被认定为戏神田都元帅雷海青信仰的祖庙。

从前莆仙戏班开场演出之前，要先举行请戏神雷海青开台踏棚仪式，上棚艺人合唱"净台咒"之后，高喊四句韵白（"喊棚"、"献棚"）："家在泉州府，一生爱锣鼓，有人攀请我，登台舞一舞。”道明戏神雷海青乃泉州府人氏，公认他是南安罗东坑口人。

清代学者俞樾《茶香室丛钞》：“国朝汪鹏《袖海编》云：‘习梨园者共构相公庙，自闽人始。旧说为雷海青祀，去雨存田，称田相公。’此虽不可考，然以海青之忠，庙食固宜，伶人祖之，亦不为谬也。若祀老郎神者，以老郎唐明皇，实不轻亵，甚所不取。”坑口村既传为雷海青故乡，在历史上是有名的“戏窝”和“道士窝”，山里又居住着姓雷的畲族人，因此极有可能最先建造崇祀雷海青的庙宇——坑口宫，从而成为戏神雷海青信仰的祖庙。

2. 东山郎君庙

又称郎君府、老爷宫或老爷庙，有两处：一称御乐轩，俗称“下间”；二为御乐居，俗称“顶间”，既是宫庙，也是民间南音乐社。两庙皆位于东山县铜陵镇铜兴村，旧称东坑、九街的辖地内，始建于清乾隆年间，具体年份不详，其乐社形成时间或许更早，主祀南音始祖孟昶。

东山最初奉祀“老爷祖”并组建南音乐社的是御乐堂。相传清乾隆年间，诏安少年林贤因受父母虐弃，流落东山。一日，遇见东山有名的算命先生阿斗仙，请予算命。阿斗仙算过林贤的五行四柱，问知他是出生于尼姑庵，便断定他日后必会显贵，并赠银两相助。后来，林贤果中举人，为了报恩，遂回赠大笔款项给阿斗仙。阿斗仙便购置了一间南音曲坊供民众娱乐，取名御乐堂，奉祀老爷祖，并延师授艺。阿斗仙逝后，堂内不和，乐班散伙，神像寄奉民间。不久，御乐堂传人另组乐班，一分为二，一立御乐轩，一立御乐居，再承老爷祖香火，传艺于后世。

东山的南音乐班及民众一直循袭古礼，奉孟昶为老爷祖。学曲的少年儿童，须到老爷宫庙进香朝拜，然后喝“老爷茶”，以求平安顺利，记性好，学艺快。外地来社演出或本地出外演艺人员也必先到老爷宫叩拜，以祈吉利。

每年农历二月十二日，民众便成群结队到老爷宫焚香祭祀，三牲、果饼等供品十分丰盛，程序也十分讲究。铜兴村民则十户一组，十年内各户轮值当“头家”。这一天，其他九户村民和亲友皆到“头家”宅中吃“老爷生”。此一习俗至今不变。

御乐轩（下间），现坐落于铜兴村布埕，其轩庙面阔一间，进深一间，另辟有演奏厅。轩庙供奉孟昶神像，配祀蜀将赵廷隐、太子孟元喆。大门额匾为石刻鎏金字："御乐轩"。石刻门联："御苑萧笙吹白雪，乐轩歌舞奏黄钟"。神龛横匾楷书："郎君府"（仿原木制鎏金字）。原有题联："或啼或笑真面目，为歌为舞改声容。"从此对联可知其初创时期梨园曲（南曲）与舞、戏三艺一体的原始风貌。轩中另有联匾："洞萧檀板御前客，华盖霓裳月里歌。"现存"郎君府"古匾一方，古拍板、琵琶各一，并藏存古抄本《四平锣鼓总纲》一册。

御乐居（顶间），现坐落于铜兴村红厝池畔。1964 年破"四旧"时废弃；1993 年复办并恢复庙祀，原址在东坑牛车场；1996 年迁移扩建，建筑面积 110 平方米，有院子、大殿、右厢房，抬梁式木构架，悬山顶。庙脊为"双龙戏珠"彩瓷剪贴雕。大门匾额石刻鎏金："老爷庙"；门联为："保国护民同称郎君，安邦济世共颂千秋"。大殿额匾为："威灵显赫"；匾联："蜀帝圣名昭万代，孟皇乐曲奏千秋"。右厢门额石匾刻"御乐居"。殿内供奉郎君爷孟昶，配祀金鸡、玉犬两大将军，俗称鸡老爷、狗老爷，据传为孟昶部下乐师①。

3. 鹿港玉渠宫

玉渠宫主祀田都元帅，俗称相公爷，建于清乾隆初年。由闽南移民携带到鹿港，因神灵显赫，于乾隆三十年（公元 1765 年）建祠奉祀，清光绪二十九年（公元 1903 年）后经几次重修，奠定现今庙貌。

传说田都元帅出世时面部发黑，家人惧怕不祥，抛弃在田间，先受大螃蟹吐泡沫哺育，再经鸭母喂食，后来被农民拾回养育，因此，田都元帅的形象为红脸，两条辫子坠在两边，嘴角咬着两只螃蟹脚。有的神像是在额头上画一只螃蟹，脚踏金鸡、玉犬两只神兽。祭祀时祭品不用鸭母、螃蟹，即此缘故。

田都元帅为落地扫、歌仔戏、皮影戏、傀儡戏、宋江阵、以南管伴奏的布袋戏、西皮派北管社团等等戏曲形式的保护神。平日凡有戏团到鹿港演出，必先到庙参香。玉渠宫曾有崇正声南管为驾前乐团，是鹿港五大馆之

---

① 郑镛、涂志伟：《漳州民间信仰》，海风出版社，2005 年版，第 174—176 页。

一，可见玉渠宫在鹿港寺庙的地位崇高。田都元帅是西皮派的守护神，生前照顾梨园子弟，因此每逢圣诞日，常有梨园戏义演敬献。田都元帅还有压煞避邪的作用。

关于雷海清的传说有二：其一是，海清年幼时饱读诗书，与鸡犬有浓厚情谊，长大后高中状元，并精通乐理，玄宗爱好戏剧，乃加封梨园大学士，在宫廷中掌管戏剧。不幸英年早逝，所饲养的鸡犬，也无疾而终。安禄山起兵造反时，玄宗仓皇离京，途中遭番兵包围，危难时，雷海清显灵率领金鸡银犬护驾，解救玄宗，此时云雾中有一面旗帜，锈着雷字，大雾遮挡，仅见下部的“田”字，玄宗误认是田姓之神、田都元帅，金鸡银犬为左右副将。

其二按史籍说，雷海清为玄宗宫廷伶官，安禄山造反，玄宗仓皇西狩，海清不及随驾，流落长安。安禄山占宫廷，命梨园旧部作乐歌舞，雷海清善吹铁笛，宴中将铁笛射出，意杀反贼，不幸遇害。

鹿港的金鸡银狗为玉渠宫田都元帅的专属阵头，“金鸡”称为金将军，其造型为鸡头粉面；“银狗”称为银将军，其造型为狗头红面。每逢王爷出巡时，即由金鸡、银狗与七爷、八爷为王爷开路，两旁并伴随小鬼，随阵头护行。玉渠宫的七爷八爷造型亦较为特殊，由鹿港捏面纸糊艺师施教镛所制作。七爷近三米高，步行时慢步前进，而八爷则仅 150 厘米，行动敏捷，常在阵头中冲锋陷阵，一高一矮，一胖一瘦，一黑一白形成强烈的对比，增添了趣味与神秘色彩。

农历六月十六日为田都元帅诞辰，玉渠宫举办盛大祭典。台北龙山区的紫来宫则是以六月初十和十一日两天为例祭日，宜兰苏澳主奉田都元帅的庙宇，则是在农历的六月十一日举行庆典庆祝①。

二、闽南与台湾的灶君与巧圣先师崇拜

（一）闽南与台湾灶君崇拜

1. 闽南与台湾的灶君崇拜概述

祭祀灶君的历史很早，《礼记·祭法》载，群姓“立七祀，曰司命，曰中霤，曰国门，曰国行，曰泰厉，曰户，曰灶”；“庶士庶人立一祀，或立

① 鹿港玉渠宫编：《鹿港玉渠宫之简介》。

户，或立灶[1]”。

台湾民间信仰传说灶君是张宙，又名子郭，为黄帝的第十二代孙。又有一说，是玉帝的第三儿子，因不务正业，性情怪僻，游手好闲，以看女神为乐，很受众神非议。玉帝告诫不听，经王母娘娘建议，作为灶君，可尽兴看女性。原因是闽南与台湾民间屋子的厨房宽大，除了女性下厨，还当饭厅和浴室，一家吃饭时常有各种议论，墙上有耳；灶君兼掌民间监督，记录邻里功过，于年底向玉帝禀报。

灶王爷像上大都书“东厨司命主”、“人间监察神”、“一家之主”等文字，以表明灶神的地位。两旁贴上“上天言好事，下界保平安”的对联，以保佑全家老小的平安。

灶王爷一年以来就一直驻在居家中，以保护和监察居民；到了腊月二十四日灶王爷便要升天，去向天上的玉皇大帝汇报这一家人的善行或恶行，送灶神的仪式称为“送灶”或“辞灶”。玉皇大帝根据灶王爷的汇报，再将这一家在新的一年中应该得到的吉凶祸福的命运交于灶王爷之手。因此，对一家人来说，灶王爷的汇报实在具有重大利害关系。

送灶多在黄昏入夜之时举行。一家人先到灶房，摆上桌子，向设在灶壁神龛中的灶王爷敬香，并供上用饴糖和面做成的糖瓜等。漳州民间备有麦芽糖，粘着灶君的口，以使其到天堂不便向玉帝汇报。然而，据称台湾没有这种传闻。

漳州虽然多数家庭都有敬拜灶君的习惯，可是却没发现有专祀灶君的庙宇，也少见灶君配祀。然而，台湾专祀灶君的庙宇至少有四座，不少庙宇也配祀灶君。灶君被闽南与台湾餐饮业奉为保护神[2]。

2. 宜兰开基灶君庙省民堂

开基灶君庙位于宜兰县五结乡。相传清乾隆末年，林氏家族从祖地移民至五结乡，随身携请故乡的灶君。定居五结乡三兴村后，将灶君奉于私宅中。由于附近村民祈请，极为灵验，香火日旺。某年灶君神诞，突然指意说择中邻近的福德正神入住。经协商与土地爷一起供奉。

---

① 《十三经注疏·礼记正义》，中华书局，1979 年版，第 1590 页。

② 蔡伊达硕士论文：《灶神民间故事类型与灶神形象研究》。

该庙农历初一、十五与奉祀诸神圣诞，例行道经团诵经等科仪；农历八月初三的灶君圣诞，举行的庆典仪式较为盛大。

庆典从八月初二日下午三时起，诵经卷与祝寿科仪。晚上子夜11点开始，由相关人员、信徒等，依例准备寿桃、牲礼等祭品，主祭者恭读祝寿文，并进行祝神庆寿、祭拜等仪式。圣诞当天邻近的国乐团表演祝寿演奏，子弟团演戏。整个祝寿的仪式，约在八月初三凌晨12点半左右结束。传统“男不拜月，女不祭灶”的祀神禁忌现已打破，很多女子都参与。八月初三灶君生当日下午，庙方于庙地停车场，举行小型的过火仪式，庆祝神灵圣诞。

扛神明轿的人并不是乩童，而是由当地各村子弟担任。每座神轿以前杆一人，后杆一人扛着，两人一上一下、一起一落，一波波地起伏舞动着，前杆者常会以“意态若狂”的方式来，发辇的神轿非常难控制，又耗体力，当扛神明轿者几乎无法负荷的时候，就只好换另一组人来扛，而且常常要轮替好几次。

神轿舞动越来越猛烈，并轮流至神案前，以朱砂笔开始画保身符，动作迅速地在一张张摊开的金纸、令符上画符，所画的符文极简单，大多是简易的两三笔勾线、点画，并随即由从事者盖上神灵印信。画好的符，有的分发给每一个参加过火的人，将这保身符佩带于身，可保过火平安；有的则是在庙地四方，在过火仪式中予以焚化，象征镇地驱邪、祛除火煞的作用。

在神明辇轿画符的同时，众多的金纸于预定好的地方堆积为直径约三公尺的金纸堆。众神明轿再由手持乌令旗者，在手捧土地公者的带领下，连续绕点着火的金纸堆三圈。手持巫令旗者一声：“过!”众神轿接着便会在乌令旗的带领下，一个接一个鱼贯通过火堆。之后神明轿迅速返回主庙，进行请神入庙的后续工作，方才结束整个典礼过程①。

（二）鲁班崇拜与台中巧圣先师庙

“巧圣先师”即是鲁班，春秋时代鲁国人，名公输班，字依智，为中国最早知名的木匠和建筑师，生于公元前507年。《墨子》“止楚勿攻宋”一节记载：“公输子，削木为鹊，成而飞之，三日不下，自以为至巧。”相传鲁班除了能造木鸢飞行，还造出攻城云梯及其他九种攻城的大型机具以及其他精巧器物，鲁班在土木工技术及木工工具等许多方面都有发明与创造，据称

① 游谦，施芳珑：《宜兰县民间信仰》，宜兰县史编撰委员会，2003年版，第487—491页。

刨、斧、钻、锯、墨斗及鲁班尺等等工具，都出自鲁班的发明，且流传至今，可见匠心独具。因此历代有所追赠封号，至今还受推崇；木作工匠、瓦匠、石匠、漆工、建筑业、家具商都供奉鲁班为祖师，尊称“巧圣先师”或鲁祖，闽南与台湾民间尊称鲁班公。

台中大肚山上的巧圣先师庙为可知的包括台湾与祖国大陆的第一大巧圣先师庙。虽然不是台中县最早或唯一的先师庙，但庙身的规模宏伟。

据《巧圣先师庙记》载，庙址所在的大肚山居台中，“位于宝岛中心，群山环抱；风光明媚；四季如春，是一个富饶的盆地，交通四通八达；工商云集；大学林立，也是省府大门，民风淳朴，发展出蔚蓝之文化城的美誉，在此人灵地杰的都市界山兴建巧圣先师庙，东可俯瞰台中市全貌，西望台湾海峡及台中港，闻名全台学府东海大学近在比邻，堪称福祉圣地”。

据现任主任委员廖天生先生回忆说：台中巧圣先师庙的起源，“三十年前本人担任过同兴社炉主，当时先师神尊无固定庙址奉祀，每年均于街坊巷道檐廊下设坛供子弟参拜，再由当年炉主迎回安居供奉。”巧圣先师庙筹划于1968年，由台中市木工同业工会成员，发起筹建巧圣先师庙的构想，获得各方面支持努力，于1976年，取得现址庙地，面积共1300多平方米。

1984年成立台中巧圣仙师管理委员会，1988年主任委员改选，由廖天生委员当选主任。廖主任在发起建庙建议、考察庙址、热心庙务等等方面多有建树。在巧圣先师庙建庙过程中，出钱出力，多方破解建设中出现的许多波折，于1995年成就了规模最大、庄严的台中巧圣先师庙①。

三、吕洞宾崇拜与台南孚佑宫仙公庙

（一）吕洞宾崇拜

吕洞宾，俗称吕名琼，字伯玉，一名绍先，自号纯阳子。闽南与台湾民间多以孚佑帝君、仙公祖、吕仙祖等尊称。唐代关西人氏，生于唐德宗贞元十四年（公元798年）。吕洞宾两次赴京会试不第，在长安酒肆遇见钟离权，后追随钟离权赴终南山修道。据称吕祖得道后，不时显化救人，天人两界皆有褒封，由玉皇上帝敕封名号有“昊天金阙内相孚佑帝君文尼真佛”、“三教

① 资料部分来自：（台）“人间福报”网站，http：//www. merit—times. com. tw。

统真兴行演化妙道天尊”、“大罗天仙”；由历代皇帝诰封的圣号有北宋太祖封“妙道真人”，元世祖封“纯阳演正警卷孚佑帝君”等。

吕祖常云游四海，济度众生，民间有诸多传说。吕仙祖作为理发业保护神，是因明太祖朱元璋头上长疔疮，每逢整理头发疼痛，理发师总被押放大牢或问斩，吕仙祖于心不忍，下凡尘化为理发匠帮朱元璋理发，并治愈疔疮。朱元璋赐一面红旗给予仙祖，仙祖将红旗插于理发店作为佑护，由此理发匠皆崇祀吕仙祖为祖师爷。

采矿业也以吕祖为保护神。民间传说吕洞宾仗义多情，曾追求观音和何仙姑未果。据称台北仙公庙中有一幅八仙图，吕洞宾两眼直视何仙姑，仙姑却眼望他方没理会。又称吕洞宾见情侣恩爱，便会从中作梗。当然是民间传闻，台湾寺庙多次辟谣，可是情侣们还是敬而远之。

（二）台南孚佑宫仙公庙

俗称“仙公庙”，位于台南县东山乡南方崁头山山麓，于崁头山西侧山腰，又名“青山仙公庙”，风景秀丽。民间传说三、四百年前，吕洞宾曾云游至此，度化众生。孚佑宫为台湾仙公祖庙，地位崇高。著名的台北木栅仙公庙（指南宫）是从东山孚佑宫分香的。

1946年草创庙宇，1962年重建。孚佑宫仙公庙二楼有台湾唯一奉祀的八仙胜会。1987年，当八仙胜会完成入火之际，有一群白鹤飞到仙公庙，停留于大殿及八仙胜会金尊，七月七日后离开，民间称奇。

仙公庙灵山毓秀，是静心、休憩健行的福地。在孚佑宫庙埕，如天气晴朗，北可瞰枕头山，西眺可见嘉南平原，南望珊瑚潭，视野极佳。山有十二景、十八洞。十二景分别是：石蟾蜍、石宝风洞、明理龙头穴、白猴洞、石宝八卦图、去邪风洞穴、石宝金印、入道十门、坤宝炉、石蟹穴、石宝境台、干宝塔炉等。此地为东山咖啡产地，附近有多家咖啡店，清静优雅，因此可以品尝咖啡，欣赏风景。

每年农历四月十四日孚佑帝君圣诞前后，分灵而出的庙宇返庙刈火，场面热闹壮观①。

---

①　部分资料来自“台南市东山乡户政事务所网”，http：//www. dungshan－house. gov. tw。

参考文献

本书吸收了诸多学者和前辈的成果，特别是参考和引用了吴幼雄《泉州宗教文化》（鹭江出版社，1993 年版），连心豪、林志明《闽南民间信仰》（福建人民出版社，2008 年版），郑镛《闽南民间诸神探寻》（河南人民出版社，2009 年版），台湾寺庙志编撰委员会《台湾寺庙志》（清流出版社，1986 年版）等大陆与台湾诸先生的大作，以及一些方志、网络资料等。参考文献如下。

黄仲昭：弘治《八闽通志》，福建人民出版社，2006 年版。

蒋毓英：康熙《台湾府志》，厦门大学出版社，1985 年版。

康熙《龙溪县志》，漳州市图书馆，2005 年。

《中国地方志集成》编辑工作委员会：《中国地方志集成·乾隆泉州府志》，上海书店出版社，2000 年版。

王君定：光绪《宓庵手抄漳州府志》，漳州市图书馆，2005 年版。

《中国地方志集成》编辑工作委员会：《中国地方志集成·道光厦门志》，上海书店出版社，2000 年版。

刘良璧：乾隆《重修福建台湾府志》。

康熙志、光绪再续志《漳浦县志》，漳浦政协文史委，2004 年点校本。

连横：《台湾通史》，商务印书馆，1996 年版。

（清）胡建伟：《澎湖纪略》，台湾源流出版事业股份有限公司，2004 年版。

漳州市方志委：《漳州市志》，中国社会科学出版社，1999 年版。

龙海县方志委：《龙海县志》，东方出版社，1993 年版。

漳浦县方志委：《漳浦县志》，方志出版社，1998 年版。

云霄县方志委：《云霄县志》，方志出版社，1999 年版。

诏安县方志委：《诏安县志》，方志出版社，1999 年版。

东山县方志委：《东山县志》，中华书局，1994 年版。

平和县方志委：《平和县志》，群众出版社，1994 年版。
南靖县方志委：《南靖县志》，方志出版社，1997 年版。
长泰县方志委：《长泰县志》，方志出版社，2005 年版。
华安县方志委：《华安县志》，厦门大学出版社，1996 年版。
芗城区方志委：《芗城区志》，方志出版社，1999 年版。
泉州市方志委：《泉州市志》，中国社会科学出版社，2000 年版。
厦门市方志委：《厦门市志》，方志出版社，2004 年版。
徐晓望：《福建民间信仰源流》，福建教育出版社，1993 年版。
冲：《台湾民间信仰》，鹭江出版社，1993 年版。
《妈祖的子民》，上海学林出版社，1999 年版。
州庙宇宫观专辑》，《漳州文史资料·第 27 辑》，2002 年
编委会：《芗城庙宇宫观专辑》，《漳州芗城文史资料·
间文化探源》，福建人民出版社，2003 年版。
都会文化，2003 年版。
台湾晨星出版，2003 年版。
，2003 年版。
人民出版社，2005 年版。
004 年版。
角镜出版有限公司，2004
005 年版。
2006 年版。
。
献会，1983—1984

林美容：《鬼的民俗学》，台湾文艺新生版，1994年版。

余光弘：《续修澎湖县志·宗教志》，澎湖县政府，2005年版。

林富士：《孤魂与鬼雄的世界——北台湾的厉鬼信仰》，台北县立文化中心出版，1995年版。

增田福太郎著，黄有兴译：《台湾宗教信仰》，台湾东大图书公司，2005年版。

瞿海源、章英华：《台湾社会与文化变迁》，“中央研究院”民族学研究所1998年版。

杨天厚、林丽宽：《金门寺庙巡礼》，稻田出版有限公司，1998年版。

刘益昌：《淡水河口的史前文化与族群》，台北县立十三行博物馆，20
年版。

林慧美：《台湾珍奇庙》，大都会文化，2003年版。

谢宗荣：《台湾传统宗教文化》，晨星出版，2003年版。

游谦、施芳珑：《宜兰民间信仰》，台湾健琪印刷有限公司，2003

谢宗荣：《台湾的庙会文化与信仰变迁》，台湾博扬文化事业有
2006年版。

卓克华：《寺庙与台湾开发史》，台湾博扬文化事业有限
年版。

蔡相煇：《台湾民间信仰专题——妈祖》，台湾空中大学，

高致华：《探寻民间诸神与信仰文化》，黄山书社，2006

漳州市政府网，网址 www. zhangzhou. gov. cn。

漳州新闻网，网址 www. zznews. cn。

泉州历史网，网址 http：//qzhnet. dnscn. cn。

闽南许多地方为49天或数六做神牌，时间不一。

泉州历史网“玄妙观”，网址为 http：//qzhnet.
(83)

《台湾寺庙志》（第二辑），清流出版社1985年

（台湾）美美旅游，网址为 http：//emmm. t

百度百科，访问时间，2008年11月22日；
址为 http：//www. weiling. org. tw。(109)

永春小岵南山陈氏宗亲网，网址为 http：//www.nanchens.com/xqxx/xqxx26/xqxx26008.htm。(114)

（台湾）民间文化青年论坛“台湾的观音信仰”，http：//www.pkucn.com。(117)

神脑科技文教基金会，http：//www.town-all.org.tw。(132)

安溪县清水岩的博客，网址为 http：//blog.sina.com.cn。(135)

百度百科“泉州天后宫”，网址为 http：//baike.baidu.com；泉州天后宫网，网址为 http：//www.qzthg.com。(156)

大台湾旅游网，网址为 http：//travel.tw.tranews.com。(161)

（台湾）飞黄腾达心灵开运网，http：//tw.superfate.com。(170)

《东南早报》，网址为 http：//www.sina.com.cn，访问时间为 2005 年 05 月 19 日；海峡博客，网址为 http：//blog.xmnn.cn/? uid - 359 - action - spacelist - type - blog - page - 6。(196)

百度百科，网址为 http：//baike.baidu.com/view/1444359.htm。(205)

高熔：《闽台的医药之神信仰》，载《福建中医学院学报》，2004 年第 14 卷第 03 期。(213)

中国旅游网，网址为 http：//www.51yala.com/html/200611120750 - 1.html。(226)

百度百科，网址为 http：//baike.baidu.com/view/2872367.htm。(238)

王文径：《闲话土地公》，载《闽南》，2008 年第四期。(246)

有关田野调查得到漳州市电业局庄水泉先生的帮助。(297)

注：部分括号中数字代表参考该条文献的本书页码。各宫庙编撰的介绍资料及相关的科研成果，恐挂一漏万，未及逐一注明，谨致由衷的谢意！恳请乡贤、方家予指正。